哈佛大學燕京圖書館藏民國時期國學教材 李兆民卷

上

閆月珍 編

上海古籍出版社

圖書在版編目(CIP)數據

哈佛大學燕京圖書館藏民國時期國學教材　李兆民卷／閆月珍編.—上海：上海古籍出版社，2016.11
ISBN 978-7-5325-8027-9

Ⅰ.①哈…　Ⅱ.①閆…　Ⅲ.①國學—教材　Ⅳ.①Z126

中國版本圖書館 CIP 數據核字(2016)第 066787 號

哈佛大學燕京圖書館藏民國時期國學教材　李兆民卷
（全二册）
閆月珍　編
上海世紀出版股份有限公司
上　海　古　籍　出　版　社　出版
（上海瑞金二路 272 號　郵政編碼 200020）
（1）網址：www.guji.com.cn
（2）E-mail：guji1@guji.com.cn
（3）易文網網址：www.ewen.co
上海世紀出版股份有限公司發行中心發行經銷
常熟市人民印刷有限公司印刷
開本 710×1000　1/16　印張 61.25　插頁 10
2016 年 11 月第 1 版　2016 年 11 月第 1 次印刷
ISBN 978-7-5325-8027-9

G·632　定價：298.00 元
如發生質量問題，請與承印公司聯繫

出版説明

哈佛大學燕京圖書館與中國的關係甚爲密切，其館藏也以中文文獻爲一大特色。藏書中不乏宋元刻本、明清鈔本、稿本等珍稀典籍。此外，還館藏有大量民國時期的文獻，可爲我們瞭解民國政治、軍事、文化等提供重要參考資料。二〇一〇年，暨南大學閆月珍教授在哈佛大學訪學時，發現該館收藏有一批民國時期的國學教材，這批教材内容豐富，多不見於國内藏書機構，尚未引起學界注意。有鑒於此，哈佛大學燕京圖書館館長鄭炯文（James Cheng）先生同意這批民國時期國學教材由上海古籍出版社出版。鄭先生長期致力於包括漢學在内的東亞學術研究，並積極推動燕京圖書館館藏漢籍的出版，貢獻良多。

上海古籍出版社向來重視海外藏漢籍的整理出版，「自上世紀八十年代末啓動《敦煌吐魯番文獻集成》出版項目起，與英、法、俄等國圖書館等合作，用拍照影印方式，已出版了英藏、法藏、俄藏西域、敦煌文獻等百餘册」（高克勤《在北美看中國古籍》，《新民晚報》二〇一三年九月二日）。此次出版這批燕京圖書館藏民國時期國學教材，是上海古籍出版社對這一出版傳統的延續與開拓。

這批教材共計十九種，本卷所收爲李兆民執鞭福建協和大學時所撰教材六種，分别爲《文學概論》、《哲學概論》、《國學概論》、《修辭學》、《孔孟荀專書研究》、《中國中世哲學（下）》。此六種教材，涉及不同學科，從一個側面反映了福建協和大學這一教會學校的國學教育情況。可爲我們研究學術史、民國時期學術界、教會大學及李兆民這一長期被忽視的民國學者，提供必要的文獻依據。兹先行影印出版，其他十餘種教材，亦將陸續推出。

本卷所收李兆民六種教材，有些頁面字跡淺淡，有些頁面背頁字跡存在透視的情況，個别頁面偶有污損，編輯過程中，對這些頁面進行了適當技術處理，以便於讀者閲讀。因這些教材當年成編較爲匆促，不免存在疏忽之處，如《哲學概論》缺第一一八、一一九兩頁四面，有接連兩頁標爲第六一頁，其後一頁實應爲第六二頁，第一三三頁當前移至第一三〇頁後；《文學概論》第三二頁後即爲第四〇頁;《國學概論》缺第四九頁兩面;《孔孟荀專書研究》書扉頁注明是書共「五十六頁」,而實爲「六十五頁」。爲保持原貌,此次影印不做處理,亦不出校,請讀者鑒之。原教材之封面、内封、白頁等部件,均保留如舊;《中國中世哲學(下)》有藏書者所加之保護性的封套,則不予影印。

上海古籍出版社
二〇一六年二月

前言

美國哈佛大學燕京圖書館素以藏書爲名。該館墻壁上挂有一九三一年羅振玉題寫的「擁書權拜小諸侯」，取李謐「丈夫擁書萬卷，何假南面百城」之意。哈佛大學燕京圖書館將搜集、保存文獻和服務社會的功能發揮得淋漓盡致，使得多少遠道而來的學者，受惠於這豐富的收藏和便利的服務。在這裏，你可以找到學術研究所需的基本中文書籍；至於外文書籍，那就更是其收藏的强項了。

在這一基本服務功能之外，許多學者還發現燕京圖書館藏有國内無法看到的珍稀資料，這激起了他們强烈的學術探索與趣。近年來，燕京圖書館聯絡國内出版社，出版發行了「哈佛燕京圖書館文獻叢刊」等系列叢書，使我們看到了許多大陸罕見的珍貴典籍。

一

本書呈現給讀者的，也是燕京圖書館館藏珍品之一。

二〇一〇年，我在哈佛大學燕京圖書館網頁進行檢索，試圖瞭解該館二十世紀初文學教材的收録情况。當我檢索到「文學概論」一項時，展現出的是幾種未曾聞見的書目。其中，李兆民之《文學概論》最爲特别，是當時福建協和大學的教材，這本書在國内圖書館並無收藏。以此爲線索，我發現該館藏有李兆民執教福建協和大學時之《文學概論》、《國學概論》、《哲學概論》、《修辭學》、《孔孟荀專書研究》、《中國中世哲學（下）》六種教材。當我打開這些發黄發脆、油印線裝的書籍時，不禁感歎當時教會大學國學教學之系統，也感歎李兆民一人竟然獨撰數種教材。如果沒有淵博的學識基礎和明確的學科鑒別能力，這顯然是不可能實現的。

我發現這一系列書，背後依託的竟是已在中國歷史上消亡的教會大學的課堂教學，它們是作爲贈品被收藏在燕京圖書館的。這些教會大學在中國歷史上的規模，曾經多達十六所。對於這些曾經輝煌的教會大學，國內學術界雖對其歷史有所論述，但對其教學情況和教材編撰並未有系統研究。由燕京圖書館所藏福建協和大學李兆民的這些教材，我們或許能看到這些教會大學教學規模之冰山一角。

福建協和大學（Fukien Christian University）是中國近現代歷史上十六所教會大學之一，以「博愛、犧牲、服務」爲校訓，培養了大批優秀畢業生。一九一一年福建省基督教六差會討論在福州成立一所聯合的教會大學，一九一五年福建協和大學成立，一九一六年正式開學，是當時福建省的高等學府。其後，它又得到美國紐約州大學的辦學許可，中國國民政府教育部的立案批准，以及美國羅氏基金、霍爾基金和福建政府之資助，相繼開設了理科、文科和農科。

福建協和大學國學教育的發展，得益於美國查爾斯·M·霍爾的捐贈。霍爾先生生前是一位熱心於東方教育的人士，根據他的遺囑，其遺產的部分被用於興辦國外教育事業。一九二五年，在霍爾資助國外教育事業遺願的基礎上，擬定成立哈佛—燕京學社，以扶植對中國文化方面的研究、教學和出版。哈佛大學是美國執行霍爾遺囑各項活動的中心，北京的燕京大學是連結東方各有關大學的紐帶。霍爾遺産託管理事會早期分配給中國教會大學的基金，除資助福建協和大學外，還用於資助燕京大學、嶺南大學、金陵大學、華西大學和齊魯大學。在霍爾基金的支持下，福建協和大學的國學研究得到了長足發展，尤其以中國文學系最爲顯著。該系注重推動中國文化研究，其中又以福建文化研究，最受學界重視。曾成立閩學會及福建文化研究會。中國文學系集聚了一批著名學者如王治心、陳遵統、葉聖陶、郭紹虞、陳易園、嚴叔夏和李兆民等。遺憾的是，其中有些學人如李兆民、陳易園及其成就在學術界至今未有翔實和專門的記述。

七·七事變後，受戰事威脅，福建協和大學從福州遷往邵武。戰時課本匱乏，教授自編講義已爲普遍現象。其中，將講義整理成帙、印成專著行世者，有《三民主義講義大綱》、《國文學》等十種；課本編成尚未付印者，有《曲選》、《中國戲劇史》等八種。[一] 其實，這只是當時講義之一部分，尚未統計大量散佚的講義。據《私立福建協和大學一覽》所列課程清單，其學科體系和課程設置是相對完整的。如中國文學系課程如下：文學概論、中國文學史、作文修辭、國學概論、文字學大意、文學會、小説通論、戲曲通論、詩學通論、詞學通論、歌謡研究、文學批評、語體文研究、群經研究、諸子研究、新聞學、文字形義學、文字聲韻學、古籍校讀法、國文教授法。哲學及宗教學系設有人文通論、西洋哲學史、哲學的基本問題等課程。這一完整而龐大的課程體系，其所對應的教材也應是相當豐富的。[二]

本書所録李兆民之國學教材可以證實此一課程體系，這一體系是對近代以來中國課程設置的吸收和發展。其中，《國學概論》分論文字學、文學、經學、子學和史學，具有綜合性的特點；《文學概論》列於諸門課程之首，顯然意在總論文義、文原、文質和文體。這與《奏定學科章程》「文學科大學」之「中國文學門科目」將「文學研究法」列爲篇首，欲明文學之要義，有一致之處；而《孔孟荀專書研究》也與《奏定學科章程》「經學科大學」之「《論語》學門科目」、「《孟子》學門科目」有一致之處。而《國學概論》、《哲學概論》、《修辭學》、《中國中世哲學（下）》顯然不是上述《奏定學科章程》所能涵蓋的。這顯示了在學科體系的建構過程中，以西方學術眼光重新整理和發掘中國經典的現代性趨勢。

〔一〕《抗戰期中之福建協和大學》，福建協和大學，一九四六年，第一二頁。

〔二〕《私立福建協和大學一覽》（一九二八—一九二九）。據此書記載，當時的福建協和大學設有中國文學系、外國語及比較文學系、哲學及宗教學系、歷史學系、政治學系、經濟學及社會學系、心理學及教育學系、數學系、物理學系、化學系、生物學系。

二

李兆民（一八八八—一九六一），亦名瑞書、兆麟，號青州樵子、湘中漁父、上梅山人，湖南新化人。據李兆民之子李才棟所述，李兆民早年肄業於長沙明德學堂，畢業於雲南法政學堂，曾獲加拿大多倫多大學哲學博士學位。他曾在雲南總理衙門任職，爲同盟會成員，參與武昌起義，後任蔡鍔秘書、護國運動參謀。再後任教於武漢華中大學、上海國立税專、南京金陵大學、東吴大學、福建協和大學等學校。生活在新舊思想更迭之際，李兆民除深入探究儒學、理學外，他對神學亦有所涉獵。據《中國基督教名録》所載：李兆民爲信義會成員，畢業於湖北協和神學院，後留校任教，又往金陵神學院教書。一九二八年赴廣學會，主編《明燈》雜誌。此外，他還負責編輯了《信義會週刊》（Lutheran Weekly）。[一]

李兆民在福建協和大學任教時期是他著述頗豐的時期。二十世紀三十年代，李兆民與金雲銘、郭毓麟等發起「福建文化研究會」，並積極參加《福建文化》的學術活動。他在《福建文化》上的論文《洛學道南系的淵源》、《福建理學之淵源》、《明清福建理學諸家之概説》、《紫陽理學之我見》、《游廌山先生的遺教》對「閩學」之程朱理學進行了考察，被譽爲當時福建文化派的代表人物之一。此一方面，他的著作有《經學講義》、《子學講義》、《中國先民思想史》。[二]除此之外，李兆民爲福建協和大學文學系和哲學系編寫了大量的教材。

哈佛大學燕京圖書館所藏李兆民國學教材《文學概論》、《國學概論》、《哲學概論》、《修辭學》、《孔孟荀專書研究》、《中國中世哲學（下）》六種，與上述課程相一致。這些著作是李兆民在抗戰期間爲教學而寫作的。戰時經費緊張，且設備不足，此一

〔一〕貝德士：《中國基督教名録》，見章開沅、馬敏主編：《社會轉型與教會大學》，武漢：湖北教育出版社，一九九八年，第四一五—四一六頁。

〔二〕李才棟：《福建文化的開創者之一——李兆民簡歷》，見《朱子學通論》，廈門：廈門大學出版社，二〇〇七年，第五五二頁。

特殊歷史背景，正是這些著作均爲油印的原因。

在新舊思想交匯時期，李兆民首先要處理的是這些新興的學科門類與中國固有學術之間的關係，這樣才能釐清各學科的範圍和邊界。在《國學概論》一書中，李兆民對國學進行了界定。他認爲，國學概論是史實，亦是史論；是國人之命脈，亦是社論及學論也。而張之洞所謂「中學」泛指經史子集言，亦可推廣至吏户兵刑工商、天文地理醫藥種植、琴棋書畫這些知識、技能之總和；「西學」指近代由歐美傳來之神學言，而政治、經濟、性理、哲學以及其他學術似未括之。國學與中學有一定的重合，國人亟宜學泰西者，固在物理、化學、機械製造，倘能學彼所長而精進之，則國學當擴張範圍。因此，李兆民認爲國學是一門綜合中國原有學術的學科，是對國人文化和精神的總括。《國學概論》分論文字學、文學、經學、子學和史學，即用現代學科觀念劃分和清理中國傳統學術。如他持純文學觀，將「文」界定爲美而感人之物，即絶妙之意義、美麗之辭章與人生之興趣的結合。用現代的學術視角檢驗傳統學術，這是李兆民寫作《國學概論》的思路，也是他寫作其他學科教材一貫的思路。

《修辭學》吸收了日本學者的觀點，建立了一個完整而獨立的修辭學體系。日本學者島村瀧太郎（島村抱月）《新美辭學》，將辭藻分爲内容上的想彩與外形上的語彩兩大類，二者分別有積極與消極兩種功能。《修辭學》之第三章和第四章以此爲借鑒，分別論述修辭學之組織和修辭學之方式，即是以此兩大類之劃分爲依據的。這就使讀者明確了漢語修辭學最基本最核心的内容。李兆民《修辭學》的這一内容，與中國現代修辭學最早的著作之一龍伯純的《文字發凡》（上海廣智書局一九〇五年）中的修辭學部分是一致的。這亦可見《新美辭學》在中國影響之廣泛。[一]從内容和形式上考察文章，並將之看成是兩者的統一，這爲李兆民寫作相關的文學教材提供了借鑒。

李兆民寫作《文學概論》，即從上述兩方面對文學進行了分析。著作分爲文義、文原、文質、文體四部分，以此涵蓋一般性

〔一〕陳汝東曾論及中國現代修辭學借鑒外國修辭學理論的史實，他説：「中國現代修辭學建立之初，一方面吸收借鑒了西方修辭學理論，另一方面也借鑒了日本的修辭學思想。比如，湯振常的《修辭學教科書》、龍伯純的《文字發凡》、王易的《修辭學》和《修辭學通詮》、陳介白的《修辭學》和《新著修辭學》、徐梗生的《修辭學教程》以及陳望道的《修辭學發凡》等，都不同程度地吸收借鑒了西方和日本的修辭學理論，尤其是日本島村抱月、五十嵐力、武島又次郎等修辭學思想。」（陳汝東：《島村抱月的修辭學思想及其對中國現代修辭學的影響》，《修辭學論文集》第十二集，哈爾濱：黑龍江人民出版社，二〇〇九年，第一二一—一三一頁。）

的文學問題。其中，文質和文體正是內容和形式之體現。《文學概論》明確提出其所採用的是純文學概念，認爲文以情志爲主，這一概念發自六朝陸機《文賦》、鍾嶸《詩品》和劉勰《文心雕龍》。《文學概論》遵循兩條線索，一是純文學的視角，二是內容和形式的區分。在此一基礎上，李兆民將文學之源推溯至神話祀卜和歌謠箴銘，將口述文學引入了文學史的範圍。

寫作《哲學概論》，首先要追溯哲學學科之淵源。在此書開篇，李兆民説中國古來没有「哲學」這個名詞，只見「哲夫成城，哲婦傾城」，「哲人其萎乎」等説法，而希臘文之「哲學」語源具有愛智之意。並將哲學分爲四項，一是思辨的學術，二是根本的學術，三是綜合的學術，四是批評的學術。建議可借鑒斯賓塞爾著作中的觀念，視哲學包含生物學原理、心理學原理、社會學原理和倫理學原理，並將之綜合起來，成爲所謂「會通哲學」。《哲學概論》因採取了綜合法，在論述哲學的基本流派時，能够放眼中西，以實現共同旨意的總結。《哲學概論》吸納了如羅素、杜威等當時爲學術界所重視的哲學家的思想，並以之與中國哲學進行比較，以期達到中西哲學的互通。《中國中世哲學》今僅見其下册，講述魏晉六朝至唐五代哲學思潮演變。認爲此一段思潮始於古文經學的興起，終於佛教思想的傳入和發展。

上述國學教材體現了中國固有學術與西方思潮碰撞之後，對知識領域的革新。

首先，文學教材編撰體制的確立。概論性的著作當爲各門學科提供基本的視角和方法，故其體系架構不同於學術史，而是一種横截式的分析。這一横截式的分析當能解釋學術史的種種現象，爲學術史提供種種普遍性的概念和原理。上述《國學概論》、《修辭學》、《文學概論》和《哲學概論》，正是試圖對各門學科之基礎進行建構。其所做的工作，一是描述各學科的「地圖」，二是廓清其主要的理論與分支。這也是學科草創之際所面臨的基礎工作。

再者，在現代學術思潮影響之下，引述西方學科思路和學術思想，固然是一時風氣，但由此對中國學術傳統的反省，亦是知識領域一個鮮明的特點。如《孔孟荀專書研究》云：「孔子學説不空談天道、人性、鬼神，必求合於人生、社會、國家的實用。《論語》上説『如有所譽，其有所試』，可叫做『實用主義』(Pragmatism)或『實在論』(Realism)。依《學》、《庸》、《孟》、《荀》記載，也有像『心物平行論』(Psychophysical)和『一元論』(Parallelism)的説法。」[一]可以看出，對待傳統學術方面，李兆民既有現代學術分析的眼光，亦有珍重其固有價值和歷史的思路。

第三，對中國學術傳統的反省和對西方文學思潮的檢討，往往是並進的兩條線索。李兆民對新文學運動也有過批評。他對新文學運動中的浪漫主義思潮頗爲詬病，認爲：「情感如不加理性之選擇，必流爲頽廢。」[二]他認爲文學固應注重自然天性，然修辭之規律，典故之雅純，猶不可忽略。對於白話文學，他也頗有微詞，認爲其「尚未成章法」。[三]李兆民的這些看法，涉及對新文化運動的評價問題。浪漫主義的引進，一方面催生了重情感、尚個性的現代文學運動，另一方面却因其過激傾向導致一些非理性的弊端。早在二十世紀二十年代，梁實秋以古典主義的立場對浪漫主義予以了否定。這一論點的代表作正是梁實秋一九二六年發表的《現代中國文學之浪漫的趨勢》，他説：「古典主義者最尊貴人的頭；浪漫主義者最貴重人的心。頭是理性的機關，裏面藏著智慧；心是情感的泉源，裏面包著熱血。」[四]在浪漫主義的洪流之中，能够有逆向的批判之詞，不失爲一種深刻的見解。李兆民同梁實秋一樣，對傳統和古典飽含著眷戀。

三

教會大學誕生於十九世紀教會的熱潮中。雖然各校創辦之後仍抱持教會的理想主義，但隨著其中國化的過程，它們大多以更廣大的使命自任。教會大學的任務是訓練和培養有社會責任的公民，其課程設置具有非常鮮明的中國色彩和世界性。

〔一〕李兆民：《孔孟荀專書研究》，第一B頁。
〔二〕李兆民：《文學概論》，第五二A頁。
〔三〕李兆民：《國學概論》，第三二B頁。
〔四〕梁實秋：《現代中國文學之浪漫的趨勢》，《梁實秋文集》第一卷，廈門：鷺江出版社，二〇〇二年，第四一頁。

巴洛説：「達到這種目的教育的自應有人類表達思想與相互交往的言語訓練，實事求是與負責判斷之訓練與獲取歷史、文化與哲學遠景的訓練。」[一]著眼於培養具有參與中國國内建設與國際合作能力的人才，這是其推廣國學課程的初衷。

但基督教大學的教育體制也受到了一些學者的批判。[二]趙質宸甚至説，教會教育的缺點在於賊害個人本性、迷惑青年信仰、阻礙科學進步、侵犯我國教育主權，應收回教會教育權，或者在人員上限制中國人入讀教會大學，或者取締教會大學，强調教育自治權，發展中國本有之教育。可見在價值觀上，人們傾向於維護傳統教育。

頒佈於一九三九年的《訓育綱要》非常强調貫徹儒家倫理，明確宣示：「中華民國教育所需之訓育，應爲依據建國之三民主義，與理想之人生標準（人格）教育學生，使之具有高尚之志願，堅定之信仰，與智仁勇諸美德；在家爲良善之子弟，在社會爲有守之分子，在國家爲忠勇守法之國民，在世界人類爲擁護正義促進大同之先鋒。故必須依照學生在校之程度，作有系統有步驟之實施，並盡量要求家庭社會之合作與教師之身體力行，以期達到同一之目的。」綱要之二「道德之概念」，專門論析了學生之道德標準：「訓育既爲培養實踐道德之能力，故於訓育實施之先，必須對於道德有明確之概念。」「道德之産生，實起於民生（集體生存）之要求。」「道德的内容，不外修己與善群。」因特訂立十二守則，以爲行爲之規範：「一忠勇爲愛國之本；二孝順爲齊家之本；三仁愛爲接物之本；四信義爲立業之本；五和平爲處世之本；六禮節爲治事之本；七服從爲負責之本；八勤儉爲服務之本；九整潔爲强身之本；十助人爲快樂之本；十一學問爲濟世之本；十二有恒爲成功之本。」[三]

因此，在實現教育之現代化的過程中，福建協和大學並没有廢除中國傳統學術，反而因爲西學的引進，促進了對中國傳統學術的省思。如果我們考察當時其他的教會大學，會發現這並非個别現象，如燕京大學、齊魯大學、金陵大學等就非常注重對中國傳統文化的研究，並設立了國學研究所。這讓我們看到，即使進行横向的思想移植，也依然重視對縱向的傳統文化的改

[一] 巴洛：《在華美國教會大學》，《新聞資料》，一九四八年第一八〇期。
[二] 趙質宸：《教會教育與中國》，《新國家》，一九二七年第一卷，第三期。
[三] 《訓育綱要》（教育部第二三一七六號訓令頒發），《北京高等教育文獻資料選編（一八六一——一九四八）》，北京：首都師範大學出版社，二〇〇四年，第七九〇—七九一頁。

造和吸取，這是民國時期大學教育的一個特點。

顯然，教會大學之「國學研究」作爲一種文化運動，是對二十世紀二十年代文化思潮和學術運動的回應。一九一九年的五·四新文化運動，代表中國現代文化的一個重大轉折。在接受西方科學文明的基礎上，中國學者試圖建立新的解釋方法，以實現革新傳統、重建文化的理想。二十年代學術界興起整理國故運動，促進了中國學術的現代轉型。與此相應，教會大學之國學課程以現代學術眼光重新解讀古代經典，形成了這些教材的基本面貌——材料是古典的，但闡釋的視角和評價的方式却是現代的——用歷史的眼光、比較的眼光和現代學科的眼光來進行國學研究。

閆月珍

二〇一四年六月

目録

文學概論

李兆民

李兆民

文學概論

一篇

計八十一頁

文學概論 一冊

李兆天

文學概論

第一編　總序

第一章　文義

第一節　廣義

古來「文學」含義甚廣，蓋謂宇宙森羅萬象莫不有文。易傳曰：剛柔交錯，天文也；文明以止，人文也。觀乎天文，以察時變；觀乎人文，以化成天下。此所謂「天文」者，自然現象也；日月星辰、山川湖海、草木禽獸，此皆屬之，莫不在乎其中矣。「人文」者，禮樂刑政也。孔子贊堯曰：「煥乎其有文章。」贊周曰：「郁郁乎文哉！」皆道德精神之表現，物質資材之應用也。有城郭宗廟宮室橋梁舟車及種種節制儀式，開明之國家，是廣義之文也。至于伏羲之畫卦、倉頡之造書，載諸遺傳，注重形象，乃文字之朕兆，難語於文學。若神話歌謠，其庶幾乎。

第二節　狹義

許慎曰：「文者物象之本。」鄭樵曰：「獨體為文。」王嬰古今通論曰：「形立謂之文。」是偏于形質而言者也。劉熙釋名曰：「文者會集衆彩以成錦繡，會集衆字以成辭義，如文繡然也。」梁元帝金樓子曰：「文者惟須綺縠紛披，宮徵靡曼。」是偏於詞調而言者也。皆狹義也。清阮元曰：「文選，必文而後選，文非則不選也，凡以言語著之簡策，不必以文為本者，皆經也，子也，史也，不可專名之為文，必沉思翰藻而後可也。」又曰：「文章不務協音以成韻，修詞以達遠，使人易誦易記，而惟以單行之語，縱橫恣肆，動輒千言萬字，不知此乃古人所謂直言之言，論難之語，非言之有文者也。」重在修詞，此則立界益嚴矣。

第三節 古義

易傳曰「物相雜故曰文」說文曰「文錯畫也象交也」以構思之意衆文積句者皆可称文駢有文散亦文也偶皆文奇亦文也有韻者文也無韻者亦文也。董仲舒曰春秋文成數萬司馬遷自序曰論次其文。漢志曰「秦燔滅文章」是經史百家均得以文名之矣。近人章炳麟曰「文者包络一切著於竹帛者而為言有成句讀文不成句讀文。成句讀者分有韻無韻不成句讀者凡表譜簿錄算草地圖皆屬之」是古文派小學家之所謂文未諳純文學之境界。

第四節 本義

我國純文學之定義發自六朝陸機文賦曰「每自屬文尤見其情」鍾嶸詩品「氣之動物物之感人故搖蕩性情形諸舞詠」蕭子顯文集曰「文章者情性之風標」劉勰文心雕龍原道篇曰「雕琢情性組

織辭含。」徵聖篇曰：「夫子文章，可得而聞，則聖人之情見乎辭矣。然則志足而言文，情信而辭巧，迺含章之玉牒，秉文之金科矣。」宗經篇曰：「義既極乎性情，辭亦近於文理。」「摛風裁興，藻辭譎喻，溫柔在誦，最附深衷。」辨騷篇曰：「自風雅寢聲，莫或抽緒，奇文鬱起，其離騷哉！」「國風好色而不淫，小雅怨誹而不亂，若離騷者，可謂兼之。」明詩篇曰：「是以在心為志，發言為詩，舒文載實，其在茲乎。詩者持也，持人情性，三百之蔽，義歸無邪。持之為訓，有符焉爾。人稟七情，應物斯感，感物吟志，莫非自然。」情采篇曰：「古之作詩者，發乎情，情之發，因辭以形之。」是証文以情志為主，舒情言志，遠在詩騷，實純文學之祖也。至漢賦、唐律、宋詞、元曲，亦純文學也。第惟愉哀怨之未有不同，若不重乎惋而成章者焉。

普通興趣，而能引起快感之著作，皆得謂之文學。艾默蓀Emerson曰：文學者，佳思想之記載。鈕曼Newman曰：文學之思想，包人心之觀念、意見、情感及理性等而言。白魯克Brooke曰：文學能以表情發男女之英思，使讀者易生愉快之感情，故其於文尤貴典秩，而散文非文學之正也。巴斯勒德Posnett曰：文學者能論為散文，為詩在取悅於最大多數之人，而不務訓戒，且訴於普通知識，而排棄專門知識者也。孫伯里Saint Beuve曰：文學必其有新穎思想及深厚感情，以引起人群之同情，而啟促其進步者。昆西De Quincey曰：文學之別有二：一屬乎知，一屬乎情。屬於知者其職在教，屬於情者其職在感。譬之舟乎，知為其柁，情為帆檣。知標其理境，情通乎和樂。斯其大較也。綜觀諸家，終不外表文思之美而感人者也。

第二講　文原

第一節　神話祀卜

世之理想論者以文學超越人間而屬於神性，即所謂文以載道也。荀子勸學篇曰：神莫大于化道也。儒效篇曰：君子盡倫之謂神。蓋神亦藏于吾人之體內，寓于吾之心中，尤在個性上表現。文學即表現個性者也，故具神思焉。

古之文學多起于拜神祀神而預知其命運，是講文卜辭和神話故事皆文學之原料也。

自殷墟骨甲發現，我們自貞卜文而知有漁獵占求者。此與國風之有兔爰、女曰雞鳴、嘉魚、死麕、伐檀、駟驖，不外同一淵源。在殷卜辭寓意簡樸，多有辛之內；在周則所義超越，有絃外之音矣。又卜詞即引歸好之字，學者釋為于歸之義，為衛風氓爾卜爾筮，體無咎言。

云。詩三百零五篇中，屬于朝堂文學之三頌與皇家文學之大雅頌，受前古神話卜詞影響。如云「姜嫄履帝武敏歆，禋祀居生子」，神話也（見詩大雅生民篇、魯頌閟宮）。「文王在上，於昭於天」，祭文也（見詩大雅文王）。至若穆天子傳、山海經、搜神記、離騷等遺傳神話更多矣。

（原書白頁）

前面稍为提到諸子和楚辭裏面許多神話以及巫鬼的記載，都是文學最初源頭。我在下面再舉些例子出來叫你們明白。

陳氏藏龜：「隹不終已。」「貞人勿其食已。」「雨隹今夕止，不其易暘，不[illegible]不[illegible]已。」「卜，酘求貞已。」這些辭句有點像詩歌了。

皋陶謨：「天敘有典，敕我五典五惇哉！天秩有禮，自我五禮有庸哉！同寅協恭和衷哉！政事懋哉懋哉！天聰明自我民聰明，天明畏自我民明威。達于上下，敬哉有土。」

湯誓：「……非台小子敢行稱亂，有夏多罪，天命殛之。……予畏上帝，不敢不正。……時日曷喪？予及汝偕亡。夏德若茲，今朕必往。爾尚輔予一人致天之罰。……」

盤庚：「卜稽曰其如台。先王有服，恪謹天命，茲猶不常寧；不常厥邑，于今五邦。今不承于古，罔知天之斷命。……」

西伯戡黎。天既訖我殷命，格人元龜，罔敢知吉。非先王不相我後
人，惟王淫戲用自絕。故天棄我，不有康食，不虞天性，不迪率典。今
我民罔弗欲喪，曰：天曷不降威？大命不摯。今王其如台。……西
金縢。惟爾元孫某，遘厲虐疾。若爾三王是有丕子之責于天，以旦
代某之身。予仁若考，能多材多藝，能事鬼神。乃命于帝庭，敷佑四
方，用能定爾子孫于下地。四方之民罔不祗畏。嗚呼！無墜天之降
寶命，我先王亦永有依歸。今我即命于元龜，爾之許我，我其以璧與
珪歸俟爾命；爾不許我，我乃屏璧與珪。……秋大熟，未穫，天
大雷電以風，禾盡偃，大木斯拔。邦人大恐。王與大夫盡弁，以啟金
縢之書，乃得周公所自以為功代武王之說。二公及王乃問諸史
與百執事。對曰：信。噫！公命我勿敢言。王執書以泣，曰：其勿穆卜。昔
公勤勞王家，惟予沖人弗及知。今天動威以彰周公之德，惟朕小

子其新逆，我國家禮亦宜之。王出郊，天乃雨，反風，禾則盡起，二
二公命邦人，凡大木所偃，盡起而築之，歲則大熟。此
大誥……天惟喪殷，若穡夫，予曷敢不終朕畝？天亦惟休于
前寧人，予曷其極卜？敢弗于從，率寧人有指疆土？矧今卜并吉？肆
朕誕以爾東征，天命不僭，卜陳惟若茲。此
影乾卦：飛龍在田，利見大人，……或躍在淵，……飛龍在天，利見
大人。……此小畜卦：密雲不雨，自我西郊。此咸卦：咸其拇，咸其腓，咸其
股，執其隨，往憧憧之，往來朋從爾思。咸其脢，咸其輔頰舌。此
明夷卦：明夷于飛，垂其翼，君子于行，三日不食，有攸往，主人有言。明
夷于南狩，得其大首，不可疾。入于左腹，獲明夷之心，于出門庭。不
明晦，初登于天，後入于地。此
周頌：維天之命，維天之命，於穆不已！於乎丕顯，文王之德之純。此
文學概論　　五

昊天有成命：昊天有成命，二后受之。」我將：我將我享，維
羊維牛，維天其右之。」我其夙夜，畏天之威，于時保之。」思文：思文
后稷，克配彼天。立我烝民，莫匪爾極。」豐年：豐年
多黍多稌，亦有高廩，萬億及秭。為酒為醴，烝畀祖妣，以洽百禮，降
福孔皆。」雝：於薦廣牡，相予肆祀。假哉皇考，綏予孝子。宣
哲維人，文武維后。燕及皇天，克昌厥後。」魯頌：閟宮：閟宮有侐，實
實枚枚。赫赫姜嫄，其德不回。上帝是依，無災無害。降之百
福。奄有下國。
商頌：玄鳥：天命玄鳥，降而生商，宅殷土芒芒。古帝命武湯，正域彼四方。
楚辭九歌：東皇太一：吉日兮辰良，穆將愉兮上皇。撫長劍兮玉珥，
璆鏘鳴兮琳琅。」雲中君：靈皇皇兮既降，猋遠

举雲中。覽冀州兮有餘，橫四海兮焉窮。……（湘君）……望
涔陽兮極浦，橫大江兮揚靈。揚靈未極。女嬋媛兮為余太息。橫流
涕兮潺湲，隱思君兮陫側。（湘夫人）帝子降兮北渚，目眇眇兮愁予。
……九嶷繽兮並迎，靈之來兮如雲……（大司命）乘龍兮轔轔
高駝兮沖天。結桂枝兮延佇，羌愈思兮愁人。愁人兮奈何，願若今
兮無虧。固人命兮有當，孰離合兮可為。（少司命）……與女遊兮
九河，衝風至兮揚波。與女沐兮咸池，晞女髮兮陽之阿。望美人兮
未來，臨風怳兮浩歌。孔蓋兮翠旍，登九天兮撫彗星。竦長劍兮擁
幼艾，蓀獨宜兮為民正。（東君）……青雲衣兮白霓裳，舉長矢
兮射天狼。操余弧兮反淪降，援北斗兮酌桂漿。撰余轡兮高駝翔，杳
冥冥兮以東行。（河伯）與女遊兮九河，衝風起兮橫波。乘水車兮荷蓋，
駕兩龍兮驂螭。登崑崙兮四望，心飛揚兮浩蕩。日將暮兮悵忘歸
文學概論

惟極浦兮寤懷。……
山鬼曰：若有人兮山之阿，被薜荔兮帶女羅。既含睇兮又宜笑，子慕予兮善窈窕。……
國殤曰：……帶長劍兮挾秦弓，首身離兮心不懲。誠既勇兮又以武，終剛強兮不可凌。身既死兮神以靈，子魂魄兮為鬼雄。
禮魂曰：成禮兮會鼓，傳芭兮代舞，姱女倡兮容與。春蘭兮秋菊，長無絕兮終古。

招魂曰：帝告巫陽曰：「有人在下，我欲輔之。魂魄離散，汝筮予之。」巫陽對曰：「掌夢，上帝其難從。若必筮予之，恐後之謝，不能復用。」巫陽焉乃下招曰：魂兮歸來，去君之恆幹，何為四方些？舍君之樂處，而離彼不祥些。魂兮歸來，東方不可以託些。長人千仞，惟魂是索些。十日代出，流金鑠石些。彼皆習之，魂往必釋些。歸來兮不可以託些。
……

由上例所引看來，詩經、書經、易經、騷經都是我國文字的淵源。並且這些淵源多關係於宗教信仰——敬拜上帝，紀念祖宗——。他們若沒有那鬼神的信仰，決不會做出許多文字來。卜辭、易卦雖極簡單，然有三四言詩的根基。書經、斷案，到了國風、雅頌和楚辭，儼然真正的文學。不過他們的思想沒有脫離上古宗教信仰的窠臼。可說敬拜鬼神是文學最初動機。

第二節 歌謠感銘

或有人說（周候于中國文選總編）人是一種動物，是有心理生理兩種作用的。從這兩種作用，第一對於外界現象有感受的性質，這是人的感受。第二因為感受外界的刺激，一定要發出心理的作用，把這作用發表出來，這是人類的表抒性。好比上古人

文學概論 七

美，他們的智識雖然幼稚，但是這感受和表抒兩種作用，是與生俱來的。他們遇着迅雷暴風高山大海巨蟒猛獸，便發生畏懼或崇拜的心理。看見了青山綠水奇花異木，聽見了鳥語蟲鳴風搖樹打，便發生快樂或悲苦的心理。這種心理包含着喜怒哀樂愛憎惡欲的情感。這種情感發生了，便不期然而然表現出來，便是歌舞，歌舞便是初期文學了。所以沈約說："歌詠所興，自生民始。"王灼說："天地著，人生焉。人莫不有心，然歌曲所由起也。"都是很對的話。不過這種原始文學他們的表現方法，起初單用語言動作，後來漸漸題上文字了，成為板、壁的歌謠了，古到刻在器具上面了。

前節已經詳細述說那誌辭的來原，這裏可以講到歌、謠、箴、銘。

唐、虞、夏、商、和周、初流傳下來的東西不多，也不注意如何修辭的工夫，都是自然節奏的天籟。

虞舜歌

股肱喜哉，元首起哉，百工熙哉！

皋陶賡載歌

元首明哉，股肱良哉，庶事康哉！

元首叢哉，股肱惰哉，萬事墮哉！

卿雲歌

卿雲爛兮，糺縵縵兮，日月光華，旦復旦兮！

八伯歌

明明上天，爛然星陳，日月光華，弘于一人。

擊壤歌

日出而作，日入而息。鑿井而飲，耕田而食。帝力于我何有哉？、

康衢謠

立我蒸民，莫匪爾極。不識不知，順帝之則。

帝載歌

日月有常，星辰有行。四時順經，萬姓允誠。於予論樂，天之靈。遷於賢聖，莫不咸聽。鼚乎鼓之，菁華已竭，褰裳去之。

南風歌

南風之薰兮，可以解吾民之慍兮；南風之時兮，可以阜吾民之財兮！

麥秀歌

麥秀漸漸兮，禾黍油油。彼狡童兮，不與我好兮！

采薇歌

登彼西山兮，采其薇矣。以暴易暴兮，不知其非矣。神農虞夏忽乎
沒兮，吾適安歸矣。

龜山操

予欲望魯兮，龜山蔽之，手無斧柯，奈龜山何！

柳下惠誄

夫子不伐兮，夫子之不竭兮，夫子之信誠而與人無害兮，屈柔從
俗，不強察兮，蒙恥救民，德彌大兮。雖遇三黜，終不蔽兮，豈弟君子
永能厲兮。嗟呼惜哉，乃下世兮。庶幾遐年，今遂逝兮，嗚呼哀哉，魂
神泄兮。夫子之謚，宜為惠兮。

越謠歌

天地父母某月某日，甲與乙為友善。上下四旁莫不共見
君乘車，我戴笠，他日相逢下車揖。君擔簦，我跨馬，他日相逢為君

文學概論　九

下。

飯牛歌

南山矸，白石爛，生不逢堯與舜禪。短布單衣適至骭，從昏飯牛薄夜半，長夜漫漫何時旦。

滄浪之水白石粲，中有鯉魚長尺半，敝布單衣裁至骭，清朝飯牛至夜半。黃犢上坂且休息，吾將捨汝相齊國。

山東門兮厲石斑，上有松柏青且闌，麤布衣兮縕縷，時不遇兮堯舜主，牛兮努力食細草，大臣在爾側，吾當與爾適楚國。

漁父歌

白日昭昭兮寖已馳，與子期乎蘆之漪。

日已夕兮予心憂悲，月已馳兮何不渡為？事寖急兮將奈何？

蘆中人，蘆中人，豈非窮士乎？

烏鵲歌

南山有烏，北山張羅，烏自高飛，羅當奈何！

烏鵲雙飛，不樂鳳凰，妾是庶人，不樂宋王。

箴銘皆訓誨也，由其思想經驗，自懲自艾而勸勵人也，載道之文也。亦有抒情之作，與歌謠同一價值也。

黃帝金人銘

我古之慎言人也。戒之哉！戒之哉！無多言，多言多敗；無多事，多事多患。安樂必戒，無行所悔。勿謂何傷，其禍將長；勿謂何害，其禍將大；勿謂無殘，其禍將然；勿謂莫聞，天妖伺人。熒熒不滅，炎炎奈何；涓涓不壅，將成江河；綿綿不絕，將成網羅；青青不伐，將尋斧柯……

……

顓頊丹書銘

文學概論

十

「敬勝怠者強。怠勝敬者亡。義勝欲者從。欲勝義者凶。凡事不強則枉，不敬則不正。枉者滅，廢敬者萬世。」

湯之盤銘

「苟日新，日日新，又日新。」

周武王盥盤銘

「與其溺于人也，寧溺于淵。溺于淵猶可援也，溺于人不可救也」

周武王杖銘

「惡乎危？于忿疐。惡乎失道？于嗜欲。惡乎相忘？于富貴。」

周武王戶銘

「夫名難得而易失，無懃弗志，而曰我知之乎？無懃弗及，而曰我杖之乎。擾阻以危之，若風將至，必先搖搖，雖有聖人，不能為謀。」

周武王衣銘

「桑蠶苦，女工難，得新捐故後必寒」

周武王鏡銘

「鏡以自照見形，以人自照者見吉凶」。

周武王觴銘

「樂極則悲，沈湎致非，社稷為危」。

正考父鼎銘

「一命而僂，再命而傴，三命而俯，循墻而走。亦莫余敢侮」。

第三節　字形声韻

情思之表白有二法，曰言語，曰文字。言語者耳可聞其声也。文字者目可見其形也。上古之時雖有記載述神話卜辭歌謠箴銘之意念，而声與形，尚未混成一体，不足以鏤刻匠心，流傳風雅。是形体

文學概論　十一

之組織、音韻之推敲，有關句調，誠屬文學之基礎焉。周之史籀篇，秦之倉頡篇、爰歷篇、博學篇，漢之凡將篇、急就篇、訓纂篇，固字書學也，而其四字句或七字句，便於兒童誦習，儼然通俗文學。且此三十餘字造為成語，妙用甚多，故楚之屈原、宋玉，漢之司馬相如、揚雄，辭賦閎深博雅，聲振技巧，迥非後人所及。魏晉六朝，諸家即尚華靡，然選義按部，措詞就班，莫不窮其妙旨。一般之選，可知梗概。自唐以來，字學漸衰，韓柳李杜猶能應付裕如，韓氏嘗教學者：「凡為文詞，宜略識字。」又曰：「文從字順，各識職。」尤重之也。宋則愈疏矣。王安石作字說，未究斷，蘇軾戲其出必取聲韻音訓諸書，置匭中，並偶有作品，亦不失音節。歐陽修撰集古錄，益加考證。曾鞏校理秘閣，積精校勘，僅務之耳。南宋功名之士，習四子書，鹿鹿通一經便堪[illegible]

舉進士、元明選而弗改。上焉者高談性理，下焉者拘守帖括，致字形聲韻之學荒廢不講，滯文學之前途。清中葉戴、段、錢、王諸儒皆多所發明，詮釋字義界畫謹嚴不紊，狀物名有專名，述情名有確詁。惜後世文人多違典則，或以辭害義，或以名失實，欲其達也難矣。今之從事文學者猶有數病：(一)假託。蓋文士之通弊喜用代詞，固不著稱號，物之美惡懸殊，則曰天淵判隔；友朋偶聚，則曰萍水相逢；以青雲為得志，以白水為盟心。作者相習成風，觀者以意逆志。但及真義，往予鋪張，古非所宜也。船山有言：有代字法，詩賦用之，如月曰望舒，星曰玉繩之類，或以點染生色，其佳者亦於言情態，漢人及李、杜、高、岑猶不屑也。施之景物，已落第二義，況字本活而以死名代之之乎？然致則是致，更無字可代，而所致與所以致正自隨所指而異。用代字者以欲避熟而代之，或以忍荒

十二

文學概論

戲渝叔之。直是不識敵字、文君抵塞耳。信曰樸寫。仁曰慈祥。學曰
斂求。思曰覃精。善曰純粹、信曰經理。此皆代字也。此文章中亦有此病，
有心有胸者不應桑指。此論是也。（二）求古。柳州曰：「時有古今，非文
有古今。」乃至當之論。蓋古人之文固不應其時而作也。後人每喜
勦取古人一二字句用之於文，以相矜耀，殊為不稱。陸游曰：「古人
讀書多，故作文時偶用一二古字，初以為工，亦不自知孰為古
孰為今也。近時乃或鈔撮史漢中字，入文辭中，自謂工，鈔不知有
笑之者。」陶宗儀曰：「凡出省銜，俱當從實。如廉訪使總管之類，若改
之曰監司太守，是亂其官制，久遠莫可考矣。」何孟春曰：「今人稱人
姓，必易以世望；稱官，必用前代職名；稱府州縣，必用前代郡邑名。
欲以為異，不知文字間著此何益於工拙？此不惟於理無取，且於
事復有礙矣。李姓者稱隴西公，杜曰京兆，王曰琅琊，鄭曰滎陽，以

傷以一概之法而概衆人可乎？此其失自唐末五季間孫光憲輩始。北夢瑣言稱馮涓為長樂公，冷齋夜話稱陶穀為五柳公，類似昔人之號而概同姓，尤是可鄙。官職郡邑之建置代有沿革，今必用前代名號而稱之，後將何所考焉？此所謂於理無取而不復有礙者也。」于慎行曰：「史家文字之佳，本自有在，非謂其官名地名之古也。今人慕其文之雅，往往取其官名地名以施於今，此應為古人笑也。史漢之文如欲復古，何不以三代官名施於當日，而但記其實耶？文之雅俗，固不在此，徒混淆失實，無以示遠，大家不為也。」顧亭林曰：「以今日之地為不古，而借古地名，以今日之官為不古而借古官名，舍今日恒用之字，而借古字之通用者，皆文人所以自蓋其俚淺也。」(三)好奇。好用僻字，好為艱語，亦文人恒有之事，然究不可以為訓。沈約有言：「古今為文當從三易：易見事，一也；易見

文學概論

十二

字二也。易誦讀三也」此真道人之論，誠當取法，以隸劇一代文宗、誠撰曹成王碑中間數語精淡澀塞，識者已不能微詞。李長吉之於詩，鑿幽追險，人稱鬼工。李麓堂亦謂其「字字句句欲傳世，顧過於劌鉥，無天真自然之趣，通篇讀之，有山節藻棁而無棟樑，知其非大道也」。又曰：「作詩必使老嫗聽解，固不可；然必使士大夫讀之而不能解，亦何故耶？」樊宗師之於文，恢詭譎怪，不可句讀，歐陽修則有詩評之曰：「異哉樊子怪可吁，心欲獨去無古初，窮荒探幽入有無，一語詰曲百盤紆。孰云已出不剽襲，句斷欲學盤庚書。」又宋子京嘗與歐公並修唐史，往往以僻字更易舊文，歐公病之，而不敢言，乃書「宵寐匪禎，札闥洪庥」八字以戲之，宋不知其戲已，因問此二語出何書，當作何解，歐言此即公撰唐書法也，「宵寐匪禎」者謂「夜夢不祥也」，「札闥洪庥」者謂「閭宅大吉也」。宋不覺大笑。豈故張文曆曰：「自劇以來至今，文人好奇不一，古簡或為缺句斷章，使脈理不屬於文，取古書訓詁希於見聞者衣被而說合之；或得其字，不得其句，不知其章，反覆咀嚼卒亦無有，此最文之陋也。」李耆卿曰：「学文切不可学怪句，且求明白正大。」楊守勤曰：「今之为文者好以浮靡佶屈之言，文其淺露，間欲反而之正，直同嚼蠟，味立盡耳。」馮具區曰：「文有真奇有偽奇，凡根據理要，開人不敢開之口，本立而千條挺秀，氣實而萬派生光，此真奇也。若乏理無意，徒摭拾些字怪語，以炫人耳目者，此偽奇也。」

X　X　X　X　X

文字学屬于文字之重要，前既言之，茲復及聲韻学之需求。

我國「周」「秦」「漢」「晉」無四聲，僅有平入之分。何休《公羊傳解詁》云：齊人伐人者為客，讀伐長言之；見伐者為主，讀伐短言之。乃是平聲入別以長

文学概論　十四

言短言之辨也。（參攷黃侃音略）平韻自古分陰陽二類，陽附鼻音，陰類不附鼻音。入聲介乎陰陽之間，以其音出於陽類而收以塞音（以ㄎ、ㄊ、ㄆ）。凡陽類收厄「兀」者，其入声收克「ㄎ」；陽類收乃「ㄋ」者，其入聲收特「ㄊ」；陽類收墨「ㄇ」者，其入声收撇「ㄆ」。蓋厄「兀」、乃「ㄋ」、墨「ㄇ」為久声音，可延長。ㄎㄊㄆ為暫声，不可延長。入声短促，乃暫声收勢，使失其後段，僅存閉塞。以今閩粵音證之，知古時入声實兼備此收ㄎ、收ㄊ、收ㄆ三種，不僅隋唐韻書中具有也。或問：中原音韻止有平上去而無入声，待修洪武正韻，撰員多浙籍，而禮部韻略之毛晃亦近浙，故有入声十韻：屋、質、曷、轄、屑、藥、陌、緝、合、葉，多部之附入。或疑之曰：古音本無藥、覺、職、德、沃、屋、燭、鐸、陌、錫諸部，是皆宵、之、幽、侯、魚、支之入声。有入無陰声者，有緝、帖、合一類，曷、月、鎋、薛、末一類，術、物、沒、迄一類。陽声有侵類、覃類耳。是之以古僅有緝、盍一類收ㄆ

之入聲。以櫛屑術諸韻為入聲而不以為收「ㄊ」者，藥覺諸部則又以為非入聲，自非收「ㄎ」者。固未知隋唐尚有收「ㄎ」收「ㄊ」之入聲。而廣韻藥覺類收「ㄎ」，所以配陽江類；櫛屑類收「ㄊ」，所以配臻寒類；與緝盍類收「ㄆ」配侵談部同一理由。若謂藥覺櫛屑類本不收聲，隋唐時方加以收聲，則於音律不合。故我國古代入聲有收「ㄎ」收「ㄊ」收「ㄆ」之三類也。至禮部韻略與洪武正韻所存之入聲，恐非塞聲「ㄎ」「ㄊ」「ㄆ」之系統，為今日江浙所有喉門阻之新入聲焉。（參看趙蔭棠中原音韻研究二六五　三　三面）

自來研究古韻學者多以古時僅有陰陽入之分，蓋僅有平入而無上去，平聲又分陰陽二類也。近人王國維觀堂集林乃有五聲說，謂古音有五聲，陽類一，加陰類之平上去入四是也。其言曰：「余則謂陽聲自為一類，有平而無上去入，今韻於此類之字讀為上去

文學概論

十五

者皆平声之音变而此类之平声，又与阴类之平声性质绝异。所
谓阴声之平为平声，此类不可不别二，一名阳声，一曰阴声平、
上、去、入，四乃三代秦汉间之五声〃〃〃〃故五声者以古音言之
也。宋齐以后四声代行，而五声转微。
王氏此说颇具义理，盖五声说汉魏之际已有征明。唐封演闻见
记曰：魏时有李登者撰声类十卷，凡一万一千五百二十字，以五
声命字。魏书江式传曰：晋吕忱弟静放故左校令李登声类之法
作韵集五卷，宫商角徵羽各为一篇。此所谓宫商角徵羽者阳阴
下上去入五声，宫为阳平，商为阴平，四声之起因远在魏晋然在
用于文辞而创声律论者，首自沈约。四声谱始约前有晋张谅撰
四声韵林二十八卷，与约同时有周颙撰四声切韵，刘善经四声
指归一卷，夏侯咏撰四声韵略十三卷，王斌撰四声论，是四声已

風行於六朝矣。顧炎武音論曰：今考江左之文，自梁天監以前多以去入二聲同用，以後則若有界限，絕不相通，是知四聲之論起於永明而定於梁陳之間也。唐宋韻書多沿齊梁之舊，周德清中原音韻始分平聲為上下，而曰陰陽，謂陽者上平，陰者下平。周氏自序曰：字別陰陽者，陰陽字平聲有之，上去俱無。上去各止一聲，平聲獨有二聲，有上平聲，有下平聲。上平聲非指一東至二十八山而言，下平聲非指一先至二十七咸而言。前輩為廣韻平聲多，分為上下卷，非分其音也。殊不知平聲字字俱有上平下平之分，但有有音無字之別。便可知平聲陰陽字音，又可知上去二聲各止一聲，俱無陰陽之別矣。蓋陰陽之用，又曰：施於韻腳能用陰陽，惟慢詞中僅可戲用其聲耳，則僅以調協曲中要聲者也。上去不分陰陽，各止一聲。至入聲則周氏又以派分於平上去聲。四庫提

文學概論

要曰：「北音舒長遲重，不能作收藏短促之聲。凡入聲皆讀入三聲，自其風土使然。樂府既爲北調，自宜歌以北音。德清此譜蓋亦因其自然之節，以作北曲者皆用至今。」戈順卿《詞林正韻·發凡》曰：「製曲用韻，可以平上去通叶，且無入聲。如周德清《中原音韻》列東鍾江陽等十九部，入聲則以之配隸三聲，例曰：廣其押韻，爲作詞而設。以予推之，入自唐音欲調變聲，從諧三聲，故凡入聲之正次清音轉上聲，正濁作平，次濁作去，隨音轉協，始有所歸。……」蓋平之分陰陽，入之協三聲，皆與聲母之清濁有關者也。聲母濁者，于一音之發端，聲帶即起振動，既已發張於前，及其達於音之收尾，發韻母時，聲帶乃有弛緩之勢，不能維持其振動速率，振動速率既轉小，音節遂以減低矣。聲母清者不然，於一音開始時，聲帶既未振動，蓄力於前，又其收於韻也，聲帶振動之力得強，故其振動速率均大而音節特以捷高矣。故音之含清母者其音節必較含濁母者為高。例清平較濁平為高，清上較濁上為高，清去較較濁去為高。平上去依其音節得分三級，而又依其清濁別之，則可得六級矣。

因乎韻母之附聲問題，有陰聲陽聲入聲之別。因此三者之變異，又可使其音長上發生分歧。陽聲韻語尾既附之鼻聲本可為久聲，故其音有延長之傾向。入聲韻語尾既附之塞聲為暫聲，故其除祇務閉塞音受其影響，變為短促。陰聲折衷其間，既不如陽聲有延長之傾向，亦不至入聲有短促之勢，蓋為同一平聲，其陰聲一拍，陽聲當有一拍又六分之一，以其有延長之鼻聲也。若其入聲則祇有四分之一拍，因其音至促也。平上去三音本有音長之不同，而又以其韻各有陰陽入之分，故同是一平，陽平較陰平為長。陰平又較入平為長，同是一上，陽上較陰上為長，陰上又較入上為長。合是一去，陽去較陰去為長，陰去較入去為長。依音之長分平上去三級。又各依陰陽入分之，是更可得九級矣。由此韻母陰陽入之變化，與聲母清濁之異，更加以平上去之分相乘，結果共可得十八聲，即陰清平、陰清上、陰清去、陰濁平、陰濁上、陰濁去。陽清平、陽清上、陽清去；陽濁平、陽濁上、陽濁去。入清平、入清上、入清去；入濁平、入濁上、入濁去是也。然此能舉十八聲為理論矣，別消中併為十二聲也。

溯自沈約四聲譜始見於隋志之古韻書皆佚而不傳，韻目能從稽考。至隋陸法言等撰切韻，乃分韻二百有六，以祛迷沈者。然沈南人也，主南音，陸或異之。唐天寶末孫愐訂正，改為唐韻。宋真宗大中祥符元年重修，更名大宋重修廣韻。切韻、唐韻雖佚，因之不傳但其二百有六韵之分目可於廣韻見之。仁宗景祐中命丁度等後編纂集韻，詳可通行。同時又撰禮部韻略，專供科試之用。至是唐之旧法因是完全合併，遂創。正大六年平水（金縣名，今山西絳縣）境王文郁合併舊韻數，分略二百有六韻為百有七韻。南宋理宗淳祐十二年劉淵重刊其書，名壬子禮部韻略，所謂「平水韻」是。元大德中陰時夫兄弟撰韻府群玉，刪上声「拯」一部，作百有六韻。分平声为三十部，為上平下平。上声二十九，去声三十，入声十七部。即今之詩韻。明太祖以此書起江左，喪失原有正音，命宋濂審定之。併四声为七十六部（平、上、去各二十二，入声十部），名洪武正韻，頒行天下，竟未行世。今人所用者仍是「平水韻」，實則「平水韻」不協腔調久矣。將來当按注音字母之韻母創造一部，始能適付文學上之新潮流。

（文学概论

十八

兹将四声韵部列表于下：

声 \ 用	通					同		通		
平	東 東	冬鍾 冬	江 江	支脂之 支	微 微	鱼 鱼	虞模 虞	齊 齊	佳皆 佳	灰咍 灰
上	董 董	腫 腫	講 講	紙旨止 紙	尾 尾	語 語	麌姥 麌	薺 薺	蟹駭 蟹	賄海 賄
去	送 送	宋用 宋	絳 絳	寘至志 寘	未 未	御 御	遇暮 遇	霽祭 霽	泰卦怪夬 泰　卦	隊代廢 隊
入	屋 屋	沃燭 沃	覺 覺							
收	ng—k									

文學概論

通

仙先	山刪	桓寒	痕魂元	殷文	臻諄真
先	刪	寒	元	文	真
獮銑	産潸	緩旱	狠混阮	穩吻	準軫
銑	潸	旱	阮	吻	軫
線霰	襇諫	翰換	恨慁願	焮問	稕震
霰	諫	翰	願	問	震
薛屑	轄黠	末曷	沒月	迄物	櫛術質
屑	黠	曷	月	物	質

十九

九——七

通	獨用	通	通
登蒸青 清耕庚 蒸 青 庚	唐陽 陽	麻戈歌 麻 歌	豪肴宵蕭 豪 肴 蕭
等拯迥 靜耿梗 拯 迥 梗	蕩養 養	馬果哿 馬 哿	晧巧小篠 晧 巧 篠
嶝證徑 勁諍映 徑 映	宕漾 漾	禡過箇 禡 箇	號效笑嘯 號 效 嘯
德職錫 昔麥陌 職 錫 陌	鐸藥 藥		
ng—k			

		通				獨用
合計 唐韻二百〇六韻（據禮部韻略） 宋韻百〇七韻（水平韻百〇六韻）	唐韻57 宋韻30	咸銜凡→咸	鹽添嚴→鹽	覃談→覃	侵→侵	尤侯幽→尤
	唐韻55 宋韻29	豏檻范→豏	琰忝儼→琰	感敢→感	寑→寑	有厚黝→有
	唐韻60 宋韻30	陷鑑梵→陷	豔㮇釅→豔	勘闞→勘	沁→沁	宥候幼→宥
	唐韻34 宋韻17	洽狎乏→洽	葉帖業→葉	合盍→合	緝→緝	
		卅一卩				

二十

康熙字典說明四聲發音之方

平聲……平道莫低昂

上聲……高呼猛烈強

去聲……分明哀遠道

入聲……短促急收藏

上表所言乃詩之韻，詞與曲是前所述周德清中原音韻中詞曲之韻也。近通行之韻分十九部，派入聲於三聲中，更分平聲為陰陽二種，其平韻如下：

○東鍾　○江陽　○支思　○齊微　○魚模　○皆來

○真文　○寒山　○桓歡　○先天　○蕭豪　○歌戈

○家麻　○車遮　○庚青　○尤侯　○侵尋（閉口）　○監

咸（閉口）　○廉纖（閉口）

文學概論

(昔)(錫)(職)(德) (緝)(合)(盍)(葉)(帖)(洽)(狎)(業)(乏)

勁徑證嶝宥候幼沁勘闞豔㮇陷鑑梵

靜迥拯等有厚黝寢感敢琰忝豏檻范

清青蒸登尤侯幽侵覃談鹽添咸銜嚴凡

eng ing éng êng eu ou iu ém om uom em im am ém uem

二十一

(鎋)(屑)(薛)　　　　　　　(藥)(鐸)(陌)(麥)
襇霰線嘯笑效號箇果禡漾宕映諍
產銑獮篠小巧皓哿果馬養蕩梗耿
山先仙蕭宵肴豪歌戈麻陽唐庚耕
an īn en io iao ao ou o uo a iang oang ung uang

文學概論

ai 皆 駭 (夬)

uoi 灰 賄 (隊) 代

oi 咍 海

(廢)

én 真 軫 震 (質)

uén 諄 (術)

ăn 臻 (櫛)

uan 文 吻 問 (物)

in 殷 隱 焮 (迄)

uen 元 阮 願 (月)

uēn 魂 混 慁 (沒)

ĕn 痕 很 恨

on 寒 旱 翰 (曷)

uon 桓 緩 換 (末)

uan 刪 潸 諫 黠

三十二

(屋)(沃)(燭)(覺)

送宋用絳　寘至志未御御暮霽　泰

董腫　講　紙旨止尾語麌姥薺　祭　蟹　卦怪

東冬鍾江　支脂之微魚虞模齊　佳

ung

iung
uang
(iang)
i
éi
ei
uéi
u (法文)
u (德文)
ü
i

ui

欽定曲譜云。北曲宜準中原音韻。南曲宜準洪武正韻。實則南北均準中原音韻。惟南曲尚存入声，止此可謂依洪武正韻矣。以予詞韻有詞林韻釋一書，據稱係紹興二年菉斐軒刊本，然非宋物而出元明，仍分十九部，此葉與中原音韻同。又有詞學全書、詞林正韻二書，皆分十九部，惟附入声韻五部，其他十四部分平与仄，仄声上去通用，是其異點。

我國語文皆爲單綴音（Monosyllabic language），非複綴音（Polysyllabic language）。所謂司徒、司空、司馬者，似是而非也。絶未見 el、il、ep 等字，僅語尾有 n、m、ng 三種及 p、t 等收促音。北京官話所用字音約四百許，即福州方言亦止八百音。古今猶未有差。康熙字典所四萬餘字，多古字方言及僻不用者，不滿一萬。此四萬餘字之音，豈過四百至八百

文學概論

二十三

哉？故國音之字數共約四百之一音可算八十餘字。上平十五字，下平七十字，上聲十字，去聲三十八字。此謂四聲不外乎音之高低（[illegible]）例如梨李栗之能符合于妙。字之聲音過多於語言，至難乃至疊語。例如梨呼鳳梨、山梨、木李、苦李、繆李、車下李、板栗、榛栗、穀易曉耳。疊語原見於詩經，例如「關關雎鳩」之「關關」即重言，「窈窕淑女」之「窈窕」即疊韻，「參差荇菜」之「參差」即双声。是詩人之巧妙修辭也。

第四節

古字書史籀、倉頡、凡將既佚，存者以急就為最古。書館所常見者惟三希堂法帖及唐時僧臨晉人本，近復見宋葉石林摹皇象碑刻，刊石松江，其他藏本尚有十數，皆藉鍾繇、皇象、衛夫人、王羲之、宋太宗之書法而流傳也。葉跋稱急就尚遺二千一十三字，是可謂秦漢文學之原料。東漢文士不將倉頡、急就所傳三千三百餘字形多造名詞成語成句，許慎之徒專向單音字發展，演成九千餘字。至康熙字典載四萬二千餘字，總不外四百餘音，故同音異形多致使語文歧途，往而不返，可慨也已乎！雖然，我國孤立特性之文字能為偶儷之文章，且便對仗精工，聲韻諧協，誠大放異彩。盡周易、國風、楚騷、漢賦、魏晉五言、樂府、唐詩、宋詞、元曲，皆成格律，千古不磨。至文選、文苑之採輯，及四庫集部，莫非歷代名作。今古英、

文學概論　　二十四

吐華雕龍，摛藻良有以也。其辭典故事，蘊積多，優游彬蔚，雅贍兼備，儼然大觀。即含神話迷信，支離滿紙，而寓言重言卮言，殊屬巧妙，情見乎辭。乃羣玉、佩文、淵鑑、事類，皆負典故巨冊，善用足以滋毫芒矣。

茲將援引典故各書，採其要，舉例于後：

天文

重濁輕清　易乾鑿度「輕清者上為天，重濁者下為地。」

頑洞蒼莽　淮南子「未有天地之時，鴻濛頑洞，莫知其門」說苑管仲曰「所謂天者，非謂蒼蒼莽莽之天也」

溟涬濛鴻　帝系譜「天地初起，溟涬濛鴻。」

觀文垂象　見易傳

映璧貫珠　鉤命訣「星纍纍若貫珠，輝映映若連璧」

羡葵藿之傾依

左傳「鮑牽齊侯刖足，仲尼聞之曰：鮑莊子之智不如葵，葵猶能衛其足」。因葵傾向日，自蔽其根也。

傷桑榆之遲暮

劉休元擬古詩「願垂薄暮景，照妾桑榆時」

桃都大樹，首唱雞聲

郭氏玄中記「東南桃都山有大樹，枝相去三千里，上有天雞，日初出照此，天雞則鳴，天下雞皆隨之鳴」

芝草平田，常遮烏目

郭憲東方朔別傳「東北地有芝草，三足烏頻下食，羲和以掌撑烏目，畏其食此草也。凡鳥獸此即美閑不能動」

沉沉爛爛

見王充論衡

縞縞精精

論衡「日者衆陽之精，五色垂之，以象人君。精之似

文学概論

二十五

青翬之似黑，元之似赤，縞之似白，煌煌似黃之光昭
能主，不可以一色名也」

楊炎舉手
張璧用宣室志「楊炎嘗夢為小兒見瑞日在咫尺，以
舉手捧之，寤視其手，尚覺然而汗。後登相位」

傅說乘雲
拾遺記「傅說賃為赭衣者舂于深岩，以自給，夢乘
雲繞日，而筮得利建侯之卦，殷帝聘為阿衡」

夕影韜光，平分穀穨
字訓「穀日出色，穨日入色」

鳴鑼擊鼓，夾和雷霆
異域志「以彌茶國係日西沒之地，至晚
日入，聲若雷霆，國王每于城上聚千人
吹角，鳴鑼擊鼓，混雜日聲，不然小兒驚
死」

寶鏡金輪
崔護日五色賦「聚雲霞于寶鏡，叢藻繪于金輪。」李

玉彈銅鉦
顧兔騰精、
蟾蜍絢彩
圓光似扇
素魄如圭
暈合而深圍未解
影圓而虎騎初來、

賀詩「炎炎紅鏡東方開」。楊萬里詩「赤波千萬里，挑出黃金輪」。
楊萬里詩「一丸玉彈東飛來」蘇軾詩「樹頭初日掛銅鉦」。
楚辭「夜光何德、死則又育。厥利維何，而顧兔在腹」
春秋孔演圖「蟾蜍日精也」，王僧達豪云陽蟾蜍皆
陰兔並明
班婕妤詩「裁為合歡扇、團團似明月」。
江文通別賦「秋露如珠，秋月如圭」。
見天賦畢昂佳
漢書匈奴傳「匈奴舉事常隨月盛壯以攻
戰、月虧則退兵

文學概論

弥關山而有影　王褒詩「關山夜月明，愁色照孤城，光形同漢陣，金影逐胡兵。」

入房櫳而積素　謝靈運〈怨曉月賦〉「墀除兮鏡鑑，房櫳兮澄澈。」

垂藹藹之澄暉　〈月賦〉「降澄暉之藹藹。」

弄穆穆之金波　〈漢書〉「月穆穆以金波」

擣藥白兔　傅玄〈擬天問〉「月中何有？白兔擣藥。」

〈風俗通〉「吳牛苦於日，故望月而喘。」

挂練磨鐮　李群玉〈看月詩〉「練影挂樓台」

韓愈詩「新月似磨鐮。」

蘿石蘂淵　杜甫詩「請看石上藤蘿月」

〈真誥〉「月中有蘂淵，日中有瓊池。」

竹間松際　李嶷詩「露光竹間月」

王昌齡詩「松際露微月」

流砌、棲檐、
百鍊鏡九秋霜
綠烟滅素暈低
山眼白海心明
照潘室鑒阮帷
停琴佇夜賞桂延秋
瞻彼服箱識兹在户
辰參既主夫商晉

謝朓詩「霜月始流砌」，謝莊迎神歌「月棲檐」。
盧仝詩「百鍊鏡照見膽」。梁簡文帝望月詩「影歎九秋霜。」
李白詩「綠烟滅盡清輝發」
楊巨源詩「托蓋愁看素暈低」。
李白月詩「出時山眼白，高後海心明。」
阮籍詩「薄帷鑒明月。」
潘岳詩「皎皎窗中月，照我室南端。」
杜甫詩「賞月延秋桂。」謝朓詩「停琴佇涼夜。」
詩經「睆彼牽牛，不以服箱」，又「三星在户」
左傳「昔高辛氏有二子，長曰閼伯，季曰實

沉、不相能也。日尋干戈以相征討。后帝不
臧，遷閼伯於商邱，主辰，商人是因，故辰為
商星。遷實沈於大夏，主參，唐人是因，故參
為晉星」
書「箕星好風，畢星好雨」
呂氏春秋「宋景公時熒惑守心，公召子韋
問焉。子韋曰禍當君，可移于相，公曰相所
以治國家也。曰可移於百姓，公曰百姓死，
人將誰為君。曰可移於歲。公曰歲饑人
饑必死。子韋曰君有至德之言三，天必三
賞君，是夜熒惑退三舍。」
左傳昭公三十二年「吳伐越，史墨曰不及

箕畢更迭於風雨
子韋識宋公之德
史墨知吳國之凶

向曙而猶能落落
拱北而常見煌煌
北斗天官之喉舌
東壁上帝之圖書

文學概論

四十年，越其有吴乎？越得歲，而吴伐之，必受其凶」。

古詩「兩頭纖纖月初生，半黑半白眼中睛，腷腷膊膊雞初鳴，磊磊落落向曙星」。

詩經「明星煌煌」。論語「譬如北辰居其所而众星拱之」。

後漢書「李固曰：陛下有尚書，猶天之有北斗，斗為天喉舌，尚書为陛下喉舌，斗斟酌元氣運平四時，尚書出納王命，賦政四海」。

星經「東壁天子圖書之秘府也，明則圖書集，道術行，小人退，君子進；不明，天子好武賤文，賢人隱，邪道進」。

二十八

爛然散錦　庾闡詩「元景北映，璧繁星如散錦。」

燦兮連珠　古辭「仰觀天形如車蓋，衆星歷歷如連珠。」

歲時

發柔風兮韶景，騰芳節兮嘉時　梁元帝《纂要》「春日柔風，景曰韶景，節曰芳節，時曰嘉時。」

遒人遵路以徇鐸　《書》「每歲孟春，遒人以木鐸徇於路。」

太師奉職而陳詩　《禮》「命太師陳詩以觀民風。」

命樂正而習舞　《禮》「天下乃以元日祈穀于上帝，樂正習舞。」

勑獄吏而決辭　《孝經鉤命決》「先主春七日，勑獄吏決辭訟，有罪當入，無罪當出。」

戴勝降桑而翔集　《禮》「季春之月，戴勝降于桑。」

雞群鶴立　世說：嵇叔夜子紹始入洛，或謂王戎曰：「昨於稠人中見嵇紹昂昂然如野鶴之在雞群。」戎曰：「君復未見其父耳。」

王霸慚貴客　後漢書：王霸與令狐子伯為友，後子伯為楚相，令子奉書於霸，車馬服飾甚光。霸子方耕於野，投耒而歸，見令狐子沮怍不能仰視，霸目之有愧容。客去而久臥不起。妻曰：「君少修清節，不顧榮祿，今子伯之貴孰與君之高？奈何忘宿志而慚兒女乎？」

張憑戲佳兒　世說：張憑祖蒼梧謂憑父曰：「我不如汝。」憑父不解。蒼梧曰：「汝有佳兒。」憑時年數歲，斂手曰：「詎宜以子戲父。」

孫權甚羨　三國志：曹操見孫權歎曰：「生子當如孫仲謀，若劉景升兒子豚犬耳。」

李嶠始識　松窗雜錄：蘇瓌、李嶠之子俱童年，入見上，命誦書，頲應曰：「木從繩則正，后從諫則聖。」嶠子曰：「斫朝涉之脛，剖

二十九

文學概論

賢人之心。』古舜瑤有子，字嶠岳兒也。

歡罔極於蓼莪見謝

念承歡於菽水

望雲　唐書『狄仁傑授并州法曹參軍，親在河陽，仁傑登大行山，反顧見白雲孤飛，謂左右曰：吾親舍其下。顧望之，雲移乃去。』

戲綵　高士傳『老萊子者養二親，行年七十，著五色綵衣，取漿作臥地，有嬰兒啼，以娛親。』

繞膝　歐陽修詩『嬌兒癡女繞翁膝。』

趨庭　孟浩然詩『詩禮襲遺訓，趨庭沾末躬。』

斷機訓學　列女傳『孟子學而歸，母方織，問學所至，答曰：自若也。母以刀斷其機，曰：子之廢學，若吾斷斯機矣。孟子懼，旦夕勤學不息。」

截髮留賓　晉書：「范逵宿陶侃家，大雪，侃母湛氏乃撤所卧新
薦，自剉給其馬。又密截髮賣與鄰人，供肴饌。逵聞
之，歎曰：非此母不生此子。」

畫荻傳書　宋史：「歐陽修，母嘗以荻畫地為字以教其子。」

隔紗受業　晉書：「韋逞母宋氏，父世儒學，就家立講堂，置生徒
百二十人，隔紗受業，號文宣君。」

能還百鎰幣　韓詩外傳：「田子相齊三年，得金百鎰，奉其母。母曰
不義之物，不入於館，為臣不忠，是為子不孝也。」
田子愧，告還金就獄。王赦之，以金賜母。」

不取一船錢　唐書：「李景讓母鄭氏，早寡，居貧，子幼，自教之。宅
後牆陷，得錢盈船，母祝之曰：願諸孤學問有成

文學之概論　三十

此不敢取命築而掩之。

綢繆　見詩

伉儷　左傳曰齊侯繼室於晉韓宣子使叔向對曰寡人未有伉儷君有辱命惠莫大焉。

不聞嗃嗃　見騷。

每喚卿卿　世說曰王戎婦常呼戎卿。戎曰婦人卿壻禮爲不敬後勿復爾。婦曰親卿愛卿是以卿卿我不卿卿誰復卿卿。

遁世老萊　列女傳曰老萊子耕于蒙山之陽楚王駕至其門曰守國之孤願煩先生老萊曰諾妻曰妾聞之可食以酒肉者可隨以鞭箠可授以官祿者可隨以斧鉞今先生食人酒肉受人官祿爲人所制也。妾不能爲人所制妻畚而去老萊子乃隨之而隱。

人倫

南山之木名橋，北山之木名梓

說苑『伯禽与康叔見周公，三見而三笞之。二子乃問商子。商子曰，「南山之陽有木名橋，北山之陰有木名梓，何不往觀之。」二子往，見橋木高而仰，梓木卑而俯，還告商子。商子曰，「橋者父道，梓者子道也。」』

教有義方

左傳『石碏諫曰，「臣聞愛子教之以義方，弗納于邪。」』

家存風矩

唐書『柳公綽子仲郢有父風矩。牛僧孺嘆曰，「非積習名教，安能及此。」』

河東三鳳

唐書『薛收与弟元敬，從兄德音齊名，世稱河東三鳳。』

荀氏八龍　『後漢書』「荀淑有子八人，儉、緄、靖、燾、汪、爽、肅、專，並有名稱，時人謂八龍。改里名高陽里。」

五桂三槐　『五代史』「竇禹鈞生五子，儀、儼、侃、偁、僖，皆相繼登科，時人謂之竇氏五桂。馮道贈詩曰：「燕山竇十郎，教子以義方，靈椿一株老，丹桂五枝芳。」『聞見錄』「王祐世有陰德，嘗手植三槐於庭曰：『吾子孫必有為三公者。』已而果然，謂之三槐王氏。」

一經傳德　『漢書』「韋賢及子玄成，俱以明經歷位至丞相，故鄒魯諺曰：『遺子黃金滿籯，不如一經。』」沈佺期詩『一經傳舊德。』

七業皆通　『晉書』「劉殷有七子，五子各授一經，一子授太史，一子授漢書，一門之內七業俱興。」

虎劣龍儁　『齊書』「王僧虔戒子書曰：『王門中，儁者龍鳳，劣猶虎豹。』」

辭第北郭

韓詩外傳曰：楚莊王聘北郭先生，先生曰：臣有箕帚之婦，願入計之。即謂婦曰：楚欲以我為相，今何？婦曰：結駟列騎，所安不過容膝；食前方丈，所甘不過一肉。而殉楚國之憂，可乎？於是遂不應聘。

挽鹿車以何勞

後漢書曰：鮑宣妻桓少君，裝送資賄甚盛。宣曰：少君生富驕，習美飾，而吾實貧賤，不敢當禮。少君乃悉歸侍御服飾，更著短布裳，與宣共挽鹿車歸鄉里，拜姑禮畢，提甕出汲，修行婦道。

卧牛衣而弃朱

漢書曰：王章字仲卿，為諸生學長安，疾病無被，卧牛衣中，與妻訣，涕泣。其妻呵怒之曰：仲卿！京師尊貴在朝人誰踰仲卿者？今疾病困厄，不自激昂，乃反涕泣，何鄙也。

賈大夫射雉

左傳曰：賈大夫惡，取妻而美，三年不言笑，御以如皋，射

三十二

文學概論

雉獲之，其妻始笑。

百里奚妻　風俗通曰：「百里奚爲秦相，堂上作樂，所傭浣婦自言知音，因援琴撫而歌曰：『百里奚，五羊皮，臨別時，烹伏雌，炊扊扅，今日富貴忘我爲。』奚驚問之，乃其故妻也，遂爲夫婦。」

花木

「雞冠」

越有秋花全爲雞幘丹。　梅堯臣詩曰：「乃有秋花實，全爲雞幘丹。」

爲鬭無聲欲老逢三　百氏集曰：「對三爲期鬭，初開若欲飛。」

滿頭欲白　花史曰：「明解縉常侍上側，命縉詠雞冠。曰：『雞冠本胭脂染。』上忽從袖出白雞冠，云是白者。縉應聲曰：『今日爲何淺淡粧。』」

而半送而半迎（李商隱詩：「爲報行人休盡折，半留相送半迎歸。」）

傍龍池而事雨（錢起詩：「龍池柳色雨中深。」）

喜上苑之初晴（漢書：「昭帝時上林苑中大柳樹斷仆地，一朝起立。」）

十里隋堤曾傷故國（開河記：「大業中開汴渠，兩堤上栽楊柳，詔民間種柳一株，賞一縑，民競植之。煬帝自板渚引河達於淮海，謂之御河。河畔築道，名曰隋堤。」劉禹錫詩：「煬帝行宮汴水濱，數株殘柳不勝春。晚來風起花如雪，飛入宮牆不見人。」）

五株彭澤自號先生（南史：「陶潛爲彭澤令，歸宅邊種五柳樹，因著五柳先生傳。」）

文学概论

如眼如眉如烟如縷　辛稼軒詠柳詩「縷縷暖日之間眠，直待和風始展眉」。倪瓚詩「柳絮如烟迷晚浦」。
初染鵝黃已藏鶯語　王安石詩「弄日鵝黃裊裊垂」。李商隱詩「流鶯百囀最高枝」。
誰家離別折盡長條　劉禹錫詩「長安陌上無窮樹，唯有垂楊別離」。白居易詩「為近都門多送別，長條折盡減春風」。
何處飄零接來飛絮　庾信詩「獨憶飛絮鵝毛，非復青絲一馬尾垂」。
章臺走馬　杜詩注「張敞為京兆尹，走馬章臺街，街有柳，後唐時曰章臺柳」。
誰聽新歌之曲　白居易詩「小妓攜桃葉，新歌踏柳枝」。按樂天有詩名柳枝。

作曉殘月之詞　柳永詞ニ「今宵酒醒何處　楊柳岸曉風殘月」ト
洛里吟詩　李商隱「義山雜纂」ニ「柳枝ハ洛中里娘也　詠余燕臺詩因折
柳結帶贈余乞詩」ト

禽獸

鸚鵡

隴山之畔有鳥能言　禮ニ「鸚鵡能言不離飛鳥」ト　韋莊詩ニ「地分人
惟貴隴山鸚鵡」ト
珊瑚一曲金目雙圓　昭明太子「鸚鵡賦」ニ「前卻而趨步　舞而翩翩
足若丹而三布　目如金而雙圓」ト
紅比桃花　謝莊「赤鸚鵡賦」ニ「雖林飛岫燦若輕電溢烟門集瑞棧
國燦若夭桃被玉園」ト
白擬玉雪　晉書ニ「我邸十の年秋林邑獻白鸚鵡」ト　桂陽府志ニ「白鸚鵡

文学概論

四十一

大如山鵲，亦能言，羽毛玉雪，以手撫之，有粉沾指掌，如
蛺蝶翅也。
秋槐欲落聞夜鳴，以驚宮人也。鮑溶詩：宮槐花落西風起，鸚鵡驚寒夜鳴。
宮女含情為防言，不敢說。朱慶餘詩：含情欲說宮中事，鸚鵡前頭不敢言也。
上皇安否不忘故國之思。緣雲亭襍記：宋高宗養鸚鵡數百，皆能言。一日問之曰：思鄉否？曰：思鄉。遂遣中使
貴送歸隴山。高宗崩後，有使臣隴山，鸚鵡問曰：上皇安否？使
臣因賦詩曰：耳邊不忍聽鸚鵡，猶在枝頭說上皇。建炎以來錄：
徽宗付隴西歲貢鸚鵡，徽宗寘之安妃閣，教以詩文，宣和末遣
使送還本土。後郭浩過隴，右見一白一紅鸚鵡語於樹間，問
浩知來自杭州，因問上皇安否。也

〔鴛鴦〕

池塘水煖護兩兩之珍禽（李商隱詩：「寄塘漸暖蒲堪結，兩兩鴛鴦護水紋。」韓偓詩：「兩兩珍禽渺渺溪，翠衿紅掌淨無泥。」）

畫閣香濃繡雙雙之錦翼（江湖紀事：「宋時潮州一富人行江上，見二人美貌，曰一兄一妹，漢生也。因榜以歸，兄能捕魚，妹專繡刺鴛鴦。富人欲犯之，不從，題詩於壁曰：『終日繡鴛鴦，懶把蛾眉掃。且歸水雲鄉，百年可偕老。』化爲鴛鴦飛去。」）

踏浪齊飛眠莎成匹（古今注：「鴛鴦，水鳥，似鳧，毛有文采，雌雄未嘗相離，人得其一，則其一相思而死，故謂之匹鳥。」韓偓詩：「向陽眠處莎成毯，踏水飛時浪作梯。」）

文學概論　　四十二

花嶼蘋洲　曹組詩：「蘋洲花嶼接江湖。頭白成雙得自如。春晚有時描一對，日長消盡繡工夫。」

繡纓錦翅　羅鄴詩：「錦翅雙飛去又迴。」吳融詩：「繡纓霞翠兩鴛鴦。」

綠苔春雨之磯，紅蓼秋風之浦　盧照鄰詩：「雙浮雙浴傍苔磯，蓼浦蘭皋繡帳幃。」按有鴛鴦磯、鴛鴦浦。

憶文梓而回首之　列異志：「宋大夫韓馮妻美，宋康王奪之。馮怨王，因遂自殺。……王與之登臺，自投臺下。遺書於帶曰：『願以屍還韓氏而合葬。』王怒，別埋之，兩塚相望。經宿忽見文梓生二塚之上，根交於下，枝連於上。有鴛鴦雌雄各二恒棲其樹，朝夕交頸悲鳴，音聲感人。」

鎖金龍而斷腸　李白詩：「玉樓巢翡翠，金殿鎖鴛鴦。」李商隱詩：「不須長結風波願，鎖向金龍始兩全。」

本雙飛而獲死，緣相愛而相傷。無名氏詩曰：「合雙飛便雙死，前緣相失便相離。」
悵白頭兮烟雨。李商隱詩：「鴛鴦不羨頭俱白，飛去飛來烟雨秋。」
憐綵筆之崔郎。唐書：崔珏有詠鴛鴦詩三律，人稱為崔鴛鴦。其一曰：「翠鬣紅毛舞落暉，水禽情似此禽稀。暫分烟島猶回首，祇過寒塘亦並飛。映霧乍迷金殿瓦，逐梭齊上玉人機。採蓮無限蘭橈女，笑指中流羨爾歸。」

「鴻雁」

邕邕鳴雁，順時翱翔。見詩經。
東海中歌於漢武。漢書：太始三年，行幸東海，獲赤雁，作朱雁之歌。
睢陽見養於梁王。三輔黃圖：梁孝王作曜華宮，築兔園，園中有雁池，池间有鶴洲見渚。」

賀秦穆之得士　說苑：秦穆公得百里奚，公孫支取雁以賀，曰：「君得社稷之臣，敢賀社稷之福。」公再拜而受。」

會稽典錄：虞國有孝行，為日南太守，行惠政，有雙

悲虞國而隨喪　鴻止宿廳樹上，每行縣輒飛逐焉。及卒於官，鴻隨喪至餘姚墓前，居二年乃去。」

應季冬而北鄉　見禮記。

禮記：季秋鴻雁來賓。」周書：白露之日鴻雁不來，

候白露而來賓　遠人背叛。」

從風後先　淮南子：雁順風以愛氣力，銜蘆而翔以備矰弋。」春秋繁露：凡贄大夫用雁，雁有類長者，在民上必有先後。」

隨陽飛止　書：陽鳥攸居。疏：日行夏至漸南，冬至漸北，鴻雁九月而南，正月而北，故曰隨陽之鳥。」

「雁」繫、銜蘆、傳書、係帛 記蘇武在匈奴中，漢使至，常惠教漢使謂單于言：天子射上林中，得雁，足有係帛書，言武等在某澤中。使者如惠語以讓單于，單于視左右而驚，謝漢使。

雲足、霜翎 蕭長庚雁詩：「歲見霜翎單白草，數行雲足篆青空。」

水宿、沙眠 殷陶孫蘆雁詩：「與君細展江南畫，水宿沙眠得自由。」

月中影、天際音 徐鉉雁詩：「清音天際遠，寒影月中微。」

蘆花夜渚、菰米秋田 薩都剌詩：「雨暗蘆花悲夜渚，露寒菰米下秋田。」

「鷓鴣」

杜鵑鳴向北，鷓鴣翥翔南 吳都賦：「鷓鴣南翥而中留。」南越雖東西

文學概論

四十八

廻翔而開翅之始，必先南翥。」異物志：「鷓鴣其志懷南，不思北徂，南人聞之則思家。」故鄭谷詩云：「坐中亦有江南客，莫向春風唱鷓鴣。」詞曲有鷓鴣天。

懊惱澤家　韋莊詩：「懊惱澤家非有恨，年年長憶鳳城歸。」

鉤輈格磔　南方草：鷓鴣生江南，鳴曰「鉤輈格磔」。李群玉詩：「正穿屈曲崎嶇路，又聽鉤輈格磔聲。」

逐月一起　酉陽雜俎：「鷓鴣飛逐月數，正月一飛而止，即伏巢中不復起矣。十二月則十二起。南人常設網捕之。」

每夏後啼　羅浮志：「遇暖則相對而啼，謂之山鷓。」

羅君解放　羅鄴放鷓鴣詩：「好傍青山與碧溪，刺桐花竹待雙栖。花時遷客傷離別，莫向相思樹上啼。」

鄭谷揚名　詩話：「鄭谷以鷓鴣詩得名，號鄭鷓鴣。」

臨ム　施肩吾詩「猶有鷓鴣臨路啼」
隔林　陳羽詩「鷓鴣更在隔林啼」
啼暮雨、弔残暉　韋莊詩「孤竹廟前啼暮雨、汨羅祠畔弔残暉」
啄残紅杏、聲度緑楊　楊巽齋詩「山鷓啄残紅杏粉」楊傑詩「緑楊深處杏花叢、日暖数声山鷓鴣」

〔杜鵑〕

青春欲暮杜鵑啼　本草「鵑出蜀中、今南方亦有之、状如鵲、色慘黒、口赤有小冠、春暮則鳴、聲哀吻有血」
古木空山烟草萋　李白詩「又聞子規啼古木、愁空山」呉融詩「数声烟漠々、餘思草萋々」
望帝千年留怨魂　寰宇記「蜀王杜宇號望帝、時有荊人鼈靈為相、既死

文學概論

四十五

其尸隨水上至汶山下，忽復生，帝立爲相。後帝淫繼靈妻，
遂禪位於繼靈，號開明氏。帝自亡去，升西山隱焉，化爲子
鵑。時適二月，子鵑鳥鳴，蜀人悲之，聞子鵑鳴即曰是望帝
也。

生子他巢，飼雛百鳥。　《博物志》：杜鵑生子，寄之他巢，百鳥爲飼之。杜
甫詩："生子百鳥巢，百鳥不敢嗔，仍爲餧其子，
禮若奉至尊。"又："寄巢生子不自養，群鳥至今與哺雛。"

怨夜月之三更。崔塗詩："杜鵑枝上月三更。"

染花枝之纖屨。吳融詩："血染枝紅壓疊繁。"馮袞詩："悲血滴花
春豔死。"

思婦無眠，《高唐賦》："秭歸思婦。"

客愁良苦。杜甫詩："客愁那聽此，故作傍人低。"

嘵花　羅鄴詩：「不念啼血向花枝。」
裂竹　杜甫詩：「子規夜啼山竹裂。」
迷芳草，染紅花　杜牧詩：「芳草迷腸結，紅花染血痕。」
犢車見尋　搜神記：盧充獵，見麞，射中之，隨逐不覺遠，忽見一里門，於府舍閣鈴下對曰：「崔少府府也。」進見少府，少府語充云：「尊府君為索小女婚，故相迎爾。」三日婚畢，以車送充至家，母問之，具以狀對。後四年三月三日，充臨水戲，遙見傍水犢車，充往開車戶，見崔女與三歲男共載，情意如初，抱兒還充，又與金椀，以乃別。
或執蘭而容與　詩溱洧：「方渙渙兮，士與女方秉蕑兮。」注：「蕑，蘭也。」
或暴藥以沉吟　及續別傳，續齊諧記：三月三日，洛中公卿以下莫不
文學概論　　　　四十八

方軌連軫，並至南浮橋邊，祓禊（除惡祭也），統時在船中曝所市藥，隱坐不搖，賈充中見，深奇其節，使問船中安坐者為誰。答曰：會稽閒民夏仲御。

叢花繞練以凝池　宋書：武帝三月三日登八公山劉安故臺，望曰：城郭如疋練之繞叢花。

流鶯返枝而轉音　梁沈約三日率爾：麗日屬元巳，年芳具在斯，開花已匝樹，流鶯復滿枝。

盍春之盍之不足為其和也

蓬衛：采采流水，蓬蓬遠春。

紅雨翠烟　王禹偁春詩：一路翠烟籠碧都，滿川紅雨落花村。

金勒馬玉樓人　草迎金勒馬，花醉玉樓人。

鴨頭水羊角風　魚兒水泛鴨頭綠，野馬塵飛羊角風。

通判養來尚寄京師之語，春渚記聞：錢奉議為隴州通判，家人得鸚鵡，忽語家人曰：「數日來亡思鄉。」家人憐而放之。後有維使何忠自隴差至京師，道憩一樹下，忽聞鸚鵡呼之曰：「你能得記我否？我便是錢通判家所養鸚哥也。到京師為我傳語，到鄉甚快活，且深謝見放也。」

以上略舉類典，故藉資引用之模範。同一典故，其詞句可化為詩歌，可化為詞曲，亦可化作駢文或散文。引用話證，不鋪張堆砌，則辭達矣，情見乎辭矣。至名不符實，語不切題，宜戒之。然而典故，僅助行文，証理，描寫陪襯而已，若獺祭豺祭，不難貴氣，更無情能表，反失文字之價值焉。

第五節　論中國新文學

我國文學自漢魏六朝以來，因受印度、回紇、波斯及海洋之影響

文學概論

甲十乙

每生特色，蔚為大觀也。然近有所謂新文學運動，未免助桀為虐耳。文學原無新舊之分，而有東西中外之別，今以「新」名類皆舶來，況輸入者盡屬浪漫主義乎？或以文學中之主義乃評論家憑空揑造，而予著作家一種標幟，無關於文學中之本體。每談主義，人將譏其庸人自擾。遠觀文學之歷史，近揣我國新文學運動之內容，而擬以泰西文學評論原理，可認定文學中有二種主要之區別點，曰古典，曰浪漫。試讀書坊新作，甚覺古典、成語日少，杜撰與番語日多。足證中國之浪漫新文學又紛紜矣。茲將其淵源狀況論列如左：

(一)趨外化

舊文學乃本國所特有，新文學即受外國影響而提倡者。劇之撥頭、踏搖娘、霓裳羽衣等曲以及元代歌舞腔調，皆傳自西域；藏經之譯詞與筆法傳於印度。而五代之尚習鮮卑語，元清之尚習滿蒙語，光宣民國五十年來之尚習英法德語，民國十三年容共後之尚習俄語，一般學子竟由繙譯而摹倣而混雜而代替。試觀海上所出新書，汗牛充棟，其中重要部分非外國名詞，即外國文法，中國人鮮能讀通者。嗚呼，文運之衰何至斯極矣。是乃新文學極端承受外國之影響者浪漫主義之一特徵。

浪漫主義者之目的在新穎奇特，而一國文學或全部文化，苟歷年遙久，不加整理，不趨陳腐，魚爛於內，蟻負於外，是起變化之良機也。蓋當某朝盛，人才輩出，創作發達，斐然可觀。若漢之淮南、兩司馬、董賈、劉氏父子、班氏父子、馬鄭及其他文學博士，三國之曹氏父子兄弟、建安七子，唐之李杜蕭李韓柳，宋之歐曾蘇陸王與周程朱張，明之王、歸及嘉靖八子諸王，方及乾嘉諸儒，罔不

四十八

文學概論

風靡一時，然盛極而衰，往往傳統之精神陷於穿鑿附會，藝術之精神淪爲習慣摹倣，抱古主義之正學先生亦不願有此，尤爲浪漫主義者所難堪。晚近提倡革命，更無論矣。若非要求自由活動新奇，本國文字因傳統關係層層拘束，浪漫主義者亟欲藉革命之聲勢，速謀解脫之，攻破之。攻破之方，不外二種：曰復古，曰外化。後者較前者頗易，僉以外國文學之精神縱覺新穎，若唐宋以後之學梵將佛，鴉片戰後之傳英誦劇，歐戰後之講共學俄，甲午後之習日讀和，庚子後之慕德尚美，皆望洋迷津，海外潮流，一經湧入，勢莫能禦，儼如飢而受食，不暇擇其美惡而橫吞之，雖不衛生，究可苟延，不待病發不悵也。浪漫主義者在此過渡時期中，繳享權利最多。若輩所喜者，即天真之蓬勃氣象，不守紀律，而自由活動，故任意接納外洋文化，余非絕對反對外國影響者，蓋外國國勢力之不可禦，而先由本國文學有可乘之機，況外國文學未盡不善，惟有擇其善者而從之。若謝衛樓、花之安（德國人）、李提摩太（英國人）等及新舊約譯者，與夫馬氏弟兄、嚴復、辜鴻銘、周某、胡某，皆調和東西文化者，於我國識屬有益。

大凡文學上之重大變動，無不起於文字問題。例如但丁Dante之擁意大利文，集塞G. Chaucer之擁英吉利文，拉伯雷F. Rabelais之擁法蘭西文，若輩皆文學史上劃分之大家，而其著手均在文字。我國亦然，新文學運動之初，則提倡白話，然白話行文非自近年始，如水滸、西遊記、儒林外史皆白話也。若輩之運動非沿襲此等前者白話文體，而在表示反抗古文。其反抗主因，固由古文煩難，繁揉造作，過甚，究之醞釀未發，近受外國影響乃爆然矣。提倡白話文運動者多爲新學生，若輩深諳外國語言與文字無大懸殊，而

文學概論　四十九

我國差別幾不可以道里計，同時外國亦值革新時代，印象主義者聯盟歸正，刪繁瑣字句，去陳腐思想，與美洲是，我國學生未免受其影響，漸次推及全國學界。按印象主義者宣言不用典，不用套語，幾條，與我國提倡白話宗旨吻合，吾故曰白話文運動嘗由外國影響而起，並採新式標點，全仿泰西為之也。白話文運動之原因無國可議，文字乃文學之工具，此外國影響促進中國文學改換一新工具。由大體觀之，有益無損。第白話提倡後，似乎發生一種流行病，則以任何俗言俚語皆可入文。其所謂言文一致，幾舉世未嘗聞之。浪漫主義者之主張，僅從反面着手，攻擊古文體，而不謀建設新文體，惟要本加厲，求實際造語言文一致地步，以文學遷就語言，不以文字適應文學，是浪漫文學之結果。

論及語體文之歐化，更表其外國影響異常劇烈，以白話行文，僅於方法上借鏡外國，而歐化語體則進一層，欲以歐式之白話代替中國式之白話，其意若曰不但中國文體不適於今日，即中國語体不適於華人，甚至以羅馬字母代漢字，欲滅亡中國於無形，何喪心病狂乃爾。

新詩亦屬白話文運動之一部分，然若輩所作之新詩與舊詩根本不同。其「不同」也，淵源泰西耳。試觀新詩體裁，悉反「絕句」「五言七言律」「排韻」，亦非「古風」「樂府」，竟成為「十四行體」「排句體」「頌讚體」「巢塞體」「斯賓塞體」「三行連鎖律」，大多數採用「自由詩體書寫分段分行。有一行一讀，有兩行一讀，顯然洋化。

西洋小說由宣教師輸入最早，至近年始影響中國文學。短篇小說體裁最為刺眼於新文學運動中，其實此種體裁，中國古已有之，遠推莊子，近舉聊齋，莫一非佳品。而浪漫主義者反視為陳腐，必出諸外洋，然後加以崇拜，稱為新穎創作。若中國章回體長篇小說，由藝術上觀之，無可非議，外國小說亦嘗有此類體裁，而新文學運動者不擯斥之，以「話說」「且聽下回分解」「正是」等句為非常可笑，足証若輩意在推翻中國文學正統，全部承受外國影響。

中國戲劇原係中國特產，隨時「連唱帶做」，頗與西洋之「奧普拉」近。似浪漫主義者一方非議，他方介紹無數外國劇本，此等劇本決非莎士比亞 William Shakespeare 毛里哀 Molière 更非莎渡尔 G.（oethe）而為蕭伯納 G. Bernard Shaw 阿尼尔 E. Angier。蓋若輩根據現代嗜好，任何方物，凡屬現代，即成妙品。若輩又為中國添造一新體裁曰散文劇，構格概仿摹倣外國，此究於中國有益無損（擯）？倡者欲推翻舊劇而代以新劇，殊不知新劇即外國劇也。國劇退化，尚不護其馬，然堪與巨劉外，之文學影響侵入中國文壇着象徵，無道於迻譯。蓋迻譯之於新文學運動，堪云中流砥柱，爲迻譯天豎，無時不陳混浪狀況。迻譯者之於外國作品不講求理性，其選擇亦無目的，無紀律，惟事個性縱慾，投其所好，但憑迻譯者將外國下流作品視若至寶，爭相摹擬，甚至各捧一外國文人以資號召，若太戈爾Tagore、杜威Dewey、羅素B. Russell皆其工具也。

以上皆屬外國影響表上之論據，其實全部影響之最重要者，在輸入外國之文學觀念。換言之，自海禁開放，與外國文學接觸，我國人對於文學見解漸次變更，古之文學觀念曰文以載道，今則曰以文表人生之情感、思想、意志而成作者，感乎即含有藝術也。雖然，孔子刪詩書，訂禮樂，作春秋，及爲繫辭，已將古今文學觀念包括無遺矣。試思刪削兩種，判定科考四部分，八股文五經策

五十一

文學概論

議文、七言八韻詩等，曰藝制，非藝之對文學觀念有差，而判定範圍遂窄（參亭林文集與友人論文）、新文學家何嘗改其觀念，僅放大範圍耳。若推諸四書、五經為文學，今則視紅樓夢、水滸、儒林外史等文學也；昔推諸楚詞、六朝、唐宋詩賦為文學，今則視李陵碑、三娘教子、四郎探母、賣馬、各種唱本皆文學也。放大範圍固有益，遂於浮濫混雜而無標準，不失文學史之地位與價值。今之新文學運動其製造混亂時代歟。

（二）重情感

古典主義者重人之腦，浪漫主義者貴人之心，腦係理性機關，深藏智慧；心乃情感泉源，包含熱血。古典主義者曰我思想，故我是。浪漫主義者曰我感覺，故我是。古典主義者曰我思想，提高理性可達到真實境界；浪漫主義者曰有絕妙靈魂可超越諸般境界，依人人之常態,理性感情最爲高也。然浪漫主義者幾極端反對常態,當其心血澎湃之時,如醉如夢,精感力而升入雲天矣,想狂極興其原因也。若非常覺無感情,則無文學,且須在感情上自由活動,謂擺理性之由門而進入,文學則將破密死去。

現代中國文學,偏於浪漫抒情主義,幾無不載情詩,任何刊物或雜誌亦皆賴其點綴,誠時髦流也。蓋雅頌既廢,鄭衛之音不作,禮教漸除,浮動推進自由也。至將監視情感之理性隨同撲滅,乃放蕩無羈,若火之燎原不可向邇。抒情主義之本身無瑕疵,第當審其質之純正,其發之有節否耳。由質發上觀察,則新文學運動之情感未免推崇過分也。但情感非不加理性之選擇,而流爲頹廢主義,假理想主義而有論之者,之聲色肉慾,將文學禁錮於色相牢獄中,徒以人己之衝動,或因傷感而不倫,或講自然而流卑下,若

五十二

李白、陳後主、侯朝宗、袁枚，以及實甫輩，及時髦書生，皆已頹廢之人生，歌以文藝，其他之極端陷入假理想主義，以有由憤慨激昂而精神錯亂，一方不願現世，他方難超物質，換言之，不能作俗人，又不能作仙人，如是遂發為文詞，儼然瘋語夢囈，莫可名狀，觀其理想主義與假理想之區別，即相接觸與離接之區別，中國文學現在趨勢似離常情感，甚不頹廢，亦幾希，將幾希之數，竟成假理想主義。

新文學家多屬情人，其作品無分散文、韻文、記錄、書札，莫不情感橫溢，不但以情感作文學之動機，竟視情感為文學，抒情詩作者，固宜自訴衷腸，然表示方法不應放蕩，如見雨打為隕淚，見雲呼作飛艇，見蝴蝶稱似神妹，見花直喚情人，是識此傷之匪幻也，抒情之文學作者無處不用情，在彼觀之，文學不為分類，詩歌與小說皆抒情也。甚至詩歌固亦無區別矣。此謂全部藝術型類混雜，浪漫主義者之抒情小說，往之描摹英雄有之傷感等於無病呻吟，此能家不問离別言為何遠遠，言不過三日則言為何久別，風蕭花比，淚沾襟，刺破手指竟謂自殺未遂，徒步行街，食晚飯即述其為何艱，歷絕糧，些小事情欲借以寫情感，無一不可編成經篇小說，借其「未寫」所作者亦不自知將作何言，是敘事小說之難見諸今日矣。浪漫文學抒情之工具也。此種作者之人生觀不然附帶人道主義之色彩。人道主義本於「同情心」，尤為普遍之同情心。浪漫文學作品即常表現此無限制普遍之同情心。近年新詩竟有「人力車夫派」，視人力車夫為勞工神聖，謂其生活可敬可憐可歌可泣。讚之嘆之無時或息，究之此種同情心無關於實際。然其普遍之同情心愈形發展，由人力車夫後推及農夫樵夫石

五十三

匠氏匠鐵匠鑄班子於倡門賣笑之娼妓。浪漫文人之於娼妓更表同情，成其所謂青樓文學，再（進）而為「弱小民族文學」，「反侵略文學」。未幾引起「抗戰文學」。溯其最初之浪漫無非本於「自愛」「自憐」之漸次發展。但根本出乎一種理想「人類平等」，平等觀念原非理性，屬於情感。浪漫文人即驅策此情感而加諸一切矣。

（三）論印象

安諾德（Arnold）有「沉靜觀察人生，觀察人生之全體」一語道破古今古典文人之態度。惟其能沉靜觀察，乃免主觀成見。惟其能觀察全體，故有中正而無偏見私見。是古典文人具普遍性不失常態而有紀律。

法郎士（Anatole France）選入法國大學院教授，同事舊儒立起攻之，目為「病狂之幻覺與放蕩之游藝」。法朗士自陳「我非文學批評家，吾智者之於文學者，若打稻然，擊破穀殼，穀粒誠不我能也。然則法朗士之所能，於古文學傑作中，為靈魂之探險。此即印象主義之張本也。印象主義乃屬浪漫主義之流亞，其人生觀乃基於「流動哲學」。識柏格森（Bergson Henri）所言宇宙無時無處不斷變動，文人所能觀察之自然與人生，僅此微片段之遊影耳。印象主義之文人，即生息於此遊影中，隨其心性轉移，變換其對於自然之態度。喜時則見草木笑舞，悲時則見天日暗淡。寧不放眼沉靜觀察人生，惟半啟其目，對朦朧之影象，反覺幽美。若以文學非客觀之模倣，而為主觀之印象。

現代中國之新文學，即為此印象主義所支配。「小詩」風行，固受印度太戈爾及日本俳句之影響，而學子之樂從也，足征為趨於印象主義之心理。小詩之效用，乃記述零星片斷之思想印象，謂此

文學概論　　五十四

皆可憑其天才發揮，儼然「星殞電閃」，能記述常人所罕見罕聞，若即文學也。並作品為曲盡然隨筆描寫而已。毫無建築骨幹之需要矣。

小說原係敘述一故事，而於散文學無分乎韻文散文，亦無分乎小說詩詞渾然終篇，難辨其體。其新小說十三七八無事可敘，未嘗布局，猶無人物描寫，僅學者之感想與印象。散文固誠美矣，究難辨其為小說。此類即是小說通稱為「尺牘」或「日記」。蓋「尺牘」與「日記」可隨時隨地片段敘述，隨意發揮心中感慨，無庸結構上之注重，故於散文人我視此體裁為唯一工具。短篇小說原係無首尾之片段記載，即今之幾部長篇小說實則無數印象串湊而成，無何章法之可言。「歷史小說」尤極少見，良以歷史為骨幹，作者將受相當拘束也。最近小說常用之題目不外「母親的愛」、「三角戀愛」

第三章　文質

第一節　觀念之聯絡

蒙師嘗教幼童讀文曰眼到口到耳到心到。眼到者見其字形及其描寫之狀況，不能聯想到若干事實問題，例如讀論語"冠者五六人，童子六七人，浴乎沂，風乎舞雩，詠而歸"一段時，不能回憶平時游玩所見水波洋洋之清澈可愛，山峯矗起，清風徐來，眾浴且息，晚唱而歸之佳境也。口到耳到者，調整其音調聲韻也，純熟其詞句文腔也，能審聲辨之清濁輕重而成樂律也，使耳聰聽也，口成錦繡也。心到者選擇而貫串也，使其思想有系統也，具情緒也，能感興趣也。例如伯牙鼓琴，鍾子期聽之曰"志在高山，志在流水"，心之也，神往也。反之，作文者亦然。蓋文學之質料及組織不外

文學概論　五十五

乎平日之經歷，日積月累，蓄於腦中，是為觀念。及乎臨文，則各種觀念皆奔赴筆下，以供驅策。惟觀念隨得隨蓄，多屬于零碎，未嘗聯絡，則不成片段，亦即不能入文。故心理學有所謂類概觀念，類概觀念所含之要点有四：曰印象，曰回憶，曰選擇，曰組合。印象者即自然界事物所留之影也。回憶者即追思過去之印象也。選擇者即所留之概念未必皆文學上之價值，須加檢討淘汰。如毛爾登 Moulton 所云「實際中一切所有，一成為美術，必經過美術家提淨之功。」如濾水然，清潔者存，穢濁者去，並非才力有以取彼棄此也」組合者即各種印象，在尋常人視之，則紛如亂絲，碎如屑玉，彼皆自成一單元，漠不相關，而文學家每能尋出其間相連之關係，類聚群分而貫穿之也。四者之中，前二者屬於想像，為人人所同有；後二者屬於創造，為文學家所擅長。譬之冶金，前者采礦也，後者鼓鑄之法也。譬之陶甄，前者坯質也後摶埴之方也，至為罐為餅，為尊為壺，則其創造之意向匠心模型規範，皆以殊焉。是故天壤間日星之光曜，風雲之變態，草木之葉實，鳥獸之蹄跡，凡接於耳而寓於目者，無一不可以入文學。有創造力者，則或見景生情，或以情會景，取之左右逢源。黃庭堅所謂「天下清景，初不擇賢愚而與之遇，然吾特疑端為我輩設也」。無創造力者，對此紛繁雜陳者，心迷目眩，莫知所取捨矣。彼江上清風，山間明月，小橋夕陽，村中黃葉，漁夫樵子，牧童鄉老，日得之而不知，即或知之，而無發抒情感之可能，一經文學家之擬指點，成絕好辭矣。故王右軍蘭亭之會曰：「仰觀宇宙之大，俯察品類之盛，所以游目騁懷，足以極視聽之娛，信可樂也」。李翰林桃李園之集曰：「陽春召我以煙景，大塊假我以文章」。由是觀之，非事物則想像無所憑依

三之十子 歐公

五十六

非偶造則想像莫由表見，兩者相需甚殷而相資至切。黃庭堅又云：「詩文惟不造空強作，待境而生，便自工耳。」觀念既由外界對象而起，吾人所處之境地，所受之教育，所得之知識不同，諸般解釋各方措置，遂由是而生差別。智者樂水，仁者樂山；詞客低回於春花秋月，幽人眷歎於鶴唳猿啼。其所感者殊，亦各有所契也。故水一也，孔子觀之曰「逝者如斯」，莊子觀之曰「出於崖涘」。墨子見染絲者而嘆曰「染於蒼則蒼，染於黃則黃，所入者變，其色亦變，五入而已為五色矣。故染不可不慎也，非獨染絲然也，國亦有染。非獨國有染也，士亦有染」。楊子聞鄰人亡羊，歧路之中又有歧焉，則戚然變容，不言者移時，不笑者竟日，憫求道之易入於歧途也。然則觀水染絲也，亡羊也，皆自為一事，而孔莊墨楊獨欲以主觀假先解釋，意見差異焉。法國文人法格 Faguet

日常繪圖祇要映入畫家之眼簾，如實寫出即可以止。小說則不然，描寫外部，同時須描寫內部，以明瞭一切行為之動機。如叔本華論畫景色或人物之動作，皆非被動而出，純由自動構成。換言之，即以心理之作用，設造具體之事象。所以無心理之描寫，便可謂之無小說，此論甚是。彼寫實派專注全力於摹擬，性慾、物質諸方面，意在求真。實則真之一字亦無定觀，有科學之真，有倫理之真，有美術之真。文學家之解釋，乃美術之真也。為同一華也，其芬芳馥郁，以科學家視之，必辨為何科何種；文學家視之，則興君子美人之思；同一雲也，其舒卷聚散，以科學家視之，乃物理之變化；文學家視之，則興高僧遊子之意。至倫理之真，大都偏于抽象方面，如善惡者，乃倫理上判別人生行為之詞，故文言何若

文學概論

吾也

善。何者惡者，有系統之學說。文學家但用主觀之法，狀述惡人善人於讀者之前。是故科學哲學之不於全悖其真理之傳播，其著作本身無甚輕重。文學則不然，因含有美術之真，為若無理于尋常實用，而滿合於人性中最高一部分之需要。總言之，美故無營于胃，美味無益飽，然食不厭精，衣不厭華，則人性所同。所以讀者必得其原作，方足出一以貫之心。故文學家之作品每能流傳於數千百年也。

第二節　人生之表現

文學為選擇之人生　文學所以代表人生者，必取材於人生。史梯文孫 Stevenson 曰：「吾人所見人生事實，皆其紛亂之部，細察其內，仍有一定不變之真理存焉。文學所欲代表者，即此真理，非鈔襲其。

「學校生活」「青春的悲哀」「情場失意」「瘋人筆記」「狂人手札」等，以其易於發生感慨也。印象主義之文人自恃如此創作能可表現自我，殊不知僅能表現其影像，而無其實之自我。不在感覺之境界內，而在理性之生活中。彷彿大文學不在表現自我，而在表現普徧之人性。

「遊記」作品之風行，亦屬印象主義發達之徵候。「遊記」原有定義，今之遊記，如遊羅馬，不必記述羅馬，且不必記述羅馬之本身，僅記述其於羅馬印象足矣。遊記堪供描寫風景，亦足將發情感信筆所之，印象無窮，是遊記乃走馬觀花之文章，猶印象主義亦裸表現之所在焉。

印象主義者最有效用之工具，尤為「文學批評」。西洋文學批評之方法有二：一曰判斷，一曰賞鑑。凡主判斷者不先承認文學有

五十八

文学概論

一客觀固定普徧之標準。凡主賞鑑者為於自身性情嗜好之外不承認任何固定之標準。惟憑其好惡而已。前者屬古典主義，後者屬浪漫。前者憑理性，後者任情感。印象主義之批評乃後者而走極端者也。致晚近所謂批評學竟無標準。若文序詩序或題跋不免諛頌，較同且一味謾罵。蓋二者俱出於讀者之印象，無平允之標準可言，是印象主義自然之結果也。

（四）尚自然

盧梭大聲疾呼於十八世紀歐洲人為之社會中曰：皈依自然！然呼聲震盪全歐，音波不斷於人之耳鼓者幾百餘年，直至現代中國文學猶有迴響。何謂自然？先盧梭數十年，蒲波亦呼曰皈依自然！蒲波曰：賀馬即自然，皈依自然即皈依典籍。其云常識為自然，故皈依常識即皈依自然。盧梭所謂自然，可謂浪漫之自然。盧梭以為人為之文明乃人生桎梏，去此桎梏，返樸歸真，詢自然矣。我國道家嘗倡此論，荀子亦言人為，偽也。謂人在自然天真爛漫，無憂無慮，除儒家尊卑繁文偽學以束縛之，則失其人生矣。是的反依自然」之哲學意味，乃要求自由。要求自由在文學中即反對模倣，反對模倣之積極工作即提倡創作。浪漫主義一方要求文學自然，他方要求文學創作，其實乃屬自然亦非創作。此浪漫主義者之矛盾也。然而有此矛盾，適足以表現浪漫文學之大特色。蓋浪漫文學原無紀律也。

中國新文學運動之初步，即攻擊舊文學，尤攻擊八股、試帖、試之詩文，同時呼號依自然，並攻擊「因襲主義」，主張「創作」。今之全部新文學作品不外於此二者。浪漫文人多武斷，極欲推翻過去全部藝術，而造就所謂自然創作，崇尚情感，認為人生之嚮導，打破傳統」

文學概論

五十九

觀念，而醉心新穎。近人頗注重「兒童文學」，如安徒生之童話、王爾德之童話，幾乎人手一卷，而執此卷者多屬成年人，究非兒童。然則兒童文學非為兒童而作，實以兒童人物為中心也。蓋浪漫文人即兒童也，若華茲華斯（崇「赤子之心」，謂兒童為成年者之父。華次渥斯又言兒童為成年之父」其意以兒童不受理性之束縛，而率性生也。浪漫文人成年後月歷社會組織與禮教之束縛，固深表不滿，然不容不受理性範圍，而有義務。不知浪漫文人一聞「義務」二字，必驚訝焉。故藉兒童文學為逋逃藪，逃出理性範圍，免除義務，而入放蕩之仙境焉。浪漫文人惟知幼年之可愛，不知老年之可貴。西塞祿（Cicero）云：老年乃人生思想最成熟之時，亦人生最幸福之時。孔子曰：「七十而從心所欲不逾矩」之文學也，不失紀律之謂也。浪漫主義所須之文學則反之，從心不踰矩之文學也。浪漫文人因情感之横溢，撤開現實生活，返於兒童夢境，不亦妄乎？同時若舉歌謠勝於詩詞，是以文學全屬自然流露之產物，否認藝術之價值矣。學者果視文學為藝術，則歌謠之於文學無甚高尚之地位。近年中西各國收集歌謠之風甚熾，頗似对于古來因襲之文學表示反抗。蓋當八股文試帖詩賦盛行，學者偏重辭藻規律之時，歌謠愈能顯其樸素而活潑，可於文壇當爲一新戟刺。故歌謠採集其自身文學價值小而影響大矣。

兒童文學之勃興與歌謠之採集皆自今我國文學趨於浪漫之证據。文學固應任自然天性，然修辭之規律與典故之雅純猶不可忽略。儀國風楚騷漢賦唐詩宋詞元曲均係當代之創作，究各能成格，非如新詩童話，尚若能人性中心而單獨活動。要之，極丁文化之波瀾不但披據埃及土耳其而普風靡日本高麗已及我國大陸，形字漸識音字增長而音律在文学上之進境時有一日千里之勢，居時步漢唐宋元後塵而有特別文学出現。

紛亂之表面已也。是文學家第一步當考察人生，考察有得乃臚陳所收集之材料重加甄別，審定何者有代表之價值。施耐菴羅貫中奔走江湖數十年閱人極多，故有水滸傳之描寫。楊惠之欲為姑蘇甪直白蓮寺塑羅漢，先雲游天下叢林閱千百高僧乃着手，成絕技。希臘雕刻家亦然，欲雕刻一美人，必考察許多美人，然後集衆美人之長而成一像。故文學之人生，常較普通人生全備。足供社會模範。而感化人，促進人生之進步。惟所表現者果為真人生否尚屬問題。蓋人類觀察事物如御有色之眼鏡，顏色既異所見隨殊。古今人士竭畢生精力以探索絕對之真理真象終不可得。牛曼Newman云曰世無極端純潔之人生，而無極端純潔之文學。謂真美善之不易求得也。而寫實派文學專摹人生自然現象，從實寫出不拙作為，不弄投巧，以為如是始可得真，不知其無美善之真如未琢之璞，徒見其為粗魯之石莫測其蘊質而顯其玉光，更無雕刻藝術之美善可言。是以描自然真實人生大眾人生幾不能為文學之資料，必其人生有超群特色然後從而取之，畢竟造成貴族之文學，僅足以代表社會階級。平民真實生活過於簡樸俚俗，難成典雅純潔之文章。殆其施修辭工作可稱典雅純潔，則又虛偽浮誇矣。噫！寫真之難也。「模帖兒」Model之難也。圖畫寫真之宜有「模帖兒」，文學豈不應有模特兒乎？唐宋以來文人之以千金市墓誌傳記者某詢憑「模帖兒」之真象乎？多以諛詞導對待金銀。若王壬秋先生之作《湘軍志》，晚近良史寧有幾人。至於不善用「模帖兒」之於文學者其弊擢有二端：一則偏於理想化，易流入虛偽。務求美善之念過甚，致質本善而文反劣。二則人品不齊大多數人生頗難為文學上當有興趣之材料，選擇精當，易流為貴族文學，僅能代表若干階級而已。此二弊，於唐宋偽古文明清偽時文可以見之，近人有鑒於斯故有文學上之革命。文學之消極條件屬於論理，有因果關係。文學之積極條件屬於美感，有技巧之作。而人生屬於時間。時間連綿不輟，人生事實亦連綿不輟，我們僅能見其一部，可謂「人生之斷片」是。或曰取此斷片人生以為文學，既無梗概，亦又無結構，必使閱者如霧中看花，莫名其妙，欣賞之度必因之而減，娛樂之感必因之而低。寫實派之作品大都如此。故易卜生Ibsen自稱其戲劇係「取某家之一室，拆開四壁之一面，以其內部示人也」。吾意不盡然，蓋人生之精采處無或僅有此醜處，如其必有因果關係，無所追求，是短篇小說之所以尚也。故章回體之

文學概論

六十一

長篇小說亦不可廢，仍有特色焉。

文學上設備重個性之人生，易流為厭世傷隱，或縱情逸樂，必至如六朝文人之清談亡國而止。若莊子所謂真人神人至人，尤為理想之人生，獨尼采Nizoche之「自我狂」Egomania乃極端重視個人之自然生活，與本能生活，以強烈之自我為中心，其云超人也，即具猛勇美正嚴肅諸德而為獨度之我戀人也。易卜生戲劇中之主角亦有此趨向，故時下之以唯我主義之文學。

文學思潮與社會關係，至為密切。故抱積極主義者其人生觀多注視社會。孔子曰，君子之德風，小人之德草，草上之風必偃。（論語顏淵）如此之謂化行也。孔子曰，若臧武仲之知，公綽之不欲，卞莊子之勇，冉求之藝，文之以禮樂，亦可以為成人矣。（論語憲問）如此之謂寓生也。孔子曰，[illegible]

乎舜禹之有天下也而不與焉。」「大哉堯之為君也，巍巍乎唯天為大，唯堯則之。蕩蕩乎民無能名焉。巍巍乎其有成功也，煥煥乎其有文章，禹吾無間然矣，菲飲食而致孝乎鬼神，惡衣服而致美乎黻冕，卑宮室而盡力乎溝洫，禹吾無間然矣。」（論語泰伯）如此之謂徵聖也。孔子曰「直哉史魚！邦有道如矢，邦無道如矢。」（論語衛靈公）如此之謂原道也。「祭如在，祭神如神在。」（論語八佾）如此之謂宗教也。孔子曰「師摯之始，關雎之亂，洋洋乎盈耳哉！」（論語泰伯）「關雎樂而不淫，哀而不傷。」（論語八佾）「唐棣之華，偏其反而，豈不爾思，室是遠而。」子曰「未之思也，夫何遠之有！」（論語子罕）子夏問曰「巧笑倩兮，美目盼兮，素以為絢兮。何謂也？」子曰「繪事後素。」曰「禮後乎？」子曰「起予者商也，始可與言詩已矣。」（論語八佾）

子曰：詩三百，一言以蔽之，曰思無邪。論語為政。如此之謂明詩也。是皆先人觀察社會人生之文學也。

第三節　時代之關切

文學常為時代之反映，故亦隨時代為轉移。毛詩序云：治世之音安以樂，其政和；亂世之音怨以怒，其政乖。亡國之音哀以思，其民困。三百篇中如良耜云：百室盈止，婦子寧止。安之極也。湛露云：厭厭夜飲，不醉無歸。樂之至也。天保云：群黎百姓，徧為爾德。其政和也。其政和，人民安居樂業，頌德政而作歌也。碩鼠云：三歲貫女，莫我肯顧。怨之深也。巷伯云：取彼譖人，投畀豺虎。怨之甚也。十月云：徹我牆屋，田卒汙萊。其政乖也。其政乖，其人民怨上，怒暴，感世亂而作歌也。苕之華云：知我如此，不如無生。哀之甚也。大東云：睠言顧之，潸焉出涕。困之篤也。正月云：民今方殆，視天夢夢。其民困矣其民困，哀窮思舊，惆亡國而作歌也。故柳宗元曰：文生於情，情生於哀樂，哀樂生於治亂，故君子感哀樂而為文章，以知治亂之本。古之作者因治亂而感哀樂，因哀樂而為詠歌，因詠歌而成比興，故大雅作則王道盛矣，小雅作則王道缺矣，雅風王道衰矣，詩不作則王澤竭矣。此是亦傳述詩序之意也。至若秦皇禁去百家以息，漢帝崇儒六藝以明，晉世尚老莊，士大夫喜玄談，唐代重釋梵，詩文參禪理，是受時代影响之文学也

時代既能影响文学，文学亦能影响時代，兩者互為因果，一起一伏，相生相息。蓋移風易俗固有賴於政教，而文学提倡鼓吹之力，較政教勢緩而入人則深。且一時中必有一二領袖人物，風俗之移易即視乎此一二人之所向耳。孔子作春秋

文学纔，

而亂臣賊子懼。屈原作離騷而楚人愈痛慨。

第四節　政治之影響

夫一國之政治，恆受一代思潮之支配而增進一國文化與樞機，故文學與政治有密切關係。蓋帝王政治之方針，恆有左治國民文學之傾向。開科取士，義制帖括皆所以桎梏人心也。而人心甘為桎梏，爵祿使然耳。上焉者以為人生要義首立德，次立功，又次立言，堪博終身不朽之譽（左傳襄公二十四年）。良以立德立功二者關係政治方上之建設，及其既得之效果。而立言專屬諸文學之事，是古來三不朽之一也。文學內容固具有經論天下策略與乎愛家愛鄉愛國之情感。淵明之歸去來辭愛故鄉也。杜甫之前後出塞及羌村愛國愛家也。石壕吏為小民訴苛政之疾苦。白居易之長恨歌尤傷時局。劉禹錫曰：「八音與政通，而文章與時高下。」張方

文學概學

六十九

判易文章之變與政通。其義一也。

中國文學之士大抵成就於晚年，當其壯盛之時多從事於立德立功，平生事業，常趨向政治活動。苟不為時君所用，遂鬱鬱然以為不得行其志，晚年遂趨向文學生活。以詩歌發揮其憂憤不平之氣。於文章可以見其思想，而求知己於天下後世。苟立言可成而百世之知己可得，則文學之士心無遺憾。然文學之士所以為文學亦非得已也。彼既不能立言復不得立功，遂悲其政治之不遇而發為文章。孔孟皆然，荀卿韓非屈原賈誼何獨不然。中國之士非政治舞臺之失意寧有幾人。

中國文學自來多帶政治色彩，其為物也非但為專門文士所悅納，且為多數政客所喜讀。蓋其作品一方自序悲境而鳴不平，他方敘述政治家對于國家之經綸策畧，是以後世之文人亦嘗藉文學以紀平生得意之事，或訴其不遇而希風古人，使後之人讀其詩文，心怡然以為先得我心，先我所欲言而言，謂此足以發揮吾之經綸也。此文學之壽命無窮，是老子所云「死而不亡」者歟？

文人每因急求仕進，常假文學以闡發才識而求顯達，或表上書對策封事，是政治之文學化也。詩家將其心情發而為詩歌發賦，求知己於當世或後世，是文學之政治化也。例如屈原之離騷，賈誼之鵩賦，張衡之四愁，七哀，皆消極之政治文學也。賈誼之治安策，晁錯之賢良策，王安石之萬言書，皆積極之政治文學也。他若李紳之憫農二篇，聶夷中之傷田家，韋應物之采玉行，無名氏之織婦詩，胡適之人力車[illegible]社會問題。是當

文學概論

苐十六

於政治文學之諷刺者也。又行役閨諸作亦多含政治意味。總之，中國詩文悲觀多而樂觀少。蓋彼文人本為政治家，未幾下野，居林下，藉吟詠以消憂遣，自漢魏後詩人每趨厭世，淘釋老潮流使然。

第五節　教化之連繫

文學者非必定為道學者，然文學者每以道德仁義禮智信為歸宿也。其對于文學之理解，以文學與教化可並行不悖。然教化學者之資格異於文學者，蓋文學與教化之起源各殊。文學以美感為本，教化以理智為主，文學由藝術之情緒所組成，而教化乃倫理意識所實行。文學重思想解放，殊少宗教德化之觀念，教化則拘束思想，對於人事善惡之觀念非常固執也。文學尚個性，而教化則富於社會性。文學之主義在本能之愉快，而教化之目的在訓誨儆戒，是殊途也。然教化之施行不離乎情緒美術，均在引起或激起對方之感應，是其所同歸也。例如京城與伊川問國如水火之不相容，而品格卑謂高之士，良以純美之中自有真善之性，而真善之中亦具純美之中自有真善之性，而真善之中亦具純美之質。故藝術家必須略具有道德涵養，人物信仰，而宗教家教育倫理學者亦必具有美術觀念焉。

文學家仍為國或社會之一分子，應如何信仰其自身之藩能主義亦決非蔑視國民道德，社會風化，國家紀律，反之，彼之人不僅因犯尤屬名教罪人也。故李密之陳情表諸葛孔明之出師表使千載後人讀之悟復不亡讚賞，非文章之妙工豈能若是哉？陳情表者乃為子孫懇對於以恩德育我之祖先

文學概論　一一七

，喜孝敬之。出師表者乃身受顧命託孤之老臣能善自盡其忠之事也。又如詩蓼莪之章永言其孝思，天保之篇可見其盡忠，棠棣之華叙述其友愛，伐木之句表揚朋覺之信誼，此文學之教化也。

中國詩學淵源洙泗，以世道人心實為儒教所支配，而文人多屬儒門，樂於提倡儒家文學。如漢樂府之君子行述君子家以禮自律，謙以接下，防嫌未然，能類儒家訓誨殆五言箴銘耳。至晉復有陸機之君子行，梁有簡文帝之君子行，沈約之君子行皆繼承其意也。他如韋孟之諷刺詩，能繼善人之志，叙孝親之道。若梁武帝乃兼通三教之英主，撰有孔子正言及述懷詩，甚禮讚孔子。復試閱清人治際岐之歷代大儒詩鈔六十卷，首為韓愈，次則濂洛關閩之作，及有其下數十家，是道學者而兼詩人也。秦始皇雖為創業雄主，然雅方士仙詩，至漢魏六朝劉安、嚴遵、魏伯陽、葛洪、王弼、何晏、阮籍之徒，作文宣傳道教，感力不亞於儒教。他如東方朔之戒子詩，力示柔弱主義；梁鴻五噫歌，招鼓吹老子民之饑，以其食稅多之社會主義。張衡之思玄詩「天長地久」，嵇嘉、郭遐周、郭遐叔等，則彼此互相贈答唱酬，然以嵇康為中心，以輕物重生，而發揮道家養生說。若古樂府中之長歌行、步出東門行，曹植之飛龍篇、遠遊篇，應璩之三叟詩等，皆贊助道家之神仙說也。而唐之宋之問、張說、王維、孟浩然、韋應物、儲光羲、劉長卿、錢起、韓翃、盧綸、李德裕、白居易、劉禹錫、賈島、孟郊、張籍、于鵠、皇甫冉、李群玉、杜牧、溫庭筠、杜荀鶴、陸龜蒙、司空圖、韓偓等，宋之蘇軾、徐鉉、劉克莊、趙師秀、張[illegible]翁、老真山民等，元之虞集、楊載、薩都剌、馬祖常

文學概論

六十八

倪瓚、張翥、貢師泰等，明之袁凱、張羽、孫蕡、詹同、林鴻、王紱、張以寧諸人，皆常與道士周旋，而善于敘述道士之理想及其實際生活之狀態，可謂道教文學也。佛教傳入我國，經典流傳，前有六朝譯本，後有唐代譯本，翻經工夫誠偉大矣。當時文學界因佛教之興隆，遂取其術語而謳歌其教化，演成種佛教文學。晉王齊之有念佛三昧詩四首。支遁有四月八日讚詩三首，五月長齋詩、八關齋詩三首。鳩摩羅什有十喻詩；竺法崇有答若苕華詩。宋謝靈運有維摩經十譬讚八首。齊王融有淨行詩十首，梁武帝有十喻詩五首，及會三教詩一首，簡文帝有十空詩六首，宣帝有迎舍利詩。釋智藏有奉和武帝三教詩，釋惠令有受戒詩，陳張君祖有三昧經讚，詠道樹經讚，贈沙門竺法頵詩三首，答康僧淵詩。康僧淵有新答張君祖詩皆是。且北周某僧之五苦詩尤能發揮佛教之精神。降及唐五代詩社之盛從日多，唐詩紀彙中列舉關於釋門者凡三十三人。若寒山、皎然、貫休、齊己、靈徹、法震、法照、無可、護國、浩江、無本等乃錚錚者矣。

第六節　風土之差別

人之氣質與習俗受山川氣候風土之影響頗多。中庸曰「袵金革，死而不厭，北方之強者也。寬柔以教，不報無道，南方之強者也。」是言風土之各異剛柔之不同耳。淮南子齊俗訓「胡人便於馬，越人便於舟，……三苗髽首，羌人括領，中國冠笄，越人劗鬋，其於服一蓋習俗之縣殊，寖漸於教化焉。」又吳人生之寫真不能脫離環境。凡夫庶婦謳吟土風，詢屬自然之聲。舉例如屈原之九歌九章，係藉荊揚風物而成，謝靈運之遊覽諸作，亦由永嘉山水而發於也容見之八記實詩，永州勝景而生，比比皆是。
我北方華若其異大國，氣候風土之差，發達比較早，發達尤甚。文風亦
然。齊東野人之語，大別於燕趙慷慨悲歌。孟子滕文公上曰：「陳良
楚產也，悅周公仲尼之道，北學於中國，北方之學者未能或之先
也。」莊子天運曰：「孔子行年五十有一，而不聞道，乃南之沛見老聃。
老聃曰：『子來乎？吾聞子北方之賢者也，子亦得道乎？』孔子曰：『未也。』」
不但文學有南北之分，其他學術亦有南北之分也。說苑亦辨南
北之聲有異同，文心雕龍推移四方之音，而求諸音樂上有南北
之差。說苑曰：「子路鼓瑟，有北鄙之聲。孔子曰：南者生育之鄉，北者
殺伐之地，故舜造南風之聲，其興也勃焉；紂為北鄙之聲，其廢也
然。」文心雕龍曰：「塗山歌于候人，始為南音；有娀謠乎飛燕，始為北
聲；夏甲歎於東陽，東音以發；殷整思於西河，西音以興。」音聲推移
亦不一概矣。然中國文學上之過程，多自北而南，先有國風，後有

楚騷也。文心雕龍又曰：「自風雅寢聲，莫或抽緒，奇文鬱起，其離騷哉！固已軒翥詩人之後，奮飛辭家之前，豈去聖之未遠，而楚人之多才乎？昔漢武愛騷，而淮南作傳，以為國風好色而不淫，小雅怨誹而不亂，若離騷者，可謂兼之。」漢書藝文志曰：「楚臣屈原離讒憂國，作賦以諷，有惻隱古詩之義。其後宋玉、唐勒，漢興枚乘、司馬相如，下及揚子雲，競為侈麗閎衍之詞，沒其諷諭之義。」又賈誼傳曰：「誼為長沙王太傅，意不自得，及度湘水，為賦以弔屈原。」近世楚文學之風靡天下矣。

北史文苑傳敘江左、河朔之氣象不同，所謂「江左宮商發越，貴於清綺；河朔詞義貞剛，重乎氣質。」陸法言切韻序吳楚、燕趙、秦隴、梁益之音韻不同，「吳楚則時傷輕淺，燕趙則多傷重濁，秦隴則去聲為入，梁益則平聲似去。」此路南而修上述東西二不得文故述之多而經學少，西北之人尚質，故進士少而經學多，所以科場取士，東南多進士，西北多經學者。李東陽《詩話》：「本朝定都北方，乃為一統之盛，歷百有餘年之久，然文章多出東南，能詩之士，莫吳越若者。而西北顧鮮其人，何哉？」魏公《讀書志》：「南學簡約，得其精華；北學深博，窮其枝葉。」顧炎武《日知錄》記南之士輕薄奢淫，北之人鬬狠劫殺。是六朝至宋、明、清之文人皆承認文學上有南北之差別矣。夫西北之俗強悍，而富於堅實性，有如山之峨峨；東南之俗寬柔，而富於流動性，有如水之滔滔。故西北之士常篤從前規律，以武制勝；東南之士常寬縵自由，以文致從。韓非子稱述秦三勇悍出其文，冉懷往之中，未嘗見窮耳間哉，顏漠足徒揚把白刃蹈爐炭，斷死於前。李白《送趙少府之序》云：「鄒魯多鴻儒，燕趙饒壯士。」錢起《逢俠者》詩云：「燕趙悲歌士，相逢劇孟家。」此風士之悲歌。然則慷慨為北方文學之特色，清雅為南方文學之特色。

第七節　作家之修養

作家修養之夫不同，氣質自有偏勝。氣質所表現者謂之風格。

風格有高下，文俗隨之有高下，而讀者之賞鑑與會亦有盛衰。曹丕曰：「文以氣為主，氣之清濁有體，不可力強而致。」所謂氣者，即修養而成之風度、格式也。文心雕龍曰：「才有庸儁，氣有剛柔，學有淺深，習有雅鄭，並情性所鑠，陶染所凝……各師成心，其異如面。」若總其歸塗，則數窮八體：一曰典雅，二曰遠奧，三曰精約，四曰顯附，五曰繁縟，六曰壯麗，七曰新奇，八曰輕靡……若乎八體屢遷，功以學成，才力居中，肇自血氣。氣以實志，志以定言，吐納英華，莫非情性。是以賈生俊發，故文潔而體清；長卿傲誕，故理侈而辭溢；子雲沈寂，故志隱而味深；子政簡易，故趣昭而事博；孟堅雅懿，故裁密而思靡；平子淹通，故慮周而藻密；仲宣躁銳，故穎出而才果；公

文學概論　七十一

公幹氣褊，故言壯而情駭；嗣宗俶儻，故響逸而調遠；叔夜儁俠，故興高而采烈；安仁輕敏，故鋒發而韻流；士衡矜重，故情繁而辭隱。觸類以推，表裏必符，豈非自然之恆資，才氣之大略哉。是足觀六朝人士在文學上修養所成之風度格式也。後人若韓愈之文，李白杜甫之詩，蘇軾辛棄疾之詞，皆具雄健之美者也。詩品云：雄健為雄，剛在理直氣壯，調變詞高，跌宕縱橫，浩瀚流轉，其胸襟開闊無邊矣。袁枚之駢文，李商隱溫庭筠之詩，吳文英周密之詞，皆敷腴洗鍊，飛光炫宕，富不易措，蓋作者情思豐茂，才藻充溢也。盧同之詩，劉過之詞，故意不循常格，而顯其詭曲之美，其氣格局勢絕奔突奇崛，變化閃爍。白居易詩意在老嫗都解，自謂能求言律高，不務文字奇巧，較之雕琢字句者，爭天壤，可謂平直坦白之道樸也。孟郊之詩，周邦彥王沂孫之詞，皆以沉鬱為美，若與雄健相對，一吐一吞，作者感懷身世，俯仰古今，情志鬱勃，若不可任，是謂

沉鬱之心理，將此心理曲折傳出，現於詞句，是爲沉鬱之文章。鮑照五
淺顯之詩，陳與義、姜夔之詞，如唐人小說及傳奇遺者，如詩話所云：「蓋了欲
往猶不詳」是也。作者具超出凡庸之氣概，而以誠發出之。歐陽修、蘇軾
之文，白居易、柳永、秦觀之詞，李漁之曲，皆以平淡動人，讀之使人讀不完，
易流庸淺。昔人云：「絢爛之極，歸於平淡。」此境誠難到也。
文章因隨作家之氣質而異其風格，由其事物所發觸而生之興會，
尤為文章所憑依。凡人心靈之動作，每緣事物發生之，故應物情感
有變，文亦無常。譬如游子逢秋而悲，對月而嘆，見花而傷，聽其興會
為有林下美人，月圓花好，則其為精神愈喜矣。隨其興會之發動而使
文章異其神氣。關於此點，上溯研究何種興會生出何種文章，
及說明何種事物生出何種興會。蓋心身康寧，則興會發揚，興
會發揚則快樂現，快樂現時所作之文，必能使讀者生感。其情趣
雅潔，音調和諧，其藻思又周密瞻於張，對偶求美，其風格
文學概論
七十八

近於高雅雋逸清新之作，如賀新郎、訴衷情、祝英臺、以及摸魚子玩水之作皆是。此派因刺激性少，每予人以悠遊之意味，而不易動人，能至情真景實，時亦未嘗不足令人欣喜也。反之能令人悲，而其感力斷悱止，作者必有憂患，發為文章，其情趣音調多利用抑揚頓挫以抒哀怨而期人同情。其構思常用譬喻，頻呼復疊設疑詠嘆。其風格多近於沉鬱。文如離騷、九章及哀祭類作品，詩如四愁七哀之類皆是。此派易於表出。昔人所謂窮苦之言易好也。要之，作家之時悲時喜，其個性之涵養及環境大有關係。然無論其為悲為喜，俱可成為好文學。而感發讀者之情緒。

第四章 文体

第一節 门類

漢成帝時命劉向校經傳諸子詩賦，向卒，其子歆嗣業，總括群篇，撮其指要，著為七略：一曰輯略，二曰六藝，三曰諸子略，四曰詩賦略，五曰兵書略，六曰數術略，七曰方技略。至是吾國典籍始有門類，然含有文學意味之篇章，僅一二三略，而四略純文學也。班固漢書藝文志，除六藝外，列小說為一家，分詩賦為五種，七略既不存，後人藉此以資考証。魏荀勗著新簿，分為四部：一曰甲部，紀六藝及小學等書；二曰乙部，有古諸子家、近世子家、兵書、兵家、術數；三曰丙部，有史記、舊事、皇覽簿、雜事；四曰丁部，有詩賦、圖讚、汲冢書。甲乙丙三部，間有文學，而列丁部為純文學。王儉撰七志：一曰經典志，二曰諸子志，三曰文翰志，四曰軍書志，五曰陰陽志，六曰藝術志七曰隋書志經典、諸子中固有文學在，而文翰志記詩賦當為純文學也。梁阮孝緒作七錄：一曰經典錄，二曰記傳錄，三曰子兵錄，四曰文集錄，五曰技術錄，六曰佛錄，七曰道錄。經典錄、記傳錄稍有文學，而文集錄純文學也。唐人修隋書經籍志，雖然仍分四部。其經部分易、書、詩、禮、樂、春秋、孝經、論語、爾雅、河圖緯、書小學；史部分正史、古史、雜史、霸史、起居注、舊事篇、職官篇、儀注篇、刑法篇、雜傳、地理志、譜系篇、簿錄篇；子部分儒家、道家、法家、名家、墨家、縱橫家、雜家、農家、小說家、兵家、天文家、曆數家、五行家、醫方家；集部分楚辭、別集、總集，而以道、佛經部附之。集部之楚辭、別集、總集皆文學也。

近人受泰西影響，分文學四類：曰散文 Prose，曰詩 Poetry，曰小說 Novel，曰戲曲 Drama。散文又分論說 Exposition、記述 Narration 二種，其範圍所包甚廣，如評論 Critical essay 亦論說之一種也。

描寫 description 亦論說之一種也描寫 description 亦記述之一種也詩又分記事詩 epic 抒情詩 lyric 戲劇詩 dramatic poetry 三種小說又分歷史小說 historical novel 理想小說 idealistic novel 言情小說 love novel 社会小說 social novel 四種戲曲又分喜劇 comedy 悲劇 tragedy 二種別有雜劇兼含悲喜性質亦其一種也觀彼所分視簡明切要非如頭腦冬烘者可比况漢人屏小說於九流之外戲曲晚出又不為列入而彼土與詩文并重其勢力且浸盛焉

第二節 体裁

文學体裁自古有之書列典謨訓誓誥命詩分風雅頌後之作者遞類滋繁曹丕典論論文曰文非一体鮮能備善又曰奏議宜雅書論宜理銘誄尚實詩賦欲麗以四科不同故能之者偏也

七十四

機文賦曰：「放言遣辭，良多變矣。體有萬殊，物無一量。」又曰：「詩緣情而綺靡，賦體物而瀏亮，碑披文以相質，誄纏綿而悽愴，銘博約而溫潤，箴頓挫而清壯，頌優游以彬蔚，論精微而朗暢，奏平徹以閑雅，說煒曄而譎誑。雖區分之在茲，亦禁邪而制放。」任昉文章緣起曰：「六經素有歌詩誄箴銘之類，尚書帝庸作歌，詩三百篇……此等自秦漢以來聖君賢士沿著為文章名之始，故因暇錄之。凡八十四題：三言詩、四言詩、五言詩、六言詩、七言詩、九言詩、賦、歌、離騷、詔、策文、表、讓表、上書、書、對策、上疏、啟、奏記、牋、謝恩、令、奏、駁、論、議、反騷、彈文、薦、教、封事、白事、移書、銘、箴、封禪書、讚、頌、序、引、志、錄、記、碑、碣、誥、誓、露布、檄、盟文、樂府、對問、傳、上章、解嘲、訓、辭、旨、勸進、喻難、誡、弔文、告、傳、讚、謁文、祈文、祝文、行狀、哀策、哀頌、墓誌、誄、悲文、祭文、哀詞、挽詞、七發、離合詩、連珠、篇、歌詩、遺命、圖、勢、約。」則顯較曹、陸所分加密矣。劉勰文心雕龍分上下兩篇，自序曰：「上篇以上，綱領明矣。下篇以下，毛目顯矣。上篇備列各体，曰經、緯、騷、詩、樂府、詮賦、頌讚、祝盟、銘箴、誄碑、哀弔、雜文、諧讔、史傳、諸子、論說、詔策、檄移、封禪、章表、奏啟、議對、書記。昭明文選上承其流，標文辭之封域，屏經子史而不録。觀其選目，有賦、詩、騷、七、詔、冊、令、教、文、表、啟、彈事、牋、奏記、書、移、檄、對問、設論、辭、序、頌、贊、符命、史論、史述贊、論、連珠、箴、銘、誄、哀、碑文、墓誌、行狀、弔文、祭文，凡三十七門。賦中又分京都、郊祀、耕藉、畋獵、紀行、遊覽、宮殿、江海、物色、鳥獸、志、哀傷、論文、音樂、情諸類；詩中又分補亡、述德、勸勵、獻詩、公讌、祖餞、詠史、百一、遊仙、詠懷、哀傷、贈答、行旅、軍戎、郊廟、樂府、挽歌、雜歌、詩雜擬諸類。故其序文云：「眾制鋒起，源流間出。譬陶匏異器，並為入耳之娛；黼黻不同，俱為悅目之玩。」作者之致，蓋云備矣。後若唐文粹、文苑英華、宋文鑑、金文雅、元文類、明文在諸書，亦分体。至清姚鼐撰古文辭類纂，约之為十三類曰論辨、序跋、奏議、書說、贈序、詔令、傳狀、碑誌、雜記、箴銘、頌贊、辭賦、哀祭。曾國藩撰經史百家雜鈔，則破文選之域，又更類纂之編，其門凡三：曰著述門，內分三類：以著作之無韻者屬之論著類，經如洪範、大學、中庸、樂記、孟子，諸子如莊、荀、呂覽，古元明原、論、辨、議、說、解，皆是；以著作之有韻者屬之詞賦類，經如詩之賦頌、書之五子之歌（偽經），後世如賦、辭、騷、七、設論、符命、頌、贊、箴、銘、歌，皆是；以他人之著作序述其意者屬之序跋類，經如易之繫辭、禮記之冠義、昏義、射義，後世如序、跋、引、題、讀、傳、注、箋、疏、說、解，皆是。二曰告語門，內分四類：以上告下者屬之詔令類，經如甘誓、湯誓、牧誓、康誥等，後世如誥、詔、諭、令、教、璽書、檄、策命，皆是；以下告上者屬之奏議類，經如皋陶謨、召誥，傳如左傳季文子、魏其之諫，後世如書、疏、議、奏、表、劄子、封事、彈章、牋、對策，皆是；以同輩相告者屬之書牘類，經如君奭（偽經）、詩，如左傳鄭子家、叔向、呂相之辭，後世如書、啟、牘、簡、刀筆、帖、緣皆是。以人出於純粹者屬之文學類，如詩之黃鳥、二子乘舟，書之武成（偽經）、金縢祝辭，傳如左傳荀偃、趙鞅禱辭，後世如祭文、弔文、哀辭、誄、告祭祝文、願文、招魂皆是。二曰記載門，以記人者屬之傳記類，如堯典、舜典（首二十八字）、史記本紀、世家、列傳，後世如墓表、墓誌銘、行狀、家傳、神道碑、事略、年譜皆是。以記事者屬之敘記類，如書之武成（偽經）、金縢、顧命，傳如左傳記爭戰、記會盟皆是，通鑑後左傳而起，後世古文如平淮西碑是也，不多見。以記故典者屬之典志類，如周禮（非經）、儀禮、禮書、禮記之王制、月令、明堂位、孟子之北宮錡章皆是，史記之八書、漢書之十志、老子三通亦是，後世古文如趙公救荒記等是也，不多見。以記雜事者屬之雜記類，如禮記投壺、深衣、內則、少儀、周禮之考工記皆是，後世古文家修造宮室有記，以及記器物、記瑣事皆是。總凡十一類，皆次與姚氏所有異同，然大体不甚相遠，於是論文体者莫不奉姚當為圭臬矣。

第三節　流派

人物志材理篇嘗以為四家：曰道理之家，曰義理之家，曰事理之家，曰情理之家。劉融齋謂文之本領祇此四者，蓋道理之家六經之文也，情理之家詩賦之文也，純文學也。六經之文，莊子則云：詩以道志，書以道事，禮以道行，樂以道和，易以道陰陽，春秋以道名分。揚子法言則云：說天者莫辯乎易，說事者莫辯乎書，說體者莫辯乎禮，說志者莫辯乎詩，說理者莫辯乎春秋。漢書藝文志則云：樂以和神，信之表也；詩以正言，義之用也；禮以明体，明者著見，故無訓也；書以廣聽，知之術也；春秋以斷事，信之符也。五者蓋五常之道，相須而備，而易為之原。劉勰文心雕龍則云：文能宗經，体有六義：一則情深而不詭，二則風清而不雜，三則事信而不誕，四則義直而不回，五則體約而不蕪，六則文麗而不淫。是皆從大經為中國文學之基。至諸子之文，《漢書·藝文志》判作九流十家，謂其皆出於王官，是否臆斷之詞，未可盡信。當以《莊子·天下篇》、《荀子·非十二子篇》、《韓非子·顯學篇》、《淮南子·要略》以及《史記·自序》所振而參論之。馬氏《文學概論》本論三章評曰：若就其立言，則儒家尚仁義，其文多平實；道家尚清虛，其文多玄妙；陰陽家尚禁忌，其文多拘牽；法家尚明飭，其文多刻峻；名家尚綜覈，其文多密微；墨家尚實行，其文多質厚；縱橫家尚捭闔，其文多譎變；雜家尚博涉，其文多富衍；農家尚耕植，其文多樸茂；小說家尚滑稽，其文多恢奇。所云農家、小說家之文早佚，罕有存者，今人頗難證其實，在馬氏惟推想而言之也。史傳之文，劉知幾《史通》分為六家：一曰尚書家，記言也；二曰春秋家，記事也；三曰左傳

文學概論

傳家，編年也。四曰國語家，國別也。五曰史記家，通古紀傳也。六曰漢書家，斷代紀傳也。今人所尚者，首推史記，次及國語、左傳之文。惟左傳晚出（西漢末），有依託之嫌，而近評論其體顯殊，至於緯傳子史外之文，作者夥矣，各自為集。宋明主何派，然文人為摹習便利起見，統之以其派目之，而派別乃出。故以文之質言，有詞賦派、道學派、功利派、評論派、滑稽派；以文之形言，有古文派、駢文派、時文派；以文之格言，有山林體、臺閣體；以時而言，先漢有西京體、東京體、建安體，自魏至隋有正始體、太康體、永嘉體、元嘉體、永明體；唐有初唐體、開元天寶體、元和長慶體、晚唐體、花間體；宋有慶曆體、元祐體、乾淳體、咸淳體；迄明有弘正體、嘉靖體、萬曆體；迄清有康熙體、乾嘉體、道咸體、同光體。他如鄴下七子之於魏，竹林七賢之於晉，十八學士、四傑、十才子之於唐，八子之於明，則以一時風尚而名之也。或曰三蘇，或二陸，或曰兩馮，或曰一老，或顏謝，或曰富吳，或曰燕許，或曰韓柳，或曰溫李，或曰歐曾蘇王，則以一二領袖人物而名之也；或曰江左，或曰河朔，或曰桐城，或曰陽湖，則以地而名之也。晚近二三時彥以改革創造自命，倡為一種新文學，於是國人又有新文學派、舊文學派之目。自風雅寢聲，詩一變為騷賦，再變為樂府歌行，三變為五言，嗣後又由古變律變絕。鍾嶸詩品分上中下三等，唐司空圖詩品分二十四類，明高棅唐詩品彙分九格，而宋嚴羽之滄浪詩話分體尤備。以時而論，則有建安體、黃初體、正始體、太康體、元嘉體、永明體、齊梁體、南北朝體、初唐體、盛唐體、大曆體、元和體、晚唐體、元祐體、江西宗派體。以人而論，則有蘇李體、曹劉體、陶體、謝體、徐庾體、沈宋體、陳拾遺體、王楊盧駱體、張曲江體、少陵體、太白體、高達夫體、右丞體、孟岑體、韋柳體、昌黎體、李長吉體、李商隱體、盧仝體、元白體、張王體、杜杜之體，賈浪仙體，孟東野體，杜荀鶴體，東坡體，山谷體，后山體，荊公體，劉賓客體，陳簡齋體，楊誠齋體，又有所謂選體，柏梁體，玉臺體，西崑體，香奩體，宮體，迴文體，反覆體，離合體，作者論宋以前之詩體，可謂詳盡，明則有前七子體，後七子體，公安體，竟陵體，清則有神韻派、性韻派、格調派。今日所謂新詩派。

王元美藝苑卮言曰：三百篇亡而後有騷賦，騷賦難入樂而後有古樂府。古樂府不入俗而後以唐絕句為樂府。絕句少宛轉而後有詞。詞不快北耳而後有北曲，北曲不諧南耳而後有南曲。然則詞者詩之餘而曲者詞之變也。俞仲茅曰：詞何以名詩餘？詩亡然後詞作，故曰餘也。非詩亡，所以歌詠詩者亡也。詞亡然後南北曲作，非詞亡，所以歌詠者亡也。此亦一說也。不知詞曲皆出於三言四言五言六言七言九言詩也。且同用中原音韻與唐詩不同也。故宋翔鳳樂府餘論云：宋元之間，詞與曲一也。以文寫之則為詞，以聲度之則為曲。晁无咎評東坡詞謂曲子中縛不住，則詞皆曲也。度曲須知顧曲雜言論元人雜劇皆謂之詞。元人蕭斐軒詞林韻釋為北曲而設，乃謂之詞韻，則亦詞也。此可知兩者淵源關係難嚴分矣。若論其派別，試取張皋文

七九

文學概論

之詞選序，魏際瑞之論也，惟以窺見一斑。張之言曰：詞者蓋出於唐之詩人，採樂府之音以制新律，因係其詞，故曰詞。自唐之詞人，李白為首，其後韋應物、王建、韓翃、劉禹錫之徒各有述造，而溫庭筠最高，其言深麗閎美。五代之際，孟氏李氏君臣為謔，競作新調，詞之雜流，由是而作矣。至其工者，往往絕倫，亦如齊梁五言依託魏晉，近古然也。宋之詞家，號為極盛，然張先、蘇軾、秦觀、周邦彥、辛棄疾、姜夔、王沂孫、張炎，淵淵乎文有其質焉。其蕩而不反，傲而不理，枝而不物，柳永、黃庭堅、劉過、吳文英之倫，亦各一端，以取重於當世，而前數子者，又不免有一時通脫放浪之言出於其間。後進彌以馳逐，不務原其旨意，破析乖刺，壞亂而不可紀，故自宋之亡而正聲絕，元之末而規矩隳，五百年來，作者十數，諒其所是，互有繁變，皆可謂安蔽乖方，迷不知門戶者也。魏良輔之言曰：南曲如抽絲，北曲如輪槍，南曲如南風，北曲如北風，南曲如流，北曲如水，南曲如之韻，北曲以渾融，南曲自然者如美人淡妝素服，文士羽扇綸巾，北曲自然者如老僧世情物價，老農晴雨桑麻。南曲情聯，北曲勢斷。南曲圓滑，北曲勁澀。南曲柳顫花搖，北曲水落石出。南曲如綉鴛鸚，北曲如金戈鐵馬。若夫隆重，職鍾河，嶽精嚴，與流蕩涵、淡韻浮沉，獻頭碎石，蒼老成、蠻驕勝，豁大方、豪邁小求蘊藉，意趣深厚，則南北所同也。北曲步步穩當，南曲層層轉徐，北曲枯折見嫵，南曲宛轉歸正。北曲似粗而深厚，南曲似柔而節節，北曲似生似朴，南曲貴溫雅，北曲放逸矣，教眼目，致榮繁。南曲有簇擁，有挑撥，有埋伏。北曲短則極短，閒則極閒，有自傳自為之。（以上……止）

漢書藝文志載：小說家者，蓋出於稗官，街談巷語，道聽塗說者之所造也。孔子曰：雖小道，必有可觀者焉；致遠恐泥，是以君

文學概論

八〇

子弗為也。然亦弗滅也。閭里小知者之所及，亦使綴而不忘，如或一言可采，此亦芻蕘狂夫之議也。」文選注引桓子新論曰「小說家合叢殘小語，近取譬論，以作短書，治身理家，有可觀之詞」。小說之定義既如此，而所列十五家千三百八十篇，今無一存者，其作偽託以考證，可窺見莊子中有若干種故事，或類似之。史記滑稽傳曰「談言微中，亦可以解紛。」是說辯隱語，與六藝同也。惟魏略云「臨淄侯植誦俳優小說數千言」，則於後世小說近之矣。六朝干寶、任昉、劉義慶諸人，咸有著述，至唐而大盛，太平廣記所載，蒐集其成。此外猶以講為事者，都城紀勝、夢粱錄等均謂「說話人能以一朝一代故事，頃刻間提破」。明郎瑛七修類稿亦曰「小說起宋仁宗時，國家閒暇，日欲進一奇怪之事以娛之，故小說得勝頭回之後，即云話說趙宋某年云云」。今世所傳宣和遺事，為章回體小說之最古者，大抵即評錄講演以成，與古之小說異矣。明後以俗語著為傳奇演義之原者，自益滋多，民間競好之，當此道衰微，國人性情之際，為小說者體摩象心理，敘述游俠大盜殺僇行義之事，聊以快意，此一類也。婚姻不時，每多怨偶，為小說者乃述男女慕悅婚姻過合之事，此又一類也。義利將招，束縛士人思想，陳陳相因，腐臭不堪，為小說者刻畫學究迂腐態度以刺譏，此又一類也。故奢机詐相矜，淫靡相尚，為小說者描寫社會隱惡之情狀以警惕，此又一類也。或感傷世亂，流離轉徙，惟以生存，因創神仙方外之傳說以滌盪煩悶者，或嘆人心巨測，道德日墮，乃創因果報應之傳說以提撕挽救者，要之皆有由也。明史藝文志錄小說一百二十七部，三十二百七卷，皆瑣談雜記，清修四庫全書，小說家類亦僅分雜事、異聞、瑣記三類，至於平話體、章回體，仍未之列，我有傳奇、彈詞，則多文筆歌辭，但可謂之小說之流耳。

文學概論

八（一）

（原書白頁）

哲學概論

李兆民

李兆民

哲學概論

二章

計一百三十三頁

哲學概論

第一章　總說

發端

中國古來沒有「哲學」這個名詞，只見「哲夫成城，哲婦傾城。」（詩大雅）「哲人其萎乎？」（禮記檀弓）「自貽哲命」（尚書大誥）一些成語。「哲學」這名詞，譯從希臘文 Φιλοσοφία 出自動詞 Φιλοσοφεῖν 是二字併成的 φιλο 含着「友愛」的意思 Σοφία 含着「智慧」的意思。也可以說是「愛智」。開始擬用這名詞的實推蘇格拉底 Socrates 469-399 B.C. 和柏拉圖 Plato 他們曾經自稱為「愛智者」Philosopher（Φιλόσοφος）要從當時盛行的詭辯學者 Sophist（Σοφος）分別出來。柏拉圖 Dialogues 對話錄上說詭辯學者講學，目的在得利，生徒往學，目的也在求富貴，不是真要窮理致知。愛智者便不同，絕嗜欲，遠利祿，殫心竭力，索隱鉤玄。目的在追求宇宙的究竟。這樣看來，希臘初期哲學的窮理，並不在乎實用，倒和宋代的「理學」意義若不多，西洋近來哲學漸趨實用，都以研究人生究竟為當務，不像上古和中世那般虛浮。中國是相反的，上古哲學原講實用，中古印度哲學輸入後便虛浮了。

中世紀的歐洲把哲學來作建設宗教教義的工具。近代把哲學看為世間的，宗教為出世間的教義，兩相對峙。康德 Kant(1724-1804 A.D.) 又認為道德宗教中，把哲學的自己考察。

自古至今，哲學來去到底有甚麼定呢？

中國對于這門學問確實有的，沒有定名，所以難得定義。莊子天下篇叫作「道術」，又稱「百家」。漢人把六藝，詩書易禮樂春秋，編成「正業」「正典」，名為「經學」，叫其他學說為「子學」。六朝人將清談標榜玄學，宋人號為理學，後人發稱漢學為「樸學」，其實「樸學」始見漢書儒林傳，本是漢武帝批評的名詞。歷代儒者文家很喜用這名詞了。我看理學本是好名詞，但被宋以後據為一，非道教化即佛教化，反為偏於一隅了。不如譯「哲學」以便通用為是。

西洋方面，哲學這名早有了，一直沿用到如今。在定義上是否名實相符倒有些問題。許多是那樣的形式而有這樣的形式，由形式上看，綜合各家所述，可分四項：

一、思辨的學術(Speculative Science)他們哲學的宗旨在乎窮理致知，窮理，致知不必藉着思辨。所以古人有把思辨二字作為哲學定義的。但却這定義未免過于廣泛，若是據為準標，那末無論甚麼學問都要思辨，都要進入哲學範圍了。古人對于哲學和科學本來沒有什麼區別，竟把哲學當作一切學術的總名，講到思辨上便加一形容詞叫作思辨哲學(Speculative Philosophy)康德以後有人特為標出這名詞。斐希德 Fichte(1762—1814)謝林 Schelling(1775—1854)黑格爾 Hegel(1770—1831)三位都是這樣用着。他們三位以為宇宙間一切事物都可從我們人先天所具理性演繹而得着的，講到後天經驗，只足使人迷惑罷了。

宋儒程派有些人也是這樣講究的。

二、根本的學術 fundamental or ultimate Science 朝蘭德總括出作化，生長發育，旋起旋滅，宇宙間森羅萬象，沒有一樣不是暫時的，轉瞬就不是了。雖然一生死，起滅，不過是表面上的現象。現象是常常變化的。其實不生不滅，始終常住，未曾變化的。古今學者多把這不生不滅的根本觀念作為哲學的對象。古代柏拉圖亞理士多德老子莊子的定義是這樣，近世叔本華學派威 Nelorweg (1826—1871) 張復祥李翊灼也是這樣主張多以真理定義為哲學的對象。

三、綜合的學術 Synthetic or unifying Science 統究宇宙，合觀萬物，合為一體。科學分觀宇宙各個一部分的事實把來作研究的對象，例如生物學研究生物一部分的事實，物理學研究物理一部分的事實，哲學合觀宇宙，以宇宙為概括萬物萬事的統一體，綜合各科學研究所得的結果，來証明宇宙全體的性質，他們下一個定義說，哲學是各科學的綜合。宇宙好比一個謎子，科學各出它所知道的來供給解釋的材料根據這些材料來解釋的就是哲學。例如法國的孔德（Comte（1798—1857））英國的斯賓塞爾（Spencer（1820—1903））是提倡這一說最著明的，中國自宋以來講解格物致知的人似乎要走上這條路，但是受着佛教的影響，格物的工夫落了個空。十九世紀末期，竟有人把斯賓塞爾式的哲學介紹到中國來，在思想界中便放出一道曙光，便以為哲學不是離開科學而存在的，是一切科學的總和。

這麼一來，學術界又有興復古的樣式，要把一切學術包括在哲學裏面了。但他的不同處是在那包括範圍以外，同時自佔最小範圍。古代一切學問大半不能獨立，既以哲學這個名稱竟包括學問界中最大的範圍。近代許多學問從哲學的本根上分出，如物理學、機械學、天文學、生物學、心理學、倫理學、社會學等是。無心識的心理學（Psychology of the Unconscious）最近又從哲學

哲學概論　三

裡面分出來，獨立成一科學。只剩下形而上學不獨立，這就是古代不全的，只算佔最小範圍了。不過每一種科學向深處去研究，向與別種科學會通的地方去研究，便成一種哲學。例如規範的倫理學上有人生哲學，法律學上有法理學，生物學上有生物哲學等。

目前我們對于哲學應有的觀念，最好用斯賓塞氏的學生著作來證明。哲學不過將生物學原理、心理學原理、社會學原理、倫理學原理綜合起來，叫作「會通哲學」。

四、批評的學術（Critical Science）

這種定義出自德國人，因為康德的哲學是批評派（Criticism）。他的著作以批評出名。康德門人推行辯證論的概念論的人總依康德。至此時期也有這派人依康德的，提倡康德的理性批評，是整理修誤學說研究全以的。便得要研究 Fischer

(1827—1907)的傳述為詩人、哲知又有梅尔(Robert Mayer(1814—1878)發明勢用保存的原理(1842)可作新康德派的代表。以来(1866)蘭格Lange(1828—1875)著出唯物論史Geschichte des Materialismus)他們要根本反对唯物論的形而上學，而建設數理——物理學的理論。很重看經驗的限度和物理的不可認識性。這是他們的特別就是所說的不可知論的批評論Organitischer Kritizismus.)。

或有人說打倒康德主义依然是斯賓塞尔式哲學是嗎？

以上四种意義多人們承認第二第三，不說哲學是把綜合科學所得的知識來研究宇宙實体——的根本性質，進而從哲學史上看哲學總括為進步的學術需要會完([illegible])說得好，求也不易的真知不在人，而我們人只要繼續提起問題的解釋罷了。認識的對象無常的变化的過程，認識過程的作用也

哲學概論

四

常被改變着，構成這進步，這樣是人間精神生活認識它的價值
哲學。所以自己意識的進步，也就是哲學的進步了。
中西哲學的名目和定義我們已經有些明白了。但是如何
能將哲學研究的門徑確實不容易。因為哲學的「學」字，一不是語詞，
二不是教條，乃是研究事物要得着它的綱領條理，作成一種有
組織的知識。分析起來可得三要素：
①為概括的要素。能够把它的條理在同種類或同性質
的事物裡面，不得直接經驗亦能推知着的。
②為組織的要素。按着一定方式整理種種的資料，使
它成為井井有條有系統的知識。
③為合理的要素。凡從討論必須按照一定理由根據或
推理法則（演繹）着其思想的假定，與向大不同，其神
秘的信仰也不合。講到學或科學的性必須含有這三要

哲學課程自然不能例外。

近來講哲學概論的學者大概用兩种体例。第一种是由深造的，羅列哲學上許多问題，一個一個的解釋起來，比如 Herbart (1776—1841) Lehrbuch zur Einleitung in die Philosophie 所編訂的一樣。這一种作家大概先有幽深玄妙的著述，自成一家，覺着可以藏名山傳以世，惟恐晚輩不能深々明白他的道理，所以作一本概論來指導他們。他的概論所注重的往々偏于論理學的範圍，論到如何致思立言的方法。第二种是由博知的，好像 Kuelpe 的 Einleitung in die Philosophie 所編訂的，意在使學生博覽古今哲學諸家，成為大觀來擴充他的小器，所以每次提起一個问題，他總枚舉古今学派的見解，不守一家成說，祛除成見或偏見私見。他的課本或講义多叙述少判斷，比如滄海扁舟，漂的歸宿不定，衹遂自遥慢々地前進。他們要對

而

哲學概論

一丁妙手深造，升堂入室也，可以領悟哲學諸家來歷。否則拘虛的學者未免武斷。鄙人教授這課是參酌第二种办法，因為中國地大物博，人家歷史很長，目下諸家所佔領的地盤非常複雜。加以近代沒有產出幾個有力獨立的哲學，只有將就古今各种問題——宇宙和人生以及社會各种問題來分條解釋，並且能叫學生得着哲學的概念，知道哲學所處理的問題和它所解決的態度。

哲學的起是起於人類天性的自然，非偶然出現。人心裡面可以引起哲學思想的第一作用就是「驚異」的念頭，因為世變不忍，人生無常，在動物身上也有知覺感動，何況最靈的人呢！人看着萬象變化，寧不驚心動魄呢？ 因為驚異便生出疑心，因為有疑心，便求解答。那末格物致知，窮理盡性的主意，念住不肯放棄，哲學就成功了。柏拉圖和亞理士多德都說「驚異」是哲學的起頭。叔本華（Schopenhauer 1788—1860 A.D.）說驚疑是形而上學需要上的原因。我們中國孔夫子和墨子孟子荀子對于古人思想多有改革共整理。漢代出了一個王充極直因着懷疑而研究而批評。宋代出了歐陽修葉適和朱熹一班人對于古人古學古籍發生不少驚疑到了近代有些進步多多受着他們惠賜。清士學說大有可觀。但我們進步的，畢竟是八股文章！不但科學沒有進步，連辯力也完全錯失了，可惜得很。這些科學和哲學是有聯絡的，不外乎大學所說「致知在格物」。

除着驚異的念頭以外，一同助成哲學思想的還有心中的「統一作用」。我們沒有一個人沒有統一的意識，無不以自己為一個人。無不求自序的。自幼到老，當着精神正常的時候，雖有極大的變化，然而沒有喪失他的統一作用，忘記了他自己。歷史上莊子的「坐忘」學說和佛教的「滅度」真是壓死人的毒藥。

六

哲學概論

人性中既有統一作用，所以對于客觀世界也取同一的態度，要想用統一的原則來說明世界如何統一的本體。一切哲學的思考差不多都把這原則為基礎。知識愈加豐富，愈加高明，要在森羅萬象中找着統一，也愈加困難，即令困難，進求的心志沒有止境，反倒更着態懇。到了

到了這個地步，我們便當談起哲學的實質問題來。哲學的實質就是它的內容包括一切事物。怎樣呢？因為哲學所檢討的包括宇宙人生知識等問題，並研究它的根柢。範圍很廣，議論很多。古代西洋方面最先為哲學分類的是柏拉圖。柏拉圖哲學的分類，大概以心的作用為基礎。因為他認定心的作用有三種：

(一)認識

(二)感覺

(三)意欲

便配當了辯證(dialectics)物理学，倫理学三科。辯證学包含認識論和形而上学。檢討事物的概念、性質以及真正實在的。物理学攻究自然現象。倫理学研究道德行為。這樣分類以受蘇亞学派和伊比古魯学派採用擴大範圍直到古世紀末期依然不廢。中國方面孟子和大学中庸以及隋五部是依這派分類的。到一六二三年倍根更據知的作用為分類的標準，造成偉大的科学系統。倍根分智能作用為三：①記憶②想像③悟解。記憶發為歷史。想像發為詩歌。悟解發為哲学。哲学又分為三類：

①神学　論神的存在

②宇宙論　論自然現象如自然目的(形而上学)

③人類論　論人類和社會。

這樣分類雖大為當時学者所贊許，但多有缺点。後代学者很有些改正的。富爾夫又以精、神作用為哲学分類的根據。倍

哲学概論

根知的作用外加上甚麽作用。因此分哲学為理論哲学(Theoretical philosophy)和實踐哲学(Practical philosophy)二种。實踐哲学又分為倫理学、經濟学、政治学三种，把來當作普通實踐哲学的基礎，並且以實体論(Ontology)為張本，這個和老子、墨子、荀子以及朱子許多相同。

此外，孔德、斯賓塞爾對于分類都有主張，都可以看為科学的分類。因為從前的学者竟把哲学看作為科学的總名，當科学便為哲学的一部份。近世特殊科学進步，自然科学先脫離哲学支配而獨立，精神科学也進步極速，也相繼獨立而項獨立以後，哲学的內容大大地改觀了。自從脫離分家分科学與哲学以來，哲学分類不像從前那么混同了。包尔生(1846—1908)在他的哲学概論裡面分哲学為二大類：

(1)形而上学包括實体論和宇宙論的神学(Cosmological

哲學概論

Theology）③認識論包含認識本質論和認識起源論。這樣分類顯然（
是明白而且要領，不過太簡略一點。且爾培（Külpe）——
在他的哲學概論裏面也分哲學為二方：
①普通哲學（the general philosophical disciplines）
包括形而上學、認識論和倫理學。
②特殊哲學（the special philosophical discipline）
包括自然哲學、心理學、倫理學、法理學、美學、宗教學、哲
學歷史哲學等，
這樣分類好像是科學的，拉德（Ladd）在他的哲學概論裏
面分哲學為三部
①實在哲學——分認識論和形而上學，形而上學又分自然
哲學和精神哲學。

八

②[illegible]學—分倫理學和美學。

③宗教哲學。因為最高實在的理想經驗—

Wundt(1832—1920)在他的哲學概論裏面分

①認識論—包括形式的論理學和實質的認識論,總名「方法學」。

②原理論—又分一般的和特殊的兩種。一般的原理論就是形而上學,特殊的原理論又分自然哲學(包括宇宙論生物論,人類論)和精神哲學(包括倫理學美學宗教哲學)

但他分類頗有秩序,然而原理論又分為一般的和特殊的未免太抽象分析了。以上幾種分類各有長短,西洋哲學的綱領似乎應當分別認識問題,從發達的次序和問題的難易來說,似乎應當先論自然,次論人生,以論認識。因為認識論是近代創立的，康德以前的知識研究都是沒有組織的。從組織上或性質上說，認識論實在是哲學全體中最重要極先鋒的問題，我們必定先認識本身和宇宙及人生，然而對于宇宙自然和人生社會有如何的看法、作法，所以中國方面莊子哲學的方法，與老子、孔子不同，墨子與孔子不同，大抵那些前輩先論宇宙實体次及人生社會問題。後輩改變方法先講邏輯知識次及行為。連孟子在盡性篇裡面似乎已經知道這一層了。墨子尤覺區劃得有精采。中國哲學從古以来最看人生問題，講来講去，大部分是人生哲學，而研究人生意義，人生本質，人生理想和行為以及社會組織。所以漢代出了個賈誼，明代出了個張履祥，清代出了個顏元，都是着重人生實際問題的。這正是孔子哲學的本色，一部論語原来多講倫常的。

宇宙實在問題實在包括宇宙萬物全体客观的，对象說的

九

哲學概論

物的自然在裡面，心的自然也在裡面，因為心和物都是自然現象。不过通常所说客观的实在就是指着自然现象全体说的。山川河海礦坑土壤并光水炭风雲雨電鱗介甲草木禽獸都包括着。人類生活這裡面，驚疑莫測，又奇怪它的秩序井然，便想探討它的奥妙，就以研究自然哲学(Philosophy of Nature)或宇宙根本原理的宇宙論(Cosmology)最先為古人所注目。易經繫辭傳開首就说：「仰觀象於天，俯察形於地……」老子哲学先講解宇宙，淮南九師承繼他的学说也是這樣。宋儒承继道妖的太極圖說更是這樣。只因受了佛教的影响，空疎的厲害，

論到認識問題便是哲学上的根本問題，宇宙萬物，人生社会都是客观的對象——被研究的东西。然則研究的主体就是研究的人。可是很有價值的問題。我們研究事物應當接着怎樣的法則呢？認識真確的標準怎樣呢？怎樣能够保證認識的正確

呢？又認識的境界是否有一定的限制？認識的起源是否在經驗或理性？認識的本質是否為客觀的實在？認識的結果所得知識中存在的理法，又要怎樣組織？都是認識論重要問題。檢討這些問題叫認識論（Epistemology）。希臘時代詭辯學者抽象地提到這問題，檢討這問題便明確地建立這學課。

打破那有無人生認識三分類法的是印度來的佛教哲學。尤其是禪宗思想。因為佛教說四相皆空，我法二空，無我無人，可算沒有人生，沒有社會，無眾生無壽者，可算沒有萬物沒有宇宙。所以有「我執」便生「煩惱障」，有法執便生「所知障」，根本上不但不要我，也不要法，不要知，不要認識。禪宗以不立文字為教，以心心傳授為法門，所謂教外別傳，既無所謂人生觀，也無所謂世界觀，因宇宙實相，從由「直覺」得的，從後現象，便落言詮，所以沒有世界觀。禪宗以般若為心印，屬于頓門，非指禪定仍由漸入，以無所得為真

哲學概論　十

宗為究竟，以頓悟直覺為方法一種直覺塵[?]深處還有甚什人生
現不說呢？若從另一方面解釋空為平等，我為善別，善別起於妄
念，妄止便絕對平等，何從發生我執？所以沒有人生現，沒有世界
現，沒有人生現世不出有認識論。認識論意從心理方面說，是外
物影響內心，便生一種知的作用。包括感覺、知覺、記憶、思惟諸作
用在內。從論理方面說，認識為表[?]現上知的作用——思考——
共感官的感受性(Receptivity)互相結合而成。那末被知的對
象和能知的主體底意識關係就是論以構成概念、判斷、推理等
思考的結果。認識論就是檢討我人知何能認識外物和所看見
有角的知道是牛[?]，有聲的知道是馬，可見[?]觀念和對象完全一致。
但是我人如何能知道這些呢？所以知道的根據又在那裡呢？並
且我人的感覺和知覺往往有虛偽錯誤的表現，更將何以判別
莫須呢？這些問題早為古人所想到，要給它有適當解釋便處[?]

立認識論。佛教禪宗根本地不要認識了。雖然禪宗洞山良价的五位頌「正中偏，偏中正，正中來，偏中至，兼中到」。可說「正」「偏」「兼」三點，闡明宇宙的真理。「正」就理体說，「偏」就事相說，「兼」是包括各方面說，他以為一切學說都可以包括在這五位的中間。又有臨濟義玄的四料簡「奪人不奪境，奪境不奪人，人境俱奪，人境俱不奪」，這四句，可說是四种看法，或四個標準。我們可以用這些標準去觀宇宙萬事萬物。宇宙是差別相，也可說只是相，因為一切法散為一一法，一一法又攝於一切法，所以差別就是平等，平等就是差別。小非大，大非小，小即大，大即小，有非無，無非有，有即無，無即有，予是萬物都備於我，奪是我備於萬物。就客觀說只是有宇宙不是有人，所以說「奪人不奪境」。就主觀說只是有人不是有宇宙，所以說「奪境不奪人」。但只要就人和境上着眼，不免偏執於人和境，未能達觀萬物徹悟宇宙的理，所以要進一步不為人境所牽繫，不常執於人境，這一步便是「人境俱奪」，又是這進一步的見解也不算超絕，因為這一境還是有意作為，不是本地風光，為要不掩蔽本來面目，纔能達到超絕境地的，那只有「人境俱不奪」的看法。畢竟禪宗學者在中國哲學界建立了研究的法子，它對宋元明學者的影響也大得很。

泰西哲学系統和派別

近三十年來中国人喜歡談哲学，這是件很可樂觀的事情。因為一種哲学對于一個人的效用比他的飲食問題還要緊，並且對于民族勢力遠在政治以上。哲学可以引人從卑淺思想的境界爬出，到自覺自悟自成自立的地步。它給我們一些清潔的空氣，可靠的根據，活潑的精神。我們必先研究它纔可有個世界觀。有了世界觀纔可有個人生觀，有了人生觀纔可以比較地懂得甚麼是我，甚麼是他們，怎樣用我，怎樣用他們。

現代的哲学不是憑空而談太虛，也不是幻想無極而太極。太極圖說那個玩藝兒原是妖道造成的，騙了宋儒白費許多心機。現代的哲学是受過科学陶冶的。先受過自然科学的陶冶，後受過人事科学的陶冶。機械学發達了，哲学受著影響，生物学發達了，哲学又大受著影響，從生物学裡跳出心理学來，哲学

哲学概論　　十二

要大大受着影響。從心理學裏跳出社會學來，哲學更加大大受着影響。從前所說的「道體」「氣數」等名詞，都是不易解釋的謎子。我敢肯定的說，幾種科學相通的道理（思想）共守的規則，就是哲學。我們要曉得哲學並不是抽象的學問，它的性質也是具體的。哲學固然是個大假定（hypothesis）因為哲學是個餘數（residuum）。這餘數包含着許多未經科學解釋的問題。所以哲學裡面的事務都是假定。但是不能藉着假定而用專斷主義（dogmatism）駕馭哲學，並且把「究竟」「絕對」「永久」的檢討當作哲學的本職。換一層看，哲學裡面既然包含着無數假定，這些假定有時可以加上一番證明，便成科學。歷來哲學家，大概有兩種趨向，以認識為前提，以人生為前提。自然以人生為前提比較妥當。免得先論認識妥不妥當。況且我們是人，我們有人性，用人性去觀察宇宙，所見的免不了帶着一層人性的色彩。好像戴上一副藍色眼鏡看東西，沒有一樣不是藍的，純粹的客觀是不可能的。因此唯一的真理「絕對」等名詞似乎不適用了。知識是一種人的反應實體是一種生物學上的概念。超過人性的理解是做學术的。一切科學都是應生物學上的自然要求而去，一切知識都是滿足人生的手段。一切行為都是發揮人生的動機意機主義戰勝智慧主義。人性主義戰勝自然主義。「禪那」「般若」真不要談了。不過從哲學系統上知識方面是不可忽略的。一覽下表可以明白。

一、萬有論又叫形而上學 Metaphysics 論萬有的真實，大凡自然界的現象，物境心境的關係都屬這門。

（甲）實體論 Ontology

甚麼叫作物理的現象？

甚麼叫作心境的現象？

心境物境的關係是甚麼？

哲學概論

十三

(一)二元論 dualism

(二)一元論 Monism

(1)唯物派 Materialism

(2)唯心派 idealism or spiritualism

(乙)宇宙原始論 Cosmology and Theology

萬有從何發生呢？

萬物成務是誰主宰呢？

(一)原子論 Atomism

(二)理神論 Deism

(三)有神論 Theism

(四)汎神論 Pantheism

二、認識 Epistemology

(甲)怎麼說認識？

(一)物觀 realism

(二)心觀 idealism

(乙)從那種認識呢?

(一)實驗派 Empiricism

(二)理想派 Rationalism

三、行為論 Ethics

(甲)是非的分別有甚麼根據?

(一)效果說 teleological

(1)樂利說(功利說) hedonism or utilitarianism

(2)全德派 perfectionism or energism

(二)良知論(直覺) intuitionalism

以上实体論宇宙論認識論這三論所研究的實在同是一樣東西，只因所看的方面不同，所以有差別。

實體論研究萬物的本性。可以分為二種

(一)唯物論Materialism說宇宙萬物都是物質所成，除却物質沒有別的東西。希臘的Democritus和近世英國的Hobbes都主張這說。(二)物心二元論Dualism以為世間只有物心兩体，物心相接，便生現象。物質靠着精神顯示形相，精神依附物質顯示妙用。英國Locke是主張這派的。(三)唯心論Idealism說世間無物質萬物的存在，實在的終極，與人間意識中所得而經驗的相同。愛爾蘭Berkeley是這派的代表。(四)現象論Phenomenalism說萬物都是現象，除着現象沒有別的東西。所謂心物二体都是我們人虛構的，不是實在有的。蘇格蘭Hume主張這說。(五)各種絕對論Various kinds of absolutism持絕對的人都相信宇宙全體一絕對体所成。至于絕對体是甚麼樣的東西，各人說的不同。或有人說是神(上帝)，或說是「意」，或說是「理」，便演成許多派別。我們中國老莊孔墨孟荀都是主張絕對体的，宇宙論的重要問題有二：一論宇宙的起源和制御（Origin and Control of World）二論宇宙是一物或為多物所成（Whether the world is made of one thing or many things）關于第一問題有物力論（Mechanical force theory）有神論，目的論（Teleological theory）論理必然論（Logical necessity theory）創造的進化論（Creative evolution theory）幾派大學說。主張物力論的人以為世界由于自然，它的演進由物力的推移。這派就機械意義上看，可分甲乙丙丁戊己六說。甲說对于形而上学方面不承認有究竟原因」一概念，只說出自物质的盲目的運動。但是以物质運動必然的結果，說明宇宙現象，可算機械的世界觀。換句話說就是唯物論。乙說雖不說宇宙原理必存乎物质，但不承認宇宙過程中有目的，只把自然地不必然的因果律來說明，這樣見解也可稱機械的。丙說不如甲說的否定目的性，主張唯物。又不出乙說的把因果律必然律包括一切原理，而預想宇宙有物質與超物質的存在，所以說宇宙在物質方面可用普通必然因果律說明。丙把這因果律包括一切生物和人類的活動。至于物質方面的存在是否有目的，擱置不談。丁說不限于說明宇宙原理，但以物質的說明施諸宇宙一部分現象。他們說世間有機物，縱不然這機械的說明它，但對于無機物界完全可用機械的說明。戊說更有反對「有機的或體系的」一句話也便稱為機械的，說是一切物質，不過偶然集合，那部分和全體中間沒有必然的關係存在就是說有機也指為無機的。另有一派的機械論是從心理學上論的。大概是指著赫爾巴特(Herbart)(1776—1841)的表象說。赫氏假定單純而同質的精神要素以說明表象(Vorstellungen)以為這些要素各從一定法則互相反撥或互相結合，所以由平均重量和運動的關係發達為種種精神現象。這實在是適用物理學上的原理來說明心意的。人還叫它機械論別派。現代的物理學家都從物理學中漸々删除物質的觀念，把「感覺聯絡」(Empfindungscomplex)的觀念來代替它。所以唯物論的宇宙觀在現代科學上已經失去了勢力。近世德國(Ostwald)所以把物質觀改作「勢力觀」來救唯物論的破產。甚麼叫作勢力觀或唯力論(Energism)呢？唯力論的宇宙是把「質」都歸到「力」。說世界各種現象並不是沉靜不死的物質，但是種々勢力，如果各種勢力(energy)的表現，聲、光、電、熱以及各種化學原子的性質莫不是一種勢力的作用。這世界中無形無相的勢力鼓動我們人類的神經作用(神經中的勢力)便現出這色相世界。這色相世界後面的實際世界是個勢力的系統」。說物力的表現似乎比那靜死的物質原子的地位移易要確切一點。何況我們的精神現象用「勢力」來解釋必要比物質運動好一點。

哲學概論

所以唯力論就將一切物質原子改作各個「勢力的滙集」。一切物質的運動和化变改作勢力的轉易」。但是勢力的實際又是甚麽？這又不是唯力論所能解釋的了。这世界中勢力的表現只是「物体的運動」或說「電子的運動」，沒有運動就不能說有勢力；我们的精神思想不在空間，沒有運動（空間地位的移易）仍是不能拿勢力觀念來概括解釋。

信仰神造論的人說世界是神造就的。只是各教論到神體有多神論汎神論一神論的分別。基督教倡有神論，印度教佛教倡汎神論。孔教和回教倡一神論。主張目的論的人說世界的發生和演進都有極大目的。（Teleology是希臘語telos和logos結合成的，有討論宇宙究竟的意思。）以目的或究竟原因為說明宇宙的原理。）提倡論理必然論的以為世界的演進，全由論理的法則。也可以叫定命論（Determinism），以有一定命題，根據公認前提，依着論理法則推得的。那和定命論反對的是創造的進化論。這派是法國Bergson所倡，說宇宙萬物，無時不發展的結果，非由前定。（見他的著作創造的進化）。

宇宙論的第二問題，可從性數兩方面對于每方面的主張，各有一元論和多元論的分別。

實体論和宇宙論的問題在古希臘時代已引起學者的注意，只因他們的眼光都是客觀，近代的學者曉得哲學問題不易解決，便內省自己的知識，看到底知道幾何，認識幾何，那末認識論便起來了。認識論的根本問題有四：㈠我們人的知識是否有限度？Has our knowledge any limit? 于是有不可思議論懷疑論和與他相反的說法。不可思議論說我們人知識有限度，宇宙究竟，我們人無從得知。懷疑論不說可知，也不說不可知，而以懷疑為結果。㈡知與所知的關係如何？(What is the relation between knowledge and

十七

the thing known?）関于這個問題有兩樣的主張，一樣説所知存在，因為我们知的緣故，算是唯心論。Idealism 二樣説所知的物，不因着我们知不知而或存或滅，算是実在論（Realism）（三）知識有直接知識間接的區別麼？這兩種當以那一種為貴？There are two kinds of knowledge mediate and immediate which is more excellent？也有兩種相反的主張：一為唯思論 intellectualism 一為唯驗論 empiricism。唯思論以間接知識為貴，所以重看思想。唯驗論以直接知識為貴，所以重看經驗。反對理想趨于極端的是柏格森的直覚論 intuitionism 或叫直觀主義，説我们欲得某物的真相，非直覚不可。思想全靠不住。因為説『直觀就是生命。』動宇宙有活力，不能由理知作用解剖它。我们要從宇宙過程中，又在它的活動力裏面縱摸宇宙。他特取「純粹持續」Pure Duration 一句話拿作生命的本質。説純粹意識中一面對過去創造的無限存積，無限融和。一面又從它内部傾向 tendency 無限創造，無限擴大。

所以「純粹持續」是合現在過去未來為一不可分割就在殊多性
性中見統一性 Multiplicity ∴ unity 在統一性中見殊多性 unity
∴ multiplicity 這「純粹持續」也就是世界的根本實在一切物
象不外時間流轉的表現然哲學上假使丟卻理知但憑直觀
來攝取這些命題便可保證實在

（四）真實的標準是甚麼？What is the criterion of truth? 大約
有三種主張：講唯理論 Rationalism 的人說真實不真實應
當憑着論理斷定總以不生矛盾為最要；講唯驗論 Empiricism
的人說真實謬誤應當藉着經驗証明凡和經驗不对的都不
能說是真實近代又有唯用說 Pragmatism 說真實的不是有用
的無用的必是不真實的所以真實不真實應當以有用無用
為標準

西洋哲學的系統和派別我們在前面已經知道大概了 這是

研究哲學初步必要的事情况且西洋哲學的全部好像是個有機體他有萌芽有滋長有進化有分功由單純至於複雜由淺近至於精微內部的理論派別雖有極衝突極矛盾的然而正因他們不相苟同纔互相砥礪互相促進形式上不相融通實際上互相滋助綜合成為一種有進步有生氣的歐洲哲學例如現在的唯物論精深了唯心論又精深了實証論Positivism現象歐洲哲不是以前的空想玄談了究精微深奧的理論沉湛有趣的學說窮究到我們人心識最精微之妙都是有實際學理的根據不可搖動的定理他們中間雖有極端相反的學說見解各方面都不是空想玄談都有實際學理的根據不可磨滅的精義以後哲學的事就是把各方面的定理精義用一種最高的理論來貫串罷了所以我們研究哲學的人先要明

由各派的內容纔能統觀全局推廣將來趨向讓我們再去進趨向上層我們一要心力對於世界文化必定有些哲學的內容要兩部分……

(一) 實體論或形而上學。

(二) 認識論或知識學這兩部分各有種種不同的學說派別認識論中的理論不可混入實體論實體論中學說也不可混入認識論例如認識論中的經驗論雖與近代唯物論略有關係但不可和唯物論混講因為徹底的經驗論倒有唯心的傾向（休謨）又例如精神論和物質論是極端相反的兩派學說但他們在認識論中卻同為獨斷論這是顯而易見的特點這兩部分的分別詳細闡列在下面。

實體論 ontology (形而上學 metaphysics)

下

(一)
- 唯靈論 Spiritualism 或唯心論 idealism
  - 主智論 intellectualism
  - 主情論 voluntaryism
  - 主用論 Pragmatism
- 唯物論 Materialism 或唯力論 Energism
- 心物平行論 Psychophysical Parallelism

(二) 自然論 Naturalism

以上各种独断論他們很同意地声明「絕對」是在他們探究的能力當中但他們对於絕對所應用的方法不能同意他們以為可以認識「絕」对只是关於绝对自身的本質各有意見分得很清楚

(三)
- 機械論 Mechanism
- 目的論 Teleology
  - 一元方面
  - 二元方面

以上二種學說完全相反目的論說萬有全体或它一部自有目的就是為着這目的而存在的機械論說一切事物都像機械一樣但從盲目作用自生自滅并且說宇宙人生毫無何

等意義存在裏面。

（四）一元論 Monism

二元論 Dualism

以上二派立場相反，有時相反而相成，因為二元可以歸併作一元論。二元論說世界二種原理所表現的。這二種原理或是精神和物質，如安那薩哥拉 Anaxagoras 所說。或是體積與思惟，如笛卡兒 Descartes René (1596–1650) 所說。他們以為這二元都是獨立存在不能歸併的。但是這二種元質相互的關係究竟如何，叫二元哲學家最難解答。有的說二元平行，有的說互相因果，辯論紛紛，莫衷一是。所以二元論往往折入一元論。把一種作原理，把一種來作現象。例如唯物一元論諸家就說物質是唯一原理，精神是神經系的現象。唯心論諸家就以精神為唯一原理，物質是現象。西洋哲學的趨勢是總想戰勝二元論以歸入一

二十一

[illegible]論

元論說。

認識論 Epistemology (Theory of knowledge)(德文 Erkenntnistheorie)這一門是研究認識的可能，以便對於哲學的基礎。在這裏有些問題我們不能不提到：

甚麼是認識論。它的內容怎樣？

認識論是近代哲學中從陸克 John Locke (1632-1704) 侯謨 David Hume (1711-1776) 康德 Immanuel Kant (1724-1804) 以來發揮研究的一個重大哲學問題。有些人走到極端，甚至蔑視形而上學的問題，來推崇認識論。我們平心而論認識論上所研究的認識能力和認識界限等問題。是研究哲學的時候應當首先解決的。也就是近代哲學的中心問題。由歷史上看，哲學原以形而上學、本體論為出發點，以宇宙的本源、心物的關係為研究的目標。等到形而上學的研究已經很久了，然後那些認識能力認識界限等問題都並未成熟起來。認識能力問題早發於希臘詭辯學者，直到近世經過笛卡兒的整理，打破洛克、霍布士、斯賓諾沙、萊布尼茲等形而上學的體系，而使認識論的體系煥然一新，儼然大備。

但是還有一個重要問題：

甚麼是人生正確知識的標準？

他們解決這問題的方法，就是研究我們人知識的起源、界限、原則，從而知它的本體。向來各派認識論的學說也就是對着這些問題發出解決的意見。

關于知識起源問題有三種解釋：第一是唯理論，以為一切知識是我們人心中先天所固有的。第二是經驗論，以為知識的起源起於心外的經驗。第三是批評論調和於兩說的中間，看先天和經驗同為知識的本源。

於知識的效用問題有不加徵驗，就判其必有絕大效用的作獨斷論。與獨斷論反對的是懷疑論。懷疑論又有主觀論和相對論的分別。在獨斷懷疑二論以外尚有實証論，限於經驗範圍裏面承認知識能力。

關於知識本質問題也有三種解釋：主張觀念論的以為知識的內容不外乎意識 Consciousness (Сознание) 中間的觀念。主張實在論的以為意識而外，確實別有客觀的事物存於外界。主張現象論的便把知識的內容仍歸於現象，並且不要偏廢上面二說的主張。

下面又列一表：

(一) 唯理論 Rationalism
　　 經驗論 Empiricism
(二) 批評論 Criticism ([illegible])

(3) (i) 独斷論 Dogmatism

懷疑論 Scepticism (Skeptizismus) { 主觀論 Subjectivism / 相對論 Relativism }

实証論 Positivism

(4) 實在論 Realism

現象論 Phenomenalism

末後還有一類餘論：

最近有一德國柏林大學教授氏爾瑅 Wilhelm Dilthey (1833—) 創造一派哲學，以精神現象為「生命」的個行發展，換句話說，精神現象是「生命」的發動機能，為正發於「生命」基礎的一種事實，可叫作「生命哲學」。

或有人說独斷論是被康德打破的，只因科學神聖派仍然也隨入独斷派，所以引起現代的純粹實際主義 Pragmatism 和實用主义 Pragmaticism，這語初見於一八七七年十一月和一八七八

二十三

哲學概論

年一月所發的通俗月刊美國數學家皮爾斯 Peirce 論文裡面。後来詹姆士 W. James 席列 Schiller 改由人本主义而歸実際主義。杜威 Dewey 仍站在实驗主义上来促進平民教育。皮氏提起実驗主义這名詞，詹氏把它應用到宗教上去。皮氏覺得這種用法不很妥当，所以想把他原来的主義叫称 Pragmaticism 好叫人有分别。英國席列 Schiller 一派把這個主義的范圍更擴充了。皮氏不过是一種辯論的方法，如今竟变成一種真理論和實在論（詹姆士氏 Meaning of Truth）所以提議改為「人本主義」Humanism。杜威原是注重方法，但嫌詹氏一般人太偏重個体事物和「意志」方面，所以他不願用 Pragmatism 便自称為「工具主義」Instrumentalism。詹氏实際主义 Pragmatism 注重「實際」效果，所以皮氏實用主义（或叫實用論）Pragmatism 又叫 Experimentalism 除都注重实際效果以外更能點出這種哲学所最注意的是實驗方法。實驗方法就是科學家在試驗室內用的方法。這種新哲學完全是近代科學發達結果。詹氏講辭唯用論第一是注重方法在實驗，第二是造成一種真理論 Theory of Truth 第三就是一種實在論 Theory of Reality。詹氏唯用論的中心意義在他的認識論，為經驗論、主情論、主觀論三項的總和，也是他認識論的神髓。唯用論是對于從他的自然論和絕對的唯心論各走極端而要起的。自然論看精神現象為自然過程，洛克、密爾、達爾文、斯賓賽爾都這樣主張。唯心論的心是的原理演繹一切現象，康德、黑格兒、格林都那樣主張。那末唯用論要繼起來了。詹氏叫作硬性派和軟性派的調和 Mediator between Tough-minded and Tender-minded 就是對於絕對的唯心論排斥它的絕對說和主知說而容納它的精神原理，對於進化的自然論排斥它的唯物論見解和非宗教傾向而容納它的

哲學概論

二十四

經驗主义和進化觀念。概括地說：「唯用論是調和經驗說的思考方法和人類宗教要求幸福的見解」(Pragmatism P.64) 有人起来反對唯用論說我們固見的客觀世界並不是在面前麼？我們的認識和真理單只僅僅順應這現實實世界的东西么？民說除却主觀的認識作用便無客觀世界可言。未免錯誤么？他們答說，客觀世界不外我們認識作用的產物。我們的認識并非客觀世界的寫真。實由吾處境意生活的利害关係而以主觀的態度對付罷了。比如在這裏有一件東西，假使這件东西與我們情意生活的利害毫無关係，我們便永無認識它的機會。機会尚且沒有，還有什么認識呢？所以機会是認識的因，情意生活的利害关係又是機會的因。難道除却情意生活的利害关係既沒有認識可能，又怎樣有所謂客觀世界呢？所以說真理是理論的價值，Truth are Special Values (Schiller: Studies in Humanism)

見）世人每論「善」和「美」都是有價值的名目，說到「真」字不会這樣。但不過實用主义的真理觀不同，以為真、善、美都是有價值的名目，不可分開的。他又說：精神生活上所有目的的性質足以影响或充滿我們人的認識活動，因為我們人的觀念無不含着意志和目的，這不單是日常的觀念這樣，就是科學上的觀念所謂法則也以為含有意志和目的的，生物可生長可變化可自由改造，法非諸徑不動的，好比數學上的法則雖似固定的普遍的，實際上都是因着我們人實際生活要求來的。否則所造的法則不但不能成立，並且遠離[illegible]相對律，就是為着反對牛頓慣性律而設，也是適應我們生活要求起來的。可知宇宙間的一切觀念都是可動性，所以丟掉實際的要求便找不着真理。把實際生活要求作為探討真理的標準為詹氏的特色。真理既從要求得來，復從要求化變改造。所

哲學概論

十五

以我們人第一要義為要求，第二要義為要求滿足。詹氏又說人類只是互相要求，那末道德世界便已存在（見詹氏書 Essays: Will to believe, P. 197）這是第一義。又說善的本質只在滿足要求罷了（—— the essence of good is simply to satisfy demand）這是第二義。無論科學上的真理、宗教上的真理和一切事物的真理，無不始於要求，終於滿足。我們日常生活的所謂真理，就是習慣信條，也是以範圍我們人言動的，指導我們人去向的。然而習慣信條未必都能適應我們人實際生活的要求，於是除去不適應的，增加其他適應的，變化它，改造它，新習慣新信條便起來了。新習慣新信條未必長久滿足我們的要求，環境變，又有新的生來了。要求沒有止境，滿足沒有止境。日日新又日新，真理所以進化，人類所以向上，這都是因著精神生活有目的性質，斷然擴充我們人認識的內容，確實增高人類價值。

我講到這裡，有人便要疑到實用主義就是功利主義，其實不然。實用主義固然排斥僵化底自然論和宗教的傾向，而容納絕對超唯心論的精神，宗教理想，實用主義的精神生活非常高尚，不下於唯心論。決不是貿然忽視超越的（transcendent），實用主義視為內在的（immanent）。實用主義雖將絕對地唯心論上屬於的中心觀點（Theocentric Point of View），容納它屬人的中心觀點（Anthropocentric Point of View），唯心論看為原理看為最切要的一物，實用主義看為實踐的看為最後一物。再者實用主義對於絕對和神的觀念，不總看為完成的存在，總看我們人格最後的表現，也就是創造的進化。又說實用主義的神是人格最發達的東西。所以把它的宗教作「人性的宗教（Religion of Humanity）」。然則進化的過程，經過將來「最後的人」出現時始告成功，也就等於那時候有完全圓滿的絕對和神的實現。

總一切哲學革命運動的熱誠,創造新人生,新生活就是實用主義的使命。根據這種說法,實用主義就是人本主義努力主義改造主義進步主義。

歐大陸方面既然出了個唯物主義,同時要反唯物主義也出了個柏格森,竟還有蘇格拉底的稱呼柏氏的直覺主義以反機械論以反對物質的傾向,擁護大新唯心論為其立腳點。如說柏格森氏離開觀念。柏氏以生物學心理學的新研究建造生命哲學,華氏由生理學心理學的新研究建造行為哲學。二氏一同注在情意作用上面。若羅素由數學造成的理性哲學,孔德由實驗物理學造成數理哲學,又是一對耦耕。

柏氏講綿延(Duration)就是我們人意識的真相。好比聽見鄰家犬吠,忽聯想到客來了,忽懷舊友,忽想念故鄉,意識界刻刻變化,從沒有止境。又將從很現我們去臨波浪是抽丞復入入足們旧是水，非前水，滔滔不竭，隨流隨湓，涓涓滴滴，匯為江河，這正是意識變化增進的譬喻。又柏氏講「綿續」真義注意在時間，他以為時間分析原子於秒鐘，忽忽變化，忽忽增長，無數可數，無量可量，很難去說，但可內觀，由直覺而得。由直覺而得的時間為真時間，叫作「綿續」。綿續是一溶和滲透內質底變化的連絡。柏氏以「綿續」概括萬有的真相，更把「記憶」一語來說明。他說「記憶是沒有錯耗的綿續，又是我們人意識的根柢。沒有記憶便沒有過去和現在的連絡，更不能與未來相接。宇宙作用幾乎停止。聯合過去現在未來而求不斷發育的，正是記憶的天職。凡過去所以生長的，保存的，正靠着記憶的功用。（Creative evolution, P6.）論到人格柏氏也有和綿續相聯的話，他說：「人格是不斷的發育生長與成熟的。每一瞬間即為前瞬間所增加的一物，更進一步說，有一件東西存在，不但是新的，實在是我們所不可預測的。」

哲學概論

二十七

——所以就意識的出現說來，存在是變化，變化是成熟，成熟是不斷的自我創造。他以為我們人——意識界刻刻變化刻刻創造，每一時間所表現的新狀態都是從前從來實見過的，所以說不可預測的，所以說不要循環。不是循環的所以自由，自由的所以創造的。「創造」一語在柏氏哲學上有重大意義。他說創造不限於有機物，無機物也同有創造的發展。又可以推知柏氏的宇宙觀。柏氏區別有機物和無機物的意識在於個性。個性發現的原因為持續性。有機物是富有持續性的，無機物是以存在完備無缺。有機物的持續性只是全生命——潮流——微歉的假現。無機物的保存和消失也是顯出一種過程。不過有機物表示創造的積極方面，無機物表示消極方面，兩樣都有持續性。換句話說，全生命潮流的流動性就是宇宙的萬相，萬物生滅是表演的現象。畢竟怎樣檢討我們的持續呢？因為我們要檢討持續的真意義。就靠着直覺。直覺與知覺對立。對于物質界的解釋，仍用直覺。知覺屬於第一種認識，為普通的，直覺屬於第二種認識，為純粹的。知覺是科學的事。知覺以解釋物質為能，所以注意分析個別為外部的，功利的，分量的，同時的。直覺以統一意識為本，所以注重內觀自證，為內部的本然的，性質的，繼續的。柏氏以為意識的真相，除了直覺以外，別無方法可以表示。舉凡一切語言文字，不過精神的符號，尚未能徹底表示（Creative Evolution. P. 184）柏氏所說的真理，既非如唯心論所說主觀的產物，又非如實在論所說客觀的存在。只是主客觀和一等相印的宇宙生命的呼喚罷了。我們人不是真生命潮流，雖負有物質的，但這物質實是生命潮流底實在硬化着，那末，唯一無的實在為精神，物質只是精神部分的硬化。因為橫梗空間徹無靜止的物件，權也是個運動

哲學概論 二十八

的物体。物体可析為分子，分子可析為原子，原子可析為電子，還有量子，它最終的微粒不过一種電磁力罷了。換句話說，物体是勢力，是運動，是持續，到底有什么呢！柏氏所看為实在的，正是这樣一點。物質和意識可算運動上比較名詞，主持这運動力，叫做「生命的衝動」，就是創造宇宙的原動力。柏氏根據这運動力来說明「創造的進化」。與達尔文的進化論不同。

柏氏說生命的衝動力充塞宇宙的精神，实在对於生命的創造力具有強大雄厚的特殊功能。生命即是戰勝物質以至有今日的状態。在進化程途中，和物質苦戰，因為遭抵抗，不得不分為個異來應付，於是分為雜多的種族，與無數個体，以期最後的一勝。他說生命的進化分為二流：一是動物，一是植物。動物導意識於自動，植物隨意識於昏睡，動物因着進化的緣故，又分為二流，一是節足動物，一是脊椎動物。節足動物最發達的是昆蟲，脊椎動物最發達的是人類。前者為本能的進化，後者為理知的進化。前者本能的使用天賦的器具，自然的器具，後者理智的使用人為的器具，功利的器具。前者注重活動於有限的範圍，為自足盲目的。後者注重活動於無限的範圍，為選擇的，自覺的，然而由前者的捉摸事物的實質和生命的真諦。由後者可得社會事物的美條和生命的皮相，所以認識全部實在變分的理知不如還天賦的本能。換句話說，科學的方法不用直覺的方法把握理知的融通性與覺性來於本能的有機性擺脫惰，都求物質變化為意識，生命進化的真諦才能瞭解了。講到這裡，「明心見性」的證明觀方法。達爾氏個人僅於種種一派的意見，所以用生物學來證明。意識和活動，分為植物的睡眠，動物的本能和理知，也不過是

從進化上的分，說出

二十九

（原書白頁）

非進化的三階段，意識要征服物質，反為物質所拘束的是植物。至于動物不這樣，動物大抵戰勝物質，稍為得顯自由。人類纔全去機械律的束縛，他的意識為其自由的生物的頂點，作無限的發展，來環射生命的光輝。柏氏說：「一切有機体——最劣等到最高等生命的原始到現在——無論何時何地，都具有一種醇一不可分的衝動力，這力以抵抗物質為最顯的功能。一切生物都相結合，聽從這偉大衝動力的命令，動物之於植物的上面，人類立於動物的上面，全體人類恰比如一大隊伍，衝鋒無敵，别具一種不可思議的神力，連「死亡」也得戰勝。」（見許氏60）這些話可見柏氏直覺主義 intuitionalism 的神髓。柏氏以為萬有根源是一衝動，求一種純粹精神活動，是他所相信的神。「神哪！神哪！不斷的生命與行為和自由罷了。」柏氏哲學要旨，以宇宙擴總全部經驗為立場，以人類的努力為歸宿。倭氏與柏氏的異同點，就反知方面說柏氏也主實用主義。就直覺方面說，詹氏也主直覺主義。至於二位所同點，詹氏說物質界可律以物質法則。意識界必須注重意識界所行的經驗，大凡把固定的來約束流動的，把空間來管轄時間，都很錯誤。詹氏劃經驗界為三步，第一經驗界是物界的世界，注重因果律，有固定性。和柏氏所解釋底宿命下的世界符同。第二經驗界是普通意識世界，類別事物，分析實在，和柏氏所解釋底知覺世界符同。第三經驗界是宗教的意識世界，富有精神作用，與宇宙共同呼吸，和柏氏所解釋底直覺世界符同。總觀二氏哲學，一個把「行為」二字來闡發，一個把「生命」二字來結論，都是採取近代人本主義的菁華，掃除從前絕對主義，主知主義的迷霧，表現人生的真意義，人生的真價值。這兩位哲學家都產生於民主國家裏面，自幼飽嘗自由空氣，不是偶然的。

近來張東蓀和別的人論到實用主義興起的緣由，說先從現代哲學的思潮說起，現代哲學有一個共同特色，就是非理性主義」

irrationalism。或非知说。甚么是非知说呢？因为主知主義 intellectualism 说宇宙本体是思想，以为客觀的本体世界是個精神體的系统。反對這说的人以为我們人的知識除却實際經驗所得以外一無所知。哲学家所構造的理性世界終歸是個理想。不過設有理想的構造就不能使学術成為一種有系统的組織（自然科学的客觀自然世界也是個理想的構造。例如生物進化史就是個理想的重構 Reconstruction）。我們總当聰明地明白這理想世界是主觀的作用，把来整理經驗世界底零碎散漫的。我們無從知道客觀本體世界是否一個精神體的理想系统。

另有一種主義說 Voluntarism，從心理学上研究出来的。他們以為心理分知情意三種。精神和生命的活動都是從意志出發的，知和情都受着意志的影響。所以意志是主，知情是從。這是康德派綜說的。他們說知性的範圍和感性的材質沒有兩像。所以叔本華

三十一

些封德等的主意論，未免受康德一方麵主意論只承認客觀實
体世界是個精神的系統。不過精神元子的作用不是明瞭的概
念思想，乃是衝動的意志等。到近代新心理學興起，這說愈加昌
明。封德說我們人心世界的作用不是以思想為主，乃是以情意
為主。真正的「自我」是我的「意志」，不是我的思想。又有一種實用主
義，全以認識論為立場，但對于從前認識論上各種說法都不滿
足。他們覺着知情意三方面是不能分離的。從來認識論上都是
以為人類的知識只是純粹地思辨作用，離了生活的實際需要，
而純知道外物的真相。但不過為何曉得所知的就是外物的真
相呢？平常人只以為認得外物真相的是「真」，那認差了便是「偽」。這
個真偽問題就是唯用論的出發點。他們以為為何是真，為何是
偽，不是一句話可以獨斷的。必定有一個「証明」Verification做為區
別的標準（criterion）。這個証明是甚麼呢？通常認識論上有二說：
一是說主觀（能認識的心）和客觀（所認識的物）一致不一致，就

是一致的是真，不一致的是偽。那裏曉得客觀仍然是個觀念，因為客觀只能在觀念上存在，那離了觀念的存在是不可知的。既然客觀仍然是個觀念，所謂主觀和客觀一致就成觀念和觀念一致，豈不是没有意味麼？二說承認客觀是個觀念，但觀念是有統系的。新起的觀念必加入已成的統系中。若是加入而符合的便是真，不符合的便是偽。那裏曉得統系不止一個，人類所有的觀念統系不知若干，没有唯一的一個大統系。都是小統系，所謂新起的觀念加入舊有的觀念統系，這句話止能作為加入小統系的解釋，仍是各小統系互相矛盾。假使有新起觀念「子」加入小統系「甲」中格格不入，加入小統系「乙」中便十分適合，那末這「子」觀念到底是真是偽呢？可見拿加入統系來辨別真偽也是不可靠的。唯用論學者看透了這兩層，所以要另外找一個標準來証明。就是「有用」Utility。有用的就是有價值 Value。譬如一根木頭我們

概論

三十二

知道他的性質愈真切，是我們用它的材料造房屋，或是做器具。所以常識不及科學的真切，因為科學比常識的用處更大。可見得「真」就是有用。拿它來用，看它合用不用，便證明真偽出來。所謂真理都是一種「設想」Postulate，因為人類前途的需要沒有止境，也就沒有絕對的真理，不過是用處等差的程度。換句話說就是價值的程度。還有一派叫作直接派 immediatism 或名 intuitionism 就是柏格森哲學（前面已經講得很清楚了）。他從認識論上說起，柏氏以為認識論與生命論當合為一。他說所有生物的精神現象有三個傾向。一種是無意識，一種是本能，一種是智慧（理知）。無意識就是昏眠和麻木，本能就是感應和神通，智慧就是思維。植物趨于無意識的傾向，昆虫趨于本能的傾向，人類趨于智慧的傾向。從來學者都認這三個是次第的，柏氏偏說是並列的。但不過智慧的機能專為辨别固體的物象，把物象來分析以便應用。若把智慧來窺測自己的生命是不適宜的。能够窺測自我本体生命的必定是直覺這個直覺就是本能的一種所以柏格生直覺主義也可名本能主義次說到實体論他說實体就是持續 Duration 持續有兩個意義一個是未來的前途不可預測一個是過去的堆積永無窮盡所以這個持續與變化大大不同變化是甲變為乙變化後只有乙存在甲早已過去了持續不是樣這凡是過去的都積存在現在裏面凡是現在的都向未來前進所以柏氏又名這個為「創造的進化」 evolution 他又說這持續傳斷就是物質的構成為物質的特性是空間性這持續的特性是時間性時性是因創造的進化見得的所以他說宇宙間有二種運動一種是順持一種是逆持順持是自己構造的逆持是自引渙散的因為自行渙散所以才看出空間來總而言之柏氏以為時間就是創造空間是時間傳斷的副現象他哲學的精微奧妙就在這個地方現在[illegible]論

三十三

再把柏氏哲學與唯用論主意論的不同點重說一遍主意論如叔本華輩本來是理想主義柏氏也是新理想派不屬實証派但一個精緻一個粗樸很是不同的至於和唯用論比較唯用論把從前認「智慧」（理知）專為思辨說推翻証明智慧也是個實用的器具可說把從來未經人道及的知慧（理知）本性揭破了這点和柏氏相同但柏氏說智慧（理知）止能順着物質的趨勢前進發達到極点就是幾何學所以智慧（理知）的机能止在辨別具有空間性的圖式就是他止能認識物質不能領會生命和精神因為這個緣故非許諸直覺的感通不可可見柏氏不單承認智慧（理知）是實用的并且說他不能用於領悟生命的本体這便是與唯用論不同的地方那唯用論雖發明智慧（理知）是實用的但是仍主張從這個實用的智慧中發展人

生所以杜威有Creation intelligence而列有Reality in make-
柏格森説就是一個丟開智慧另取直覺一個仍重視智慧然而
他們兩方都説世界不是已成的正在創造中可説絶对相同
了
胡適説「杜威哲学史上是個大革命家為甚麽呢因為他把欧洲
近世哲学從侯謨和康德以來的哲学根本問題一齊抹煞一
齊認為没有討論的價值一切理性派和經驗派的爭論一切
唯心論和唯物論的爭論一切從康德以來的認識論在杜威
眼裏都是不成問題的爭論就可『不了了之』……杜威説近代
哲学的根本大錯誤就是不曾懂得『經驗究竟是個什么東西
一切理性派和經驗派的爭論唯心唯實的爭論都是由於不
懂得什么叫做『經驗』他又説『舊派哲学对於「經驗」的見解有五
種錯誤：

哲学概論

二十四日

(一)舊派人說經驗完全是知識其實依現在的眼光看來經驗確定是一個結人对於自然的環境和社會的环境所起的一切交涉

(二)舊說以為經驗是心境的裏面含是「主觀性」其實經驗只是一個物觀世界走進人類的行為遭遇裏面受了人類的反動發生種種變遷

(三)舊說於現狀外只承認一個过去以為經驗的元素只是記着經过了的事情其實活的經驗是試驗的是要換現有的東西他的特性在於一種「投影作用」projection伸向那不知道前途他的主要性質在於連絡未來

(四)舊式的經驗是專向個体分子的一切連絡关係都当作從經驗外面侵入的究竟可靠不可靠还不可知但是我們若

把经驗当作应付环境和约束环境的事那末经驗裏面便含有無數連帶关係

(五)舊派人把經驗和思想看作絶对相反的東西他們以一切推理作用是跳出经驗以外的事但是我們所謂经驗裏面含有無數推論没有一種有意識的经驗没有推論的作用」

这五种区别很重要因為这就是杜威哲学革命的根本理由他既不承認經驗就是知識那末三百年来把哲学幾乎完全变成認識論便大錯了哲学的性質範圍方法都要改变过了他既不承認經驗是主觀的反过来承認经驗是人应付环境的事業那末一切唯心唯實的爭論不成問題了他不承認经驗完全是細碎不連絡的分子(如印象意象感情等類)反过来承認連絡貫串是经驗本分内事那末一切经驗派和理性派的紛爭連帶侯謨的懷疑哲学和康德那些支離繁粹的仙

概論　二十五

統範疇都可以丢在腦背後了最要緊的第三第五兩種区别

杜威把經驗看作对付未來預料未來連絡未來的事又把經驗和思想看作一件事這是極重要的觀念按照這种說法經驗是向前的不是回想的是推理的不是完全堆積的是主動的不是靜止的也不是被動的是創造的思想活動不是細碎的記憶帳簿——————

杜威說知識是一件人的事業人人都該做的不是幾個上流人或幾個專門哲学家所能獨享的美術賞鑑物從前哲学得大病就是把知識思想當作了一种上等人的美術賞鑑力與人生行為毫無関係所以從前的哲学鑽來鑽去總跳不出本体現象主觀外物等等不成問題的爭論現在我們受了生物学的教訓就該老實承認經驗就是生活就是人與环境的交互行就是思想的作用指揮一切能力

利用環境，征服它，約束它，支配它，使生活的內容格外增加，使生活的能力格外自由，使生活的意味格外濃厚，因此，我們就該承認哲學的範圍，方法，性質，都該有一場根本的大改革。他說：（七）「哲學如果不弄那些『哲學家的問題』了，如果變成對付『人的問題』這個哲學方法了，那時候便是哲學光復（Recovery of Philosophy）的日子到了。」（四）杜威哲學最重看思想。他說思想是用已知的事務作根據來推出別種事物或真理作用。這種作用在論理學上叫作「推論的作用」（Inference）。推論作用只是從已知的事物推到未知的事物，有前者作根據，使人對于後者發生信用。這種作用是有根據有條理的思想作用。這種思想有二大特性：（一）須先有一種疑惑困難的情境做起點。（二）須有尋思搜索的作用，要尋出新事務或新知識來解決這種疑惑困難。好比一人在森林中迷失了路，東行西走，迷了方向，尋不出路來，這便是一種疑惑困難

二十六

哲學概論

的難境。這是第一個條件。那迷路的人爬上樹頂遠望，或取出千里鏡四望，或尋到流水，跟水出山，這都是尋思搜索的作用。這是第二個條件。人都知道「尋思搜索」是很重要的。但是少有人知道疑難境遇也是不可缺的。杜威的哲學志在解決人生問題，所以他的教育主張是偏重平民主義。平民主義的兩大條件，一是社会的利益須由組織社会分子共同參與。二是個人與個人，團体與團体中間須有圓滿的交互影響。杜威根據這兩大條件主張教育須養成（一）智能的個性，（二）活動的觀念和習慣。智能的個性是獨立觀察，判斷，思想的能力。平民教育須使青年人用自己的思想將經驗所得的觀念實地實驗，對于一切風俗，習慣，判斷持懷疑的態度，不單是人云亦云。所以他說，教育就是继續不斷，重新組織經驗使經驗的意義加增，使個人主宰後來經驗的能力格外增加。共同活動就是對于社会事業與群衆關係的興趣。平民主義的社会如股分公司，人人須有共同合作的習慣。所以主張学

校自身須為一種社会生活，須有社会生活所應具的種種條件，
学校中的学業須與校外生活連貫一氣。
同時1920来我國演講的有英國劍橋大学教授羅素 Russell,
Bertrand (1872—) 他是一個新實在論学者，根據他數学的批評
研究，在哲学上成立一種新方法。就精神上說，為哲学中的科学
方法。就形式上說，為邏輯的和分析的方法。他的哲学是邏輯原
子論或絕對的多元論。承認有個体和關係，而不承認由多數個
体組成的全體。他心理学上主義顛和行為主義，中立一元論等
派的心理学見解相同。羅素的政治哲学和他的哲学方法有關。
極重視個人，主張根本改造社会，以社会制度能發展創造衝動，
消滅衝動為宜。
後来1921又有一位来我國演講的德國生物学家兼哲学家的杜
里舒 Hans Driesch (1867—) 他在生物学上主張生機主義，也是

哲学概論　三七

從哲学的出發點。生物学上原有機械主義和生機主義的分派。近年羅和Roux取蛙卵那發達的等它這一細胞分裂為二細胞時，以熱針破壞一個，而培養這未破壞的，使它發達成胎。這未破壞的細胞到成胎時僅得其半，可說與生機主義所期望相同。因為原有的機械破壞一半，所以未破壞的部分也便成半體。杜里舒一聞這說，遂取海膽的卵來實驗，海膽的卵較小，難用針刺破，把它已分成二細胞的放在玻璃筒內，盛水搖動，便每二細胞相緊貼的離散，也有破斃的，取那完全的放在海水裏而培養。每一細胞遂漸發達，等到分裂過多都成半球形，但半球漸次周合成為全球形，由此成為全胎。從所得的結果與羅和不同。又作第二次實驗，取海膽的卵、等它分裂為四細胞時，取一培養來看它的發達，便和別的三個分離，稍久這一個細胞也發達成全胎，但體較小，只有原胎四分之一。其餘三個也繼續發達，結果仍和羅和不同。第三次實驗也是這樣。所以杜里舒從來主張生機主義。說生物現象非物理化學的原因所能解釋，必有它特別原因，何假名"隱得來希"。Entelechie。"隱得來希"希文是完歷。意指自足，但維到希臘此說不可知的神。

中國哲学和西洋哲学的比較

(1) 從發展過程上觀察

我看中西哲学的比較研究是極有興趣的一件事，因為中國哲学從長成期到發展期的各階段與西洋哲学史有相同的地方。在各時期裏面從形式上和各家思想的發展上可以找到他們一致的傾向。

下面把中國哲学的發展過程用標劃為三時期：

第一：長成期——中國（公元前三世紀）西洋（公元前四世紀以前）

第二：擅變期——中國（公元前三世紀至十七世紀）西洋（公元前三世紀至十七世紀）

第三：發展期——中國（十七世紀至現代）西洋（十七世紀至現代）

(一) 長成期的比較

商周時代封建制度完整，中國哲學竟長成在這個社會裡面。人民分為天子，諸侯，大夫，士，庶人五層階級，好像五層地窖，士庶人的思想種子要想向上發展恐怕見不了天日。老孔墨孟荀實商都是當代的改革大家，都是醫治時局和人心的診[illegible]大家。他們幾個人生前死後都有相當成功。幾乎各人造就了若干時代。西洋哲學的長成時期在亞歷山大時代。那時因着希臘和波斯戰爭得到最大的勝利獲取大量的奴隸造成九萬雅典市民役使三十六萬住民的局面。那時經濟狀態便是奴隸勞動的農業經濟，伴着奴隸生產的發展，工商業頗有進步。因此反映在哲學思想中，是立於農業——農奴基礎上的舊秩序和立於工商業思想。可見西洋哲學長成的大概情形，中國哲學長成時期的社會背景是封建制度宗法的組織。西洋哲學長成時期的社會背景是奴隸制度，家族的組織、兩種制度和組織雖然不同，但統治階級對於被統治階級的剝削是一樣的。平民所受壓迫也是一樣的。這階段反映在思想上正反兩個相同的傾向。

第一 儒家概念派：

甲、孔子和蘇格拉底

孔子提倡「正名」。他說：「名不正，則言不順；言不順，則事不成；事不成，則禮樂不興；禮樂不興，則刑罰不中；刑罰不中，則民無所措手足。」可見「正名」怎樣重要。「正名」成為一切政治道德的基礎。在封建制下，在宗法社會中，「名」確是統治階級一種絕大的精神武器，一種最有效力的支配工具。孔子特別地提「正名」，含着改造新秩序的意義。他的春秋，大一統，畢竟傳到荀卿李斯便實現了。

蘇格拉底標出「一個概念」。他以為事物的本質可以用概念

哲學概論 三十九

表明認識便是事物概念的確定。換句話說，真正知識的確定。因為概念是具普偏性的，是具久永性的。蘇氏標出概念，主旨要在用到道德去，所以他說：「知識就是道德」。因為集合概念便成為知識在人生社會裏面實行出來可算道德。難道概念不是道就人生社會的，孔子提倡正名，蘇格拉底標出概念的正確，這東西兩位聖人生當亂世真是苦心孤詣了。孔子為「說明名」的功用自稱，無知而提出「叩其兩端而竭焉」的方法。蘇格拉底氏為說明概念普偏性，也自稱「無知」而提出一種「產婆法」（maieutic method）這東西兩位聖人生活在這般複雜環境裏面，心思用了何等的深味！

（四）孟子和柏拉圖

孟子是孔子的三傳弟子，也許見過子思，但他的思想是承繼孔子」的。「孟子」擺脱戰國割據時代期望天下統一的心愈加迫切。不斷地提到「堯舜禹湯文武」，促進有王者起，不外乎「孔子」傳統的仁道。仁是愛人，重在社會方面，義是善我，重在個人方面。論到個人懷萬尚目的，努力仁義，也就個仁人。不過「孔子」標示「名字」、「仁字」還更標示心字性字，便含有形而上學見解了。他說：

「萬物皆備於我矣」。

「仁義禮智根於心」

「仁義禮智非由外鑠我也，我固有之也」

「耳目之官不思，而蔽於物，物交物，則引之而已矣。心之官則思，思則得之，不思則不得也」

「盡其心者知其性矣，知其性則知天矣。存其心，養其性，所以事天下也」

孟子想在觀念論上建立一個穩固的基礎，所以提出這樣一個口號「萬物皆備於我」。觀念論者把宇宙萬物都從「我」出發，都從「心」出發，一切都根於心而出，「我」固有的「心」便產生理性，所謂「心之官則思」，但「心」的根源是什么呢？不得不歸於「天命」。所以說「盡心知天」了。「天命」就是神旨。孟子書上便大書特書：

「聖而不可知之之謂神」

「所存者神」。

孔子的觀念論傳到孟子，竟偶象化了。春秋三統五義，以元統天，以天統君，以論理哲學政治哲學和教育哲學都是從這根本思想推衍出來的。

西洋的柏拉圖是承繼蘇格拉底學說的，蘇氏提出一個概念」他便提出一個「觀念」或「理念」(Idee)是把蘇氏的概念加以改造的。柏氏又把蘇氏的知識論嚴密地組織起來予以超越的存在，就成為一種形而上學。柏氏認宇宙萬物都是「觀念」的幻影，一切都在模仿「觀念」甚至「觀念」他在菲多篇(Phaedo)書上說：

「觀念」來到萬物產生，「觀念」去掉萬物消滅」

「觀念」為宇宙萬物的本質，為理性認識的對象，從理性的知上直觀便有「觀念」。從悟性上論證便有概念。從感性上的信念和憶測便有萬物和心象。這樣就把蘇氏的概念論偉象化了。無論概念或「觀念」都屬於觀念界。而觀念界至高無上的絕對至善便是神。那么一來觀念論的論據充實了。在希臘的奴隸社會裡得了這位救法稍有平等的印象了。人人都神一樣造的。有指頭的希望了。可是孟子說「民為貴，社稷次之，君為輕」和柏氏的用心

哲學概論 四十一

是一樣的

觀念論的特殊本領是把宇宙萬物作一個有系統的說明。但他的系統是心的系統或神的系統，就心的系統說，觀念論常變成唯我論 Solipsism（觀念論或主觀的唯心論畢竟都說存在的只有自我，自我以外就沒一樣東西）。就神的系統說觀念論常變成「有神論」Theism。不過心的系統和神的系統每每聯成一氣。因為要這樣纔可以作出改造社會的工具。東西兩位亞聖大賢也是這樣相同的。

（丙）荀子和亞里斯多德

荀子承繼孔子學說，參考孟子學說加以精審詳細的說明。孔子說「正名」，荀子便有正名篇的作品。他說名守慢，奇辭起，名實亂，是非之形不明，則雖守法之吏，誦數之儒，亦皆亂，看得「名」守非常重要。他以為不能守名不能整理概念，也就不能整理思想。他對于孔子孟子的天道，「天」為萬有主宰，為人類大父，為道德律，倫理上的一切根據有所解釋，有所斟酌，便作天論一篇。他一方面解釋天是自然規律，拿紀宇宙萬物的。主張用人力適用自然界的東西。他一方面承認那超乎自然界主宰的天——神，就是精神。所以把人心代表天意，人事代表天職，我們可以細玩他說「是之謂神，形具而神生」一句話便把「心」和「神」打成一片了。他以為摸得著還是人自己的心——全體精神作用，人自己的身、整個生活。因此他便排斥去欲寡欲，提倡養欲，由神道兼重人道，這也是以天命在人心裏面的意義為基礎的。他整理天人關係，以為那設置自然規律統治宇宙萬物，包括心物，設置倫理律和君師統治社會，要知天命所在，須把全民的心念動向作為驗證。他的用心還在打倒獨夫民賊，要實現一統天下，得致太平的計畫。

他又以為人性固本自私，容易超越自身範圍而掠奪他人。這種情形，結果人類不能自存而自滅，於是肯定掠奪的心思和行為罪—

是惡的，惡的應當克制。克制的方法先用禮教，次用刑罰。禮教刑罰都是人為的，人為的就是「偽」，偽飾的。那末，顏淵所說克己復禮為仁一句話正合了荀子的味口。所以又作禮論、樂論二篇。他在禮論篇上說：「禮有三本：天地者生之本也，先祖者類之本也，君師者治之本也。無天地惡生，無先祖惡出，無君師惡治，三者偏亡焉無安人。」經他這番整理，孔子遺留的觀念論更加体系化了。法術更加精進了。

亞里士多德亦具有同樣的特徵。亞理士多德在哲学上最大的貢獻是他的形質論，根據蘇格拉底柏拉圖的觀念論作成一個实体是含藏著個性的個物。換句話說，实体在個物生成變化中實現自己，發展自己。他把個物的生成變化名為「運動」。運動所以成立的原因共有四種：(一)材質因，(二)形相因，(三)動力因，(四)目的因。但(二)(三)(四)三因可以歸納為一因，就是形相因。簡單地說：宇宙運行便由於材質和形相，即所謂「形質」。亞里士多德認無間沒有無形相的材質，也沒有無材質的形式，兩樣互相聯繫的。不過兩樣本來不同，形式是主動的東西，物質是被動的東西。亞里士多德所說的形質本與柏拉圖所說「觀念」和「非有」相當。但柏氏看「觀念」是離個物而存在，亞氏看形相存在個物裏面的。並且說個物就是形相自身的發展，就証明形相是內在的，然而畢竟承認那超越個物以外，有純形相（Pure Form）存在，這純形相是甚麼？他說就是神——上帝。

荀子反對孟子的性善，說性惡，但承認人性有接受仁義的素質，有天命，想來救他學說偏見。孟子論性善，以對于後天的欲望也肯定過，所以提倡寡欲，可以補足他的缺陷。都是相反相成的。孟子注重主宰的天，荀子注重自然的天，但仍歸到天意，同相推崇主宰的天——神。柏氏和亞氏也是一樣地不同而相同。

從前面比較上看來，儒家在中國上古哲學史裏面的地位與希

哲學概論 四十三

臘觀念派在西洋哲学史裏面的地位確实没有大差別。這不是偶然的暗合，是他們的背景正有相同的因素，反映到思想上去，以4他們有拯救時艱的懷抱

第二、墨家名家和王霸派。

(甲)墨子和巴门巴底

墨子生在孔子後孟子前的一位聖人，他早已發見了封建思想宗法組織的壞處，又看出孔门教法的破綻，他覚着詩書禮乐只能装璜諸侯大夫的门面。最討厭的是「鐘鳴鼎食」「輕裘肥馬」「不可徒行」「厚葬」。那顧到那些被壓迫的民眾飢餓轉徙，胼胝的勞。他們奢侈驕謾，還要縱侵略戰爭，來荼毒生靈。在墨子眼裏实在看不過，所以消極方面提倡「非乐」「非攻」「非命」「節用」來打破他們的詭計，積極方面提倡「兼愛」「尚賢」，發揮孔子的仁道，「汎愛眾而親仁」和「崇賢使能」，又去掉他五倫的等差。提倡「尚同」，期達天下統一，銷滅那些諸侯大夫的階級，為富不仁的户口。攏總地提倡「天志」「明鬼」應

用宗教精神上的力量，来推動民衆的脊臆，来制裁「别士」貴族的横行。他的用心是非常深遠的。又墨子的哲学是實驗主義或實用主義。但認宇宙萬物的實体是神，人有靈魂——鬼，都是實在的。

西方的巴門尼底 Parmenides 也有些和墨子相同。巴氏是埃利亞學派（Eleatic School）的中堅。这学派的創始人是芝諾芬尼 Xenophanes。芝氏便是一神論的倡導者。巴氏根據芝氏的神論發展「有論」。巴氏認定「有」Being 是不变不動的，不生不滅的，無始無終的，不可分割的，和思惟不相離着的總體。所謂「有」便是完全自足，無求於外。巴氏的有就是「一」，也就是完全除去差別性的「同」。巴氏從一神以闡明實体，墨子由天志而終於尚同。巴氏的「思惟即實在」，墨子的「以名舉實」，都是暗合的東西。觀念論者無過思惟去看實在，以為思惟可以決定實在，因此，完全趨重概念的研究。

（2）惠施、公孫龍和鄧析

哲学概论

梁の

施（惠施）雖與墨家有很深的關係，却都是观念論的辯証法家和希臘（希臘）齊諾有些相同。惠施卒以辯名「以堅白鳴」（見莊子）和「歷物十事」（見莊子天下篇）無非是辯証空間時間以及絶對的观念。

公孫龍當有二人，前公孫龍和孟子同時，辯証「廿一事」（見莊子天下篇），後公孫龍有十四篇（漢書藝文志）今存六篇，其中「白馬非馬」「物莫非指」「堅白石」也都是观念論的辯証法。

齊諾自己沒有甚麼主張，只是辯護巴門尼底的有「就是辯護巴門尼底的一」，認雜多和運動之观念都不能成立，當然他是站在否定方面立場那邊的。他說雜多是不能存在的，因為在量上說，多是無限大，同時又是無限小；這是多的本身矛盾的暴露，同時矛盾的事物不能說是存在，所以雜多不能存在，只有整個的「一」纔能存在。他說運動也是不可能的，便舉出「亞基里士追龜說」「飛箭不動說」「二分說」

三個例子來證明。「飛箭不動」說，說是人見飛箭前進，其實前並不動，因爲飛箭不過是在一個時候在一個地方。我們任取一剎那頃，飛箭只在某一定點而靜止。從此推到第二剎那頃，第三剎那頃，以至無窮剎那頃，莫不取某定點靜止，並未前進飛動似的。這和公孫龍的「飛鳥之影未嘗動」「鏃矢之疾而有不行不止之時」不是一樣的論證法嗎？「二分說」說是運動不能開始，就是運動不能發生。如要運動到一定的距離，必先經過其中分點，要達到這中分點，必先經過這中分點的中分點，如此推求至盡，結果只經過無數的點，並沒有運動。「亞基里士追龜說」說是亞基里士Achilles爲希臘中善走的人，怎樣說他追不上烏龜呢？假如龜先出十步，亞基里士開始追逐，何以會永遠追不上呢？這是因爲觀念之亞基里士不能追上烏龜。譬如亞基里士開始進到十步

哲學概論

時，烏龜又前進十尺之幾分之幾了。其次亞基里士追到十尺之幾分之幾時，烏龜又前進了些的路程幾分之幾了。在觀念上，烏龜永遠在前，沒有被亞基里士追着。這公孫龍的「一尺之棰，日取其半，萬世不竭」是一樣的看法。因為在觀念上是「日取其半，萬世不竭」的。他們從觀念看世間一切事物，當然是這樣的。

從上面看來，墨家名家在中國哲學史上的地位和主不變派在西洋哲學史上的地位相同。

第三　道家和主變派

(甲) 老莊和赫拉克里特士

老子的「道生一，生二，生三，生萬物」，莊子的「一與言為一，一與言為二」，都是一種辯證法的自然觀。老子說「致虛極，守靜篤，萬物並作，吾以觀其復」，莊子說「天地與我並生，萬物與我為一」，這些話一面打破時間，一面打破空間，原是道家宇宙觀的整個表現。他們看重客觀的自然界，認人類也是客觀自然界的一種。又老子的「周行而不殆」，莊子的「道行之而成」，都是認定宇宙是流動的，這樣看來老莊的辯證法的自然觀是顯而易見的。

赫拉克里基 Heraclitus 是希臘辯證法自然觀的開祖。他闡明客觀的自然界認定宇宙是流動變化的。所以說「人不能兩立足於同一河流中」。他又認定宇宙的現象都是相對的，矛盾的，鬥爭的。所以說「鬥爭為萬物的父，萬物的王」。矛盾，鬥爭，反對，關係，在他看來是萬物轉變的總樞紐。他以為有矛盾，必然發生矛盾的統一。用他的譬喻說來宇宙是混合酒，宇宙是一種反的潮流。這不是類似老莊的思想麼？

道家的「道」與赫氏的「樂各司」Logos 更是絕妙的對照。「道」有

第十六

哲學概論

執道，這種法則的意思「業各司」也有道路，規矩的意思。韓氏認這「無物不有業各司」，宇宙就是一個「業各司」，於是老莊的「道」成為老莊的辯證法，韓氏的「業各司」成為韓氏的辯證法。老莊的「道」影響中國人的生活態度，韓氏的「業各司」也影響西洋人的生活態度。

（乙）楊子和勃洛大哥拉斯

楊子也是一個聖人，據列子楊朱篇（列子雖偽，楊朱篇不偽）和孟子的記載知道楊子是提倡為我主義。為我主義尊「貴己」「重生」「全性保真」為正解。勃氏在希臘也是個人主義的首創者，他特重主觀感覺，和楊子「貴己」「重生」的學旨會通。勃氏又是唯名論的開祖（參穎氏 Cushman 西洋哲學史）。唯名論也可叫假名論，因為只認名是人造的旗號，不認名是實在的東西，所以唯名論與個人主義關係最為密切。楊子大概也是假托他的個人主義建築在名理上。所以莊子辯相篇裏面說他們心裡的同異之間。列子楊朱篇說實無名，名無實，名者偽而已矣。楊子當時也許有一種唯名論的思想，所以堅定他個人主義的。這樣，楊子的思想，豈不是和赫氏不謀而合麼？

道家思想着重個性、自由、自我，大概是當時民間農村社會的反映。戰國時代商品經濟有相當的發展，在農村生活的人士既然敵不過剝削競爭的潮流，又看不起當時剝削平民的封建形態，所以反抗情緒特別激昂。赫氏在希臘本當沒有一種特殊的社會背景。希臘社會是奴隸生產的農業經濟。可是在小亞細亞一帶工商業很常發達，以弗所便是商業的中心。赫氏就是生長在這個地方，經濟變動的事實常常擺在他面前，因此發生他辯證法思想。又提所着波斯侵略，個我意識因而發達，有這種勞我思想不是偶然的。

嬗變期的比較

秦商鞅和李斯前後握着政權把封建制度打破了漢因秦制
顯見光明吳楚七國叛變愈見封建的壞処都籍儒行商賈已
受限制但東漢魏晉六朝周禮左傳毛詩和古文尚書等偽經
推行封建思想幾乎死灰復然漢代人民的大害雖是封建的
餘毒但土豪尤占勢至於政治上的黑暗全在閹宦的組織
這些壞現象都深深地印在士子的腦袋裡面激起若干反響
何況佛教流傳内地習俗一變影响人心不必情形越發複襍
思想也跟着複襍社會上不但有政閥財閥加增了教閥僧閥
这時期儒家嬗變的儒教道家嬗變為道教便興佛教鼎立為
三不过一般士子大多數是出入九流三教的宋明理学正是
这九流三混合的的波瀾
西洋哲学嬗變期実指西曆紀元前四世紀到十九世紀这时
期由奴隸社會轉變為封建社會以奴隸制度為社會勞動的

哲学概論　四十八

中堅改作以佃農為社會勞動的中堅[illegible]在前[illegible]的社會裡面都佔產業的主要地位封建領主——俗家的佔主和僧家的領主——在這時期成為唯一的主人翁隨着封建領主的獨佔生產手段加劇而且教權式的宗教意識復強盛起來中世紀哲學所以成為宗教的附屬這是個重大的原因

羅馬教皇的大權統治着全歐洲宗教政治已打成一片哲學和科學都喪失了牠們的地位牠們都充當「神學的下婢」Ancilla Theologiae 於是伽特利教義成為哲學的中心便有所謂「神院哲學」Scholastic Philosophy 作了西洋哲學嬗變期的柱石

關於嬗變期的社會背景已約略的說明現在把兩方面的哲學怎樣嬗變和哲學上的主要代表作一比較

第一　儒释道混合，兴佛脂奈伯来混合六朝已成为儒释道一
三教鼎立竞争发展思想的过程。王弼注易已能破交通线南
齐出过张融、顾欢等倡三教一致，曾说张融比较周公孔子释
迦，到论说周公摄政为王治理万民，兴佛救世救众生同一意
义。於是大倡「百圣同投，本来无异」一派话，顾欢说道佛。
第二　宗本来同，体只是不同。周弼说孔老就是佛——「本地
垂迹」说也倡出来了。佛的涅槃、本道的仙化，都是始於无端终於
无始的法轮，究的极致是同一的，不过名义上佛号「涅槃」，「正
真道」号「神仙」「正」，稍有差别。他们的教相不同，不外乎风土习
惯的隔阂罢了。刘宋的周颙、北齐的颜之推，大同小异地也提
倡过这般学说。后来王通（文中子）、柳宗元继续提倡。
第三　教合一论同时出，僧也向华士要协，例如清净本行经、
众灵因缘经等以老子为儒童菩萨，以孔子为迦叶菩萨，以颜
回为月光菩萨等。到李翱作复性论，才整理儒释混合的端绪。
哲學概論　四九

於是中國哲學史上着了濃厚地印度哲學色彩宋明哲學家表面上是儒學而卻是佛只有王安石還保存三分之二的本色儒學他們都是拿孔子孟子荀子和五經四書來做幌子實際上大家發揮禪宗的教义因這种大乘宗風是在中國組織成功的成功的達摩的禪宗本来無一物的說法由人不無所得的三論演化從教系上區别正覺空部所說涅槃妙心是消極否定不完全的現在和小我更以積極的大我肯定完全的現在又有點中國化了

宋後孔门哲學竟成了禪學的工具例如孔子的忠恕不過是就日用人倫上着眼朱熹卻把忠字解作由一本的万殊恕字解作由萬殊而一本這樣孔子的忠恕便成為禪學的注腳了在這嬗变時期中間的中國哲學完全染遍了印度顏料西洋哲學的嬗变正有相同的情形自從基督教傳入歐洲以

段區域沒有封建制度存在的餘地田滿千頃錢滿百万叫作滿貫多便多便查一概（沒收）所以也沒有甚麼土豪和大資本家統總說過只有小貧和大貧清代初中葉二百年中國人民所受的痛苦是異族君主專制的暴虐末葉百年是外國勢力的壓迫和外國資本家的剝削前頭的痛苦是意識不自由形同俘虜奴隸康熙乾隆嘉慶天下太平年多衣食足士子呵呵八股文吟吟八韻詩磕幾個響頭下來也莫安居樂業了後頭的痛苦是洋廠林立洋貨傾銷致使國內手工業和農村經濟慢慢地破產因此反映到哲學思想上便是解放運動也可說是一種文藝復興回復到戰國末年樣子哲學思想的發展在這時期便非常迅速另一方面受着西洋哲學的影响也不少西洋哲學自從宗教戰爭政治革命以後跟着文藝復興又有接連地世界大戰所謂經院哲學和封建制度差不多消滅下臺來只有資本主義保留部分勢力暗中也受限制因也常在增

哲學概論

五十

加遣傳家孔门論中庸論理論性論知良未王便拿禪宗教義來解中庸解理解性解良知以中國哲学完全流入禅悟觀念派柏拉圖亞里士多德論實在論普編論發展所以安發諾新 Thomas Aquinas 司其特新 Duns Scotus 便拿神学来解實在解普編的發展使西洋哲学完全傳为神話可見他们作截搭八股文章是一樣的例如他们論解教會 Ekklesia 不是人的集合乃是一個獨立普編的實在要甚的墮落不是一個人要甚的墮落乃是普編的實在——人类的墮落这不是把哲学和神学完全兼併了麼？

屋稅資本稅營業稅和所得稅了國家施行社會政策雖不能徹底解決總能走向平等生活平均財產的道路上去

、这時期东西西洋的思想在文藝復興潮流中比較上有些相同但是很难提出個人來对照因为清朝二三百年士林大部從希臘主義 Hellenism，幾乎被希伯來主義 Hebraism 征服了。致使西洋哲學帶着很濃厚的希伯來色彩。中世紀的經院哲學不在乎理性的探求，只是對於教會所給與的信條加以證明和解釋，叫自己的意識附合於信條，成為哲學的主要任務。這個時候，柏拉圖、亞里斯多德的哲學，都成為基督教—天主教教義解釋的工具，便和孔孟哲學在禪學上的地位相同了。佛教流傳中國，成為中世哲學的擅變期；基督教流傳歐洲，成為西洋哲學的擅變期。這樣的聯合是有緣故的，最大緣故是社會不良，政治黑暗，民衆悲觀消極，力求方法解脫痛苦。中國民衆經過了曹操和司馬懿父子孫的暴虐，五胡大亂的屠殺，剩下來的都走入佛教輪迴靈魂之門了。古羅馬帝國從革老秀到民衆，大多數是奴隸，都服依了基督教。消極方面，演成了出家修道風氣；積極方面，吸引平等感化，犧牲服務在民衆，即像惹而覺着他們比較希臘人只談名理，抬多了。等到三世紀康士坦丁不 [illegible]

能不利用他們來鞏固皇圖了慢慢地僧侶又變作壓迫民衆的東西又得十五六世紀的改教十七八世紀的革命．

第二朱熹王守仁與安奕桑斯司哥特斯

宋明理學以朱晦庵王陽明為代表人物朱氏主性即理王氏主心即理朱氏謂心外求理就是求理於天地萬物王氏謂心內求理就是求理於我心表面上一個主張經驗一個主張思想似乎見解不一實際上各人發揮各人所見的禪理與儒家孔門毫無關係從禪宗的見地說兩家哲學可同時該有因為一近北漸一近南頓但從儒家見地說兩家都是異端

(三)發展的比較

中國發展期是從清代到現在清代除部滿蒙青海西藏及安南緬甸各藩屬以外四海之內大概是府州廳縣大小纠

的工夫，還在八股文試帖詩上，有餘暇工夫，才能去研究雜學——經史子集和琴棋書畫及其他科學——所以全民族幾成了思想界沒有看見幾個像培根笛卡兒康德黑格兒那樣的人物，只能光在大体上描寫幾种相同的輪廓了。

第一 回到先秦和回到希臘

前面所提到的解放運動，實際上就是復古運動，梁任公在清代學術概論裏面說：綜觀二百餘年之學史，其影响及於全思想界者，一言蔽之曰：以復古為解放。第一步復宋之古，對於王學而得解放；第二步復漢唐之古，對於程朱而得解放；第三步復西漢之古，對於許鄭而得解放；第四步復先秦之古，對於一切傳注而得解放。夫既已復先秦之古，則非至對於孔孟而得解放不止焉。這段話是史家正確的評判，顧亭林說舍經學即無理學，要打倒宋學，提倡考證學，已開復古的門，在乾隆以後惠棟戴震等研究小學的經學，曾經用

哲學概論　五十二

到東漢六朝隋唐去了。莊存與、宋翔鳳、閻若璩、魏源、王先謙、王闓運等，更由經古文學進進經今文學上去了。這樣復古情緒愈加劇烈，等光緒末年康有為竟從古段斜回到孔子、孟子，集中於春秋戰國，這是發展期一個特徵。

西洋學術界當着七八十紀世正是所謂文藝復興時期也，是以復古為解放。第一步復羅馬的古，對於古羅馬的著作爭相研究，就新拉丁的復興。第二步復希臘的古，不過這時還只注意亞里士多得以後的希臘哲學和李普士 Justus Lipsius 代表安道亞學派，加桑狄 Gassendi 代表伊比古羅派，都是第三步復希臘觀念派哲學的古，這端究研究柏拉圖亞里士多德學派的很發達，努力在註釋上用工夫。第四步復希臘主义的古，特別着重現在生活，愛美，重自由，重個性，總而言之，他們的復古不單在古典的復興，實在希臘主義的復興。

这樣看來中國清代復古運動正有相同的意義
但不过求西洋的復古不是與周秦或希腊社會一樣乃是藉着懷疑精神和实証精神來作進步的發展
第二 懷疑和实証
宋儒已開懷疑的端緒到了清代學術界震这風气愈加興盛今文家对古經幾無所不疑而發表若干名著对詩疑毛詩莊存與有毛詩說陳壽祺有三家詩遺説考迮鶴壽有齊詩翼氏學疏証魏源有詩古微对书疑古文尚书大禹謨等二十五篇莊存與有尚书說陳喬樅有今文尚书遺説考閻若璩有古文尚书疏証王鳴盛有尚书後案对易疑十翼胡渭有易圖明辨惠棟有易學張惠言有周易虞氏義周易鄭荀義皮錫瑞有易經通論对禮疑周禮莊存與有周官說魏源有禮古微对春秋疑左傳皮錫瑞有春秋通論魏源有春秋古微劉逢祿有左氏春秋考証又姚際恒撰古今偽书考康有為撰新学偽經考更

哲學概論 五十三

充满疑古的精神，他们一面辨伪，一面求真，并且求真的方法全依靠证据。梁启超《清代学术概论》上记着正统派的学风，首列的条：“一、凡立一义，必凭证据，无证据而以臆度者，在所必摈。二、选择证据，以古为尚，以评唐证据难宋明，不以宋明证据难汉唐，据汉魏可以难唐，据汉可以难魏晋，据先秦西汉可以难东汉。以经证经，可以难一切传记。三、孤证不为定说，其无反证者姑存之，得有续证则渐信之，遇有力之反证则弃之。四、隐匿证据或曲解证据，皆认为不德。”我们根据这段话可以想见清代学者一种实证的精神。

又有若干人因怀疑古人，加以实证，折衷损益，自成一家学说的。例如孙夏峰怀疑朱熹学派的空疏，比有病者施泻剂；又怀疑王阳明学派的虚浮，比有病者施补剂。毕竟认定宇宙万物的本体是主宰的天，认定孔子的仁道伦理是人生的标准。十

間復到上古了最筆既認定這種道義要去行為上實證然
追求看有矛盾沒有等到理想事物完全貫通然後終歸去實
行所以同為最著精通易學發明義理切近人事而主實用不
外乎從就生理上心理上的整個因端去結推而至於倫理法
理上的社會國家又有一位顏習齋他懷宋學脫胎明代心學
於空疏從縱妄想矯正反之弊病便直尊孔孟學術時習而實用
習齋注重真實人生力闢虛誕說法所以排斥佛道說要人今以
實業其空以動矯其靜之有一位戴東原大聲反宋理學的旗
幟著原善和孟子疏證二書他要衝出近古西古到上古自追
孟子他論道又離遠玄談方談他在疏證十六上面說道猶行
也氣化流行生生不息是故謂之道易曰一陰一陽之謂道洪範
曰一曰水二曰火三曰木四曰金五曰土行亦道之通稱舉陰
陽則賅五行舉五行即賅陰陽五行各有陰陽也原善上說道
言乎化之不已也——生生者化之原生生而條理者化之流

五十四

哲學概論

易曰天地之大德曰生，气化之於品物，可以一言尽也，生生之谓欤。这种唯物见解，他以前学者少有听过的。

西洋经院哲学最盛时，便有唯名论发生，唯名论实含着怀疑的要素。後来经过布鲁诺Bruno、孟特涅Montaigne诸人更进於积极的怀疑论。这番影响就产生两个怀疑巨子，是培根和笛卡儿。笛卡儿助以我疑故我在为哲学的出发点，他的怀疑精神的炽烈，可以想见。而後休谟Hume、孔德Comte论到实证的精神，继哥白尼Copernicus以後葛利略Galileo、牛顿Newton，大有一发不可遏止的形势。当孔德时，实证哲学蔚为一种哲学上的主潮。密尔Mill、达尔文Darwin、赫胥黎Huxley、斯宾塞Spencer诸人都成为实证哲学的柱石。十九世纪下半期的哲学所独佔。

怀疑和实证是互相因果的，所以这两种精神都表现於发展期中。不過中國清代學者的懷疑與實證是由宋學到漢學，由漢學到諸子學，西洋近世哲學的懷疑與實証是由神學到玄學，由玄學到科學。研究的對象雖不一致，但研究的精神是約略相同的。

第三 理和欲

宋明學者嚴分天理和人欲的界限，說我們人應當保存天理，除去人欲，這種分別理欲的看法到了清代便大大發生變化。清代學者大多數是站在理欲一元立場的。王船山是一個代表，船山顯明地說「欲即理也」「天下之公欲即理也」，「飲食男女，天地之化也」。後來戴東原更把這理欲一元的思想組成一種系統。

西洋近代哲學也集中於理欲一元的主張，康德哲學便將純粹理性和實踐理性並舉。後來叔本華、尼采[illegible]都是站在理欲一元的立場，尼采更倡大理性和小理性說，理知是由肉體所創

哲學概論 五十五

這說小理性，肉體和他的本能乃是大理性。」「在你的肉體中有更大的理性，強過你的最聰明的智慧。」這般人大抵偏重理，關於欲，決不承認一個超絕的理。也可說是西洋近代哲學上個精神。

第二項　從思想實質上觀察中國哲學和西洋哲學的區別

前項已經把中國哲學和西洋哲學的形式比較了一番，確實有許多相同的地方，若沒談到實質，便有些差別了。現在要在實質上比較，然後決定雙方的評價。

第一　從辯証法方面觀察

我們用辯証法的觀點，觀察中國哲學和西洋哲學所含辯証法的內容是怎樣地不同。請先論到儒家。儒家的開祖是孔子。孔子倫理哲學正是運用辯証法去講說的。他標榜「仁」字做他哲學說的中心標識，但如何能夠達到「仁」的地步呢？他便提出一個「己立立人，己達達人」的方法，這便是用辯証來講說「仁」字的一個例子。孔子闡明忠恕特別在恕字上着力，便是「己立立人，己達達人」的意思。孔子罕言性與天道，注重人倫日用，運用辯証法去闡明人倫是孔子思想的核心在人羣社會中對立的現象便是人患也，所以孔子用辯証法說明處己處人的要道。還有中庸所載孔子「執其兩端，用其中於民」的話，也含着辯証法的思想。

道家的老子莊子所含辯証法的內容更加豐富，老子書中所謂「禍兮福所倚，福兮禍所伏」。所謂「有無相生，難易相成，長短相較，高下相傾，音聲相和，前後相隨」。像這類的話幾充滿全書。莊子齊物論便是充滿着辯証法的認識論。所謂「方生方死，方死方生；方可方不可，方不可方可，方是方非，方非方是」，豈不是辯証法的認識論麼？

名家的思想似乎以發揮觀念論的辯証法為唯一的職志，它裏面可分為兩種，一種是肯定矛盾的辯証法，一種是否定矛盾的辯証法。肯定矛盾是承認實在界和現象界都是矛盾的。否定矛盾是否定現象界的矛盾，肯定實在界的非矛盾。惠施似是前者的立場，公孫龍似是後者的立場，然而兩位都是拘束在觀念論裏面。

墨家的思想很少辯証法的因素。墨家尚同兼愛，立於一因論的上面，幾乎是反辯証的思想，況且它標榜以名舉實，似完全立足在形式論理上面。神學家用形式論理辯護上帝，是絲毫不足奇怪的。

宋明理學者對辯証法的本身卻是極饒興味的，他們從佛教禪宗和道士學得許多辯証法的觀察法，他們能夠說明形式和內容的關係，本體和現象的關係。用他們自己的用語是理和氣的關係，心和意的關係，乃至天地之性和氣質之性的關係。這些在他們中間都是討論得很起勁的。也便陷入觀念論的深淵裏面去。

中國思想家多數是知道運用辯証法的，但是沒有顯明地或意識地把辯証法當作一種方法論，他們知道運用辯証法說明宇宙觀，卻少知道辯証法就是宇宙觀。只有莊子的道樞稍為知道。公孫龍子的指物論也有點明白。這一點，西洋思想家便透徹些。我們看希臘赫拉克里特士是倡導客觀的辯証法最早的一個人，然而他把辯証法當

哲學概論　　三十七

作宇宙觀。他的「樂各斯」已經說明宇宙變化的法則，這也就是他宇宙觀的表現。因此開展後來的黑格兒

黑格兒運用赫拉克里特士「樂各斯」的觀念，把它的內容充實起來。赫氏原來把「樂各斯」來闡明矛盾的統一法則，黑氏根據這一種辯證的說明。他以為「樂各斯」是從抽象的範疇次第進於具體的範疇，這純有經過否定而達於最具體的「絕對理念」。這比赫氏的「樂各斯」充實多了。在意味上，「樂各斯」變成黑氏的論理學了。這就是黑氏的宇宙觀。後來有人把黑格兒的辯證法更充實到認識論方面去。他們承認從抽象的範疇到具體的範圍那一個簡單的秩序，便是認識的全程。他們以為認識從直觀開始，（就是從離開意識而獨立的具體現實性的直觀開始）由這直觀移於最普遍的抽象的範疇，更由這抽象的範疇進展到具體的現實性的思惟。因為他們的方法不同。㈡黑格兒的方法是，由思惟的抽象向具體

後動」，他們認定這就是具體的現實性本身的創造過程。(三)黑格兒以為從直觀到抽象的認識秩序非真的認識。他們以為正是真的認識，否則便不免和康德陷於同樣的弊病。把歷史上的東西和論理上的東西分開了。認識是以人類社會歷史的實踐為發展的基礎。他們所認定的認識秩序是從生物的直觀到抽象的思惟再到實踐。這便是真理的認識，這便是客觀實在性底認識的辯証法秩序。總而言之，他們和黑格兒不同點是認歷史的東西和論理的東西不分開。事實的辯証法和概念的辯証法不分開。辯証法和認識的歷史不分開。他們看辯証法認識論，宇宙觀根本是一件東西

（原書白頁）

第二、從唯物論方面觀察

唯物論不能解答宇宙最後的問題，我在前章已經說過了。只是生長在科學發達時代，我們逃不了物的範圍。設若我們全不講物的話，人家便把物的科學來征服我們，滅亡我們，運民族人種也不存在了。精神不知如何講法。中國哲學家論到「物」字，可算不少。《老子》上載着說「萬物並作，吾以觀其復」，「夫物芸芸，各歸其根」，有「混成，先天地生」，「物或損之而益，或益之而損」，「物形之」，「道者萬物之奧」，「玄德深矣，遠矣，與物反矣」。《莊子》有《齊物論》一篇專論物。他說「道行之而成，物謂之而然。惡乎然？然於然。惡乎不然？不然於不然。物固有所然，物固有所可，無物不然，無物不「可」。「道」行而成，「物」謂之而然」，兩句是道家哲學的綱領。道何以成？行之而成。物何以然？謂之而然。就是說在行為中觀道，在名目中觀物。宇宙的流行，萬象的變

五十九

哲學概論

化是道，人间的名称，以俗的條目是物。換句話說，沒有名目來區別的是道，有名目來區別的是物。所以老子開卷便說「無名天地之始，有名萬物之母」。道和物根本是一個源頭，但是一個無名，一個有名。物既由有名區別而造，也可由有名區別而亂。所以說「惡乎然？然於然。惡乎不然？不然於不然」。各自區別，畢竟有名區別的作用。這個樣子和那個樣子，「物以類聚，事以群分」，正是「物固有所然，物固有所可」。然而各自是人所命定的，同一物，各民族命名不同，甚至適用物質的方法也不同。這都人對物形、物相、物質、物件說的，都不是物本身。物的本身就是康德所說的物自體。我們在這理便還徹「以名遣名」的道理。所以又說「無物不然，無物不可」。證於物的本身就是道。公孫龍的指物論，從論理上也發明這意義。孔子等講倫理一事也有牽涉到心和物的問題。孟子雖提及心和物的問題但他說「耳目之官不思而蔽於物，物交物則引之而已矣。」沒有甚麼界說。荀子論禮，似已說到外物對於內心的影響。他在禮論篇說：「故說豫娩澤，憂戚萃惡，是吉凶憂愉之情發於顏色者也。歌謠謸笑，哭泣諦號，是吉凶憂愉之情發於聲音者也。芻豢稻粱，酒醴餰鬻，魚肉菽藿，酒漿，是吉凶憂愉之情發於飲食者也。卑絻黼黻文織，資麤衰絰，菲繐菅屨，是吉凶憂愉之情發於衣服者也。疏房檖貌，越席床笫几筵，屬茨倚廬，席薪枕塊，是吉凶憂愉之情發於居處者也。」這段話裏面所說「發於顏色」、「聲音」、「飲食」、「衣服」、「居處」，好像可以決定吉凶憂愉之情，彷彿沒有講明外物怎樣，只指示外物幾個處所罷了。大學上所說「格物致知」，倒是有點把哲學站在科學上面的意味。

哲學概論

六十

若論到西洋方唯物論上這個「物」字。試問甚么是「物質」？包括的範圍非常廣濶，很不容易答覆。普列哈諾夫Plechanov的定義是，「物質就是獨立於我們意識以外而又作我們感覺源泉的東西」。若用這種定义來觀察中國哲學唯物論的成分更少了。除卻這家名家有點把以外「宋明」學者有名的「格物」，沒有工夫去格物，只拿來作游戲名詞用，談的都是禪宗空話。什么「無心外之物」「無性外之物」真不值得學家唯物論哲學家一駁。

新唯物論以為物的本身經過人一度的製造，或採用，便變成我們人的「物」了。這緣原有這意义，但對於製造或採用物質工夫缺少實踐。

至於西洋唯物論發展的情形，簡括說，「唯物論和哲學一樣古旧」。說是至少可以曉得自有哲學便有唯物論。希臘哲學的開祖達利士 Thales 便是唯物論家。自從戴模克理督 Democritus（460 B.C.
—357 B.C.）的原子論產生唯物論在哲學上便有地位。他說，原
子是萬有單一的實在。它數目無量，形相大小不一，本來自具活
動力，或相衝相至或相合相離，一起生成變化，都由原子機械的
運動而起，所生成變化的現象是必然而非偶然，但決無目的。不
單說物質界，也推論到精神現象。他以為，事物的性質差別是原
子的形相大小和它的位置次第而定。惟「大原子」圓滑至輕微，
所以易動而不靜，一切精神現象，不外這「大原子」的運動。大原子
中更有輕重粗滑等級，最粗的以成感覺，最輕滑的以成靈魂。所
以戴氏輕感覺而重思惟，以為真知出由思惟得着的。幸福的由來
係全在這種。他又說，甘苦，寒暖色彩，人自命名，指它有什么實在
有的話，只是原子「空間」自從他這樣說明，後來起十六七世紀英
哲学概論

六十一

國的唯物論，十八世紀法國的唯物論，十九世紀德國的唯物論畫成蘇俄的大革命竟是偶然的？因為中國哲學家不去上樓物，殊知一途只鑽「唯心是性」那個裏去，所以根本談不到政治革命經濟革命。

第三　從辯證法的唯物論方面觀察。

前面已經說過，中國哲學有辯證法，也有些許唯物論，決沒有辯證法的唯物論。因為這種東西不是辯證法與唯物論的總和。即令是黑格爾和費爾巴哈（Ludwig Andreas Feuerbach（1804—1872））的唯物論相加，也不能說便是辯證法的唯物論。這種東西是歐洲十九世紀末葉的產物。等到我國五四運動後在北平上海廣州等埠寄生着。那時接受的人很好支配文化界教育界頭腦的還是實證論和平常的唯物論。一九二七年國民單打到了南京上海一直至于北京辯證法唯物論開始佔得部分地位。九一八、一二八事變以後，便伴着救亡抗戰工作漸次發展。他們的目的正努力要叫這種東西在中國各界裡通俗化起來。他們要想利用那表的思想來做武器，要想改造社會積討取得平等自由（參看胡繩著辯證法唯物論入門）這次世界大戰蘇俄的主義要向歐亞兩洲發展。同時以英美作大本營的復宗基督教和以意大利作大本營的天主教也在活動，各方面結果如何，過幾年再看。

（原書白頁）

第二章 分論

第一節 儒家

第一項 孔子

孔丘字仲尼，周靈王二十一年十一月庚子（魯襄公二十二年）生於魯國昌平鄉陬邑。祖先為宋公族，成年做作過委吏，錢糧賬目弄得非常清楚，積蓄有餘。作過乘田，牧畜蕃殖。往周朝參觀圖書，問禮於老聃。回國，弟子益進。敬王元年孔子年四十三，遭季氏擅權的亂政，隱居不仕，修詩書禮樂，弟子彌眾。敬王十年至二十年，魯定公以孔子為中都宰，晉司空，升大司寇。相定公會齊侯於夾谷，齊人歸魯侵地。攝行相事，誅少正卯，魯國大治。敬王三十九年即魯哀公十四年，孔子作春秋。敬王四十一年孔子卒，享年七十三歲。葬魯城北泗上。史記載：太史公曰："詩有之：高山仰止，景行行止，雖不能至，心嚮往之。余讀孔氏書，想見其為人。適魯，觀

哲學概論

六十五

仲尼廟堂車服禮器，諸生以時習禮其家，余祗回留之不能去云。

孔子著作，有春秋經文，傳微言大義，為公羊氏所記述。他又編訂過詩、書、禮、樂，至於論語與孔門之說，關係重大，但這是門人弟子的記錄。

孔子學說大概出於前古天人合一論的傳統思想，加以發明光大，遂成一種系統。

他對於天，有四種解：

㈠主宰的天，就是詩、書、禮、樂所常奉的，有主宰上帝，超乎一切，管自然界。孔子既以天命斯文集自己身上，便時常稱主宰的天來表示他的信念。他說：「予所否者，天厭之！天厭之！」「不怨天，不尤人，不學而上達，知我者其天乎。」「天喪予！天喪予！」「獲罪於天，無所禱也。」都是。

㈡定命的天。那是說天帝生一種道德律，上為何管轄人生也，就是說預定命運而非預定命運。他說：「道之將行也與，命也；道之將廢也歟，命也。」門人子夏也說：「死生有命，富貴在天。」就是俗話說謀事在人，成事在天。

天的意思。人只管努力奮鬥，能否眼見成功，便有天意。所以他又說：「君子……畏天命。」他的自己絕私不能違背道德律範圍，尊奉仰體天意。他看人間事物有因果連絡，或有某種關係，便發生某種事變。所以他又說：「殷因於夏禮，所損益可知也；周因於殷禮，所損益可知也；其或繼周者，雖百世可知也。」可算由關係上推知。

㊂自然的天。那是說宇宙萬物森羅萬象無不合而有規律秩序。孔子說：「巍巍乎唯天為大，唯天為大，唯堯則之。」正所以把天的廣大有條不紊來比堯的知識和德行才能。子貢也說：「夫子之不可及也，猶天之不可階而升也。」是人勝的比方。

㊃理性的天。那是說宇宙間一切事物都具有理性，就是「天理」。天雖不說人的話語來指點人知道種種理性，然而他賦予了人有感覺情性，人可用思想和經驗得以知道許多。所以孔子說：「天何言哉？四時行焉，百物生焉。天何言哉！」

六十四

哲學概論

中國上古「天人合一」的傳統思想，經過孔子整理便系統化了。他認定「天」或稱「元」是宇宙萬物的本體。他又認定「人」為萬物之靈。在天和地的中間能代表主宰上帝的。在「天人合一」論上，或「三才論」上，從天說到人，便是提倡「仁」道。天為好生之德，就是孔子所謂仁，人至於仁便可以知天。孔子以為天德偉大而遠，人的知識不易揣測，或經驗初解，表彰出來，務必標舉一個字，揭端尊崇。這個字就是「仁」字。孔子以為人本於天，並且聖人可以配天。盡人性就是盡天性，也就可以參天地而育萬物。

孔子終身以仁為志，對於古人只稱「伯夷」「叔齊」「微子」「箕子」「比干」和「管仲」為仁，弟子中惟有「顏淵」三月不違仁。並且許多人來問仁，他所答應的只屬於仁的部分，不是整個完全的仁。

孔子答應顏淵的話，說我們不但藉著「禮」可以看出那人裏面是否有仁。所以說「人而不仁如禮何」，在「樂」上也可以試驗出來，「人而不仁如樂何」。

再由人生方面觀察，「志於道」，說人立志要到上帝的地步。「據於德」

說人立表要到上帝的地步。換句話說人的行為以他的本性為立場，要表現一種適合良好社會的品格來。這種高尚的志向和個人與社會所生良好的關係或行為都是以仁為根本、為依歸、為究竟，所以說"依於仁"。至於藝術是悠遊地使愚人去選擇。在我們人生不能離群獨居，必與人互相交換，從組織上說得倫常。儒家五倫就是夫婦、父子、兄弟、朋友、君臣。他的教人是"父子有親，君臣有義，夫婦有別，長幼有序，朋友有信"。從而每人的行為常常運用在仁義禮智信那五常裡面，仁字居首，是以包括那最概括的德性。

、論到"為仁"的修養法和行為選擇得很多。"孝弟也者，其為仁之本與"（學而），"夫仁者，己欲立而立人，己欲達而達人。能近取譬，可謂仁之方也已"（雍也），"樊遲問仁。子曰、

哲學概論

六十五

門如見大賓，使民如承大祭。己所不欲，勿施於人，在邦無怨，在家無怨（顏淵）"

"司馬牛問仁，子曰，仁者其言也訒

樊遲問仁，子曰，居處恭，執事敬，與人忠，雖之夷狄，不可棄也。"（子路）

"我欲仁，斯仁至矣"（述而）

以上這些話都是個人積極方面的工夫，還有消極方面的工夫，如：

"非禮勿視，非禮勿聽，非禮勿言，非禮勿動（顏淵）"

"巧言令色，鮮矣仁（學而）"

"不仁者不可以久處約，不可以長處樂（里仁）"

"仁者不憂（子罕）"

荀子就會從獨路上悟也有發揮一些，如：子路問仁於孔子，孔子曰：「能行五者於天下，為仁矣。」請問之，曰：「恭、寬、信、敏、惠。恭則不侮，寬則得衆，信則人任焉，敏則有功，惠則足以使人。」（陽貨）「人而不仁，如禮何？人而不仁，如樂何？」（八佾）樊遲問仁，子曰：「愛人。」問知，子曰：「知人。」樊遲未達，子曰：「舉直錯諸枉，能使枉者直。」樊遲退，見子夏曰：「鄉也吾見於夫子而問知，子曰：『舉直錯諸枉，能使枉者直。』何謂也？」子夏曰：「富哉言乎！舜有天下，選於衆，舉皋陶，不仁者遠矣。湯有天下，選於衆，舉伊尹，不仁者遠矣。」（顏淵）古來我公領袖能作亂者，寬、信、敏、惠也，而且愛人、知人的，只有漢文帝、光武、宋仁宗，湯、文王似乎還不能了。

第二項 孟子

孟軻是周烈王四年生於鄒也，幼受慈母教育，長肆業於子思的人，學成游歷齊、梁、宋、滕各國，並且在齊國作了客卿，說仁義道

哲學概論

七十八

不外這些弟子萬章等記載。他們把他對于時人問答的語言論成孟子七篇。

孟子受着天人合一論的影響，說物我，就是大我的表現，所以孟子在盡心篇上先言盡心知性，這是他的認識論。知其性則知天矣，是由人性以認識主宰的天，總對於超乎宇宙的一元，這是他的實行論。存其心，養其性，所以事天也。夭壽不貳，修身以俟之，所以立命也，這是他的方法論和行為論。這行為論包括他的人生觀，社會觀和政治觀。

孟子由「知天」「事天」說到「存心」「養性」，而「立命」。這與中庸上「天命之謂性，率性之謂道」相同。他以為人心中原來天賦有善質，所以提倡性善。他和告子辯性，以為人性是善，當時學者中向以為是大概荀子「食色性也」「生之謂性」是從現象上論性，根本不錯。孟子要出」「四端」原不足以駁倒告子。不過從古以來像他這樣明晰簡單地說過良心的起源，確實有他的立場。

孟子提倡性善說，又因「四端」論到德行，看為先天的。可說是「良心固有論」。所以他在盡心篇上又說「人之所不學而能者其良能也。所不慮而知者其良知也。孩提之童無不知愛其親也，及其長也，無不知敬其兄也。親親仁也，敬長義也。無他，達於天下也」。具有普徧性的良知良能是先天的。人人能明白他固有的良心，那仁義的性自然可見。推我心以及物心，一切倫理的關係不求而可了然。所以又發一種非常唯心的議論說「萬物皆備於我矣，反身而誠，樂莫大焉。強恕而行，求仁莫近焉」。這幾句話給予宋朝伊洛派的儒家程明道、陸象山和明朝的王陽明發揚唯心論。

孔子的仁德可分廣狹二義，從廣義講時仁智勇三德並稱，五倫而言九德也概括在內。但到孟子似乎只看重曾子說的「忠恕」

哲學概論　　六十七

一項，並且時常拿着義來對待或代替，不如孔子那麼圓融周匝地寬闊。對於墨子的兼愛，肯用地罵倒，由此我們可以想見他的仁德的範圍了。

孟子主張施自親始，有差別的。他說「仁人心也，義人路也。」（告子上）以為不使二者對稱，前者便不可得而全。本來仁義禮智四德是從他的四端說引出來的。不過他對於「義」「德」特地擴充。這是他的創見處。他以仁義為原理，同時拿來評判當時的政治，並且攻擊一切別的學說。

他的仁義既是這樣內具良知良能的善德，那末，發而適於倖的時候，自然形式上當亦變成「中庸」了。在這個意味上他算是中庸學說的繼承者。他攻擊楊墨，要不外乎以中庸為工具。說他們一個偏於利己，一個偏於利人，又說子莫「執中無權」，不能平衡人己關係和社會國家的關係，便喪失中庸的原理，於以跟着提倡「權道」

就是說在倫理關係上常常保持着舒稱那般的公正。孟子的修養論就是所以發揮的那固有的良知良能的工夫。工夫很多，最要的求放心（告子上）養氣（公孫丑上，滕文公下）寡欲（盡心下）存夜氣（告子上）四種。佛教化的宋儒利用這四種發揮了許多禪理。所謂「放心」就是外界所誘惑的邪念，「求」教我們除去那些邪念而依自己的良心。所謂「氣」就是精神魄力。又說志向或想念是提起精神的，並且統率欲望的，支配情感的志向與魄力響應合作便成「浩然之氣」——大、無畏的精神。所謂「存夜氣」是就良心的消長說的。良心好比牛山草木，邪欲好比斧斤，夜氣好比雨露滋潤。便注意到教育工作。

第三項　荀子

荀卿戰国時人，大約少孟子四十歲或五六十歲。當齊宣王及威王時，孟子來到齊国講學，並且作了政治顧問很久。到了襄王登位後荀子年五十歲遊開燕国也來齊國，三次作過老師祭酒，以後又遊秦遊趙轉到楚國，作了蘭陵令。春申君遇害，他就辞職，著書數萬言終老蘭陵了。漢志載孫卿子三十三篇，最重要的是天論、解蔽、正名、性惡、礼論、樂論、非十二子等篇。

荀卿是继承孔門子夏学統的大儒，比較继承敦厚謹嚴曾子一派的子思孟子當然不同。学者都说孟子法先王，荀子法後王，一個博古，一個通今。其實荀子也是法先王的，但能知時適用。言禮叅法，應付環境以啟後来中華民族一統的大國。他的学说能代表中華民族的特性，哲学頭腦，缺少迷信的。所以天論篇裏他論破一切天变地妖去测人事的话，非相篇裏又論破容貌骨相去測於賢愚。他只尊重個人的意志力和本能，不信任他力的神秘。他以為有論理教育的栽培，人人可以達到聖賢的境界。這一種特見，正是他性悪論的由因。

他對主宰的天——上帝，比較古聖信仰淡泊，多講理智方面的道理。又認定宇宙現象是出於自然律（見天論篇）。他倡自力主義重看人為的意志力。他以為人性是惡的，要施偽去矯正它。所謂「惡」就是情欲的發展超過自生自存的範圍，偽就是禮樂教化，都是人為的。所以他批判善的定義是「正理平治」，惡的定義是「偏險悖亂」。（見性惡篇）荀子在善惡篇裏雖只論過人欲，但在正名解蔽等篇裏大論特講他的心理學。他把人的精神作用分為知、情、意三方面來考察。他在正名篇說：「所以知之在人者謂之知，（主觀），知有所合謂之能。（客觀）」表示知的作用必依存在，情然而心為之擇謂之慮」，證明意志作用的存在。他對於三者特重意志，更顯出他的特色。他又以意志的判力和本能的動力兩樣積習而成的東西叫作「偽」。這積習力正是制止欲盡或求欲盡，而使得乎中庸的心理。因為情感不必定是慮可依欲求的當否而判斷，所以這意志作用這心慮正是統轄心性的樞府。他說：「心也者

六九

哲學概論

道之工宰也（正名篇）。心者形之君也，而神明之主也，出令而無所受令。（解蔽篇）認心為主宰精神的御者，至於心應和物欲的關係怎樣，他說：“凡語治而待去欲者，無以導欲而困於去欲者也。凡語治而待寡欲者，無以節欲而困於欲多者也。有欲無欲，異類也。（正名篇）這似乎是對着老莊派的去欲和孟子的寡欲的話而發的。他主張導欲養欲而不必去欲寡欲，視有欲為生人，無欲為死人，猶如民賊以殺盡全國男女說是平亂，究何有於治。所以他說：“心之所可而中理則欲雖多，奚傷於治。（正名篇）

第二節　道家

第一項　老子

老子姓李名耳，春秋時代陳國（後併於楚）苦縣厲鄉曲仁里人，做過東周的守藏史官。居周很久，後西去過關，守關的令尹喜知道他立意隱遯，請他著書，就說道德五千餘言，就是相傳至今的老子道德經八十一章。這書當然經過最後的編訂和後人的

~~理，~~又認定宇宙現象是出於自然律（見天論篇）。他倡自力主義，~~重着人為的意志力。他以為人性是惡的，要施偽去矯正它。所謂「惡」就是情欲的發展超過自然的範圍，偽就是禮樂教化，都~~曾經把宇宙自身當作「實在」而加考究。他直觀宇宙本體便抽象地探取它的性質以應用於人事界。

他先說宇宙的根本有一不可名的理，假定說是「道」。這道於何是本體用言語很難說明，只能說「玄之又玄，眾妙之門」。可算萬物的根源，所以為道德的原理。換句話說，道的性質是無為自然幽默微妙的理體，而又能無為而無不為的。他把這理稱為「道」，生之德畜之，「玄牝之門是所謂天根」。道沖而用之或不盈，淵兮似萬物之宗，它的本體雖為「無」，然而不是絕对的無，又是超越乎有無相對的無。現象界一切事情都有相對的差別，如善惡美醜難易高下等是。但不過在絕對的宇宙自身是不生不滅，超越時間空間的。

哲學概論

七十

他為着辯記這些地方用極有韻極含暗示的筆鋒說明，「有物混成，先天地生。寂兮寥兮，獨立而不改，周行而不殆。可以為天下母，吾不知其名，名之曰「道」，強名之曰大。……」他以為在現象外用五官力不能認識的道體，同時不可思議地又含有分化萬物的機能，為所說先天地生的混沌就是超越了有無的存在物。但這存在物的無形無象，也就是萬物根，為天下母——老子說它表面具有這種自然的德。好生之德。他在四十二章：「道生一，一生二，二生三，三生萬物，萬物負陰而抱陽，沖氣以為和。」表面所說的「一」是指着道從抽象的本體，分出具象的存在一氣絪縕說的。「二」是說一氣分為二氣——構成陰陽斷成其體的意思。「三」是沖氣，所以亦謂和二氣的作用。由這作用萬物於是乎次第生成。他這段話要說明從實在——道——演出萬物的過程。至於生成萬物這種德，他說是無為自然，全然柔性的。這點正是他的哲學特色。因為道是虛，便能包涵萬物；能包涵萬物便能產生萬物。

孔子能承認陰陽二面分出的作用，但不取陰陽二元而執陰的一元以證明道的本質。又僅以內面的柔道觀（四十三章）構成他自己的宇宙觀。

老子既以「先」為本體，以「直」觀為認識，所以說「致虛極，守靜篤，萬並作，吾以觀其復」。「吾言甚易知，甚易行，天下莫能知，莫能行」。「易知」就是「直觀直覺」，或「頓悟」。「易行」就是順著自然律生活。另一方面也說到客觀的經驗，「以身觀身，以家觀家，以鄉觀鄉，以國觀國，以天下觀天下」。他又說「常使民無知」，「知不知上；不知，知，病」。是說「無知」的知是真知，因為無知便無不知。「知者不博，博者不知」。少則得，多則惑。是以聖人抱一為天下「式」，譏諷那些自以為博學的人自以為知，實在不知。

老子的人生觀不能爭本體「道」，由「道」到「德」，再由「德」說到仁義禮智信等和世俗社會的倫常。（參老子三十八章）就是「玄牝」「玄德」「玄同」的

七十一

解釋。也就是古來天人合一論的傳統思想。所以他說"天網恢恢，疏而不漏"（七十三章）"天道無親，常與善人"（七十九章）。他所肯為善人是有真人生活的。真人生活是順乎自然天道的。所以教人自勝，"知足，自勝者强也，知足者富也"（三十三章）。

老子打破了生死觀，他以為宇宙萬物都是道的表現，永復復歸於道的本體。生死只是現象上的變化，無所謂悲，無所謂喜，所以說："出生入死……"（五十章）。

老子對于社会不斷地提倡他的烏托邦主義。他以為他的三寶行使的時候人人柔慈儉樸，安分守己，勇於公事，没有爭鬥，協合奉行，經濟無私，便成了一個絕对的和平社会。所以他說："小國寡民，使有什佰之器而不用，使民重死而不遠徙，雖有舟車無所用之，雖有兵甲無所陳之。使民復結繩而用之，甘其食，美其服，安其居，樂其俗。隣國相望，雞犬之声相聞，民至老死不相往來。"（八十章）。他這理想國的主張無非要去偽飾，斷羈絆，回復到天真爛漫太古純樸的世代。

第二項　莊子

莊子名周，宋蒙縣人。史記說他曾經作過漆園吏。他和梁惠王齊宣王同時，那末和孟子也同時，可惜二賢未嘗相見，不相知名。莊子的知交是梁國宰相惠施。他們二人論戰過許多次。這兩位大學者相交為友自有許多史料可供參考。楚威王得聞他的賢名，遣使厚幣往聘，欲致國政，莊子竟以犧牛寵龜的比喻謝絕使臣，終身不仕，高尚之志豈可多見。

成玄英莊子序說莊周嘗隱居南華山，唐玄宗故稱周為南華真人，稱他的書為南華真經。隋書經籍志載莊子五十二篇，晉郭象刪定成三十二篇。——內篇七，外篇十五，雜篇十一。大約內篇是他的手筆，寓言是篇存文，別的恐怕是他的門人後輩弄的。

莊子的本体論是要証明絕對一「理」「無」。他的學統傳自老子，但他用了許多更精審絕妙的比喻來辯証。他看宇宙本体是絕對無限的東西，超越時間空間的東西。他把這大原理來說明萬象並建樹人生觀。

他辯証宇宙本体的超越空間，先把斥鴳的小和鯤鵬的大來作比例。一個搏扶搖直上九萬里，一個飛不過數仞而墜。在相對的見地上看，大小相差很遠，但是本質也不外乎天地的一部分。在絕對的見地上看，誰能小斥鴳而大鯤鵬呢？況且他們的能力都要待風而後飛，也不是一樣么？可見區別能力和形體的大小是相對界的概念。放開心眼看見絕對界時，此等差別相當然概歸烏有。其次說到時間無限，又以朝菌蟪蛄和冥靈大椿作比例。從相對地看不得不說朝菌蟪蛄是短命，冥靈大椿是長命。但從時間無限性上直觀，彭祖八百歲也算不得怎樣長久，不是同為電光石火一閃麼？物的大小長短是相對的，不外乎觀相界的假相。至于宇宙真正的本体是超越了這種假相是無為無相的了。他以這絕对一理為學説的根柢便叫作「真君」「真宰」構成他有名「齊物論」的理論。不過他又辯証過本體的「自然分配」作後來宋儒「理一分殊」説的先驅。

他以為宇宙萬有的秩序是「横着道」的作用而保持。道的分配是無所不在（參「知北游東郭子の問……」）從同的方面說縮則歸於一無，從分的方面說横則徧於三界。他的哲學正像這種汎神論，後來宋朝周濂溪説萬物中各藏一太極，有些正和莊子相同。這絕对的理可叫作「一」。他説：「天地與我並生，而萬物與我為一。既已為一矣，且得有言乎？既已謂之一矣，且得無言乎？一與言為二，二與一為三，自此以往，巧曆不能得。」這是推演到始終無窮盡，有無不可知，非言語所能形容，所謂之無而有的理想，馬上會生出來，那末天地與我並生萬物與我為一了。他這樣地述説一元的哲理，並且批判由無到有的過程時不學老子那樣認物為漸

哲學概論

次分出來而發展的東西。但取肯定、否定的形式來作辯證。他那有名的三類說於是傳出來了。莊子至樂篇所載，近人都看作「進化論」，頗有從子「進」（附米巴）進化到脊椎動物和人的過程。這種思想當是由老子萬物化生說漸次發達的。他在內篇裏面沒有這些議論，到外篇雜篇便有了。寓言篇「萬物皆種也，以不同形相禪，始卒若環，莫得其倫，是謂天均」更覺精進。然則天均就是那自然淘汰優勝劣敗的天演麼？

第三節　楊子

楊朱或說是字子居，衛國人。有人說他見過老子，又說他在墨子後，頗難證實，不過在孔老墨和孟莊前總有這位名家是了。孟子說：「楊朱、墨翟之言盈天下……楊氏為我，是無君也」（滕文公下）「楊氏為我，拔一毛利天下不為也」（盡心下）呂覽說：「陽子貴己」淮南子氾論訓說：「全性保真，不以物累形，楊子之所立也」這都是楊引身世和主義的證明。楊子沒有甚麼著作，只列子裏面挾着一篇《楊朱》這篇是古來遺傳真稿，與《列子》別篇不同。（參近人馬叙倫《列子偽書考》）。楊朱尤偏重實用，只承認個體的事物，不承認全稱的名目，所以他說："實無名，名無實，名者偽而已也。"偽是為的，那么一切名目都是人為的，無實際的存在。這無名論的應用有二種：一是把一切名目儀文都看作虛偽的，一是只認個人生活的重要，輕視人倫的關係。楊子這極端的為我觀念，一方是觀念人的生活與禽獸的生活根本上有何不同。他說："有生之最靈者人也。人者爪牙不足以供守衛，肌膚不足以自捍禦，趨走不足以供利害，無毛羽以禦寒暑，必將資物以為養性，任智而不恃力，故智之所貴，存我為貴"。以為人仗智力而自存，禽獸恃體力而自存，方法和遭遇不同，自存的意義是一樣。既然說自存必反對侵略。所以他又說："古之人損一毫利天下不與也，悉天下奉一身不取也。人人不損一毫，人人不利天下，天下治矣"。畢竟一个不予，一

七十四

個不取，不失高尚人格。從這方面看他的為我說也有救世濟民的動機。從他方面看，楊子為我是由老子獨善主義擴發展出來的。他專顧自身的快樂，專顧自己官能的舒暢。我們細讀他和禽子的談話可以明白。那一段談話與墨家的禽子和為我主義快樂派的楊子談判他們學相的差異。

楊子的快樂說，可在樂生，可在逸身。主任情適意，以極感官之能事，未免流於墮落。然而他的論調超乎塵俗，他說：「生民之不得休息為四事故：一為壽，二為名，三為位，四為貨。有此四者，畏鬼畏人，畏威畏刑，此之謂遁人也。可殺可活，制命在外。不逆命，何羨壽；不矜貴，何羨名；不要勢，何羨位；不貪富，何羨貨。此之謂順民也。天下無對，制命在內。」他冷看著世上那些為名為利自陷自苦把一生無意義地白白過去的人，非常可憐。他以為命運無定，人無能為力者，以禍福不可挽救。人猶孜孜營逐，真是盲昧。何況光陰好像白駒過隙，富貴等浮雲，當順天命及時尋樂，自由行動，不必拘束。

他又說："百年壽之大齊，得百年者千無一焉。設有一者，孩提以逮昏老，幾居其半矣。夜眠之所弭，晝覺之所遺，又幾居其半矣。痛疾哀苦，亡失憂懼，又幾居其半矣。量十數年之中，逌然而自得，亡介焉之慮者，亦亡一時之中爾。則人之生也奚為哉？奚樂哉？……徒失當年之至樂，不能自肆於一時。……太古之人，知生之暫來，知死之暫往，故從心而動，不違自然。所好當身之娛，非所去也，故不為名所勸。從性而游，不逆萬物，所好死後之名，非所取也，故不為刑所及。名譽先後，年命多少，非所量也。""萬物所異者生也，所同者死也。生則有賢愚貴賤，是所異也；死則有臭腐消滅，是所同也。……且趣當生，奚遑死後。"他這種人生觀是兩面的。一面說是人應當及時行樂，一面說畢竟悲觀，隱然含着厭世的意義。

第四節　墨家

墨翟魯國人，或說宋國人，作過宋國大夫。生於孔子卒年，大約和子思同時。或又說他是楚魯陽人（漢南陽郡，在魯山之陽）但呂氏春秋慎大覽佛載，「公輸將以楚攻宋，子墨子聞之，起自魯，十日十夜至郢。」魯陽距郢應這樣遠，看來墨翟大概是魯國人。

墨子的學說，有尚賢上中下、尚同上中下、兼愛上中下、非攻上中下、節用上中、節葬下、天志上中下、明鬼下、非樂上、非命上中下，那二十三篇裏面尋找。但是經上下、經說上下、大取、小取是他的辯證法，也就是他的認識論或哲學觀。

墨子身當亂世，在他經驗上受的刺激很多，因為周代形式文明的積弊和貴族世襲的敗政所給人民的痛苦已是忍無可忍了。社會上高等流氓不能生產的和失業的一天增多一天。諸侯世家還要連年打仗，有心人不能不有所感觸，要想辦法要想打破繁文末節，打破階級，打破私利私慾作為標題，從進革命的實現。他以為無論甚麼好的主張若沒有道德精神不能真正感動人心而發出能力來。道德精神的命脈就是要有宗教信仰，墨子的宗教思想不根據論理而以天意天志立說。他要適用這種宗教信念來達到兼愛交利的目的，他所信仰的天是至尊的，正如一教的上帝，並且他看山川鬼神都是承受上帝的命令，護佑下民，監察下民的，好比基督教回教猶太教所說的天使。他以為人是有靈魂的，他的神學是「上尊天，中事鬼神，下愛人」（天志下）。他的兼愛、尚賢、尚同、非攻諸說都是根據天意博證其事而立說的。

墨子雖倡敬天明鬼以抑暴君污吏，墨子反對儒道兩家所謂「定命論」，他以為人生的禍福吉凶都是行為和意志招出來的，並不是命定的。若說是命定的，那末作惡的也可得福了，作善的或者反倒得禍了，不但與天志鬼神衝突，事理上也欠公平。假使人人都信定命論，將要大亂不努力了。（墨子非命上）

墨子的全體大用可以「愛」「知」二字包括。愛是他的倫理觀念，「知」是他的認識論。他所說的「天意」「天志」「天德」或鬼神之德，為人

七十八

類兼覺的最高標準。他所說的「天理」「天智」「天視」「天聽」要發揮人類的情感理性。與覺又光有知、知了便有覺。我們從「知」的方面分析看看。

甲　有能知的工具

「經」「知，材也」。「經說」「知也者，所以知也，而不必知，若目」。「知材」也的知字是說意識的本能，有這本能，方有能知的工具。但有能知的工具不可說就有知識。比如目能見物，有目未必有見。

乙　有所以知的對象

「經」「慮，求也」。「經說」「慮也者，以其智有求也，而不必得之，若睨」。那個把「所知」的本能指出一個方向發動。這裡說的思慮是構成知識重要的條件。但不過止有這條件，知識未必就成立了。因為思慮必有它所思慮的對象，天下事理不是憑空思想而能得着的。

丙、知的印象。

經：「知，接也。」經說：「知也者，以其知過物而能貌之，若見。」要把所以知的本能和外界的事物接觸，而取得它的印象。這是構成知識的客觀條件。但不過止有這條件，知識仍未完全成立。因為所攝取的印象，假使沒有聯絡的關係，仍不能說有了知識。

丁、真知

經：「知，明也。」經說：「知也者，以其知論物而其知之也著，若明。」「論」是排比論次的意思，釋名言：「論，倫也。」要把所得的印象比較審查，使有倫次，成一種明確的觀念。這就是「以其知論物而知之也著」。並觀察現象，相互關係，知識可說完全成立。

只是得到真正完全的知識，也有多端途徑的經驗，如：

經：「聞，說，親。」經說：「知：傳受之，聞也；方不瘴，說也；身觀焉，親也。」

哲學概論

四十七

㈠聞知是從傳授得來。

㈡說知是從推論得來。

㈢親知是從實踐或經驗得來。

聞知借助他力，說知親知純靠自力。以上三者都相互為用，不可不偏廢。偏於聞知流於獨斷，偏於說知流於唯理論，易陷於「思而不學則殆」的弊病，成為一種無價值的空想。墨經三種並用，便完備了。然後相繼以行為。行為當由知識發生，無行為無以表示知識，所以這段經的下文說：「名實耦合也，志行為也」。可以說是個行知合一論。

凡事都要考察耳目的實在，就是科學的精神。除人所能知的以外，不能認為純粹理性。然而墨經另有一條，認為經驗以外的知識，可說是實踐理性的批判。如經說：「知而不以五路，說在久」。

經說：「知以目見，而目以火見，而火不見，惟以五路知，久，不當以目見，若以火見。」「五路」是耳目口鼻體五官，因此感覺所從入的路。「久」指時間說的。經中他處釋「久」合古今旦暮。說普通知識當然出五官感覺而來。例如：用目去見火，無目和火不能成見的，而還有不待五官感覺作用的，例如：時間觀念是從時間自身經驗，從由時間相續以來，可說是持續或綿延。我們因時間而知有時間，不似以目見火，反似以火見火了。至於認識的能力也是求真實知識的一個重要條件。經：「知其所不知，說在以名取」。經說：「雜所知與所不知而問之，則必是所知也，是所不知也。」取去俱能之，是兩知之也。說是能知事物的某部分，而他部分尚為我所不知，那是自知其所不知了。知，不知，能毅通事分別指出，便是求真實知識第一步工夫。又知識也有方法，傳授於人群大適用，所以知與不知

哲學概論　七十八

謂之「親知」，以其親也，以其取也。「取」就是直接的意思，是經物之所以如其所以知之，其所以使人知之，不如聞說。「病」但說物或傷之，如也，是之知也。使知也，因為受傷是病的所以，如看見他的病，以知道了。以病狀告人，便使人知道了。說是宇宙萬物有像也有用，有實也有氣，這是可見而知道的。我看見知道了，也當教人知道。主，客，人我都知道，學問便成功了。公共的東西便更加大了。

墨子辯說的時候，有一個論理上普遍的規模在裡面，就是他的辯證法叫作三表法。〈非命上篇〉子墨子曰：「必立儀。言而毋儀，譬猶運鈞之上而立朝夕者也。是非利害之辨，不可得而明知也。故言必有三表。何謂三表？子墨子曰：有本之者，有原之者，有用之者。」本是辯論的所本。例如，他的理論主張以天鬼的意志和聖王的事蹟為本，這就是現今的演繹法（deduction）普通原理觀，是綜察兼實」他說當用演繹歸納二法，前者指遵奉古聖王的教理說的，後者指考察時人的經驗說的。用說是應用於事物刑政的方法，當觀察他是否增進人民福利，是否合乎天志鬼神語說有益便用，無益便去，又其是個歸納法（Induction）由特殊事實推見普遍原理。這方法兼有肯定否定二面，由特殊而及可決，就是由兩可見矛盾，由矛盾見綜合或採擇。

墨子接着這幾種方法他的辯證法來構成他的知識論，也就是他的宇宙觀。

墨派最注重「辯」字，就是他們論理的學說和作用。

(一)經上「辯，爭彼也。辯勝，當也」經說上「辯，或謂之牛，或謂之非牛，是爭彼也。是不俱當，不俱當必或不當，不若犬」說是凡辯論的須有同一對象的範圍，今有二人相辯一個說這是牛，一個說非牛

哲學概論 七九

兩說不能俱是，必有一是一非，這個實在是很大的辯說作
的便是，說是非的作用。

以經下「謂辯無勝，必不當，說在辯。」經說下：「謂，所謂非同也，則異也。同則或謂之狗，其或謂之犬也；異則或謂之牛，其或謂之馬也。俱無勝，是不辯也。辯也者，或謂之是，或謂之非，當者勝也。」說是凡辯論總須有一面勝的，才算結局。設若兩無勝敗，便算於不辯了。但既已因辯一個對象，那能有兩勝敗的道理呢？上條說「勝者當」，下條說「當者勝」，兩義是互相發明的。

九　辯之目的

以上所說說明了，到底「辯」有甚麼用處呢？應該怎樣「辯法」呢？小取篇上說：「夫辯者，將以明是非之分，審治亂之紀，明同異之處，察名實之理，處利害，決嫌疑焉。（則乃）摹略萬物之然，論求羣言之比，以名舉實，以辭抒意，以說出故，以類取，以類予。」

這段話第一先說「辯」的目的共六層：一、別是非；二、審治亂；三、明

同異四察名實，五正發利以害，六決嫌疑。

第二講「辯」的方法，「摹略萬物之狀」一句是由思維作用去探求萬物的虛實。思維作用是在直觀反省的時候發生的。反省作用不外記憶想像比較、辨別、分析綜合等等。「論求羣言之比」一句是述說論理學上的法則。我們要達到一定目的，所以不能不守那法則去討論羣言到底正確不正確。

第三「以名舉實，以辭抒意，以說出故」是指思維作用的三形式——概念推理說明。

概念必定經過一番意識上的特殊作用，而具有普遍態而發見是。有一特殊概念就以特殊名號來表示，這叫作「以名舉實」。

判斷須要以上的概念相連結，方能發生。我們用「是非」等字樣判斷兩個概念的關係是為意，表示這意的話便是辭。這叫作「以辭抒意」。

哲學概論

八十

推理消，兩個以上的判斷相連結，方能發生周密的論證，那些論理

叫作「以說出故」。

第四「以類取，以類予」是說論理學上的比較類推作用，就前三種式

推行出斷定的時候，所不可少的比較類推作用，到那時候更不能不用的，

類歸納他們類推他們，以證命題，以下斷案，反轉來不能有關的，

例而集其類事例，那推理論斷為不能成立。例如：

大前提——「假必非也，而後假」。

小前提——「狗，假虎也」。

斷案——「狗，非虎也」。

這式與印度因明論上的三支法。例如：

宗——聲無常，

因——所以故，所作故

喻——凡所作皆無常，例如瓶。

墨學全書都是這種論式，可見墨家哲學就全建設在論理學的基礎上。

又講論理的法則，「小取」篇上有例七種。

或……「或也」，是「不盡」，部分的。

假……是有待的話。

效……為演繹法，由通則推出個體。

辟、侔……都用個體說明其他個體。

援……由個體推知其他個體。

推……由個體推知通則。

以上後四種：辟、侔、援、推，都以個體的事物，作推的起點，都可以叫作歸納法。

墨子認識論的結果，就是人可以認識主宰的天志是要人兼愛，（天志下）「兼」是說全部。「經上」「體分於兼也」，是說周備。「小取」「待周愛人」。人能兼愛中心惟方衡說墨術的大志，因為愛是從精神上發出來的。由人生方面社會方面說是為大眾求幸利幸福。因為講愛必講利，「兼相愛交相利」常常連用的。所以兼愛上說：「聖人以治天下為事者也。不可不察亂之所由起。當察亂自何起，起不相愛……」人類一切罪惡都由於自私自利，能把自利的心思去掉，罪惡自然消滅。所以兼愛中篇說：「凡天下禍篡怨恨……以不相愛生也，是以仁者非之。何以易之？……以兼相愛交相利之法易之。」又兼愛下篇說：「兼以易別。」墨子由「兼愛」便講到「非攻」。

第五節　名家

梁啟超胡適以為古來沒有名家，止有名學。其實專治名學的人代代相傳，即令自不稱名家，後人稱他們為名家未嘗不可。晉書隱逸傳找代魯勝注墨經說：「荀卿、莊周皆非毀名家，而不能易其論也。」大概是隨同漢志以來說名家。近人湘鄉譚介甫著有墨經易解，又著有形名發微，曾在武漢大學文學季刊上發表一部分。他以為名家和刑名家（舉沈之刑同形）判然歧異，不能混為一談。荀子正名篇批評名家用實亂名，又批評形名家用名亂實。他譏諷名家不能控名責實，又譏諷名家失實而專決於名。名家對於萬物都認為有實的存在。形名家謂萬象無實，例如：

（一）名家說：「名，物，達也。有實必待文多也命之。臧，私也，是名也，止於實也。」「二名一實，重同也。」（見墨子經說上）這都是認物有實存在，從而命定它一個名字。

（二）形名家說：「形而不名，未必失其方圓白黑之實」（見尹文子）。公孫龍子同。然則形名家所謂「實」，以有形罷了。失形便失實了。

史記仲尼弟子列傳載：「公孫龍字子石，少孔子五十三歲。」這位公孫龍子是孔子弟子，生於春秋時代。又史記平原君傳載：「虞卿欲以信陵之存邯鄲為平原君請封。公孫龍聞之，夜駕見平原

八十三

哲學概論

君」。公孫龍善為堅白之辯，及鄒衍過趙言於趙，乃絀公孫龍。」
一位公孫龍子是平原君門下客，戰國時人。史記記着平原君始封距孔子已百八十一年，若說兩處所載前後是個人，那必說公孫龍子的壽數要活到二百多歲了。我們現在暫為擱置人的問題，只討論莊子天下篇所述說與鄒析並稱的公孫龍和流傳六篇的公孫龍子。公孫龍子第一篇跡府是後人記的，討論學說當從第二篇白馬論到第五篇名實論。

(一)白馬論　他說：「白馬非馬，可乎？」曰：「可。」曰：「何哉？」曰：「馬者所以命形也，白者所以命色也，命色者非命形也，故曰白馬非馬……」這是形名家研究概念的分析。因為白名色，馬名形，名形的不含着色的概念，名色的不含着形的概念。如今說「白馬」是含形色兩樣一併講的，所以由馬的自相上說「非馬」的議論可以成立。清儒俞樾說：「言馬則無去者也，以白馬應可也，以黃馬應可也，無所去之言。白馬則有去者也，取白馬則不得不去黃馬黑馬矣。一則無去，一則有去，明明分為二，豈可合為一，故曰「白馬非馬」。（俞樾讀公孫龍子）俞氏着眼「去」「取」和「離」「與」等字表示他們為何分析綜合以講說宇宙萬物的真相。鍾泰說：「白馬之名一也，或以命馬之全，或以命馬之別。黃馬，馬之全也；白馬，馬之別也。使謂白馬為馬則全別之差失矣。夫失全別之差可也，然以全混別則可，以別亂全則不可；以別亂全，將逐於萬物而不反，此龍之所以大懼也。」（鍾泰：中國哲學史第一編第十章）鍾氏所說的「全」「別」就是俞氏所揭的「與」「離」也就是我們所講的共相和自相。

㈢ 指物論　前半段「物莫非指，而指非指」，說物是實體，指是名相，今有一物摸着堅，看着白，叫作石，然則堅，白，石，就是「指」，離去堅白沒有石，離去名相沒有體，所以說「物莫非指」。　指是對着物說的名相是對着實體說的，既沒有實體那末名相也不是名相了，所以說「而指非指」。次半段第一句承着「物莫非指」說，「天下無指，物無可以謂物，第二

八十三

的衛之乃謂著，而指非指」說「天下無物可謂指乎」，證明沒有名相不好釋物沒有物也，沒有名稱，難道我們人可以憑空設立名相麼？這著者要討論的，那末敖難的吾人要說「指也者天下之所無也，物也者天下之所有也。以天下之所有為天下之所無，未可」。就是說他憑空沒有立名相。主人接著回答，但吾人既說「物不可謂指」，就是已經指著那名物講了，這豈非指麼？即令吾人以物為非指，愈加看出「物莫非指」。因為擬著常識認物是實體，非名相，不曉得就是這非名相一句話，便已落到名相了，就可斷定「物莫非指」（後人有一句詩說「山鳥自呼名」，山鳥自山鳥，名自名，見它的形狀，聽它的聲音，就叫它「布穀」或「杜鵑」，若許多論到「布穀」「杜鵑」的話，從吾觀方面看，於山鳥自身絕不相干）主人還答來了，然進一步解說，「天下無指，而物不可謂指者，非有非指也」，非有非指者，物莫非指也。物莫非指者，而指非指也。」這是承前段相應，接著常識天下既無名相，凡物實體又不可叫它名相，決沒有懸空而所非名相的。既沒有非名相的物，便知物是莫不屬於名相了。凡物屬於名相，但名相的自身實非名相，很容易明白的。若又起來不致離他說「天下無指者生於物之各有名，不為指也。不為指而謂之指，是無不為指，以有「不為指」之無「不為指」也，未可」。這又是容人駁難的話，說我所說天下無指的，為石自有堅白的形容而為名堅屬白，自屬於石辭，不得說自與石對立的堅石，也就不得說有與之實辭對立的名相。所以說物各有名不為「指」。如今把堅石之概念來和石對立，把名相來和實辭叫作「指」，是不為指便叫作「指」了，那末天下沒有一樣不為指了。公孫龍子又回答說，所說的「指」是天下兼物所兼於，不是各物所自有，去開物說，固然不可說說天下有離物的相，就物然不可說天下有無相的物，如堅白不能石和同類物諸體而獨立，但石和同類物諸體也不能離堅白等相而自在。所以說有天下無指的，物不可謂無指也」。這是甚麼緣故呢？因為所見一切世間物沒有非相

哲學概論

八十四

的，所以說「物莫非指」。

(三)通變論　問「二有一乎？」答「二無一。」「二無一」不是數學問題，是名學問題。二是共名類名，一是別名私名。從名學上講，名有外延內涵二義，一類的通德，不能包含各別的特徵。如說元素，它的意思僅指不可分析的物質一件說的，對於金屬之導電熱和激光放射的，都沒有顧到，所以說「二無一」。

再問「二有右乎？」答「二無右。」「二有左乎？」答「二無左。」因為「右或左」也就是一，如元素一名雖包括金屬和氫氣氧氣砒燐等類，但不具金屬的特性，也不備氫氣氧氣砒燐諸專德，所以說「二無右」「二無左」。

又問「右可謂二乎？」答「不可。」因為一物的私名和一族的別名，都不能包括一類的公名，所以白馬不可說馬，右不可以代二。

又問「左和右可謂二乎？」答「可。」墨子經說下說：「牛不二，馬不二，而牛馬二，則牛不非牛，馬不非馬，而牛馬非牛馬無難。」他說牛馬就好比左右，左不可說二，右不可說二，但左和右可說二。就是牛不二，馬不二，而牛馬二的說法，所以白馬黃馬諸色馬都非馬綜合起來說便是馬。

又問：「謂變非變可乎？」答：「可。」墨子經下說：「偏去莫加少，說在故」經說下說：「偏俱一無變」，梁氏校釋載。所涵之屬性無變，故無增減也。如手足合稱曰四肢，四肢分名爲手足但手足的屬性沒有變。

以後牛羊牛馬的問題也是一樣地檢討。

(四)堅白論

或問：「堅白石三可乎？」答：「不可。」問：「二可乎？」答：「可。」問：「何哉？」答：「無堅得白，其舉也二；無白得堅，其舉也二。」按着常識說石是本體而包白色堅實那是三樣。公孫龍子偏唯象論，名相實體混爲一談。名相以外別無所謂本體。石呀！白呀！堅呀！都是意象，都是名相。看起來見着白，叫它作石，摸起來觸着堅，也叫它作石，就名相說只是二樣

哲學概論　八十五

所以說其舉也二。

問難的人按着常識說堅白實有物存於石體內。公孫龍子所答不認意象以外有實體。向難的人又按着常識說在我的意象必有在外的實體為根本。試若沒有白色的實體，在我裏面何來「白色」的態貌呢？我的意象有起滅，而物的體質沒有存毀，雖不見白，白自藏在石中，所以說「堅白石不相外，藏三可乎」公孫龍子答以「自藏」不是別有藏這一物（本體）存在。問難的人又駁說堅白相盈，不可分離，合為一物，所以堅白是藏在那物的體，不能說在意象上「自藏」公孫龍子又答一見一不見，是本着我的意象說的。那末堅白固然相離的，相離就是相忘，目視白忘卻堅，手摸堅忘着白，在我叫作忘，在他叫作藏。見不見離，一二不相盈（參墨子經說下）因為堅白是二，石是一，丟開堅白的象既然沒有石體，要說堅白滿盈於石體內，便不成話語。「離」是意象的分析，「盈」是本體的充實。這是互相論戰的問題。

（五）名實論

天地與其所產焉，物也。物以物其所物，而不過焉，實也。實以實其所實不曠焉，位也。出其所位，非位。位其所位焉，正也。以其所正正其所不正，以其所不正，疑其正。參請墨子經上「正因以別道」經說上「正，彼舉然者以為此其然也，則舉不然者而問之。」又經下「正類以行之，說在同。」經說下「正，彼以此其然也，說是其然也，我以此其然也，疑是其然也。此然是必然則俱為麋」兩條和公孫龍子意同。形名家持論重止不重推，彼舉其然以為推，我「則舉其不然者」以為正。正就是止。止然後可使位其所位而不過，這正名的精義。按照

哲學概論　八十六

常識摸着石頭的堅便聯想到它的白，看着石頭的白，便推論到它的堅，以名相推想到本體，以一馬泛自於他馬，形名家都舉其不然者以正之，因為他們從辯証法的矛盾裏面尋找真理。

第六節　新儒家

第一項　董仲舒

董仲舒西漢廣川人，少治春秋，景帝時徵為博士。下帷講誦，弟子次第次轉相傳授，末弟子至有不得見面的。他專的，他專心學業曾經三年目不窺園。進退容止，非禮不行。一般學士都師尊他。武帝元光元年被舉賢良對天人三策，為江都相。中廢為中大夫。他講研春秋災異，推陰陽所以錯行，所以求雨閉諸陽，縱諸陰，止但有一次，遼東高廟長陵高園殿災，仲舒居家，草藁未上。主父偃候舒，私見嫉之，竊其而奏焉。上召視諸儒，仲舒弟子呂步舒不知其師書，以為大愚。於是下仲舒吏當死。詔赦之（見漢書董仲舒傳）不敢復言災異。後來武帝聽了公孫弘的話，又使他作縱恣殘殺的膠西王相，隱著陷害的意義。膠西王知道他是個大儒，禮貌很重。不過他恐怕長久下去還要得罪，便藉病辭職。從此不出來做官了。專修學業，著書，連家人生產的事件也無心過問。但朝廷有大議，仍遣使者和廷尉張湯到他家裏去問他。他的對答都有明法。先前當武帝初立，魏其為相的時候，獎勵儒學，推尊孔聖，抑黜百家，立學校官，州郡舉茂才孝廉，都是仲舒條陳的。仲舒所著，皆明經術之意，及上疏條教，凡百二十三篇。而說春秋事得失，聞舉、玉杯、蕃露、清明、竹林之屬，後數十篇，十餘萬言……（漢書董仲舒列傳)今存賢良策三篇和春秋繁露八十二篇(闕三篇實數七十九篇。

董子以為宇宙萬物發生於「元」。他說：「謂一元者大始也」(春秋繁露玉英篇)。「臣謹案春秋謂一元之意，一者萬物之所始也」(漢書董仲舒列傳)因為元是純一的，不是雜多的，可以稱元為一。元為萬物的創始，就是元為宇宙的實體，所以他又說：「是以春秋變一謂之元。元猶原也。……故元者為萬物之本」(春秋繁露重政篇)他所主張的本體一元論那「元」是出於春秋「元年春王正月」的元字。何休依公羊傳胡毋生的解釋說「變一為元，元者氣也，無形以起，造起天地，天地之始也」。

這氣由一而二，「天地之氣合而為一」(春秋繁露五行相生篇)「天地之氣，陰兩陽相半。」(古文苑雨雹對)雖分陰陽，仍屬於一，「陰陽雖異，而所資一气也。陽用事，此則气爲陽。陰用事，此則气爲陰。陰陽之時雖異而二體常存。猶如一鼎之水而未加火，純陰也；加火極熱，純陽也。純陽則無陰，息火水寒則更陰矣。純陰則無陽，加火水熱，則更陽矣。（古文苑雨雹對）這又証明陰陽兩種矛盾勢力在元氣裏互相消長。陰陽二氣有甚麼不同呢？他說：陽氣暖而陰氣寒，陽氣予而陰氣奪，陽氣仁而陰氣戾，陽气寬而陰氣急。陽气愛而陰气惡。陽气生，而陰气殺。是故陽常居實位而行於盛，陰居空位，而行於末。（春秋繁露王道通篇）。

他以為陰陽二气每年互相消長，演成展轉循環的春夏秋冬四時。又因四時而有五行。是由較的方面硬化起來。是由抽象方面體系化起來。是由儒門而出入道德陰陽斟酌損益自成一家。他的思想要從精神上趨向實質上去，所以說一元氣的本體創造哲學既學

（十八）

萬物。演成萬般「現象」。他現在要從哲理上推移到理上去。從宇宙現象講解到人間物事上去。換着字面，不談一、元而談「天」，所以說「道之大原出於天」。（賢良第三策）所謂天道天理天數天意都從這主宰的天發揮的。便貫徹了中庸上的「天命之謂性，率性之謂道，修道之謂教」的宗。這位主宰的天支配人生的一切倫常和社會政治經濟掌管人間吉凶禍福賞罰，眞是一神論。書中有時獨稱天，含有主宰的意思。因爲「勤勞在地，名一歸於天」（春秋繁露五行對篇）。有時天地並稱，是處說到自然界，近乎自然論。換一句說天上主宰操持自然規律以統治宇宙。惟對於人類能發生特別關係。「天地之精，所生物者莫貴於人。人受命於天也」，以此見人之超然萬物之上而最爲天下貴也。人下長萬物，上參天地（春秋繁露天地陰陽篇）。人受命於天，固超然異于羣生。入有父子兄弟之親，出有君臣上下之誼，會聚相遇，則有耆老長幼之施，粲然有文以相

接。雖然有恩以相愛。此人之所以貴也。（漢書董仲舒列傳）

這裏有些問題，人的稟賦為何較物獨厚？他說「物疢疾莫能為仁義，唯人獨能為仁義；物疢疾莫能偶天地，唯人獨能偶天地。」（春秋繁露四時之副篇）怎麽樣呢？他說「為生不能為人，為人者天也。人之本於天，天亦人之曾祖父也。人之形體化天數而成，人之血气化天志而仁。人之德行化天理而義。人之好惡化天之暖清。人之喜怒化天之寒暑。人之受命化天之四時。人生有喜怒哀樂之答，春秋冬夏之類也。喜春之答也。怒秋之答也。樂夏之答也。哀冬之答也。天之副在乎人。人之情性有由天者矣。」（春秋繁露為人者天篇）

主宰的天既予人恩愛這般豐厚，所以人應當敬天。郊重於宗廟，天尊于人也。（古文苑郊事對）

哲學概論　　八十九

人既然比萬物尊貴，為何不盡生人於世上，必在人以外復生許多物呢？他說：「天地之生萬物也，以養人。故其可食者以養身體，其可威者以為容服。」（春秋繁露服制像篇）

天生物足以養人，為何人類不自由平等呢？互相爭奪戰鬭呢？他說：「人始生有大命，是其體也。有變命存其間者，其政也。政不齊則人有忿怨之志。若將施危難之中，而時有隨遭者，神明所接，絕屬之符也。亦有變其間，使之不齊，如此不可不省之。省之則重政之本矣。」（春秋繁露重政篇）

他以為人的生死固有天命，顏淵死，子曰「天喪予」。子曰「天祝予」。西狩獲麟，曰「吾道窮！吾道窮」，三年，身隨而卒。階此而觀，天命成敗聖人知之，有所不能救，命矣。（春秋繁露隨本消息篇）但壽夭尚在人的行為。「天下之人雖衆，不得不各讎其所生，而壽夭於其所自行。自行可久之道者，其壽讎於久，自行不可久之道者，其壽亦讎於不久。久與不久之情各讎其生平之所行……故曰壽者讎也。然則人之所自行，乃與其壽夭相益損也。其自行佚而壽長者命益之也。其自行端而壽短者命損之也。以天命之所損益，疑人之所得失，此大惑也。是故天長之而人傷之者其長損，天短之而人養之者其短益。夫損益者皆人，人其天之繼歟？出其質而人弗繼豈獨立哉！（春秋繁露循天之道篇。）

董子論性理根據孔子三品說又和孟子不同似出告子而近於荀子，究非如此簡單。他說：「今世闇於性，言之者不同，胡不試反性之名。性之名非生歟？如其生之自然之資謂之性，性者質也。」（春秋繁露深察名號篇。）這是董子所下性的定義。董子分析人性的內容說：「栣眾惡於內，弗使得發於外者心也。故心之為名栣也。人之受氣，苟無惡者，心何栣哉？吾以心之名得人之誠。人之誠有貪有仁。仁貪之氣

哲學概論　九十

兩在於身。身之名取諸天。天兩有陰陽之施，身亦兩有貪仁之性；天有陰陽禁，身有情慾栣，與天道一也。」（春秋繁露深察名號篇）說是人直接出於天，間接出於元氣的人，有貪仁二情，猶元氣與天有陰陽二力。陰陽為元氣與天的兩種相反力；貪仁為人性的兩種相反作用。貪為求得無厭，仁為施愛於人，一得一施，在人性兩表面的相反作用，在倫理上講，本無所謂善惡，不過兩種不同的作用罷了。人性相反作用，在道德律上是認為善惡的。因此論性便有善惡二派，所以他說：「人受命於天，有善善惡惡之性。」（春秋繁露玉杯篇）這是在現象上以道德的目光論性。又他論性。又他論性常與情連說：「天地之所生謂之性情，性情相與為一瞑，情亦性也。」（春秋繁露深察名號篇）這樣看來性與情簡直沒有分別，不過他又說：「謂性已善，奈其情何？故聖人莫謂性善，累其名也。身之有性情也，若天之有陰陽也。言人之質而無其情，猶言天之陽而無其陰也。」（同上）推測他的意思性情略有分別，似乎說性在內靜止，情感外發動的。董子又承襲孔子三品說立論，聖人之性，不可以名性，斗筲之性，亦不可名性。性者中民之性也，性比於禾，善比於米，米出禾中，而禾未可全為米也。善出性中，而性未可全為善也。性如繭如卵，卵待覆而為雛，繭待繅而為絲，性待教而為善，此之謂真天。（深察名號篇）這是主張把教化工作，教人有成其他依於法來達到性善的目的。

第二項　賈誼

賈誼，西漢雒陽人，年十八，能詩文，為全郡所稱譽。孝文帝召為博士，纔二十餘，一歲中超遷至太中大夫，奏請改正朔，易服色，制法度，興禮樂，為周勃，灌嬰，馮敬所攻擊，說他年少初學，專欲擅權，紛亂諸事。文帝不得不疏遠他，放他去作長沙王太傅。過湘水作賦以吊屈原。居三年，有鵩鳥飛入舍，止於坐隅，又為賦以自廣。帝後思誼，召見宣室，問鬼神事至夜半，帝不覺前席。拜梁王太

哲學概論　九十一

傅上語安策與論，以為遂違國體。不久梁王隕馬死，誼自傷為傅無狀，哭泣歲餘也死了。相傳著有新書十卷五十六篇，史記未記這書，只附傳於屈原後。

賈生為學雜儒道以出入百家，當然有一種新的講說。先講徵用，次具條理。他以道為本體，術為實用，兩樣兼顧，把來整理他的人生意義和政治思想。

他以為宇宙本體是虛空無為，所以在道術篇裏面說：「道者，所從接物也。其本者謂之虛，虛者言其精微也，平素而無設施也。」這「精微」「平素」二名詞就是虛的解釋，也就是道體的解釋。為什麼標「虛」字以示宇宙的本體呢？因為老莊文佛一般人，在前數百年已有所宣傳，賈生不能不受他們的影響，然而他既經這般解釋，必有他自己的意見。宇宙的本體既然是道，道既然是虛，是精微平素，怎樣去接物呢？他又解釋說：「鏡儀而居，無執不臧，美惡畢至，各得其當；衡虛無私，平靜而處，輕重畢懸，各得其所。」明主者南面而正清而靜，令名自宣，命物自定，如鑑之應，如衡之稱，有豐殺之，有端隨之，物窮其極，而以當施之，此盡之接物也。道既然能接物，自必有德可稱，所以他在道德篇裏面說："未變者道之頌也。道氷而為德。"德者雖無而之有，證明"道"原來是虛無的，由虛無的道而成為有形可見的行為，就是德，說它本相為道，表現為德，好比水蒸氣變成有目共睹的水一樣。他又說："道者德之本也，德者道之化，而發之各不同狀。""物所道始謂之道，所得以生謂之德。德之有也，以道為本，故道者德之本也。"道雖既由德辭表現，到底德體是甚麽呢？他說："諸生者皆生於德之所生，而能象人，德者獨玉也，各有狀，是故以主致德之以理。理澤者鑑也，謂之道。勝為切齊之理謂之德，浩而潤，厚而膠謂之性。原慕溧流謂之神。光輝謂之明，豐斧堅毅謂之命。"遠以理，不單是人類行為的規範，人類最高的品格，實在把宇宙觀和人生觀合講的，可以相互地對換說德，就是我們人對着接物的道所做出的行為。我人得着接物的道所做出來的行為就是德。人最能運用道德，纔可以講術。便講到政治上去了。他以為惟有感德的聖人才能悟道，是以道接物的第一步工夫。他說："先王為天下設教，因人所有以之為訓，道人之情以之為真。至於聖人，然為人羣制物以利用厚生，由無為而無不為，以知'動靜之數'，然微有術可講，所以他又說："曰：請問術之接物何如？對曰：人生仁而境內知矣，故其士民莫弗親也；人主義而境內理矣，故士民莫弗順也；人主有禮而境內肅矣，故其士民莫弗敬也；人主有信而境內貞矣，故士民莫弗信矣；人主公而境內服矣，故士民莫弗戴也。人主法而境內執矣，則士民莫弗輔也。"這仁義禮信公法六樣都是施術的方式。施術當然方式不同，論道歸於一本。又有所謂六行——仁義禮智聖樂。外體六行以與詩書易春秋禮樂六者之術，以為大義，謂之六藝，令人緣之以自脩也。（六術篇）

賈生看人，各個差不多。他在《保傅篇》上説：“人性非甚相遠也。”又在《勸學篇》上説：“謂門人學者舜何人也，我何人也，夫啟耳目載心意，從立移徙，與我同性。”説明人都是一樣，沒有不同的，有不同的在乎教育。他的平民平等教育主張和荀子《勸學篇》相近。他又在《保傅篇》裏面説：“胡越之人，生而同聲，嗜慾不異，及其長而成俗也，累數譯而不能相通，有雖死而不相為者，教習然也。”但看“習”字比“性”重得多。

同時他的政治也提倡民本主義。他説：“聞之於政也，民無不為本也，國以為本，君以為本，吏以為本。故國以民為安危，君以民為威侮，吏以民為貴賤，此之謂民無不為本也。”（《大政上篇》）不但國以民為基本，尤以民為生命，“聞之於政也，民無不為命也，國以為命，君以為命，吏以為命，故國以民為存亡，君以民為盲明，吏以民為賢不肖，此之謂民無不為命也。”（同上）一切事業是否有功看它是丕有功民以為批判，聞之於政也，民無不為功也。國以為功，君以為功，更以為功，故國以民為興壞，君以民為強弱，更以民為能不能。政之謂民無不為功也。（同上）並且民力就是國力，聞之於政也，民無不為力也。國以為力，君以為力，更以為力，故戰之勝也，民欲勝也。攻之得也，民欲得也。守之存也，民欲存也。……故其民之為其上也，接敵而喜進而不能止，敵人必駭，戰由此勝也。夫民之於其上也，接而懼必走去，戰由此敗也。嗚呼！戒之戒之，丈士民之志不可不要也（同上）細讀上文，就可以領會到他對於民意的重視了。

第七節　雜家淮南子

淮南王劉安是劉長的兒子，漢高祖的孫子，撰離騷賦傳。文帝愛重，劉安開招賓客，門下有蘇飛、李尚、左吳、田由、雷被、伍被、晉昌等八人，和大山小山之徒，共講論道德，總統仁義，著書號内書後改名「鴻烈」、劉向校定後改叫「淮南」。今存廿一篇。有許慎高誘注本。王氏巵言說：「淮南鴻烈似錯雜而气法如一，當劉氏手裁。」周氏涉筆說。淮南子多本文子，因而出入儒墨名法諸家。

淮南子的本体觀是多面的。一部分說宇宙間有個实在或說森羅萬象是有的表現，也可以說萬物上面只有本体。這实在是普遍的、永久的、無窮盡的、超越時間空間的絶對的。（這一点和老莊相同。）所以他在原道訓上說：道者覆天載地，廓四方，析八極，高不可際，深不可測，包裹天地，稟授無形。（高誘注：萬物之未形皆生於道。）源流泉滂，沖而徐盈，故植之而塞於天地，横之而彌於四海，施之無窮而無所朝夕，舒之幎於六合，卷之不盈於一握。（許慎注：「四方上下為六合。」「不盈一握言微妙也。」）約而能張，幽而能明，（高注：言道能小能大。）弱而能強，柔而能剛。（高注：道之性也。）横羅而含陰陽。紘宇宙而章三光。甚淖而滒，甚纖而微。山以之高，淵以之深，獸以之走，鳥以之飛，日月以之明，星辰以之行，麟以之游，鳳以之翔。泰古二皇得道之柄，立於中央，神與化游，以撫四方。他始終以道之本体為精神的、靈性的，超絶一切特殊經驗的東西。在我們人心裡上如何证

九十四

揩得是用擬陰陽二元互相因果的關係解釋的。（和老子周易的現象發展同樣）他在俶真篇上所述的「創世記」是由現在的有說到過去的無逆推宇宙萬物發展的次序。又在精神訓上用循環式的方法由過去說到現在以發揮萬象分出的原理。並且證明他的本體具動靜二面，動的是現象，靜的是實在，是無為自然。我們雖不能指出本體在那裏，本體自己依然現出在宇宙間，宇宙間一切現象就是表著實在。他說氣有精煩的區別，是一種創見。（後來宋儒說氣稟有異的話也許受着這裏的影響。）他認定人的精神和宇宙本體一樣，神託於秋毫之末，而大與宇宙之總。其德優天地而和陰陽，節四時而調五行。……」曰「知大己而小天下則幾於道矣。」純是唯心觀念家一派話把精神當作支配形、氣、志三者的東西，這是他的特色。他以為人的精神和本體相通相同的就是「大己」「小己」的意義。並憑藉萬物也能明道，所以他在俶真篇上又說：「夫道者經紀條貫，得一之道，連千枝萬葉……」是故身處江海之上而神游魏闕之下，非得一原孰能至此哉？……』。「夫今所受於天者耳目之於聲色也，口鼻之於臭味也，肌膚之於寒燠，其情一也。或通於神明，或不免於癡狂者何也，其所為制者異也，是故神者智之淵也。神清則智明矣。智者心之府也，智公則心平矣。人莫鑑於流沫，而鑑於止水者以其靜也。莫窺形於生鐵而窺於明鏡者以其易也。夫唯易且靜，形物之性也。由此觀之，用者必假之於弗用也。是故虛室生白，吉祥止也。……』這是由主觀客觀兩方面証明天人關係和知天事天的道理。淮南子論人心性也是由靜動二元之理來發揮的。他說：「人生而靜，天之性也，感而後動，性之害也。物至而神應，知之動也，知與物接，而好憎生焉，好憎成形，而知誘於外，不能反己而天理滅矣。故達於道者不以人易天，外與物化而內不失其情。」（原道訓）「情淨恬愉人之性也……知人之性，自養不勃。」（人間訓）又以為人是一個天地，人性就可以代表天性。他說：「天地宇宙一人之身也，六合之內一人之形也，是故明於性者天地不能脅也，審於符者怪物不能惑也，故聖人者由近知遠而萬殊為一」（本經訓）。並且人能體道必定一，心定一然後治安。他說，體道

九十五

若不哀不樂不喜不怒，其坐無慮，其寢無夢，物來而名，事來而應……心治則百節皆安，心擾則百節皆亂……黃帝曰：「芒芒昧昧，從天之道，與元同氣。」（繆稱訓）。人性既與元同气，可以說：「率性而行謂之道，得其天性謂之德……。」（齊俗訓）。

人與物稟賦既有精頑，生活自有差別，然而止是現象上的差別；實際上同出於一本「大清」。從這方面看來，人與物自然平等，所以他說：「譬吾處於天下也，亦為一物矣。不識天下之以我備其物歟？且惟無我而物無不備者乎？然則我亦物也，物亦物也，物之與物也，有何以相物也。雖然，其生我也將以何益。其殺我也將以何損。夫造化者既以我為壞矣，將無所違之矣。吾安知夫刺灸而欲生者之非惑也。又安知夫絞經而求死者之非福也。或者生乃徭役也，而死乃休息也。天下茫茫，孰知之哉……吾生也有七尺之形，吾死也有一棺之土。吾生之比於有形之類，猶吾死之淪於無形之中也。然則吾生也物不以益眾，吾死也土不以加厚，吾又安知所喜憎利害其間者乎？夫造化者之攫援以也，譬猶陶人之埏埴也，其取之地而已為盆盎也，與其未離於地也無以異。其已成器而破碎漫瀾而復歸其故也。與其為盆盎亦無以異矣。（精神訓）由物我平等一直說到生死一如。這種說法和莊子相同。但是說到天人関係又和董仲舒一樣把人体和天象來着寔比較一番。又把天道公平無私以及不增不減的性質抽象起來造成他自己的人生觀，可算他的特色

第八節　批評家王充

王充字仲任東漢會稽上虞人。生於建武初年，幼，孤弱稱出鄉里，游洛陽師事班彪好博覽不守章句，因家貧無書常往書肆竊讀強記便通諸子學後南歸故園嘗為郡縣功曹刺史從事治中等職以不合辭去閉門潛思著論衡八十五篇傳世。

王充立說打破前古思辨的獨斷的理理論處處用批評的方式來發明他的經驗和自然原理。

王充似不主張宇宙萬物後面有甚麼主宰以為萬物是自生自滅的。全

全無意志的性質的所以然，也沒有甚麽原理或神道存在。若說宇宙有本体並且這本体是有知覺的有意志的。那必有欲。指着我們所經驗的實難証明它是有欲的。所以他在論衡自然篇說：天地合气，萬物自生，猶夫婦合气，子自生矣。萬物之生，含血之類，知饑知寒，見五穀可食，取而食之。見絲麻可衣，取而衣之。或說以為天生五穀以食人，生絲麻以衣人，此謂天為人作農夫桑女之徒也。不合自然。故其義疑未可從也。依道家論之，天者其施气萬物之中，穀愈饑而絲麻救寒，故人食穀衣絲麻也。夫天之不故生五穀絲麻以衣食人，猶其有災變不欲以譴告人也。物自生而人衣食之，气自變而人畏懼之……如天瑞為故，自然焉在，無為何居……道家論自然，不知論事以驗其言行，故自然之說未見信也。然雖自然，亦須有為輔助。耒耜耕耘，因春播種者，人為之也。及穀入地，日夜長大，人不能為也。或為之者，敗之道也。宋人有閔其苗之不長者，就而揠之，明日枯死。夫欲為自然者，宋人之徒也。……儒家說夫婦之道，取法於天地，知夫婦法天地，不知有正命隨命遭命的三命說。

第九節 新道家

第一項 魏伯陽

晉葛洪神仙傳載：「魏伯陽會稽人虞人，通貫詩律，文辭贍博，修真養志，約周易作參同契，桓帝時以授同郡淳于叔通」，五代彭曉參同契通真義序說：「……魏丹經之玄奧，多以寓言借事隱顯異文，密示青州徐從事，徐乃隱名而註之。至後漢孝桓帝時公復傳授與同郡淳于叔通，遂行于世」。這書曾經朱熹考定。

伯陽雖通漢易學，但着參同契專以陰陽消息發明長生久視的道理。性命根宗章載：「將欲養性延命，卻期，審思後來當慮其先。今所驅體本無元精流布，因氣託神。」這是說人類養性延命以卻去死期。說若想到後來的氣盡而終，就當思念起初的氣由而生。因為人身原本一無。一是先天真一的氣，無就是老子的无，可與

九十七

哲學概論

的本論，也可叫做性命論。一無從何而起？自乾父元精流布於坤，因合坤宮的元氣，就造端胚胎，又是個二元論。他講性理，依然不脫漢代學風，以性情二字相对解釋的。他説：「性主處內，立置鄞鄂，情主營外，築完城郭，」字宙間既有兩原理，人身中也有二個元理，都是互相表裏的。

陰陽人生觀也是不離乎他的兩元論。以坎☵為男，說陰中有陽，以離☲為女，說陽中有陰，把男配合看作人生第一件大事，因此新道家的房中術比較精密。至於最高人生當修到神仙地步。他在次序孔竅章載：「惟昔聖賢，懷玄抱真，伏鍊九鼎，化迹隱淪。含精養神，通德三元，津液腠理，筋骨緻堅，眾邪辟除，正氣常存，累長久，變形而仙」。由這裡也可以看出道家的為我主義，來與佛教的滅度根本不同，說肉身可以整個的自存，長生不老，並且修煉這最商人生，不是極端清淨無為不工作，只圖自身獨生八定不曾社會事務。

第二項　葛洪

葛洪晉句容人字稚川咸和初年為散騎常侍，領大著作固辭。聞交趾出丹砂，求為句漏令，携子姪過廣州刺史鄧嶽留他就停止羅浮山煉丹，便死在那裡，著有內篇三千卷，外篇五卷。名抱朴子。內篇說神仙方藥鬼怪變化養生延年，禳邪却禍等事，屬於道家外篇言人間得失，世事臧否屬於儒家。

抱朴子依據老子以「玄」為本體，「玄道」為本體論。並且點綴易十翼和太玄。他在暢玄篇上說：「玄者自然的始祖，而萬殊之大宗也。眇昧乎其深也，故稱微焉。綿邈乎其遠也，故稱妙焉。其高則冠蓋乎九霄，其曠則籠罩乎八隅。光乎日月，迅乎電馳，或倏爍而景逝，或飄澤而流星或滉漾於淵澄或雰霏而雲浮，因兆類而有，託潛

哲學概論

四十八

寂而為無。淪大幽而下沈，淩辰極而上游。金石不能比其剛，湛露不能等其柔。方而不矩，圓而不規。來焉莫見，往焉莫追。乾以之高，坤以之卑。雲以之行，雨以之施。胞胎元一，範鑄兩儀。吐納大始，鼓冶億類。佪旋四七，匠成草昧，轡策靈機，吹噓四氣。幽括沖默，舒闡粲尉，抑濁揚清。斟酌河渭。增之不溢，挹之不匱，與之不榮，奪之不瘁。故玄之所在，其樂不窮。玄之所去，器弊神逝。……其惟玄道，可與為永。」形容道玄的本體如何微妙高曠，富有神力，成為一種非常神秘的宗教哲學（參道意篇）。

抱樸子以為玄道的高深微妙何由自然和數理推測明白的。並且愈驗愈徹底，他說「余聞之師云：『人能知一，萬事畢。知一者，無一之不知也。不知一者，無一之能知也。』」「玄道亦要法也。」（地真篇）「不知玄道者，雖顧眄為生殺之神器，脣吻為興亡之關鍵，綺榭俯臨乎雲雨，藻室華綠以參差，組帳霧合，羅幬雲離，金觴華以交馳，清絃嘈嗷以齊唱鄭舞紛繹以蜲蛇。哀簫鳴以凌霞羽蓋浮於漣漪。掇芳華於蘭林之囿弄紅葩於積珠之池。登峻則望遠以忘憂臨深則俯攬以朝飢。入宴千门之混熀出驅朱輪之華儀。然樂極則哀集至盈必有虧。故曲終則歎發。燕罷則心悲也。實理勢之攸召猶影響之相归也。彼假借而非真故物往若有遺也。夫玄道者得之乎內守之者外用之者神忘之者器。此思玄道之要言也。」（暢玄篇）「內」和「神」是指着心思靈感說的。「外」和「器」是指着肉体情欲說的。不外乎老子去私寡欲的工夫。然則玄道遠是分有宇宙近是將就自己的身可以追求的。所以他注重精神修養。他主張修養到圣人至人真人神人仙人的地步。所以他多說仙丹的話語。為後來道教哲學的基礎。

第十節　禪家

印度傳来的佛教佔據了中國大部分人的心思。凡是留心宋明哲學的人都知道的。禪宗在佛教中又是勢力大的。所以我還沒有講宋明理學先来介紹禪宗

[illegible]

序九

禪的原文為「禪那」Dhyana是「定」和「靜慮」的意思。近於禪家的來源有兩種說法一是說禪出於梵書Brahmana和奧義書Upanisad隨着佛教傳到中國畢竟發達起來成立禪宗。二是說禪起於釋尊。他們說釋尊在靈山會上有人送花給他，請他說教。但他原是注重頓悟，不立文字以心傳心故他只有拈花示眾凝視不語。座眾都莫名其妙。惟有摩訶迦葉破顏微笑。因此釋尊便開始說了下面幾句要訣曰吾有正法眼藏涅槃妙心實相無相微妙法門不立文字教外別傳付囑摩訶迦葉。後來迦葉傳阿難，中經馬鳴龍樹天親等二十七代。密密相授直至達摩。達摩為印度二十八祖。梁時入中國方得傳法的人所以達摩又為中國禪宗的初祖。前說是研究印度哲學的人所承認的。後說是信仰禪宗的人傳述的。

東方五祖宏忍始開山授徒門下達千五百人。高足神秀和慧能依爭衣鉢便有南頓。南頓後又有曹洞雲门法眼臨濟溈仰五家楊岐黃龍二派七家。但曹洞、臨濟二家影響宋明以後思想界很大。二家風尚不同。曹洞（洞山良价）主知見穩實貴宛轉。臨濟（義玄）主機鋒峻烈，尚直截。到了大慧和宏智二家代表互相對立的時候，大慧門下便罵宏智為「默照禪」，以知默照枯坐而無發展機用。宏智門下罵大慧為「看話禪」，以知看古人的話頭，別無機用。南宋的朱陸深受這二家的感動。朱晦庵是繼承大慧宗杲教育的，所以主張先慧後定，由萬殊歸到一本。陸象山似把宏智正覺的教旨為根據，所以主張先定後慧，由一本散到萬殊。就是北宋的周張等無不講究禪學形成儒表佛裏的新趨勢。

佛教思想是把萬法看成因緣所生的。所謂「一切無主宰」「一切法無我」，都是從因緣所生着眼的。所謂四諦——苦、集、滅、道——只有「集諦」最要緊。「集諦」是要說明因緣所生的道理。佛家認定世界的真相是「苦」，「集諦」便來講解一切苦的原因。他們以為一切苦的原因是叫無明。無明就是惑，也就是煩惱，由無明生起一切執着欲望。後由執着欲望在身、口、意三方面造作種々業。由業便醞釀成一種潛勢的業力，便生業果，就是苦果。苦果的近因是業，遠因是惑。惑、業、苦三樣是互相因果的展轉相生，便成了過去、現在、和未來三世，因他們的十二緣起說。那與緣起說有關係的還有兩個術語便是「輪迴」和「涅槃」。「輪迴」是因果法則必然的現象。在一切法相的因緣裏面，有極大勢力的一種因緣叫作「業」。這業是以々及種々法相開展的方面，撼動別的功能，使牠們現出結果。或善或惡，都能與起它能撼的一切法相的總系統，因它的力而一切法相的系統，都有一定的位置。在這些位置上常々一期一期地反覆實現，就叫作輪迴。其實「業」也沒有實物，也不會常住。但功能因緣的法則上有這樣一種現象，這樣一種公例，遂便功能生果有一定的軌道。「涅槃」便是幻的實性。幻便幻了，有何實可言呢？但幻只是相，而相必有依。宇宙間一切幻相都自有所依，這便假說為推夫婦之道以論天地之性，所謂感矣。他批評兩家自然論而強制一自然論就是一元氣論，宇宙雖是自然存在，但有一元氣衝動着成為陰陽二氣相交，並生萬物，所以他在自然論又說：「天之動行也，施氣也，體動氣乃出，物乃生矣；由人動氣也，體動氣乃出，子亦生也。夫人之施氣也，非欲以生子，氣施而子自生矣。天動不欲以生物，而物自生，此則自然也。」並且齊世篇說：「萬物之生，俱得一氣，氣之薄渥，萬世若一。」從反面看，感類篇說：「陰陽不和，災異發起，或時先世遺咎，或時氣自然，賢聖感類，慊懼自思，災異惡徵，何為至乎？……書曰：『湯自責，天應以雨。』湯本無過，以五過自責，天何故雨？以無過致旱，亦知自責不能得雨也，由此言之，旱不為湯至，雨不應自責，然而前旱後雨者，自然之氣也……」王充批評禱說的不當，都是根據理性和事實和的。他的一元而二面說受影響于老子和易傳，批評自然出於鄒子的天論。

哲學概論

王充又在他論衡裏面批評古來性理學諸家。自孟子以下劉子政鴻儒博士聞見多矣，然而論情性竟無定是。唯世碩公孫尼子之徒頗得其正。……余固以孟軻言人性善者中人以上者也，孫卿言人性惡者中人以下者也，楊雄言人性善惡混者中人也。若反經合道，則可以為教；盡性之理，則未也。但以為人性雖有善惡，然藉教育可以轉惡為善。（參考率性篇）。

王充析衷墨家非命論與儒家定命論二說，用批評的態度，証以史實。所以命義篇說："墨家之論，以為人死無命；儒家之論，以為人死有命。言有命者，見子夏言死生有命，富貴在天；言無命者，聞歷陽之都一宿沉而為湖，秦將白起坑卒於長平，四十萬眾同時皆死。……如必有命，何其秦齊同也。……人命有長短，時有盛衰，衰則疾病，被災蒙禍之驗也。……"所謂時運國禍說是個人的命運常為時運國運所壓迫牽制而受影響，不過時運國運的盛衰也是人幹出來的。個人的壽夭貧富貴賤都緣稟氣有厚薄，所以命法性。因著這幻相所依所以說是不幻，為著這變化的相所依，所以說「是不異」，稱是絕幻相，看出不幻的道理，覺悟的生活必須到這一步。覺悟了法相而後知用幻而不為幻所用。但由「輪迴」為何得「涅槃」。換句話說，由迷惘為何走到覺悟。這全憑「一點自覺」一點，信心。然自覺方知對於人生苦惱而力求解脫，然信，方有實事求是的精神。

佛教用「我」「法」包括萬有。先假說「我」「法」有，然後實說「我」「法」空。說「我」是五蘊假者（色、受、想、行、識）就是五蘊假和合者。換句話說也就是假我，非有我的實體。這是狹義「我」的解釋。所謂凡夫、聖人、菩薩和佛，算是廣義「我」的解釋。法相宗是就廣義立說的。禪宗卻認「我」「法」皆空，就是「人無我」「法無我」。我們要明白「人無我」的意義，必先明白「我執」所由起。「我執」是昧於五蘊和合的作用，而起「常我」的妄情。因有「俱生我執」和「分別我執」二樣。我們要明白這二樣，又要先明白八識的意義：八識——眼耳鼻舌身意末那阿賴耶——前七識是我法二執的根本。第八識阿賴耶，又叫藏識，為心法而保藏一切善惡因果染淨習氣的意義，習氣就是種子，對現行說的，有生一切法的功能。種子是體，現行是用。種子能生現行，現行能熏種子。種子有二類，一名「本有種子」，一名「新熏種子」。種子由現行的前七識隨所應而起心萬差的種、習氣，都留跡於第八識中，更成生果的功能，名「新熏種子」。六、七識因妄有所執，並且在八識處熏習法爾妄情的種子（現行熏種子）繼續發生我執而不窮（種子生現行）。「分別我執」僅在第六識裏面有，是由於邪師邪教邪思惟的分別計度。所以「我執」都起於六七兩識。離識執着便沒有「我」。這是「人無我」的本義。我們要明白「法無我」的意義，必先明白「法執」所由起。「法執」是昧於諸法因緣所生而起法具自性的妄情。因有「俱生法執」「分別法執」二樣。「俱生」發執也是六七兩識性爾有執熏習法執種子，便相續不絕而有所生俱來的法執。「分別法執」也僅只第六識裏面有的，由於邪師邪教邪思的分別計度。所以實理執之似名，猶影響之相歸也。彼假借而非真，故柳往若有遺也。夫玄道者得之乎內，守之者外，用之者神，忘之者器。此思玄道之要言也。」（暢玄篇）「內」和「神」是指着心思和務感說的。「外」和「器」是指着肉體情欲說的。不外乎老子去私寡欲的工夫。然則玄道遠是外有宇宙，近是將就自己的身而可以追求的。所以他注重精神修養。他主張修養到至人至人真人神人仙人的地步。所以他多說仙丹的話語。為後來道教哲學的基礎。

「法執」也起於六七兩識。離識，執着，也沒有「法」。佛徒也要打破「法執」。他們說那些持轉變說的以為因中有果，果是由因轉變而成，不知果就是因所轉變。因果輾轉相望，應無差別，因為舊種生現行，現行又生新種，「三法輾轉，因果同時。」「七轉第八，互為因果」，而「知」轉變說，完全昧於因果論用的關係，那些持「聚積說」的以為世間萬法都由聚積而

哲學概論

一〇三

成，不知所謂極微積，說為和合，還是極微。如為和合，定非實有，以彼和合故，譬如瓶盆等物。若是極微，請問為有質礙，抑無質礙？若有質礙，此應是假，以有質礙故，如瓶盆等物。若無質礙，應不能集成瓶盆等物，以無質礙故，如非色法。又極微為有方分，還是無方分？倘應非實有方分故；若無方分，應不能共聚生粗果色，無方分故。」不知「聚積說」無論從何方面觀察都不合理。那些持「不平等因」說的，說世間萬物的原因為不平等，簡單說世間萬物只有一因。不知世間如為一因，那末應一切時頓生一切法。並且既能生法，必非是常，以能生故，如地水等。」不知「不平等因」說也不成立。那些持「外色」說的，以為外境離心獨立，離是實有，不知「外色」如夢，是由識幻所生，若有外色，云何有情所見相違，並且聖僧云何有「無所緣識智」。」可知「外色」說也不成立。以上數點，都是緣於依他緣生的義理，便生出這妄見。總而言之，「人我」「法我」都起於執，而「人無我」「法無我」都由於「破執」。「無所執」便是佛果。

禪宗尤爲特殊，從另門入，非見性無由成佛，血脈論：「若欲見佛，須是見性，性即是佛。若不見性，念佛誦經，持齋持戒亦無益處。」性是甚麼東西？如何見法？這非有經驗的老僧不能徹底瞭解清楚。恐怕他心裏了然，口裏說不出，不立文字，沒有辦法可以講述心中意念。他們只說性是遍在有情無情，普及凡夫聖賢，都無所住。所謂「無住之性」。「無住之性，雖在於有情而不住於有情，雖在於愚而不住於愚，雖在於色而不住於色，雖在於形而不住於形。不住一切。」又這性非色非明非無明，非煩惱非菩提。念無實性，覺無覺，便叫見性。禪宗以不立文字爲教，以心傳授爲法門，所謂教外別傳。既無所謂人生觀，也無所謂世界觀，因爲宇宙實相，依本有覺備來，於諸現象便落言詮，所以沒有世界觀。禪宗以般若爲心印，處於頓門，非指禪定須由漸入，故以無所得爲真宗，爲究竟，以頓悟爲方法，一往直達深處。又有甚麼人生觀可說呢？說若從另一方面解釋，從事平等，我爲差別，差別超於妄想。妄上則平等絕對，何從發生我執？說以沒有人生觀。禪宗談理談事，理處不殊，以處現象，也以爲理中有事，事中有理，偏中有正，正中有偏。便是說本體中有現象，現象中有本體，又以為從理可以見事，從正可以見偏，便是說從本體可以見現象，成為純粹本體論的主張。從事可以見理，從偏可以見正，便是說從現象可以見本體，成為純粹現象論的主張。不過禪宗認為是理非事，亦理亦事；非正非偏，亦正亦偏。引心經的話來說是非空非色，亦空亦色的境界。就是超越一切對待的境界。既不能從本體方面去追求也不能從現象方面去追求。但是那裏面又有本體又有現象。禪家的工夫，就是看重這一步。到這時既然沒有煩惱也沒有菩提，對於涅槃也不留戀，對於死生也不厭惡。這便是所說為圓融無礙的妙境。從此以下的禪宗都是講說這種妙境的。

第十節　理學

宋代幾位理學先生差不多沒有一個不是拿佛學禪做背景而來標榜他們儒學的。差不多沒有一個不是先去研究佛學禪學許多年，然後再求合於儒學的。他們暗地裏都結識了許多法師禪師。周敦頤的禪師朋友更多。有人說他曾就學於潤州鶴林寺壽涯，或問道於黃龍山慧南和晦堂祖心。又有人說他曾受業於廬山歸宗寺佛印和東林寺常聰。

大抵他與佛印和常聰的關係最深。他的太極圖說恐怕和常聰有關。他主靜的工夫大半從東林寺修來。居士分燈錄說：「敦頤嘗嘆道：『吾此妙心實啟迪於黃龍，發明於佛印，然易理廓達，自非東林開遮拂拭，無繇表裏洞然。』」他這般尊重禪學，難怪游定夫罵他是個「窮禪客」。接着東林門人弘益記：「記張橫渠曾共濂溪同出東林門下，受性理學。」如果這話可信，那周張原出於同一系統。張橫渠和程明道終日講論於興國寺，可見張程等和興國寺禪師有相互關係。程明道曰：「出入於老釋者幾十年。」經驗不少。高景逸說：「先儒惟明道先生看得禪書透，識得禪弊真。」或者明道禪學工夫是從看書來的。

程伊川的學術是從黃龍山的靈源得到手。歸元直指集說：嘉泰普燈錄云：「程伊川……問道於靈源禪師，故伊川之作文註書，多取佛祖辭意……或全用其語，如易傳序『體用一源，顯微無間』。」証明伊川和靈源的關係很深的。又從靈源筆語中可以看到伊川和靈源的師傅晦堂祖心相見的事情，大概在紹聖四年，伊川年六十五歲，謫竄涪州以後。朱熹學術是

哲學概論

一三五

從大慧宗杲、道謙得來。道謙死，晦庵祭文：「……下從長者問所當務皆告之言要須契悟。開悟之語不出於禪。我於是時則願學焉。……始知平生浪自苦辛，去道日遠，無所問津。……師亦喜我為說禪病，我亦感師恨不速證。……」此可見晦庵學說是受過大慧道謙大影響的。陸象山禪學工夫當然比晦庵更深。因為「宗朱者詆陸為狂禪」。象山遠宗李翱近繼周程。他自白說：「某雖不曾看釋藏經教，然於楞嚴圓覺維摩等經則嘗見之。」宋代禪學大抵憑依楞嚴圓覺維摩等經無怪「天下皆說先生（九淵）是禪學。」從象山到王陽明，禪學的造詣可說到達極頂了。陽明也自說：「因求諸老釋，欣然有會於心，以為聖人之學在此矣。」他於老釋不但有根柢，而且看得很重。他的諍友湛甘泉是禪門造就最高的。陽明也許有幾分受到甘泉的影響。這樣來宋明理學原是佛教禪學的化身。

第一項　周敦頤

周敦頤字茂叔，道州營道人（今湖南道縣）。景祐三年鄭向奏授洪州分寧縣主簿。部使者特薦爲南安治績甚著，特太理寺丞。又徙知南昌縣，調太子中舍簽書合州判官事，遷國子監博士，通判虔州，移永州權知邵州。熙寧初轉虞部郎中，廣東轉運判官提点刑獄。以疾求知南康軍，因家廬山蓮花峯下，把營道故居濂溪名辟這地方。世稱濂溪先生。熙寧六年六月七日卒，年五十七歲。葬江州德化縣清泉社。著有太極圖說、通書二卷。文集九卷，雜著、圖譜二卷，詩、儀、議論及誌傳五卷。

他的太極生兩儀分陰陽，是出於易傳。陽變陰合而生水火木金土五氣，是出於漢易緯。"無極而太極"太極本無極，有生于無，似出於老子。誠者聖人之本（通書）出於中庸，並且把易經乾卦的元亨利貞配喜怒哀樂。這是周子的中華面目上國衣冠。

但不過太極圖說是他的宇宙觀和人生觀。他說："無極而太極，動而生陽，靜而生陰……一動一靜，互爲其根，可說平等就是差別，理体就是事相的思想。也就是正中偏的立场。他又在通書裏面說到心性的話，"大哉乾元，萬物資始，誠之源也。乾道變化，各正性命，誠斯立焉。純粹至善者也。"他竟把誠

哲學概論 一〇六

看作無為的超越善惡的。所以又說：「誠無為，幾善惡。幾是幾者動之微」的意思。誠無為，動有為，幾便在有無的中間，正是正中偏的思想。他主持無欲，在聖學篇上說：「聖可學乎？曰可。有要乎？曰有。請聞焉。曰一為要。一者無欲也。無欲則靜虛動直，靜虛則明，明則通，動直則公，公則溥。明通公溥，庶幾乎？」這也是正中偏的看法。他學說的架子全靠禪學支持着。

周子接着「誠」「幾」二字而說「德」。「誠無為，幾善惡，德曰仁義禮智信……」。他又自己解釋說：「寂然不動者誠也。感而遂通者神也。動而未形有無之間者幾也。誠精故明，神應故妙，幾微故幽，誠神幾曰聖人（通書）」。或有人說「幾」字實指人和事物接觸自動他神（理性）的时候所有認識作用或意志作用。說是這「幾」接觸外界對象，變成欲望而擾動的时候能以神（理性）对付便可保持本性。這是聖人工夫。反轉來說，成為意欲的奴隸，失了本性，墮落下去。然而人非木石，接觸外界寂然不動任何聖人沒有這般純粹理性。所以把它分為數類說：「性者剛柔善惡中而已矣。不違曰剛善為直為義為斷為嚴毅、為幹固。惡為懦弱為無斷為邪佞。惟中也者和也中節也。天下之達道也聖人之事也故聖人立教俾人自易其至其中而止矣。」他以為「天生蒸民作之君作之師」，君師只有聖人可作。聖人是社會道德的標準。到底聖人是甚麼東西，呢？他又說「聖人與天地合其德與四時合其序與鬼神合其吉凶」。這種聖人觀不以孔門倫常為立場而指明他是和宇宙本体同道的超人，也和老莊的真人至人神人相似，可算儒釋道三教合一的東西。

第二項　張載

張載字子厚，世居大梁，生於宋天禧四年。父迪知涪州，歿於任，遺族未回鄉，僑居鳳翔郿縣橫渠鎮。載少立志，自喜談兵，至欲結客取洮西地。年廿一上書謁范文正公。范公責備他說「儒者當有名教樂何與談兵」，因授以中庸。遂志於道。又徧訪和尚道士、反轉追求六經，圖謀貫通，成為一家。嘉祐初到京城講易，與二程談論，互相敬服。後中進士，授雲巖令，熙寧初充崇院校書，以爭新法，屏居南山下，終日危坐一室，與諸生講學。世號

一〇七

橫渠先生。傳授他的學說叫關學。著有西銘、東銘各一篇，正蒙十篇，經學理窟十二篇，橫渠易說三卷，語錄、文集各一卷。橫渠主張「理一分殊」。說他在太和篇上說：「兩不立則一不可見……其究一而已」。又說：「氣之為物，散入無形，適得吾體。聚為有象，不失吾常。太虛不能無氣，氣不能不聚而為萬物，萬物不能不散而為太虛」。這種看法是認差別即平等，事相即理体，正站在「偏中正」的立場。他講到心性問題也都歸結到氣：「由太虛有天地之名，由氣化有道之名，合虛與氣有性之名，合性與知覺有心之名」。可見他的心性說都和「氣」有關。他要由氣說到虛，由「太虛演為陰陽」說到「由陰陽復歸太虛」。因此建立了「天地之性」和「氣質之性」。那些變化氣質的話總要人們由「氣質之性」反到「天地之性」。所以他說：「形而後有氣質之性，善反之則天地之性存焉。故氣質之性，君子有弗性者焉」。他別立氣質之性，因為他的思想是從氣質出發，也便是從「偏」出發。由偏說到正，所以要由氣質之性反到天地之性。這就是「偏中正」的思想。他的天地之性和氣質之性的說法也許本於楞嚴經。因為楞嚴經第四說：「世間諸相雜和成一体者名和合性非和合者稱本然性。本然非非然，和合非合，合然似離離合似非』。他由氣質之性說到「變化氣質」以為变化氣質便與虛心相表裏。不至為所使，不至走入「氣之偏」。所以說：『人之剛柔緩急有才有不才氣之偏也。天本參和不偏，養其氣，反之本而不偏，則盡性而天矣。』他這種變化氣質說，後來影响程朱不小。橫渠理論的裏面彷彿禪宗。外表裝点易傳。然而他不取兩儀、四象、八卦說，更不取陰陽配合五行說，只發明「太虛」為本体，就是「元氣」。自然、自在。气的聚散離合為形象。对本体說是「實形」。這種顯作用可稱「神化」。因為太虛（元气中含有陰、陽二体，二体感通，便成森羅形象，可叫「一氣二体說」。怎樣叫作隱顯作用或「神化」呢？橫渠以為現象界止有氣的變化，沒有生滅。它的變化也有隱顯，沒有增減。歇出是自然，消去也是自然。他批評老子「有生於無」的自然，觀識認他，不識所謂有無混一之常。』又批評佛陀唯心地觀物象（物象我心同歸於寂）『以山河大地為見病之說』，正由檔者寡知体虛空為性，不知本天道為用』。這都是『誣世界乾坤為幻化』。所以他的本体論立場於「有」，不是老子的

一〇八

無中生有，究未免玄學的影響。至於華嚴唯識等「有」論不能說沒有淵源。因為正蒙裏面的「太和」是世界原理，「性」是人生原理。佛教的「法界」「一心」適與這兩樣相當。太和中的「虛」「氣」对立，又與佛教「動」「靜」「不變」「隨緣」兩樣相当。又說「虛即是氣」是指認識上二而不二的關係說的。「性則為虛與氣之和合中涵浮沉升降動靜相感之性質」就是合虛與氣有性之名」。而認為「萬物之源」這與佛教阿賴耶識」相當。阿賴耶識」以無限種子為内函，所以叫作「太和」。萬物既皆是一氣二体或一体兩面，那裏面自然有感通的理存在和合殊異而使為同一的理存在。這又是華嚴所謂「感應」。（見哲學雜誌三百五十四五號宋儒和佛教。又參林科棠宋儒與佛教」）

橫渠既立一元的世界觀，以太虛即氣，而又对立為本体論。一切萬物都是太虛所變化的容形，人類也是太虛所凝聚的。所以天道地道，人不離不談人道。「道遠人則不仁」。太虛的本性「虛明」「中正」。太虛的動作叫「太和」。按而皆中節也，和也。」不過太虛凝聚時有清有濁，所以各人的稟賦氣質不同。正蒙誠明篇說：「人之剛柔緩急有才與不才，氣之偏也。天本參和不偏，養其氣，反之本而不偏，則盡性而天矣。性未成則善惡混，故亹亹而繼善者斯為善矣，惡盡去則善因以亡，故舍曰善而曰成之者性。」語錄上說：「氣者自萬物散殊時各有所得之氣，習者自胎胞中以至于嬰孩時皆是習也。」這証人與人終不能平等。這是先天的遺傳，後天的修養有分殊。然則原理是則上的人都是平等的，人和物也都是平等的。西銘上說：「乾稱父，坤稱母，予茲藐焉，乃混然中處，故天地之塞吾其體，天地之帥吾其性，民吾同胞，物吾與也。于時保之，子之翼也，樂且不憂，純乎孝者也。」這是由仁道參加理一分殊說，造成一種人生觀。

至於橫渠的倫理觀，心性難割。語有：「合性與知覺，有心之名。」「心統性情者也。」「太虛者心之實也。」「人本無心，因物為心。」「不可以聞見

哲學概論

一〇九

為心，若以聞見為心時，天下之物，不可一一聞見，畢竟心為小者為心合於太虛，心純為虛時則公平，時是非較然，可見可為不可為之事可自知也」等句，仍與荀子解蔽篇「虛壹而靜謂之清明」的意義暗合。因為太虛一理念，萬象人心虛明，自然律歷歷可見不為物蔽了。

第三項　程顥

程顥字伯淳，世居中山，後從為河南人。父珦，官至大中大夫。顥踰冠中進士第，調鄠縣主簿，改上元縣令。盛夏隄決，依法當先呈報知府，知府轉報漕司，俟得批准，然後興作。顥說：「若是禾苗久枯槁了。」直發民丁找塞決口，這年收成大旺。上元當水運衝要，常設營房安置病卒，病兵到營輒死，顥說：「病兵須領券後纔能得食，餓待數日，那得不死。」他竟上請漕司，預貯米糧營中，死的人月減半數。茅山龍池裏面有龍如蜥蜴五色狀，自古以來人民敬奉為神物。顥捕殺脯起來，叫人不要迷惑。他好學這般直捷，也許和他的思想是一樣的。遷移晉城令。河東財賦窘迫，官所科買，虽最賤的東西，價必昂貴。顥度量大眾所需，預使富室儲藏，等到價長的時候，由官定價平賣，貧富都得利益。縣庫有什納錢數百個，常備以助民力。凡邑中鰥寡殘廢，都任他們的親戚鄉党設法贍顧，使不致流離失所。行旅道路有疾病，都得就縣療養。各鄉都設學校，暇時親至校所，召父老談話。兒童所讀書，親為正句讀。教習不要當的，叫他們更換。鄉民結集社會，代為訂立科條，旌別善惡，使有勸有恥。後知扶溝縣，瀕河惡少嘯聚行劫財貨，顥捕為首一人，引類拔十枚誡，不根究治罪，但令分地挽舟，厖患始息。這般慈愛廉潔，倒和他的信有些關係。哲宗元豐八年召為宗正丞，未行卒世，年五十四。文潞公採眾議表他的墓稱「明道先生」。著有識仁篇、定性書、語錄、陳治法十事。

明道為學也是注重氣的，不過他是偏中見的看法。所以主張「道外無物，物外無道」。他說：「自家原是天然完全自足之物，若無所污壞，即當直而行之；若小有污壞，卽敬以治之，使復如舊。所以能使如舊者，蓋為自家存質原是完足之物」。他拿住「自家本質原是完足」的思想去看宇宙。所以看重差別相，所以看重氣。這和萊布尼茲的單子論有些彷彿相同。一個單子就是一個宇宙的縮圖，表現自己就是表現宇宙。明道只因看重差別相，看重小的存體，所以說「地亦天也」。又說：「今所地者特於天中一物爾」。可見他對于地的看法和人家不同。尼采的思想也是看重「地」的。所以都是「偏中至」的系統。他以為現象雖不是理體，但能盡表理體之能事。差別不是平等，但能參乎平等而化。肯因為理體界的互相藉現象界差別界的「偏」就能顯現」。矛盾儘管矛盾，事相能表顯出來。宇宙萬象千差萬別，都能保存它的本來面目，各盡職責，隨緣同化，應机接物，得心應手，無往而不自由自在。

他假借易傳乾元一氣為宇宙的本體，「將生之德」是的宇宙觀。所以說「天地之大德曰生」，「繼此生理者只是善也」。（見語錄）至於論說「天地萬物之理生生之理，無獨必有對，皆自然而然」。這是他的宇宙真相觀。

所謂天理，也是自然的理。所以說：「事有善惡皆天理也」。須從有文、自然之理也，「事相上或事理上沒有一件不矛盾的，要從矛盾看出真相真理來」。他以為「生生之大德」就是孔子的仁道。明道自命承繼聖學，所以說「學者須先識仁」。「仁何解也」？「仁者渾然與物同體也」。「渾然」或是指着理体的妙用。仿照禪家「正中來」的看法。「與物同體」理体不是現象，可是現象的發生不能不靠理体。平等不是差別，可是差別的表顯不能依平等。因為現象界差別界都是從理界平等界出來的。就是說從一真如法性指見一條通路能統攝千差萬別的諸法，自由自在活動於宇宙中間。也就是易傳上人物同出於自然生生的理性。「識仁」是「識得此理也」。「仁義禮智信也」是仁道的面面觀。「人能以誠敬存之也」使與仁合了。明道[redacted]論到心性問題。他比橫渠更進步。橫渠尚篤以生為性，既不通晝夜之道，且人與物等，故告子之妄不可不詆。明道反直接主張「生之謂性也」。所以他說：「以生之謂性，性即氣，氣即性，生之謂也」。不過他只借用這生字穿可說「氣之謂性」。善惡由於氣稟不同，氣就是性。所以他又說：「善固性也」，

三

然惡亦不可不謂之性也」。他又怕人聽了淆混不清，不可不拿生来作「性」的界說，「論性不論气不備。論气不論性不明。二之則不是」。這樣又可知明道實懷着「偏中至」的思想，對气性的看法和別人不同。

第四項　程頤

程頤字正叔，顥的弟弟。年十八上書勸仁宗以王道為心。哲宗初年司馬光呂公著共疏保薦，除為國子監教授，力辭，召見改崇政殿說書。每出經筵，必先齋戒。呂申公范堯夫入侍經筵，聞頤講說，退而嘆气道：這真是個侍講。士人归依他门下的很多。頤領袖洛派，與蜀派蘇軾對立。末年為党籍所苦，流离失所。大觀元年卒於故里，年七十五，学者稱伊川先生。著有易傳四卷，文集八卷，經說八卷，粹言二卷，遺書五卷，外書十二卷。

伊川和他哥哥的思想有些不同。明道處處着重在「氣」，伊川處處着重在「理」。伊川說：「有理則有氣。有氣有理」。又說：「離了陰陽便無道，所以陰陽者是道也。陰陽氣也，氣是形而下者，道是形而上者。形而上者即是理也」（遺書十五）。蓋天地間無一物無陰陽」（語錄）：「一陰一陽之謂道，此理固深。說則無可說，所以陰陽道既曰氣，則便有二，言開闔已是感，既二則有感。說，所以宇宙造化先理後氣，理屬形而上是道，就是本體。氣屬形而下是器，是物質，就是現象。理與气雖有形而上形而下的分別，然不離異。所謂陰陽究非理氣之代數式代名，實言陰陽二理，後言陰陽二气。像是理气二元論，仍歸到理一元論。可算「正中宗」的看法。伊川說人的心性和他的宇宙觀相貫。他說：「心也，性也，天也，一理也。自理而言謂之天，自稟受而言謂之性，自存諸人而言謂之心。」又說：「心則性也，在天為命，在物為理，在人為性，主於身為心，其實一也。」又說：「性出於天，才出於氣。氣清則才清，氣濁則才濁。才則有不善，性則無不善。」「性無不善，而有不善者才也。性即是理，理則自堯舜至於塗人一也。才稟於氣，氣有清濁。稟其清者為賢，稟其濁者為愚。」（遺書十九）。他把性和才相对，理和氣相對。「性即是理」可算「性之本」，是「孟子所言」的先天的。「才稟於氣」，此言「所稟之性」。是「揚雄韓愈說性正說着才也。後天的。」譬猶木焉，曲直者性也，可以為棟梁，可以為榱桷者才也。

一二

証明性是就本体方面說的，才是就應用方面說的。

第五項　朱熹

朱熹字仲晦，生於高宗建炎四年，祖父世居婺源永平鄉松巖里。父松宣和末由吏部員外郎謫為建州政和縣尉。丁艱起服，調尤溪縣尉，去官居崇安五夫里，就館尤溪鄭家，生熹。十八歲舉建州鄉貢，十九歲登王佐榜進士，賜同進士出身。平生言行詳載年譜。遺存朱子語類百四十卷，文集百三十一卷。

晦庵思想仍為禪家哲理所浸染，而且受伊川影響很大，也是偏重「正中求」的看法。他講學的資料表面上不外乎濂溪太極圖說、伊川「理气說」。把他們融和而折衷起來。並參合易傳和老子。他總理周張二家學說造成理氣二元雜和的一元論。他對於「無極而太極」一句話以為先賢沒有解明它的秀性。應當拿太極來主宰理氣二元，先解太極的本體。（關於這個問題他和陸九淵很有辯論，參閱象山全書卷卷二與卅朱元晦書和朱子文集三十六卷答陸子靜書）他在語類上說「太極只是一個理字。太極只是天地萬物之理。在天地言則天地之中有太極，在萬物言則萬物之中各有太極。未有天地之先，畢竟先有此理，動而生陽亦只是理。靜而生陰亦只是理。」（見性理大全）依然是「正中來」的立場，好像受着「神秘論」的陶冶。這裏還有一個問題，太極既是絕對的理一元論，何以說和它相對的氣而成二元呢？大概他看太極為超越理氣陰陽陰陽都含有理氣二元。這所謂氣相對的理可說自然律或原則。那所謂理相對的氣可說原質，就是五行。所以他又說「理者形而上之道也，生物之本也。氣者形而下之器也，生物之具也。是以人物之生也，必稟此理而後有性，必稟此氣而後有形。」

晦庵論心性是接住伊川的，他說人物都由理氣二元造成，那是人物同得「本然之性」。本然之性以外尚有「氣質之性」。「氣質之性」稟於氣的清濁，得清氣的作聖賢，得濁氣的是愚蠢。（見語錄）

哲學概論

一一三

並且「本然之性」實際上常常和「氣質之性」參雜，所以論「氣質之性」時務
不得不雜言理和氣（見黑板上）。論到「本然之性」如何表顯，他說到「仁
義禮智信為人生圓滿之法則，以不可不具備」（語錄上）
晦庵不但說太極陰陽五行以及萬物萬象都含蘊理氣，也說人的「
心性具備理氣」，所以說「心者氣之精爽」，「性者心所具之理」，心以
性為本體。這是心性的具體說。然而講「心」時有分別：講經驗的心是
氣所凝成，屬於生理作用；另有超越的心屬精神作用。另說受超越的
心叫作「道心」。經驗的心叫作「人心」。「道心」是惻隱羞惡等因理而激
動的；「人心」是食色嗜欲等因氣而激動的。所以他說「道心是義理
上發出來底，人心是人身發出來底，雖聖人不能無人心，如饑食渴
飲之類。雖小人不能無道心，如惻隱之心是。」（黑板下）
晦庵講心性兼講情。說情通性的氣而為活潑動。心是統性和情的。
從性的方面看來，心是寂然不動；從情的方面看來，便感而遂通。所以說

心未動時為性，心已動時為情。心統性情，正謂此也。欲由情發，而欲有善惡，惟情已善，何以欲出惡？心為水，性猶水之靜，情則水之流，欲則水之波瀾。但波瀾有好底，有不好底。如我欲仁，是欲之好底，欲之不好底則一向奔馳出去，若濤翻浪（語類三）。這些話又沒參加了張橫渠的見解。對於孟子的「情可以為善」也有斟酌。他更進而分析四端七情的出處，以四端發於性，七情通乎四端。

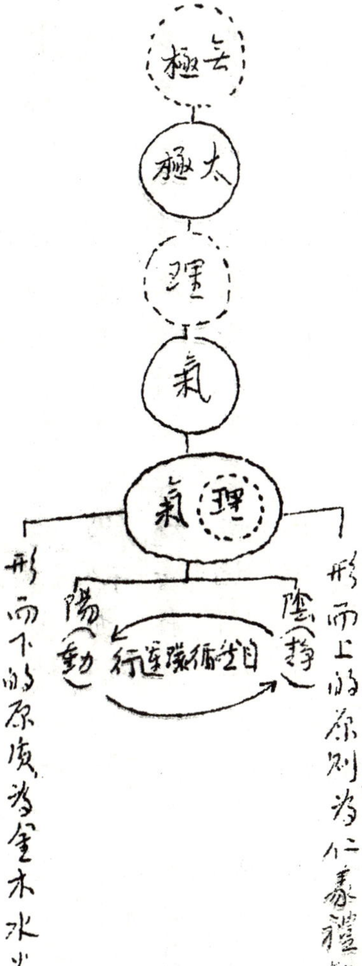

第六項　陸九淵

一一四

陆九渊字子静，祖籍吴县，为唐宰陆希深后代。幼年闻人诵伊川语，九渊独说："自觉伤我者。"伊川之言奚为与孔子孟子之言不类。初读论语，即便疑有子的语支离。他一日读古书至宇宙二字，注解上说："四方上下曰宇，往古来今曰宙。"忽大悟说："东海有圣人出焉，此心同也，此理同也。西海有圣人出焉，此心同也，此理同也。千百世之下有圣人出焉，此心同也，此理同也。"乾道八年登进士第，考官吕祖谦特拔，说九渊的文章于数千人中。他日找着九渊说："未尝款承先下之教，仅得之传闻。一见高文，心开目朗，知为江西陆子静也。"淳熙八年授靖安县主簿。九年升国子正，十年迁敕令所删定官。九渊尝怀靖康国耻，研究武事，计谋复雠。十年除将作监丞，改主管台州崇道观。九渊既归，学者辐辏访问。每诣城邑环坐一二百人，室不能容，徙观寺。县长为设讲坐于学宫，老少贵贱来听的塗巷为塞。贵溪有山，九渊在那上面结个茅庐，集徒讲学。山高五里，形状如象，便名象山，自称象山翁。人称象山先生。谥熙二年，領荊州府，政績最著。諸司論薦，丞相周必大嘗緒遺人致書說「荊門之政，可以驗躬行之效」。三年十二月卒，享年五十四歲。著有象山集三十六卷，語錄二卷，遺書三十二卷，年譜一卷行世。（後人合編為象山全集）

「九淵嘗和朱熹會講鵝湖，論辯多不合。朱主『道問學』，陸主『尊德性』」。朱好注經，陸說「學苟知道，六經皆我注腳」。朱學繁瑣，陸學簡易，故宋理學便分朱、陸二派。二派鬥爭的首在宇宙觀，認現象界後面有一實在。一切事相都是我心中所產出的。九淵的思想而說另外有個法門是「兼中到」的立場。他不講理氣的區別。更不講人心道心天理人欲的差異。他看心、性、情欲差不多是一件東西。所以說「心，一心也，理，一理也。至當歸一，精義無二。此心此理，實不容有二。所以孔子說『吾道一以貫之』。孟子說『夫道一而已矣。』」（全集卷一）

「九淵始倡心即理說，說天地人物有象必有理。萬物的象都是我們內心的象。除卻我心，任何現象都不存在。物指也不可認識。換句話說，有心理然後能識物理。並且能辨物理，心真具有，可稱絕對的唯心論。就是他說的"萬方森然於方寸之間，滿心而發，充塞宇宙，無非此理"（全集卷三十四）"苟此心之存，則此理自明，當惻隱時即惻隱，當羞惡時當羞惡，當辭讓時即辭讓，是非在前，自能辨之"。（全集卷卅）。"四端者人之心也，人皆有是心，心皆具是理，心即理也"。（全集卷十一）

九淵所說的心，等不易解釋，有時似言精神作用，或言形氣的虛靈知覺。然而他所說的本心，似乎指着德性講的。從積極方面解釋仁"義者人之本心也"（全集卷一），從消極方面解釋，"知非即本心即復"（全集卷卅五）因為世人的本心失於私欲的障蔽，天所賦予的已不復見了，有回復而知非，便見仁義為本心也，所以說的"夫子所謂克己復禮為仁，欲能毫髮私之累，則自緩於禮矣。禮者理也。（全集卷十二）仁即此心也」，此理也；求則得之，得此理也。先知者知此理也，愛其親者此理也，敬其兄者此理也。見孺子將入井而有怵惕惻隱之心者此理也。」（全集卅五卷）不但宇宙觀出於心理，人生觀同一心理。這樣的心觀與南禪頓悟說不無淵源，也就是禪宗的見性成佛。

九淵既倡心即理說，那末我們不可不研究他的窮理工夫。九淵所說的窮理，所說的格物，都不外乎開鑿自己的田地。自己沒有增加甚麼，只是自己所有的意識罷了。所以說不是說不是我注六經，六經亦是我的注腳（全集卅四）。他覺着朱派的窮理格物滿腹經綸畢竟沒有甚麼用處，所謂窮理格物終不外乎本心的自覺。「一知尊此道便是明潔自直」（全集卷卅五）。這簡易直截的覺風真是煩瑣哲學的反動。

第七項　王守仁

王守仁字伯安晉王羲之後代，先世由瑯琊徙山陰，轉徙餘姚。傳到守仁父華，後自從彭城光相坊距城東南二十里有陽明洞，守仁築室住在那裏，所以學者都稱陽明先生。守仁生於明成化八年。二十八歲中進士。三十五歲上疏武宗論救言官戴銑等，忤劉瑾，杖闕下，謫龍場驛丞，始悟致知的理。三十八歲主講貴陽書院，倡知行合一說。四十歲由吏部考功清吏司郎中督滁州馬政。從學者數百人。四十五歲由南京鴻臚寺卿轉升都察院左僉都御史，巡撫南贛汀漳等處，平漳寇，改提督軍務，平橫水桶岡諸寇。四十七歲征三浰，平大帽浰頭諸寇。班師，立社學。升都察院右副都御史。刊行古本大學，撰朱子晚年定論。門人薛侃刻傳習錄。修濂溪書院。四十八歲奉敕勘處福建叛軍，行到豐城，聞宸濠反，返吉安起義兵，擒宸濠。兼江西巡撫。世宗嘉靖元年五十一歲封新建伯。五十五歲立陽明書院於越城。五十六歲兼都察院左都御史征思田總總督兩廣和江西湖廣軍務。五十七歲駐梧州平思田與思田學校南寧學校，又襲破八寨斷藤峽叛苗。卒於南安行營。臨終門人周積求遺言，微笑答道「此心光明，亦復何言。」隆慶元年謚文成，今遺有陽明全書三十七卷。按着陽明墓誌和明儒學案卷十所載陽明曾經多年出入儒釋道叁教門戶的。說他為聖賢學就是默坐澄心，悟自性中和，這與禪家有甚麼分別。

陽明比象山更顯明地主張心性情欲為一主張「心即理」。他答羅整庵書上說「理一而已，以其理之凝聚而言則謂之性，以其凝聚之主宰而言則謂之心。以其主宰之發動而言，則謂之意，以其發動之明覺而言則謂之知，以其明覺之感應而言則謂之物。故就物而言謂之格，就意而言謂之誠，就心而言謂之正。正者正此也，誠者誠此也，致者致此也，格者格此也。所謂窮理以盡性也。天下無性外之理，無性外之物。」又說「物理不外吾心……心之體性也，性即理也。」這都是極力發揮「兼中到」的見解。他答徐愛問說「心即理也，天下又有心外之事心外之理乎。」又答陸原靜書論到七情

一一七

說「樂是心之本體，雖不同於七情之樂，亦不外於七情之樂。雖則聖賢別有真樂，而亦常人所同有。但常人有之而不自知，反自求許多憂苦，自苦自加迷弃。雖在自加迷弃之中，而此樂又未嘗不存。但一念開明，反身而誠，則此而在矣」。這種說法實含着「正中來」的意味。所謂「雖不同於七情之樂，亦不外於七情之樂。」正和李翱的「視聽昭昭而不起於見聞」相同。意思是「正中來」最明確的憑証。

第十一節　新理學

第一項　王夫之

王夫之字而農，別號薑齋，湖南衡陽人，生於明萬歷四十七年，十四歲入學，二十四中式崇禎壬子科鄉試第五名舉人。遭流寇擾亂，未赴公車應禮部試。繼遭國難，流離轉徙無定所。到了清康熙八年，夫之五十一歲，纔還居湘西蒸左的石船，築土室，名「觀生居」。世稱船山先生。著有老子、莊子通、周易外傳、周易內傳、周易大象解、橫渠正蒙注等書。

先生生當亂世，刻苦似李二曲；貞晦超過孫夏峯。比較黃梨洲、顧亭林，尤爲高尚。實爲近世一大思想家。先生爲學，參伍于濂、洛、關、閩。（行述）「尤神契正蒙一書，于清虛一大之旨，陰陽法象之狀，往來原反之故，靡不有以顯幽扶微，析其奧窔。」（余傳）

先生反朱反王，更攻佛老，提倡實有生動說，以破虛無寂靜的謬妄。他說：「盡天地只是箇誠，」（讀四書大全說卷九）「通天人曰誠。」（思問錄內篇）「夫誠者實有也。」（尚書引義卷三）實有觀念在船山思想中最佔重要位置。因爲講究「實有」，便主張「生動」，纔有天地日新，物質不滅等解釋。他以爲宇宙的起初原是實有的。他說：「兩間之有，孰知其所自昉乎？無已，則將自人而言之。今我所以知兩間之有者，目之所遇，心之所覺，則固然廣大者見之。其次則其固然可辨者也。其次則時與相遇。若異而實同者也。其次則盈縮有時，人可以與其事而乃得以親用之者也。是故寥然虛清，確然凝立，無所不在，迎目而覺，游心而不能越，是天地也。」（周易外傳卷七）兩間之見爲空虛者，人目力窮于微渺，而覺其虛耳。其實則絪縕之和氣充塞而無間。（周易內傳卷四）。所謂「寥然虛清，確然凝立，無所不在」，「絪縕之和氣」，「充塞而無間」就是說本來實有的。這些話大概受了張橫渠正蒙太和篇「太虛無形，氣之本體」的影響。發明充塞天地兩間的都是氣，沒有真正空虛的。他又以為「由太虛有天之名」的太虛「不可名」「虛」所以名「天」。叫作「一實之理」，或「天者理也，氣之都也」。（礼記章句卷四十二）。理氣雖不可見聞，但不是空虛，定是實有（參周易外傳卷二）。更從這實有講到實用，創發「體用一元論」。他說：「太虛一實者也。故曰誠者天之道也」。用者皆其體也，故曰：「誠之者人之道也」。（思問錄內篇）。體者所以用，用者即用其体。太和本然之体，未有知也，未有能也，易簡而已。而其所涵之性有健有順，故知，於此起，法於此效，而大用行矣」（正蒙太和篇王註）。乾坤有體則必生用，用而還成其體」（正蒙註目上）。又說：「天下惟器而已矣。道者器之道，器不可謂之道之器也。無其道則無其器……無其器則無其道……形而上形而上者非無形之謂。既有形矣，有形而後有形而上……器而後有形形而後有上無形無下人所言也。無形無下顯然易見之理。……」（周易外傳卷五）。他既然說「器道相須而大成矣」（同上卷三）繼續說「理與氣元不可分作兩截」（讀四書大全卷九）「理與氣互相為体，而氣外無理，理外亦不能成氣」（同上卷十）可算個「理氣一元論」。更加明瞭說：「心無非物也，物無非心也……備載物于一己而已矣」（尚書引義卷一）又是個「心物一元論」。而且接近物質物力方面說的。

他從物質方面觀察宇宙判為實有，從物力方面觀宇宙判為生動。實有是反對佛教的虛無。生動是反對道教的寂靜。所以他說：「散而歸於太虛，復其絪縕之本体，非消滅也。聚而為物之生，自絪縕之常性，非幻成也」（正蒙注）「太極動而生陽，動之動也。靜而生陽，動之靜也。廢然無動而靜，陰惡從生哉？一動一靜，闔闢之謂也。繇闔而闢，繇闢而闔，皆動也。廢然之靜，則是息矣。至誠無息，況天地乎？「維天之命，於穆不已」何靜之有。」（思問錄）「時習而悅，朋來而樂，動也。人不知而不慍，靜也，動之靜也。嗒然若喪其耦，靜也，廢然之静也。天地自生，而吾無所不生。動不能生陽，静不能生陰，委其身心，如山林之最佳，大木之穴竅，而心死矣。人莫悲於心死，莊生其自道矣乎！」他認定宇宙萬物都是時刻那衆變動。有變動便有生命，便有進步。

他又把生動二字的意義來貫串他的體用一源論。「中涵者其體，是生者其用。」（正蒙註）。「温涼，體之覺，動静，體之用。」（同上）。「乾坤有体則必生用，用而還成其体。體静而用動，故曰，静極而動，動極而静。動静無端。」（同上）。果然，「一体之立，兩之用行」（同上）。

船山的知識論實可分為二：他說，「因理而體其所以然，知以天也。事物至而以所聞所見者證之，知以人也。通學識之知於德性之所喻而體用一源，則其自識而明也」（正蒙注卷三下）。「知以天」是德性上的知，「知以人」是見聞上的知。他不仿照象山只「尊德性」，看兩種知是這裏的，因為沒有見聞的知，必不足以啟發德性的知，所以他又說："內者心之神，外者物之法象。法象非神不立，神非法象不顯。多聞而擇，多見而識，乃以啟發其心思而會歸于一也。又非徒恃存神，而置格物窮理之學也"（同上）。倒是重看格物窮理。然而他以為格物固可以致知，非格物也可以致知。可以分開，可以合作的。"夫知之方有二，二者相濟也，而抑各有所從。博取之象數，遠證之古今，以求盡乎理，所謂格物也。虛以生其明，思以窮其隱，所謂致知也。非致知則物無所裁，而玩物以喪志。非格物則知非所用，而蕩智以入邪。二者相濟，則不容不各致焉"（尚書引義卷三）。大抵格物之功，心官與耳目均用，學問為主，而思辨輔之，所思所辨者皆其所學問之事。致知之功，則唯在心官，思辨為主，而學問輔之，所學問者乃以決其思辨之疑。致知在格物，以耳目資心之用，而使有所循也。非耳目全操心之權而心可廢也"（同上）。証明兩種知不可偏廢。

船山論性，統心性天理於氣，不像程朱統心理天於一理。氣是實有的

哲學概論

一二〇

顧到他的宇宙論。他說：「言心言性言天言理，俱必在氣上說。若無氣處，則俱無也。」張子云：「由氣化，有道之名。……氣之化而人生焉，人生而性成焉。……就氣化之成于人身，實有其當然者則曰性。……張子云：合虛與氣有性之名。」「虛者理之所涵，氣者理之所凝也。」（讀四書大全說卷十）他從物質方面觀察宇宙，判為實有，從物力方面觀察宇宙，判為生動。實有是反對佛教的虛無，生動是反對道教的寂靜。所以他說：「散而歸於太虛，復其絪縕之本體，非消滅也。聚而為庶物之生，自絪縕之常性，非幻成也。」（正蒙注）「太極動而生陽，動之動也；靜而生陽，動之靜也。廢然無動而靜，陰惡從生哉？一動一靜，闔闢之謂也。由闔而闢，由闢而闔，皆動也。廢然之靜，則是息矣。至誠無息，況天地乎？「維天之命，於穆不已」，何靜之有？」（思問錄）「時習而說，朋來而樂，動也。人不知而不慍，靜也，動之靜也。嗒然若喪其耦，靜也，廢然之靜也。天地自生，而吾無所不生，動不能生陽，靜不能生陰，委其身心如山林之畏佳大木之穴，以激而心死矣。人莫悲於心死，莊生其有道矣乎」。他認定宇宙萬物都是時刻那裏變動，有變動便有生命，便有進步。

他又把生動二字的意義來貫串他的體用論，「中涵者其體，是生者其用」。（正蒙註）「溫涼，體之覺；動靜，體之用」。（同上）「乾坤有體則必生用，用而還成其體。體靜而用動，故曰靜極而動，動極而靜，動靜無端」。（同上）果然，「倚之立，兩之用行」（同上）。

「夫天之生人，道以成形，而人之有生，形以藏性」。（尚書引義卷一）「形之所成斯有性，情之所顯惟其形，故曰形色天性也」（周易外傳卷一）。「人之體惟性，人之用惟才，性無有不善，為不善者非才，故曰『人無有不善』。道則善矣，器則善矣。性者道之體，才者道之用，形者性之凝，色者才之撰也。故曰『湯武身之也』。謂即身而道在也。道惡乎察？察乎天地。性惡乎著？著乎形色。有形，斯以謂之身，形無有不善，身無有不善」。（尚書引義卷四）他從形色方面來觀性，說到「人無不善」，形無不善」，「身無不善」，「性無不善」，是楊園更有一翻。

第二項　孫奇逢

孫奇逢，字啟泰，號夏峯，河北容城人，生於神宗萬曆十二年，十七歲中舉人。居京師與左光斗、魏大中、周順昌以氣節相尚。又與鹿善繼為友，以聖賢相期勉。當魏人有饋送他金帛的，他婉謝不受。自與鹿子講學，自早到晚日夕，始終得益，遂作書，怡然自得。沒有不自適的態度。清兵入關，經略華北，夏峯田園被圈，失業南徙，輝縣義士馬光裕以蘇門山田莊相贈，便創兼山堂講學，弟子多躬耕自給，歷甲甲貴河南北人士爭相負笈來學門下。當時李二曲講學關中，黃梨洲講學浙中，王船山講學湘中，稱為天下四大老。康熙十四年卒，年九十二歲。著有理學宗傳二十六卷，四書近指二十卷，理學傳心纂要八卷，讀易大指五卷，夏峯先生集六十卷。

夏峯為學，兼采程朱陸王，斟酌損益，自成一家言，趙御衆說夏峯的學說，以天為歸，以孔為目。楊潛菴撰夏峯墓誌說："先生真見道之大原……惟以庸德庸言，真認天命原初之道，可謂千聖同堂與造化游。"夏峯也曾自述他折衷宋理學諸家說，"朋宗分裂使人知反，而求之事物之際，晦翁之功也。然晦翁殁而天下之實病不可不洩。詞章繁興，使人知反，而求之心性之中，陽明之功也。然陽明殁而天下之虛病不可不補。"他說的實病是偏重物質，虛病是窮禪空疏。他的思想折衷朱王的中間，不繁瑣，不落空，求合人生實用。要造就一個在心理上生理上事理上的完整圓滿的生活，和在治理法理上的社會國家。他根據心理上的思想發揮說："人者天地之心也。人失其為人，天地何以清寧，故為天地立心，生民立命者聖賢之事也。明主不作，聖人已遠，堯舜孔子之心，至今在此，非人也，天也。"（語錄）雖然說人心是天地的心，究竟和說人心包括天地以及把天地來認人心等語氣各有差別。他的意思是要認天理歸於自然。他根據生理上的發揮說："兀然一榻，每

一二二

生夜分，竹户繩床，風雪時聞，跡雖敝，席樸質無文。客至時常具酒自奉，安必有常。旁人竊笑而竊歎，病叟心安而意愜。幸諸孺子，長幼成群，誦詩讀書，續香焚。長枕大被，至性氤氳。兄弟而兼師友，眠食起居，隨意適形，而不覺其紛紜。各為忍勸於其母，故念其父而彌毅。此一榻也，莫嘆寂寞，莫厭荒涼，不愧乎一室之中，便可以策千古之勳。」（年譜卷下）從這榻銘可以看出華北耕讀生活和他對於人身生理衛生上的知識，比為不食酒肉。「眠食起居，隨意適形。」「心安意愜」，就是他所以享受九十二歲高壽的原因。他又從事理上發揮說：「吾人一日之間，能討得境閒心靜，便是羲皇上人。莫看得容易。貧賤人役役於衣食，境固不閒，心何能靜。富貴人擾擾於名利，境愈不閒，心何能靜。非真實見道，安能享此閒靜之福境。心非別所無事而已。」（語錄卷之一）「能處人所不能處之事，能忍人所不能忍之辱，能堪人所不能堪之憂，則其中必有大過人者也。遇事便束手，被人即動心，逢憂輒短氣於人，不得而顛倒之驅役之，儒生俗士之淺淺者耳（答問補遺卷下十）諸儒學問皆有深造自得之處，故其生平各能了當一件大事，雖其間同異紛紜辯論未已，我輩只宜平心探討，各取其長。」（理學宗傳序）顏元平生講以能服安貧樂道，勤業愛人的都是出於他的修養工夫實事求是地去試驗他的理想。他說：「欲不寡欲則心不能養，從古來多欲而為聖賢者也，寡的一分欲，清明一分心，方能成得一分人。聲色貨利中斷送人品。此處須要割棄。」（答問補遺卷下十四。）

第十二節　實用主義　顏元

顏元字渾然，號習齋，博野人，生崇禎八年，幼時父親遠游遼東再娶不返。習齋寄養於朱翁家。八歲就先生學，刻苦勉勵異於常人，稍長慨國事日非，研究兵戰術。二十四歲開家塾教子弟，初著存治編，次年著存性編。又著存學編和存人編（存法等編）。並且他一面親自去耕田養

一二三

哲學概論

治自己，一面集徒講學。一世的人都欽仰他的人格。死在康熙四十三年，享壽七十，有顏氏遺書（收入畿輔叢書中）。功傳顏李遺書二帙二十本。習齋有鑒於明代王學空疏放縱的流弊，要想矯正它，所以起來和亭林、船山一同攻擊明學、宋學，直尊孔孟。學求時習而實用。習齋平生處境極是窮困，然而努力苦幹以求貫徹主張，真是墨子當年的氣魄。習齋注重真實的人生，力闢幻誕說法，所以作僧道說「吾今以『實藥其空』，以『動濟其靜』，當求我堯舜周孔之道……父母生此身，如樹根長出身幹枝葉……道全在于孝……全在于弟……造端夫婦……無夫婦則人何處生。一切倫理都無，世界都無矣。（存人）這是發揮倫常原理的。暗示反對和尚道士為何破壞中國的家國組織。他又說：「吾孔子視思明，聽思聰……四方之色適以大吾目性之用……四境之聲正以宣吾耳性之用，推之口鼻手足心意咸若是。推之父子君臣夫婦兄弟朋友咸若是。故極耳目之娱而非欲也。位育平域合三才域三性而非修也。（存人）這是發揮人生的根本意義，可冀他的人本主義。也是實用主義。他對於宋明性理多有所批評。他說，歐陽文忠公大有過人論頭，他說聖人教人性非所先。其識高於程朱一派。孟聖人教人只是六經六行六藝（存人）既云氣禀之性即是四端之性，別無二性，則惡字從何加之？云惡之性即善之性乎？孟周子之言善惡，或亦誤言偏全耳。然偏全不可謂為惡。偏亦命於天者也，雜亦命於天者也。惡乃成於習耳。……如生物之本色，然五色兼全，且均勻而有條理者固本也。獨黄獨白非色乎？即色有錯襍獨非本色乎？推灰塵污泥薰漬點染非本色耳。謂盡心力必說性有惡何為？獄人獄君亦是人，然非人之性。過顙在水亦是水，然非水之性。（存性）這是把論語「性與天道不可得聞」的話頭來整理人類的真實適當生活。但他的肯定主張是「心之理曰性，性之動曰情，情之力曰才。」（年譜）又說理欲之界甚一毫不清，則明道一義先失；刑于之際，若妻子

一二〇

未化。則親民一義先失，又何止於至善乎？」努力做去定要在此處求自謙乃是學者（習齋言行錄卷十一理欲第二）即令他講性也是行為主義切實用的。習齋對於先儒的命運論也曾批判過。或問：「禍福皆命中造定，信乎？」先生曰：「不然，地中生苗，或可五斗，或可一石，是猶人之生命也。從而糞壤培之，雨露潤之，五斗者亦可一石。若不推無所培潤，又從而蠶賊之、摧折牧放之，一石者幸而五斗，甚則一粒莫獲矣。生命亦何定之有。夫所謂命一定者，不惡不善之中人，順氣數而終身者耳。大善大惡，固非命可囿也。在乎人耳。」（習齋言行錄卷十一理欲第二）這是反對儒釋道三家、頗與墨子非命篇理相似。

第十三節　考證學戴震

戴震字東原，安徽休寧人。十歲塾師教他大學章句右經一章。便問先生說：「何以知道是曾子傳述孔子的話」？又問：「何以知道曾子的意思後來門人記載的」，塾師說：「這是朱子所說的」。又問：「朱子何時人」？答東周時人。又問東周去宋幾何年數？答二千年。又追問朱子何以知道他是這樣說？塾師不能答。每讀書一字必求如何解釋，塾師厭煩他，取說文解字一部給他自己去翻閱，三年盡通，便能暢讀十三經了。後受業於江永、慎修，學問大進。乾隆間中舉，薦充四庫館纂修，賜進士出身。館中有奇文疑義，必諮訪東原。積勞成疾，病死官邸。著有詩經二南補注、毛鄭詩考正、考工記圖、論語通釋、孟子字義疏證、方言疏證等書。

清代考証學派，顧亭林開端，閻百詩、毛西河、胡渭生諸人漸見精審，到了惠棟、戴震便集大成了。那末他們標榜漢學，分別宋學，只講經學，排斥理學。不過東原出江永門下，兼通宋學的。東原以為宋儒說性說理說道，說才，說仁義禮智，說誠，說權，都與孔孟的旨趣不對。他混雜了佛教道教的意義在裏面，還要頂冒儒家名色，所以他作孟子字義疏證和原善、論性諸篇，叫人知道人欲淨盡天理流行的語病。他指責朱子注大學開卷說「虛靈不昧」，便涉異端。又說「具衆理應萬事」，尤不是理

一二五

字的正解。東原說理，是分理，所以中庸言文理密察，孟子言條理，沒有虛懸一切以為理的（孟子字義疏証）所以他論性說：「有天地然後有人物，有人物於是有人物之性。人與物同有欲，欲也者性之事也。人與物同有覺，覺也者性之能也。事無有失則協於天地之德，理至正也。理也者性之德也（讀易繫辭論性）。」宋儒分理與欲為二，說性即理。東原說性即欲。宋儒說欲是性外之物，義理是欲外之物。東原說欲在性中，義理即在欲中。所以又說：「欲不流於私則仁，不溺而為慝則義，情發而中節則和，如是之謂天理。情欲未動，湛然無失，是為天性也（答彭進士書）。」「理也者情之不爽失也。未有情不得而理得者也。」「無過情，無不及情之謂性也。」「就事物言，非事物之外別有理義也。有物必有則，以其則正其物，如是而已矣。」「就人心言，非別有理以予之而具之於心也。心之神明於事物，咸足以知其不易之則，譬有光皆能照，而中理者乃其光盛其照不謬也（孟子字義疏証）。」因此宋儒推崇中庸，說率性，東原淵源孟子，說節性。節性是節他性的欲使合於中罷了。這是他们的要點。

東原下性的定義說：「性者，分於陰陽五行以為血氣心知，品物區以別焉。」（孟子疏證卷中）這就是宋儒所謂「氣質之性」。所以他又說：「凡有血氣心知，於是乎有欲。性之徵於欲，聲色臭味而愛畏分。既有欲，有情矣，於是乎有巧與智。性之徵於巧智，美醜是非而好惡分。生養之道，存乎欲者也；感通之道，存乎情者也；二者自然之符，天下之事舉矣。盡美醜之極致，存乎巧者也；宰御之權由斯而出；盡是非之極致，存乎智者也；賢聖之德由斯而備；二者亦自然之符，精之以底於必然，天下之能舉矣。」（原善上）可算是人性自然主義。

東原大張反宋理學的旗幟，所以他論「道」也力避玄談禪談。他下「道」的定義說：「道猶行也；氣化流行，生生不息，是故謂之道。易曰『一陰一陽之謂道』。洪範：『一曰水，二曰火，三曰木，四曰金，五曰土。』行亦道之通稱。舉陰陽則賅五行，舉五行即賅陰陽。五行各有陰陽也。」（繫辭上十六）「道言乎化之不已也。……生生者化之原。生生而條理者化之流。」「易曰：『天地之大德曰生。』氣化之於品物，可以一言言之，生生之謂歟？」他曰：總陰陽五行流行不已生生不息總曰之道。他又說：「氣化于品物，則形而上下之分也。形乃品物之謂，非氣化之謂……形謂已成形質，形而上猶曰形以前，形而下猶曰形以後。陰陽未成形質，是謂形而上者也。非形而下明矣，器言乎一成而不變，道言乎體物而不可遺。不徒陰陽非形而下，如五行水火木金土，有質可見，固形而下也，器也；其五行之氣，人物咸稟受于此，則形而上者也。」（字義疏證）形而上是道，形而下都是氣。這種一元唯物論在中國哲學史上是少見的。

第十四節　公羊學

第一項　龔自珍

龔自珍，字璱人，號定庵，一名鞏祚，浙江仁和人。道光進士，官禮部主事，初從外祖段玉裁受經。段公原是戴東原的門人。定庵學有師承，又出入周秦諸子，晚年尤究心佛學，同治光緒年間馳名天下。著有定庵集。

自是亭林經始提倡考証學以來，學風漸復古。不但要復東漢的古，還要復西漢的古，更又要復周秦的古。公羊學派是爬上西漢到周秦的東西。閻若璩著古文尚書疏証明判孔傳古文尚書為王肅偽造。學子懷疑六朝隋唐九经注疏，便探討馬鄭學說。乾隆嘉慶年間東漢古文學派已達全盛。研究的結果又發見劉歆偽造经典遺跡。眾意畢竟要追上西漢博士學。這樣今文學派就復興起来了。可惜西漢今文學書籍已經多被古文派銷滅，熹平石経残失了，該剩下来的只有一部何休公羊解詁，便演成清代的公羊學派。

清代公羊學派發起人是莊存與，和他的外孫劉逢祿傳到定庵，公然成立。其他孔廣森、陳寿祺、陳喬樅、魏源、邵懿辰、王壬秋、師廖平、康有為、譚嗣同都出力贊助號召，纔有清末維新大運動。海外同盟會也曾受過他們很大的影響，演成辛亥革命。此派中堅人物頗多，可先推定庵為代表。

定庵继述的公羊學不外乎「三科九旨」。「新周、故宋、王魯，一科三旨也。所見異辭、所聞異辭、所傳聞異辭，二科六旨也。內其國而外諸夏，內諸夏而外夷狄，三科九旨也。」按何氏說止見三科八旨，或是當年筆忘「內外」一旨。

科三旨標題「通三統」，原出董氏春秋說新王受天命，改正朔，易服色，變礼樂，以一新天下耳目。並且分封前二王子孫，保存固有文化，和新王號稱三王。公羊家視王號只是中央行政的領袖。董仲舒說「王者民之可往，君者不失其羣者也。故能使萬民往之，而得天下之羣者，無敵於天下。」說是王道能統一全國，不可像往羣雄割據的樣子。他的新周王，當不但含着革命精神，還有民主的意義。他們以為惟有德者可王天下。據着甲骨文王字作[illegible]建旗，領土的。鍾鼎文王統一領土的。孟子時武引為動詞王旺也興盛的意思。所以甲午戊戌年間他們要舉譚嗣同作「百里璽天德」，也是從這義理出來的。現在畢竟造成一個共和國，不是先民多年的努力麼？

二科六旨標題「張三世」，就是春秋上的隱桓莊閔為一世，僖文宣成為二世，襄昭定哀為三世，共十二世，二百四十二年。那三世的事情的書法全以孔子所傳聞所聞所見三時期為準繩。他們看三世主義好像社會進化論說傳聞世為據亂世，所聞世為昇平世，所見世為太平世。昇平大平也就是禮記禮運篇上的「小康」「大同」「天下為公」的意思。中山總理拈着這一點，作為法寶便大一統了。（參春秋隱公元年冬十二月公羊傳）他們又說「孔子受命改制」（論語為政論衛靈公篇）「報復世仇」（春秋莊公四年齊襄公滅紀）孔子是個平民可以受天命改國度還要征服四夷，這不是未來中華民國復興的象徵麼？

定庵更取三世說來貫通羣經，見他的五經終始答問一篇文內。他說鴻範八政，首列「食」「貨」民生是第一重要的。他在社会学上還發明「公私」「均平」二原理。他論公私的話說：「貍交禽媾，不避人於白晝，無私也。若人則必有閨闥之蔽，房帷之設，枕席之匿，赬頩之拒矣。禽之相交，經直何私，孰疏孰親，一視無差，尚不知父子，何有朋友。若人則必有孰薄孰厚之氣誼，因有過從讌游，相援相引，款曲燕私之事矣。今曰大公無私，則人耶禽耶？」七月之詩人曰：「言私其豵，獻豜於公。」先私後公也。大田之詩人曰：「雨我公田，遂及我私。」「楚茨」之詩人曰：「備言燕私。」先公而後私也。「采蘩」之詩人曰：「被之僮僮，夙夜在公。被之祁祁，薄言還歸。」公私並舉也。（論私）他論均平說曰：有如貧相軋，富相耀，貧者阽，富者安，貧者日瘉傾，富者日瘉壅，或以羨慕，或以憤怨，或以驕汰，或以嗇吝，澆漓詭異之俗，百出不可止。至極不祥之氣，鬱于天地之間，鬱之久，必發為兵燹，為疫癘，生民噍類，靡有孑遺。人畜悲痛，鬼神思變置其始，不過貧富不相齊之為之爾。小不相齊，漸至大不相齊，而至喪天下。嗚呼！此貴乎操其本原，與隨其時而劑調之。……」他論性說曰：性無善無不善而已矣。善惡皆後起者。夫無善也，則可以桀矣；無不善也，則可以為堯矣。知堯之本不異桀，荀卿氏之起矣。知桀之本不異堯，孟氏之辯興矣。為堯矣，性不加菀；為桀矣，性不加枯。為堯矣，性之桀不亡走；為桀矣，性之堯不亡走。不加菀，不加枯，亦不亡以走，是故堯與桀互為主客，互相伏也，而莫相偏絕。……告子曰：「性無善待世之進化焉。一世之中又有三世，據亂之中有太平，太平之中有據亂。如僅識族制親親，據亂之據亂也。內其國則據亂之太平矣。中國夷狄如一，太平之據亂也。衆生若一，太平之太平也。一世之中有三世，故可推為九世，又可推為八十一世以至無窮。（孟子微卷一）。他以為現當小康時代，不是「天下為公」的大同的境界，若能儘可假借清廷，以傳民本主義的立憲政治已足。這種政見為門下急進派所反對，他們便脫離關係，加入同盟會去了。

康氏新學偽經考判斷六經未因秦火而殘缺，認定西漢十四博士所傳為中國教化的真本。詩，三家。書，伏生二十八篇，易限上下二經，排斥十翼。禮，儀禮十七篇，排斥大小戴記。春秋推公羊傳，資料既真實，理論自純潔，貫通史乘，直接孔門，這種功勞在文化上是很大的。

他的孔子改制考是說明孔子為素王，曾經改革制度。祖述堯舜，憲章文武，損益百王，自生民以來所未有。他確定素王的意義是個教主，把來作統一民族精神，作改革國家社會人心的指導，這又何等

哲學概論　　一三〇

光明正大。
又大同書一種，僅在不忍雜誌上發載三分之一，它的理論是全根
據禮記禮運篇拿來發揮他的社會主義、均財主義，參看梁啟
超清代學術概論跋述改造社會的主張，與蘇俄黨章究有什麼出
入處。

第五節　大行良派譚嗣同

譚嗣同，字復生，號壯飛，湖南瀏陽縣人。幼喪母，為父妾所虐，受盡艱
苦。少倜儻有大志，淹通羣籍，能文章，好任俠，善劍術。弱冠從軍
新疆，入巡撫劉錦棠幕，不久，劉去官，從此十年往來北京、新疆、
甘肅、陝西、河南、湖南、湖北、江蘇、安徽、浙江、臺灣各省，觀察風土，物色
豪傑。甲午戰事結束，他愈加發憤，提倡新學，建立自強學會於
湖南，推到上海、北京各處。從父命赴南京，當了候補知府。居住一年，研究
佛學，著仁學一書。這時湖南巡撫陳寶箴和他兒子三立，按察黃遵

論宇宙原始用「元」，論宇宙本体便用「元」，這是仁學的兩々觀，三方面都要以仁學來串通。「仁」是總統一切，所以說：「仁一而已，凡對待之詞，皆當破之。」（仁學卷上）

論到宇宙原始，他說：「仁為天地萬物之源，故唯心，故唯識。」然而他的唯心論不離乎物理，所以說：「以太也，電也，粗淺之具也，借其名以質心力。」更不離乎生理，所以說：「通則必尊靈魂，平等則体魄可以為靈魂也。」設若把「仁」串通一切的話，必定效法康德實踐理性要求承認靈魂不死。設若有「仁」是絕對的平等的，下以至体魄上驗證靈魂的存在。他怕別人不懂，補說：「靈魂，智慧之屬也，体魄，業識之屬也。」靈魂和体魄的關係好比說到智慧高於常識和學業一般的話。是他這宇宙原始論的要旨。「學者第一當認明以太之体用，然後可與言仁。」以太的体用，從太的方面看，「合八行星……是為一世界，……是為一大千世界，……是為一世界海，恆河沙數世界。」

一三一

哲學概論

海為一世界性，恆河沙數世界性為一世界種，恆河沙數世界種為一華藏世界。華藏世界以上始名為一元。而元之數則為人所不能稽，而終無有已時。而皆互相吸引不散去，曰惟以太。其間之聲光熱電風雨雲露霜雪之所以然，曰惟以太。」從小的方面看，則更小於一葉，至於目所不能辨之一塵。其中莫不有山河動植，如吾所履之地，為一小地球。至一滴水，其中莫不有微生物千萬而未已，更小之又小，至於無，其中莫不有微生物，浮寄於空氣之中，曰惟以太。」這是受着十九世紀末年科學原子論和以太說（Aether）的影響，卻拿來混合法相宗說的。到底「以太」是甚麼東西？他說：「以太之用之至靈而可徵者，於人身為腦，……於虛空則為電，……腦為有形質之電，是電必為無形質之腦。人知腦氣筋通五官百骸為一身，即當知電氣通天地萬物人我為一身也。是故發一念，誠不誠，十年十日徵之；出一言，善不善，千里與應。腦猶以太之表著於一端者也。至於以太尤不容有差別，電與腦之名亦不立。」（禪宗上中偏，平等即是差別）（這時尚未發電子量子）論到宇宙本體，他說：「不生不滅仁之體」，「無對待然後平等」，「無無然後平等」。「論法界、虛空界、眾生界，有至大之精微無所不膠粘，不貫洽，不筦絡，而充滿之一物焉。目不得而色，耳不得而聲，口鼻不得而臭味。無以名之，名之曰以太。其顯於用也，孔謂之仁，謂之元，謂之性；墨謂之兼愛；佛謂之性海，謂之慈悲；耶謂之靈魂，謂之愛人如己，視敵如友；格致家謂之愛力吸力，咸是物也。法界由是生，虛空由是立，眾生由是出。」這是個心一元論。

論到人生社會，先說人心人性。說人心人性當由仁道。仁使連絡。他以為仁道，仁體不能強有，也不能強無，不能強有者雖仁為如天，仁乎何增，不能強無，雖不仁者如禽獸，仁乎何減。不增惟不生故，不減惟不滅故。知乎不生不滅乃今可與談性。「生之謂性」，性也；「形色天性」，性也；「性善」，性也；「性無」，亦性也。無性何以善？無善所以善也。有無善而後有無性，

哲學概論　　　　一三二

有無性斯可謂之善也。善則性之名可以立，就性名之已立而論之，性一「以太」之用。以太有相成相反之能力，故曰性善也。惟善何以有情？有惡曰情。豈有惡哉。從而為之名耳。所謂惡，至淫殺而止矣。淫固惡，而僅行於夫婦，淫亦善也；殺固惡，而僅行殺殺人者，殺亦善也。禮起於飲食，而以之沈湎而饕餮者即此飲食也。不聞懲此而廢飲食，即飲食無不善也。而以之貪黷而劫奪者即此貨財也。不聞戒此而去貨財，則貨財無不善也。妄喜妄怒謂之不善。然七情不能無喜怒，特不當其可耳。非喜怒惡也。忽寒忽暑謂之不善，然四時不能無寒暑，特不順其序耳。非寒暑者惡也。皆既有條理，而不循條理之謂也。故曰天地間仁而已矣。無所謂惡也。惡者即其不循善之條理而名之。用善者之過也。而豈善外別有所謂惡哉？若夫觀其用，而可名之曰惡，則用自何出？用為誰用？豈惟情可言惡，性亦何不可言惡！言性善，斯情亦善。生與形色，又何莫非善，故曰皆性憲前後學政江標和徐仁鑄都催促譚嗣同回鄉，建立南學會。開辦時務學堂聘梁啟超主講。戊戌四月光緒帝下詔維新，大學士徐致靖特薦，被徵召七月扶病入覲，奏對稱旨，超擢四品卿銜軍機章京，與楊銳林旭劉光第同參新政，時號軍機四卿。沒有十天袁世凱私通榮祿告發，挪太后垂簾聽政，八月十三日六君子同就義菜市口。遺有仁學二卷、文集二卷、莽蒼蒼齋詩集一卷筆議二卷上海文明書局刊行

評瀏陽全集

譚烈士學說的精華全在仁學。表面仁學的範圍非常廣大，他說包括那佛孔墨和百家，以及西洋十九世紀哲學從事比較損益而加整理。他說：凡為仁學者於佛書當通華嚴及心宗相宗之書。於西書當通新約及算學格致社會學之書。於中國書當通易春秋公羊傳論語禮記孟子莊子墨子史記及陶淵明周茂叔張橫渠陸子王陽明王船山黃梨洲之書。（仁學卷上）

他的方法第一着在一通字，所以他說：通之義以道通為一為最

弹性」。通有四義，中外通，多取其義於春秋，以太平世遠近大小若一故也。上下通，男女內外通，多取其義於易，以陽下陰吉，陰下陽吝，泰否之類故也。人我通，多取其義於佛經，以無人相無我相故也。通之象為平等。」「平等者致一之謂也。一則通矣，通則仁矣。」「仁以通為第一義，以太、也電也，心力也，皆指出所以通之具。（卷一）末，他的仁學便成立了。（參看仁學自序）

他學孔子標榜仁學，但解釋仁的意義更深邃廣泛。他說「仁从二从人，相偶之義也。元从二从儿，儿古人字，是亦仁也。无，許說通元為无，是无亦从二从人，亦仁也。故言仁者不可不知元，而其功用可極於无。能為仁之元而神于无者有三：曰佛，曰孔，曰耶。而孔與耶仁同而所以仁不同。能調變聯融于孔與耶之間，則曰墨。周秦學者必曰孔、墨，孔、墨誠仁之一宗」（自序）他由从二从人貫串到「仁」「元」「无」三字，站在形而上學的立場，似乎要說到社會人生用「仁」

也。世俗小儒以天理為善，人欲為惡。不知人欲，尚安得有天理。……王船山有言曰：「天理即在人欲之中。」無人欲，則天理亦無從發見。適合佛說佛即眾生，無明即真如矣。……男女構精，名之曰淫。此淫名也。……向使生民之初即相習以淫為朝聘宴饗之鉅典，行之於朝廟，行之於都市，行之於稠人廣眾，如中國之長揖拜跪，西國之抱腰接吻，沿習至今，亦孰知其惡者。乍名為惡，即從而惡之矣。……孔子曰性相近習相遠。謂於習而後有惡之名，惡既為名，名又生於習，可知斷斷乎無有惡矣。假使誠有惡也，有惡之時善即當滅，善滅之時惡又當生，不生不滅之以太乃為此哉。（仁學卷上）遠尊孔子，近許船山，仲子言性、言理、言情、言欲，都被打破了。

瀏陽對於政治認君權擴張，全由歷史的因襲和俗儒曲學阿世的結果。所以說：「君統盛唐虞之後無可觀之政，孔教亡三代之後無可讀之書」（仁學卷下）。他以為所謂忠臣不外助桀為虐的狐鼠，此猶引為榮寵，真是愚蠢，可笑可憐。講到這個地步，馬上便從鋒利的筆鋒轉向滿清詆譭他們蹲棲雞窩，逐水草為生活；他用鐵蹄蹂躪中華文化，對外毫無能力。然而我同胞依然俯首帖耳，跪拜聽命，搜盡天下財產以供給他們的淫慾，真是可哀可痛！他既否定君臣關係，復發揮民主共和政治的理。看作天意民心的和合，為人相互平等的立場也，就是共存共榮的立場。所以又說："生民之初，本無所謂君臣，則皆民也。民不能相治，亦不暇治，於是共舉一人為君。夫曰共舉之，則非君擇民，而民擇君也，夫曰共舉之，則其分際，又非甚遠於民，而不下儕於民也。夫曰共舉之，則其分際，又非甚遠於民，而不下儕於民也。夫曰共舉之，則因有民而後有君，君末也，民本也。天下無有因末而累及本者，亦豈可因君而累及民哉。夫曰共舉之，則必可共廢，君也者為民辦事者也，臣也者助辦民事者也。"（仁學卷下）

瀏陽更大膽批評三綱五常，和夫婦有別、父子有親、長幼有序、朋友有信等話，過於顯着差別相，都是與博愛平等違反的。他以為真道德必出於無私的動機。換一句話說，利害關係的事莫不相對。孔子曰「君君、臣臣、父父、子子」，真是相對的倫理。那穌釋迦二聖，傳道的第一要先衝破那般自私的四倫（仁學卷上）。最後又推論人種問題、國際問題。故言白人近年科學進步，擴充軍備，精製殺人毒具，還歡嗜殺，看作固責，可謂其自利到了極點（大反其博愛平等的真理），也不是全人類的幸福。我們應當闡明物質主義的迷妄，兼採中西文化的優點，而使萬世升平，也就是公羊家的根本思想。

（原書白頁）

國學概論

李兆民

國學概論

老兆人

李兆民

五章

討五十五頁

國學概論

國學概論

引　言

或問，何謂國學？又何謂國學概論？曰，史實也，史論也，國人之命脈也，固有經驗也。亦社論及學論也。自國民革命軍興以來全國響應，啟萬即言國字，幾事事冠以國字，儼如昔人之用家字然。由國民、國人、國事、國務、國會、國使、國際、國憲、國徽、國寶、國計、國書、國庫、國貨、國策、國權、國璽、國稅、國幣、國歌、國籍、國教、國產、國魂、國藥、國醫、國語、國文等，而提倡國學。冬烘獨樹一幟，號召海內，以此國粹可占精神與物質文化之大部分，即清末張之洞所謂中學為主，西學為輔者是也。「中學」泛指經史子集言，亦可推廣至於吏戶兵刑工商與乎天、文地理醫藥種植，或數及琴棋書畫，以為皆有知識技能也。西學指近代由歐美傳來之科學言，而政治經濟性理哲學以及其他學術似未括之。以斯類別顯係粗疏不當。蓋學術進步，取長捨短，終之難限於方域。況十九二十世紀百年間際各國文字及宗教保守必動外，其餘則倒山倒海，迥異前古，猶仍能為井蛙封豕乎。然則國學博方以異夫清末之中學範圍矣，識局疑闊。依漢劉歆所奏七略：有輯略、六藝略、諸子略、詩賦略、兵書略、術數略、方技略等。魏秘書郎鄭默始作中經。晉秘書監荀勗因之更著新簿，分為四部，總括群書。一曰甲部，紀六藝小學等書。二曰乙部，有古諸子、近世子家、兵書、兵家、術家。三曰丙部，有史記、舊事、皇覽部、雜事。四曰丁部，有詩賦、圖贊、汲冢書。梁阮孝緒撰七錄：一曰經典錄，紀六藝。二曰記傳錄，紀史傳。三曰子兵錄，紀子書、兵書。四曰文集錄，紀詩賦。五曰技數錄，紀術數。六曰佛錄。七曰道錄。唐長孫無忌隋書經籍志子部分為十四：一儒，二道，三法，四名，五墨，六縱橫，七雜，八農，九小說，十兵，十一天文，十二曆數，十三五行，十四醫方。所謂技術，農、天文、曆數、五行、醫方等，似當非古之科學。本課規定必修，用意有二：(一)於史家態度，所集資料多屬史料，俾作系統之考證、而評判，得為史論而耳。(二)究之不僅史論已也。若語言文字、文學，批評文學經學（宗教哲學）子學（哲學）全可用諸今日。他如史學、文學、射、御、軍事、農藝、雕刻、繪畫、醫方、拳術及文字、治體、作棋之應用者，甚多勝於泰西。噫！學問藝術之發達，國人無與泰西者，因不在此，而在物理化學、機械製造也。偏於學術所長而精進之，外國學當擴張範圍，豈特自詡指南車、治學術之首先發明哉。吾故曰國學概論，史論也，亦社論及哲學論也。

第一章　論文字學

文字學，別名小學，出自劉漢末。尚書大傳：十有三年始入小學，二十入大學。此內則：十年出就外傅，居宿於外，學書計。此白虎通德論：八歲入小學。此非專指文字言也。平帝時特列小學科，徵召儒人說文字，始劉歆所為耳。歆繼父向校書中秘，列史籀以下凡十家，序為小學，乃偽造古文之始，繼以揚雄、杜林、許慎、賈徽、賈逵、鄭興、鄭眾之助力，已非漢代之國學，學官博士焉。劉歆之撥雜古字，擾亂今文，用意在擁護周官、左傳、毛詩、逸禮等書，打破博士學官，奪教育權而傾倒漢室。故不遺餘力以作僞。雖然，造假者實不可憑無根據，乃有爾雅之作，「爾雅一書堪稱古字典。」劉歆西京雜記云：「郭偉以謂爾雅周公所作，而爾雅有張仲孝友，張仲宣王時人，非周公之制明矣。嘗以問楊子雲。子雲曰：『孔子門徒游夏之儔所記以解釋六藝者也。』家君以為外戚傳稱史佚教其子以爾雅。爾雅小學也。又記言孔子教魯哀公學爾雅。爾雅之出遠矣。舊傳學者皆云周公所記也。張仲孝友之類，後人所足耳。」爾雅亦不見於西漢，實見於新莽與僞可知。按大戴禮小辨篇「公曰：『寡人欲學小辨以觀於政。』子曰：『爾弦以觀於樂，爾雅以觀於古，足以辨言矣。』」王念孫疏證云：「大戴禮盧辯注云：『爾近也，是依於雅頌。』」盧氏不以「爾雅」為書名，是歟因而附會也。

考爾雅釋詁以釋毛詩周官為主，亦釋山則有五嶽，與周官合，與堯典、王制異；釋地九州與禹貢異，與周官略同。釋樂與周官大司樂同。釋天與王制異，祭名與王制異，與毛詩周官合。是其例也。然爾雅雖僞，資料亦間有真者，蓋欲網羅其真，以証成其偽耳。孫星衍爾雅釋地四篇後序：「劉歆既作爾雅，復作小爾雅，古今字。」隋唐志皆云小爾雅一卷，李軌解。（隋本中興書目：小爾雅一卷，孔鮒撰，十三章，見玉海四十四。）劉後宋史藝文志同。晁公武郡齋讀書志云見於孔鮒書。陳振孫直齋書錄解題亦小爾雅一卷，今館閣書云孔鮒撰，蓋即孔叢子第十一篇也。」宋翔鳳小爾雅訓纂序曰：「今之為康成學者，恆謗識此書以為不合。鄭君同乎俗說，然遂援詩禮，乃鄭君之改易古文，非小爾雅之偭違經義，據其後以疑其前，明者之所不敢也。」今以宋氏小爾雅訓纂迻錄按之，無一字出於古文偽經之外者，蓋與爾雅同為劉歆偽撰古今字，當亦出於一手。（參新學偽經考卷三下十一頁）宋氏之說正以衛小爾雅，不知更足以証劉歆之偽也。

漢志「爾雅三卷二十篇。」「小雅一篇古今字一卷。」說三篇」（王先謙云此小爾雅說，以何編入孝經家？）葉德輝曰：「孝經序說引鄭氏六藝論云：孔子以六藝題目不同，指意殊別，恐道離散，莫知根

國學概論

三

源，故作孝經以總會之。」又周禮大宗伯疏引鄭氏駁五經異義云：「爾雅者，孔子門人所以釋六藝之文」，蓋不誤也。然則爾雅與孝經同為「釋經總會之書」，故列入孝經家。」是亦足以反證偽書之一事矣。

漢志又載：「史籀十五篇　周宣王太史作大篆十五篇。建武時亡六篇矣。

漢志又載：史籀十五篇　上七章，秦丞相李斯作，爰歷六章，車府令趙高作，博學七章，太史令胡母敬作。凡將一篇　司馬相如作　急就一篇　元帝時黃門令史游作　元尚一篇　成帝時將作大匠李長作　訓纂一篇　揚雄作　別字十三篇，（錢大昕云即揚雄所撰方言十三卷也）蒼頡傳一篇，揚雄蒼頡訓纂一篇，杜林蒼頡訓纂一篇，杜林蒼頡故一篇，凡小學十家四十五篇　揚雄杜林二家三篇……古者八歲入小學，故周官保氏掌養國子，教之六書，謂之象形，象事，象意，象聲，轉注，假借，造字之本也。漢興，蕭何草律，亦著其法，曰：太史試學童，能諷書九千字以上，乃得為史。又以六體試之，課最者以為尚書御史、史書令史，吏民上書，字或不正，輒舉劾，六體者，古文，奇字，篆書，隸

書、繆篆、蟲書，皆所以通知古今文字，摹印章，書幡信也。史籀篇
者，周時史官教學童書也。與孔氏壁中古文異體。、、、、、文字
多取史籀篇，而篆體復頗異，所謂秦篆者也。是時始建隸書矣，
起於官獄多事，苟趨省易，施之於徒隸也。、、、蒼頡多古字，俗
師失其讀。宣帝時徵齊人能正讀者，張敞從受之。傳至外孫之
子杜林，為作訓故，並列焉。此　按此中語句有錯誤自相矛盾者，有
與許慎說文衝突者。自相矛盾者，一則曰周史籀篇與孔
壁古文異體。再則曰蒼頡篇多取史籀篇，而篆體異，為秦篆
文，多古文，俗師失其讀。此孔壁古文異於周史，又異於蒼頡秦篆，
乃私人杜撰一種無疑，既異矣。胡為復多古字，所謂俗師者，豈非
學官博士乎。此與許氏衝突者。許氏以此六體為新莽時立，因謂
漢律所載為秦八體。第漢初古文未出，何所據而云然。識如康
南海所言，論語、學記、經解、莊子、史記敍六經，皆不及他。、、、、、
小學者，文史之餘業，訓詁之末枝，豈與六經大道並哉。、、、、、、僞
爾雅、小爾雅、古今字，本亦小學，而附入孝經，此劉歆提倡訓詁，抑

國學概論　　　　四

亂聖道偽作古文之深意也。……偽氏六書之說條理甚備，古書絕不及之。唯許慎說文、鄭玄注周官稱焉。然皆出歆之傳，……而偽附於周官者也。左傳止戈爲武，反正爲乏，蓋歆所偽竄。鄭漁仲攻之識高矣。然歆亦非能創爲之，蓋本聲意，通以轉假，古人所本，有名義條例，歆之所發明。倘其自著一書發明，亦例當不甚善，唯偽託於經，則不得不急而辨之也。其云蕭何草令太史試學童能諷書九千字以上乃得為史。又以六體試之。六體中有古文奇字信為歆言，則其時史氏已皆識古文，古文之學何以不興，且許慎、衛宏之流，咸以爲古文絕於秦漢何也。蓋漢志蟲(?)書以摹印章書幡信則或有之。八體六技，蓋歆所偽撰，史籀十五篇，猶是周人小學之書，唯與歆所偽作之壁中古文異體。故謂歆稱蕭何律之六體及鐘鼎之校六書諧有以字前字而無籀，其柳之可見。蓋秦篆文字出於史籀篇。史籀爲周之文，而秦承(?)今文之祖，歆之抑之，亦猶言易則尊費氏而抑施孟梁邱，言春秋則右左氏而左公穀也。蒼頡雖有秦篆然上原史籀，當爲文字至平帝元始中，徵天下通小學者以百數，各令記字於庭中。時王莽柄國，尊信劉歆，此數百人被徵，徵者必皆歆一派人，奉歆偽古文奇字之學者也。……及王莽奏徵天下通逸禮、古書、毛詩、周官、爾雅、天文、圖讖、鍾律、月令、兵法者，詣公車。至者千數，皆其故黨也。揚雄之好奇字，蓋為歆所惑，而受歆學者取其有用者以作訓纂篇，易蒼頡中重複之字，凡八十九章。蓋歆徵其私人以給揚雄之名，使編訓纂以給天下，其術甚巧。揚雄所纂蒼頡篇訓纂也。班固續作十三章，凡一百二章，無復字，六藝群書所載略備，固所謂六藝群書者，歆之毛詩、逸禮、周官、左氏春秋、爾雅、月令之偽。其偽古文皆歆之史籀十五篇，蓋亦在其內。蒼頡訓纂十三章，每章六十字。然則班漢蒼頡篇三千三百字，相承為說史游急就，李長元尚，皆蒼頡正字。……此為周秦相傳之正字也。而揚雄、班固所增凡一百三章，以六十字一章計之，共六千一百八十字，蓋幾增兩倍之數。蒼頡本皆今字，歆復使杜林作訓故竄以古字古訓。於是蒼頡亦有託於古學者矣。故云：蒼頡多古字，俗師失其讀。……許慎治學，受賈逵之傳，主張古學說

古

國學概論

文敍云：「九千三百五十三文，始兼蒼頡篇五十五章，三千三百字，揚
雄班固所續一百三章，六千一百八十字，其九千餘字而成之。於是真
偽之字，淄澠混合，不可復辨。……今唯據急就篇擇籀文
及西漢今文經之遺，大篆存之。所以西漢前金石文字，輔導證之
然可存周漢經籍上字之大概焉。」……中庸猶云：「今天下書
同文。」則是自春秋至戰國，絕無異體異形哉。凡史載筆，士載
言，藏天子之府，載諸侯之策，皆籀書也。其形體，今之石鼓
文，及說文所存籀文是也。……若時地不移，則籀文之形變而
李斯因其國俗之舊，頒行天下耳。觀石鼓文字與秦篆不同者
無幾。……今秦篆猶存者有瑯琊刻石、泰山刻石、會稽刻石、
碣石門刻石，皆李斯所作，以為正體。然其閒尚有秦權秦量即
變方形，漢人承之而加少變，體在篆隸間，以石考之，若趙王上壽
刻石，為趙王遂廿二年，當文帝後元六年。魯孝王泮池刻石，當宣帝
五鳳元年，體已變矣。然無復漢之隸也。至廣王中殿刻石，幾於隸

碑。然無年月，江藩定為江都王尚不足據。左方文字莫辨，補訪碑錄審為元鳳二字，而金石萃編疑為保歲熹等字，則元鳳固不確也。金石聚有鳳凰畫象題字，體近隸體。金石聚以為元狩年作。汾陰鋗、蓋孫偕當從補訪碑錄釋為元康。則皆武帝時隸也。……降至東漢之初，若建平郫縣石刻、永光三年開通石刻、開通褒斜道石刻、裴岑紀功碑、石門殘刻、郙閣頌、戚伯著碑、楊淮表紀，皆以篆筆作隸者。北海相景君銘、或脚漢法猶然。若三公山碑、是吾碑，皆由篆變隸，篆多隸少者；吳天發神讖猶有隸此碑。若三老通碑、尊楗閣記為建武時碑，則由篆變隸而隸多篆少者。以漢鐘鼎考之，「雍」「高廟」「都倉」「孝成」「上林」諸鼎有秦篆意，汾陰、好畤則有秦權。至於太官鍾、周陽侯銅、丞相府漏壺、慮傂尺，若食官鍾銘，則以倣碑皆屬繆篆隸之間矣。今焦山陶陵鼎銘，其体方折，與路封鐙及王莽嘉量，同為天發神讖之先聲，亦無後漢之隸體者。以瓦當考之，秦瓦之作維天降靈，甲天下，大萬樂當，冕氏家當，蘭池宮當，延年瓦，方春蕤萌等瓦，為圓篆。至漢而若金子樂瓦字

六

國學概論

延年上林右空、千秋萬歲、漢並天下、長樂未央、上林甘泉、、、、、體兼方圓。其「體兼挑轉合」「大篆舊息」，及便於字形，則方折近隸閣矣。蓋西漢以前無甚平隸體。和帝以前皆有篆意。、、、、蓋有秦篆及隸減省方折出於風氣遞變之自然。許慎說文敘詆今學者「謂諸生競逐說字解經誼，稱秦之隸書為倉頡時書，云『父子相傳，何得改易』」，蓋是漢世實事，自倉頡來，雖有省改，要由遞變，非有人改作也。其乃謂秦時始建隸書，起於官獄多事趨省易施之於徒隸。許慎又謂程邈所作。蓋皆劉歆偽撰古文，欲黜今學。故以徒隸之書比之，以重詆。其實古無所謂篆隸之名。但謂之文耳。創名而抑揚之實自歆始。孔子五經中無所謂「篆」「隸」二字，惟偽周官「隸」字最多，則用莊子、韓非子者入御亦篆事，此亦歆篡也。於是篆隸之名行於二千年中不可破矣。、、、、、東漢之隸體已大抵以為蔡中郎所發。然王稚子闕高為銘封、孔謙碑、乙瑛碑挑法已成。特中郎集其大成耳。然漢隸中有樸

近今真楷者也……張遷表頌，其筆畫頗有今真楷中。楊
震碑似於孫叔敖碑，良筆，熹平三年者，字體殘石，正直殘石孔寵碑
亦與真書近者，至吳谷朗碑則純為真書矣。若夫吳之谷朗碑
晉之鄭休碑，謁陽府君碑，爨寶子碑，北魏之張猛龍碑，呼卅字
文……隸楷之間。速漢碑之是居三分，以渝……權淡，永
光閣道刻石，與篆隸之間者正同。隸書變之漸，多可見也。不能指出
今真書之人，而能指出作漢隸者，豈不妄哉。後人加出八分之說，又指
為王次仲作見江式論書表。然依許氏說，又劉熙釋名云：去隸八分取二分，去
小篆二分取八分。張懷瓘說則曰：八分減小篆之半，隸又減八分之半
劉氏釋名載：可為小篆之八分，是小篆亦大篆之八分，小隸之
八分，於古今稱變之故，可謂殊明。通於此義，則知自孔子時之文，至亦及
至今而猶存。未嘗有人改作之。雖散亂之耳。……張懷瓘好古文
學字。按姚鼎銘曰：王命尸臣，官此栒邑，賜尔旂鸞，黼黻琱戈。
尸臣拜手稽首曰：敢對揚天子丕顯休命。蓋出當時識古今者唯有
敞，然今所見鼎銘皆出於王命，而書識絕。此鼎銘不知何辭……
許慎云：涼州刺史杜業，沛人，後禮講學，大夫秦近亦能言之，則

當時又有奇字，於是揚雄好之而作訓纂。侯芭、歆子棻嘗從問之，亦歆所為也。……杜林為張敞外孫，既亂有師承，而於訛附，故西州漆簡為東漢傳古文書之始祖，而後為蒼頡訓纂、故。又以能舊文。賈逵傳父徽所受塗惲之學，和帝時受詔修理舊文，傳之許慎。今所傳說文是也。漢志小學諸書，見近人所輯，僅傳什一於千百。然其為歆逆者。許慎主張古學，其文字九千三百五十三蒐羅漸見訖。後漢和帝時始獲七千三百八十四字。安帝時許慎始加搜求，九千之文始備。和帝時或未敢據國書也。其書自古文籀文外，小篆籀體，亦皆自古文變出。其說經說禮，皆古說，則純乎歆之傳學也。當是時古文之學最盛，扶風曹喜之篆，而自小異斯法，妙甚精巧。蔡邕採之。為古文篆隸形，詔於太學立石碑刊載五經。題書楷法，多是邕書。後開鴻都，諸方獻篆畫書者，能者莫不雲集。於時張揖著埤蒼、廣雅、古今字詁，陳留邯鄲淳亦與揖同時，博古開藝，特善蒼雅、八體、六書。又建三字石經於漢碑之西。又有京兆韋誕、河東衛

「觀」並能古文篆，皆述許慎之餘波。於是「說文」、「字林」、「三倉」、「爾雅」盛行，為小學之軌則。唐世立之於學官，以課試天下之士，於是許慎之學統一天下，尊為與六藝上矣。由是觀之，魚魯混淆，真為偽竄，則偽書作矣。若「倉頡」以下七篇，今都亡佚，現存者惟「急就」。然其書大概以三字、七字為句，亦間有四字為句者，句必協韻，以便諸兒誦習記背，舉物，如人名、姓氏、器物、及植物、動物之類，為人生應有之知識，為當時教學童之書。與「說文解字」之所由也。為兩漢文字之根本，故鄭康成、孔穎達注經皆引「急就」。今考其文字，雜作襍，妙作眇，灌作雚，奩作籢，藏作臧，總作揔，輔作甫，脹作張，顛作顛，潔作絜，境作竟，韡作韋，擇作釋，鐙作登，錠作定，鉅作巨，盧作廬，尊作樽，懸作縣，猶可見文字變遷之迹。他如「倉頡」篇之「考妣延年」、「幼子承詔」、「神仙之術」；「凡將」篇之「黃潤纖美宜褌制」、「淮南宋蔡舞嗙喻」、「鐘磬竽笙筑坎侯」。此甚見於今書所

國學概論　　八

徵者，皆與急就篇之解例甚同。其元尚、訓纂，亦當如是。此可見說文解字以前，文字書之體例矣。自說文解字出，經六朝隋唐提倡古文諸書悉廢，急就篇所以獨存者，以其為草書之權輿，後人遂奉為習字者多也。今存顏師古、王應麟兩家。至清為急就篇者更有孫星衍、莊世驥二家（王羲之草急就篇七百五十字，索靖章草急就篇一千四百字，吳皇象草急就篇二千二十三字）此外杜林又有蒼頡故，班固有太甲篇、在昔篇，賈魴有滂喜篇，崔瑗有飛龍，衛宏有古文官書，郭顯卿有雜字，皆古今奇字書，佚已久。許慎嘗云博訪通人，蓋緣此類耳。

東漢以來文字上最有權威之書，厥惟許慎說文解字。據其自序，漢代通行隸書，學者往往詭更正字，鄉壁虛造不可知之文，如馬頭人為長，人持十為斗，虫中為蟲，止句為苛，悉不合於字例之條。今存漢碑隸變俗字者，衡方碑虎為虍，叔為[illegible]。孔宙碑鄉為郷，白石神君碑本為今、影君碑並為真，文字多無條例之可言，乃敢說文解字以明之云。其資源除承倉頡篇四篇（實七篇）五千三百四十字外，他若（一）六藝中之文字，（二）鼎彝上之文字，（三）通人所說，以蒼頡為主，合秘書所藏，成於和帝永元十二年，上于安帝建光元年，凡十四篇，五百四十部，九千三百五十三文，重一千一百六十三字，說解凡十三萬三千四十一。

說文曰：「字者孳乳而寖多」，自古迄今，文字日益增加。

後漢	說文解字	九千五百五十三字
魏	聲類	一萬一千五百二十字
魏	廣雅	一萬八千一百五十一字
梁	玉篇	二萬二千七百三十六字
隋	切韻	一萬二千一百五十八字

九

國學概論

唐　廣韻　二萬六千一百九十四字
唐　韻海鏡源　二萬六千九十四字
明　字彙　三萬三千一百七十九字
明　正字通　三萬三千四百四十餘字
清　康熙字典　四萬二千一百七十四字

由上可知古代字少，後世字多，既近維新，新造之字將更繁多。文字之筆畫日趨簡易，而音調明顯。從此單音將變成複單名詞矣。六書之說發明于劉歆之徒，不可厚非，然自東漢說各不一，曰象形，會意，轉注，處事，假借，諧聲者，鄭衆說也。曰象形，象事，象意，象聲，轉注，假借者，班固說也。曰指事，象形，形聲，會意，轉注，假借者，許慎說也。三說之次序，當推班氏，名稱應從許氏。惟改形聲為諧聲耳。然六書約可以形聲義三者統之，象形形也，指事會意義也，形聲轉注假借聲也。近人儀徵劉師培云上古之時，一義僅有一字，一物僅有一名，後因方言不同，乃各於其方造文字，故義同而形不同者，音必相近，皆以疊韻雙聲之字互相訓釋，一物數名，即轉注也。余謂春秋戰國固有方言，但既經秦始皇統一，天下書同文，東漢文人不應復之於古也。若此復古，是偽古也。苟致國音分散，莫可收拾。是說轉注非本例，泰西各國間亦有之，不若東漢古文之複雜。假借仍同，蓋本無其字，以音同而假借之，未嘗不可。設使造字能適合口音，文辭斷無過於難也。皆作偽者之餘毒也。究之，此例有弊，不如盡廢，應利用之其於音同義異而同用者謂假借。即凡字本義之外，引伸之義，亦謂之假借。是有借音與借義也。例如理，玉之理，借為義理之理，道路之道，借為道德之道，借義也。行行行，惡惡惡，借音也。他如倒義互訓，堯典以攘為讓，周禮以與為舉，又亂倒矣。雖然敗從支，貝則賊。許氏說文歷代所遵，成也，功頗大焉。近人頗模安中國文字學史上卷云：說文解字……在文字學史上之價值有八：一、分部之創舉也，五百四十部，統攝九千三百五十三字。……二、明字例之條也。六書為整理文字之條例，雖係後起，然自經

國學概論

十

整理以後九千三百五十三字皆能說以六書之條例。使讀其書者可得形聲義相互之關係。……三、字形之畫一也。甲骨文金石文形體態不一致，筆畫或多或少，……至於小篆筆畫遂趨一致而說文解字，做成一部整齊畫一之文字書，其功實巨。四、古音之參攷也。九千三百五十三字中形聲字已七千六百九十七。此七千餘字取諧聲相成之聲，……清朝中葉研究古音者以……為根據而所獲頗多。五、古義之總匯也。六經文字，多用假借，說文解字，必明本義。……六、能溯文字之原也。……雖以小篆為主，而小篆實古籀之遺，……七、能為語言學之輔助也。……文字之音由自然之音而來，于說文解字中猶留得其痕迹。……八、能為古社會之探討也。……雖非原始時代之形義，但必繼承原始時代文字之形義而來。……此　許氏後，治小學最著者，唐有顏師古之字樣，顏元孫之干祿，以及郭忠恕之佩觿，張有之復古編（引起吳均之增修復古編、戴崇曾之後復古編、泰不華之重類復古編、劉致之復古糾繆編）又有陸德明之經典釋文、張參之五經文字。宋有司馬光之類篇、薛尚功之鐘鼎彝器款識、王俅之嘯堂集古錄、洪适之漢隸文字、鄭樵之六書略，可謂皆說文之枝葉也。

小學至大以清代為最。顧亭林之音學五書，言聲韻學者宗之。段玉裁之說文解字注，既博大精深，而未免稍有武斷。其他訂段與申段之書有六：一、龔自珍有說文段注札記。二、徐松有說文段注札記。三、桂馥有說文段注鈔及補鈔。四、鄒伯奇有讀段注說文札記。五、王念孫有說文段注簽記。六、朱駿聲有說文段注拈誤。此六書雖未成卷帙，然頗具精粹之論。又桂馥之說文義證，一意臚列，近於叢觀；王筠之說文句讀、說文釋例，規模博大，頗補段桂諸家之缺。至戴震之六書論、江聲之六書說、鄭知同之說文淺說、廖平之六書舊義、黃以周之六書通故、葉德輝之六書古微，皆許學專門。

按清末羅振玉殷商貞卜文字考，許氏說文固有其古文在也。其字由形而會意。例如圖也，其形為實字「圖」，其意為虛字「圖」。又如三羊四羊同處一字，羣也，視實虛二字均可。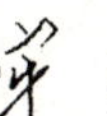牢也，牛在欄也。或作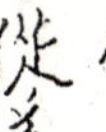從羊在牢意同。

又饗字從𠬝作[glyph]，𢽍從酉作[glyph]，[glyph]從皀從酒，意亦同[glyph]。
𢽍甲𢽍[glyph]從口𢽍左，皆作𢀴，命也。許氏之逐字從豕
走，而商周卜辭甲文作文子，𢽍从交（先字）作[glyph]𢽍
从手作[glyph]。然不問從豕從犬從兔，皆逐字也。但後有三字分
用者，有走，有逸，有遯，爰之也，原意同也。𢽍有[glyph]𢽍增从彳作
得道也。然出於形也。
又許氏說文云：「貞，問也。」參周禮太卜「凡國大貞」，「王府」，率矣奉
王以貞來歲之媺惡。鄭司農注曰：「貞，問也。」是貞字為卜人
問事之義無疑。考殷虛龜甲文亦然，卜事每用貞貝二字，用貝
者更多。其文皆作[glyph]或[glyph]，金文師遽敦貞字作[glyph]，與此形
相近。𢽍即貝之譌古文。龜甲文云諸貞者以義求之，當為貝之
省筆。其中文有作[glyph]者，則正从卜从貝，不省，於形尤備。王國
人以說中鼎為一字，其說未允。得龜甲文鼎象數字[glyph][glyph]，乃知
說文鼎之古文不誤。一變為籀文，再變為小篆，而後世遂判為二

字，說文王字三畫不均，古文王亦作𤣩。漢儒僅就篆文解之，於古文無說。據龜甲文王字，從下半體實從土，與篆字从土同意。師𩵋父敦之皇字亦从土，可證。上半從一，即取王者統一天下之義。（參陳晉說文研究諸例）又說文敘云：「郡國亦往往於山川得鼎彝。」而古籀拾遺敘以為許謂「郡國所出鼎彝許氏實未之見。古器銘見之字，即成周通用之文，如甲作十，丁作口，王作𤣩，皆許氏古文所無。」今考龜甲文甲丁王三字皆為此作。足證成周文字乃上承殷代之遺，無可疑也。

羅振玉藏龜之餘云：「卜辭中習見訓之惟之隹，與訓短尾之隹同為一字。古金文亦然。卜辭已有从口之唯，僅偶見耳。又卜辭隹與鳥不分，故隹字多作鳥形。」葉玉森藏龜拾遺云：「象飛鳥形，疑鳥字。」龍，說文作龍，云从肉，飛之形，童省聲。羅振玉云：「卜辭龍从辛

國學概論

十二

即許君所謂童省，凡其首，即許君誤以為从肉者，乙其身矣。或省乎，但為首角全身之形，或又增足。陳獨齋許釋龍鳳，不惟从肉之說誤，童省聲之說亦誤。葉以下辞龍鳳許獻之字皆為說文之从字，不知他字之作字者皆龍鳳字之體猶之足，𠂉為虎羊之省，非虎从虍，羊从𦍌也。蓋許氏之誤者誤於劉歆之自造也。

許氏六書唯指事不易辨，故通甲文之指事字，亦不易識。丁字曰□□本皆美辭。𠂇說文為豫陰氣自地而出之形，此亦同意。丁，𠂇並非誤解指事。母，回曰穿物持之也。中間從畫象穿物，此是直穿，與說文横穿同意。但明不可云从一。讀如貫之串即毋字。証明初為單字而偽古文改毋也。王筠以毋為指事，是也。與凋聲，甲文井作𠀠，此之字亦方聲，上群即孛

陽冰所謂「象旁逆之形」。「旁陳鼎」旁字作「凡旁」。此「旁」、「旁」字上體
作凡形者，羅振玉謂，即凡之省是也。但鐘鼎文之凡，乃骨甲文井
之變；羅氏祇論字形，不釋字義，以井為凡之變，先後倒置矣。
此旁字不僅為指事，且兼形聲字，次論形聲
說文里部：「野，从里，予聲。壄，古文野，从里省，从林。」玉篇林部
「埜，古文。」說者謂說文古文野亦當作埜，是也。惟「埜」字尚非从
土，「埜」骨甲文「𣏟」「𣏟」。「魏晉」云：「骨甲文「𡊅」从土，羅振玉以為土
字，今埜作埜，从土，土亦土字。」里部又云：「里，从田土。」而土聲
也」。是里有土聲之一說矣。假令「林土」从土，當从丄从丄或从竝。今
皆不如此作，是非从土也。然則骨甲文之「林土」字並从林土聲，形聲字
也」。「行部」：「行」，會意字，骨甲文「𠆤」「𠆤」亦作，羅氏以為行字。下字見石
鼓文。錢大昕謂「讀戶郎切」，皆是也。惟上字是象形，下字從人，行

土二

國學概論

声，是諧声。

復乎會意

左傳「無以縮酒」說文作「莤」，骨甲文作从酉，从艸朿，朿亦声，莤朿，象其顏字也。」王氏說文作「或」，即國字。說文戈部云「或，邦也，从口，戈以守其一，一地也。域，或从土。」陳氏云口，即古圍。卜辭或字从戈守口，即或字本解，宗周鐘云「國字作或」，古器于鼎、彝為國字作或，皆其證。以此知或作或者，在六書為會意字。

未論假借

說文有假借，卜辭亦不少，有借其字之解，有借其字之全體者，後者易辨，前者難辨也。然全體假借實亦不易，釋骨甲之者每有其字形似而難辨，而義不通。大抵今人所釋尚非昔日作卜辭者所借之字，蓋所借之字，與所假之字，於形無涉也。卜辭與周秦前以其聲相假者，多多為古音，按求可遽明矣。說文「昕」借「斤」為昕，骨甲文「殺」借杀為殺，骨甲文。「卧」或借臣，或借絕為卧，骨甲文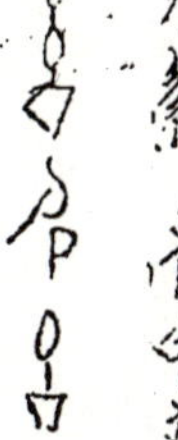。「有右」均借用「又」，骨甲文。「歸」，或借帚，或省止為歸，骨甲文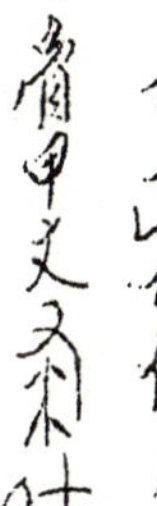。「祖」借且，亦有借且為祖者，骨甲文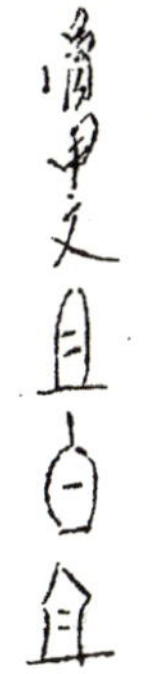。「妣」與書合書，恒用匕。骨甲文。記明說文假借字多多與骨甲文例不悖，他若借鳳為風，借雝為灘，借豐為醴，借隻為獲等是也。由此觀之，今之治骨甲文，仍當以說文比較之者。

考證古今字之不及處，每宜觀其匡郭。蓋古之前東以竹木為主，鍥契，易施刀，骨甲以質堅利刻難，故甚大字畫，即於四周做以匡郭，周緣之內不復施刀。此書常事也。後世摹搨籀鐘為紙，致充鑄

國學概論 7の

爲變，文字之面目遂改。故處今之日，猶能於骨甲金石中復見數千百年之廬山真相，不可謂非考古之功也。開宗明義作字有爲全體，有祇一體者，兹列表明之。

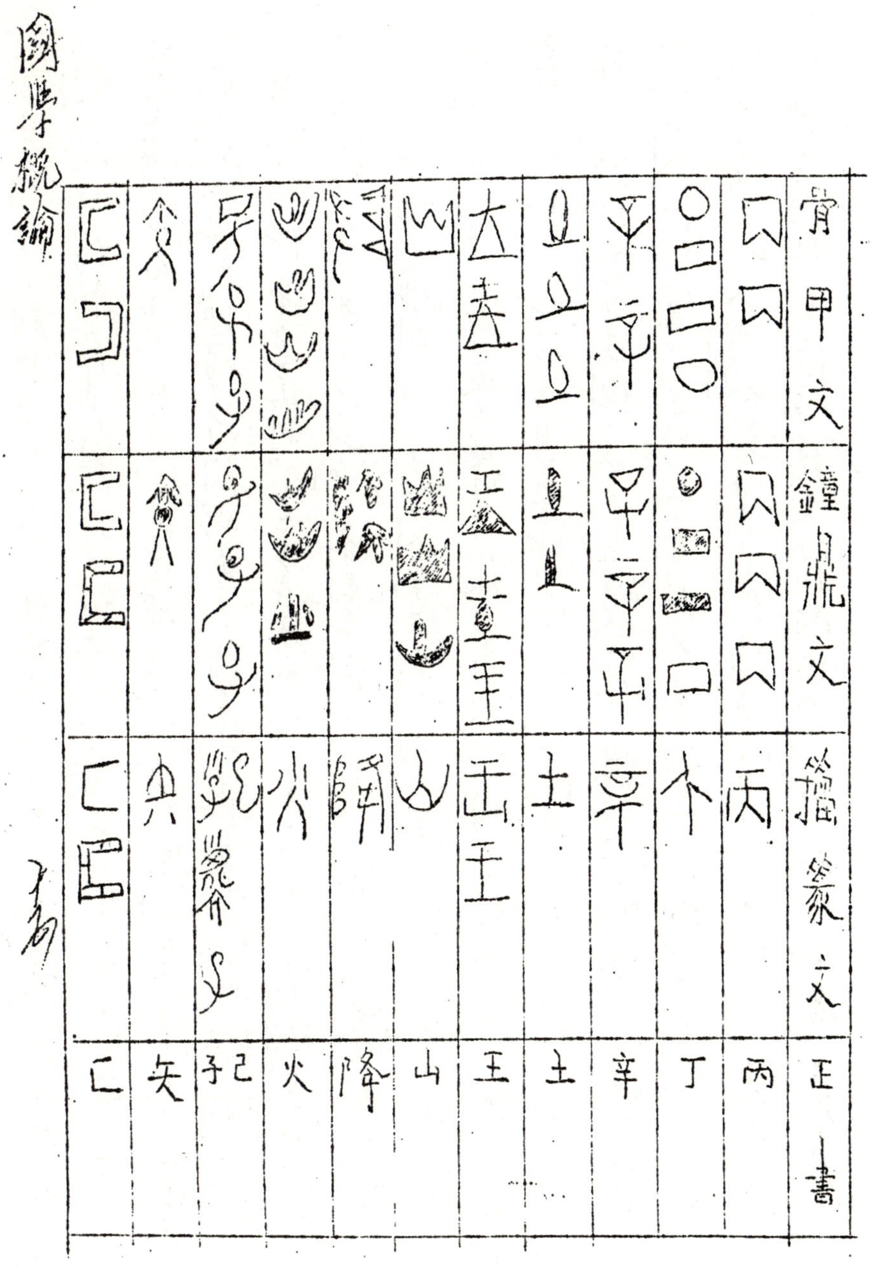
國學概論
骨甲文
鐘鼎文
籀篆文
正書
丙
丁
辛
土
王
山
降
火
子
己
矢
匚

今世文字與形聲語言統一，注重音字義，求音合，則忘乎形矣。「詩序曰：『情發於聲，聲成文謂之音。』」疏云：「聲者，宮商角徵羽也；聲成文者，宮商上下相應。」叶音即韻也。然則律呂之所謂聲，字注音也。鄭玄之所謂音，叶韻也。古無韻字，惟通作均，或成公綏嘯賦「音均不恆，曲無定制。」李善注云：均，古韻字也。鶡冠子云：「五聲不同均，然其可喜一也。」晉書律歷志曰：「凡音聲之體，務在和韻，益則加倍，損則減半。」宋書律志曰：「後漢至魏，尺度漸長於古四分有餘，杜夔依為律呂，故至失韻。」所謂和韻失韻，皆樂律之均也。與文字語言無直接關係。晉陸機文賦曰：「采千載之遺韻。」乃指文章聲韻。至文心雕龍稱「魏武論賦，嫌於積韻，而善於資代。」似此學已興，然李登著聲類猶名「聲類」。晉呂靜仿作始名「韻集」。又晉灼注子虛賦「罷池陂陀，下屬江河」，始以屬諸文字之音韻。若徐鉉說文新附始有「韻，和也，从音，員聲」。

之辭，晚出也。

音韻之學可分為三部，一、古韻，二、今韻，三、等韻。古韻者指周秦兩漢前之本音也，今韻自編韻後一改，則以周顒之標準語者為依據也。楚辭則稱變。劉勰云：楚辭辭楚，訛韻實繁，以為南音也。今論僞宋辭賦，多同易韻者，是證易非孔子作，而興於楚帝後也。

章炳麟論語言文字之學曰：古無韻書，即以官音為韻書。今之官音，古稱雅言，論語「子所雅言，詩書執禮，皆雅言也。」雅言者正言也，猶造次淺論，或用方音。至於誦詩書、贊傳典禮，則其言必一出於雅正。國風異於謠諺，據小序說，太半刺譏國政，此非田夫野老所為可知也。其他里巷細情，民俗雜事，雖設為寄託，託言士女，而其詞皆出文人之手。觀於漢晉樂府可以得其例矣。田夫野老，或用方音，而士大夫則無有不知雅言者，故古國風不同，

國學概論

而其韻部皆同。由是觀周代雅言，即周代之標準語也。凡所采之方言俚語，太師不除之於朝而入樂府也。太師乃選詩之專職者也。漢魏晉樂府即周太師之職也。將以統一國音也。考揚雄方言有五類：曰通語，凡語，凡通語，曰四方通語，曰古今語，曰某地語。曰轉語。（參沈兼士國語問題之歷史研究）此其第一類通語。凡通語之為當時通行普通之標準語，以別於各地之方言者，及古代語也。古來方言雖雜，然皆有其凡通語。於隋唐以後用廣韻為標準。元明後以北音為官音，亦其著例，歷代標準語之成立，大都關係政治上人事上首腦之趨勢。顏氏家訓音辭篇載：其以帝王都邑，參校方俗，考覈古今，為之折衷。推而量之，獨金陵與洛下耳。

錢玄同文字學音篇分古今音為六期：

第一期　周秦

第二期　兩漢

第三期　魏晉南北朝

第四期　隋唐宋

第五期　元明清

第六期　現代

余謂西漢應歸第一期矣。而東漢、魏晉、南北朝、隋唐、宋可併為第二期矣。論第一期周秦興盛，除詩經、楚辭外，老莊孟荀亦其韻語，可觀當時音韻之一斑。三家詩所說皆古音也。說文中諧某從某者，除偽古文外，亦有古音存焉。漢代詩歌辭賦用韻漸變，[illegible]詩雜有[illegible]，然古音猶未遠也。迨揚雄、杜林、許慎、鄭玄、王肅[illegible]輩出，歷轉相傳，師法家法，存於注釋之古音亦不可忽。六朝韻書發達，沈約創四聲譜，漸入今音。而陸德明經典釋

十七

文之協韻，顏師古漢書之合韻，已失本音矣。隋唐後韻書今所
存者有陸法言切韻、宋重修廣韻、集韻諸作，略有
增改，此類韻書乃所以通古今音之樞紐也。元明語音大變，蓋
亦自遼以後燕為遼都之地，其語音漸成現代語之中心。觀北曲
文藝之盛可知矣。中原音韻、洪武正韻等出，雖其時詩文用韻
仍沿廣韻一系之語音，與口頭之實際生活相隔甚遠，而切韻之法亦甚覺不
甚方便，故趨簡易，今日之普通語音實胎於此時。所謂官音者，蓋
即北音也。清都李有音鑑、音韻字母勢乃通俗字譜，民國八年教育
部開讀音統一會於北平，制定注音字母，大抵所據以官音為標
準，初向語文統一之方向進行焉。
古韻書書目　宋吳棫有毛詩補音、楚辭釋音、韻補，又就廣韻
注通轉。明楊慎有古音叢目、古音獵要、古音餘、古音附錄、古音

獵要、古音餘、古音獵錄、古音略例，皆仿才老之例，以今韻分部分古音，叶音分隸之。繼起陳第有毛詩古音考及屈宋古音義。陳氏之出主易，國學概論極推崇之，謂其與屈騷、左國、秦碑、漢賦貫通一串。必清儒以前古音韻學者當推顧炎武、江永。顧氏著音學五書：一曰音論三卷，二曰詩本音，三曰易音，四曰唐韻正，五曰古音表。江永著古韻標準，以三百篇為主，謂之詩韻，而以周秦以下音之近古者附之，謂之補韻，分平上去聲各十三部，入聲八部。江氏弟子戴震作聲類表，分九類，一類收喉音，二至五類皆收鼻音，六七類皆收舌齒音，八九類皆收唇音。其後段玉裁作六書音均表，自謂補其分部分之未備，將平入相配之未確，定為十七部。孔廣森之詩聲

國學概論

十八

類共十八類，而陰陽對轉。嚴可均之說文聲類，據許氏說文九千三百五十三字，以聲為經，以形為緯，以韻分字，以字繫母，分十六類。章炳麟之成均圖，皆以韻學鳴世者也。

今韻書存本之最早者推廣韻。廣韻有三本（一雍熙廣韻一百卷。宋太宗命句中正所定，書佚。二原本廣韻五卷，不著撰人名氏，永樂大典引之。皆稱陸法言廣韻。殆因陸書舊而用其名。三重修廣韻，原題切韻，真宗祥符間命陳彭年、丘雍等依法言韻刊益。其注較原本加繁。二書皆分二百六部）。稽後宋仁宗景祐四年命丁度、李淑撰集韻，至英宗治平間司馬光繼職，書始成。凡五萬三千五百卅五字。所增式萬七千三百三十一字，分十卷。淳祐十二年劉淵新刊禮部韻略，增四百卅六字，併通用之韻為一百七部（上平十五，下平十五，上聲卅，去聲卅，入聲十七）。韻書至此大變。

元代陰時夫、中夫兄弟撰韻府羣玉，於劉淵一百七部中，併上聲拯以入迥，為百六部，即近世之詩韻也。最後有洪武初宋濂等奉敕纂修之正韻，誤以為法言以來之韻皆沈約作，謂為吳音，要以中原音韻更正其失，併二百六部為七十六（平上去三聲各二十二，入聲十）。其中東冬混合，江陽不分，清世承之，仍循羣玉。

韻者中國聲音之學也。其事初原於反切。顏氏家訓謂鄭玄注六經，高誘解淮南、呂覽，許慎造說文，始有譬況假借以證音字，而古語與今殊別，其間輕重清濁猶未可曉，加以內言外言、急言徐言、讀若之類，益使人疑。孫叔然創爾雅音義，是漢末人獨知反語。至於魏世，此事大行。高貴鄉公不解反語，以為怪異，自茲厥後，音韻鋒出，各有土風。遞相非笑，共以帝王都邑，參校方俗，為之折衷。此釋文敘錄及史記正義並同此說。然釋爾雅音義案字下云「李巡、孫炎並七代反」，樊光七在反。沈字下云「樊、孫居乙反」，儀字下云「樊、孫」於單反。樊光、李巡皆注爾雅者，時皆不後於孫炎也。其後魏王弼注周易、吳薛綜注二京賦、韋昭注國語皆有反切。至晉郭璞注爾雅、徐邈、李軌、劉昌宗等作諸經音義，見陸氏釋文者，更多用反切矣。反切雖起於漢末，影響於佛經，而其事古即有之，第未定其名耳。宋沈括云「古語已有二聲合為一字者，如不可為叵，何不為盍，如是為爾，而已為耳，之乎為諸」。鄭樵云「慢聲為二，急聲為一。慢聲為者焉，急聲為旃，慢聲為者歟，急聲為諸。慢聲為而已，急聲為耳。慢聲為之矣，急聲為只。」顧亭林更舉蒺藜為茨、丁寧為鉦、僻倪為陴……蓋二證，謂不止此。

上一字有四百五十二字之多，學者記之實殊為不易。於是梵文字母之書自至。華嚴經字母四十二，唐沙門神珙作四聲五音九弄反紐圖，附載今玉篇之末，然尚無字母之稱。王應麟玉海有三十六字母圖，題僧守溫撰。呂介孺云：「大唐舍利創字母三十字，溫首座益以娘牀幫滂微奉六字」。溫圖亡，而其三十六字母則宋代諸儒言切韻者如司馬光切韻指掌圖、鄭樵通志七音略皆遵用之。沈括云：「切韻家定唇齒牙舌喉為宮商角徵羽。其間半徵半商者如來日二字」。鄭樵云：「幫滂並明非敷奉微羽。端透定泥知徹澄娘徵。見溪羣疑角。精清從心邪照穿牀審禪商。影曉匣喻宮。來半徵，日半商」。晁公武云：幫滂並明非敷奉微唇音音也。端透定泥知徹澄娘齒音也。見溪羣疑喉音也。照穿

國學概學

二十八

牀審禪精清從心邪齒音也。曉匣影喻牙音也。來日半齒半舌也。其狀分配，未必正確。惟金韓道昭五音集韻所分較妥，共分十類，牙音見溪羣疑。舌頭音端透定泥，舌上音知徹澄娘。重脣音幫滂並明。輕脣音非敷奉微。齒頭音精清從心邪。正齒音照穿牀審禪。淺喉音曉匣。深喉音影喻半徵半商音來日。諸字母之音又分清濁，音之發露濁之阻。阻又出發聲，送聲，外收聲，內收聲之別。音韻有四等，一等從大，二等次大，三等皆細，四等尤細，每母之中有四等俱備者，有僅備一二等者，凡此皆音韻家參照梵文所審析而得者也。司馬光切韻指掌圖辨別清濁為廿篇，以三十六字列其上，惟四聲相生之法，計獨韻六篇，開韻七篇，合韻七圖，每類中以四聲分字多寡為次。邵光祖據其書作檢例一卷，多未[illegible]有切不出者七[illegible]之十字而出之。又取同音同母同韻同等四者皆同謂之音和。取脣重、脣輕、舌頭、舌上、齒頭、正齒三音中清濁同者謂之「類隔」。最後有四音等字，夫撰人名氏，辭音和類隔。雙聲疊韻內外轉攝。正音憑切。寄韻憑切等為專言等韻之書。

三十六字母精定、後儒仍多删易之矣。陳藎謨删「照穿牀娘」為三十二母。吳澄删「邪娘非牀知徹」而易以「芹圭缺羣危威」仍為三十六字母。李如真删「定並奉從邪牀禪匣喻知徹澄娘」為三十二母，方以智又減「非清照影」四母，仍用「從知」合二十母。李登書删「知徹澄娘非」五母，又易「並」為「平」，「定」母為「廷」，共三十一母。無名氏《併音連聲字學集要》又删「羣疑透牀禪知徹娘邪非微匣」。增入「勤逸歎」為二十七母。葉秉敬又删「知徹澄娘敷欲」為三十母、馬氏《等音外集》又併三十六字為「見溪疑端透泥幫滂明精清心照穿審曉影非微來日」二十一母，載

國學概論

二十二

劉定字音為喉吻舌齒脣五類。併三十六母為二十母、鄒漢勛謂字音僅有喉脣舌齒四音、各分為二、共得八音、亦得三十六母為六十母。惟江永四聲切韻篤守三十六母。謂其總括一切音不可增減移易。最為嚴謹。

近教育部頒定注音字母三十九、總括從前字母為聲母二十四。韻母十二。括等呼為介母三。後又加一韻母ㄜ為四十母。於是乃盡廢從前音韻學之面目、為將來語文統一開一途徑矣。

國學概論

字母	切音	本義	今讀
ㄅ	布交切	包	柏
ㄆ	普木切	小擊	拍
ㄇ	莫狄切	覆	墨
ㄈ	府良切	器具	佛
ㄪ	無販切	萬	末
ㄉ	都勞切	刀	德
ㄊ	他骨切	突	忒
ㄋ	奴亥切	乃	納
ㄌ	林直切	力	勒
ㄍ	古外切		格
ㄎ	苦浩切	出移不舒	克
ㄫ	五忽切	地高而上平	額
ㄏ	呼旰切	山側之可居	黑
ㄐ	居尤切	延蔓地	基
ㄑ	姑泫切	畎	欺
ㄬ	魚檢切	因為屋也	倪
ㄒ	胡雅切	下	希
ㄓ	真而切	之	之
ㄔ	丑亦切	小步也	癡
ㄕ	[illegible]之切	尸	尸
ㄖ	[illegible]切	日	日
ㄗ	[illegible]切	卪	資
ㄘ	親吉切		此

第三

字母	切音	本義	今读
ㄙ	相姿切	私	私
ㄧ	於悉切	一	依
ㄨ	疑古切	五	烏
ㄩ	丘魚切	飯器	迂
ㄚ	於加切	岐頭	阿
ㄛ	加[illegible]切	呵	痾
ㄜ			扼
ㄝ	羊者切	[illegible]語詞	也
ㄞ	古亥切		哀
ㄟ	余支切	流也	危
ㄠ	於堯切	小也	奧
ㄡ	於救切	又	讴
ㄢ	乎感切	嘾也	安
ㄣ		隱字	恩
ㄤ	烏光切	跛曲脛也	盎
ㄥ		肱字	鞥
ㄦ	而鄰切	人	兒

國學概論習題

(一)今人考証秦刻篆者有何石刻?

(二)漢人以篆筆作隸者為何數碑?

(三)又由篆變隸而隸多篆少者為何數碑?

(四)秦漢磚瓦係何字樣?

(五)熹平字係在記以何種刻石?

(六)漢代何碑字與真書最近?

(七)漢魏何碑在篆隸之間?

(八)封演見聞記是何種之書籍?

(九)說文解字有若干字?

(十)說文解字是何價值?

(十一)聲類廣雅是何人著作有若干字?

(十二)切韻廣韻又係何類著作有若干字?

二十の

國學概論

(十三)康熙字典共有若干字？為何多字未見應用？

(十四)中國文字統一約有幾個時代？

(十五)劉宋小學有何名家？

(十六)清代小學有何名家？

(十七)羅振玉如何證明許氏說文之籀古文？

(十八)許氏之書中之指事與骨甲文之指事字如何相同？

(十九)何謂凡通語？

(廿)何謂雅言？

(廿一)清代試帖詩鈔係何人編訂？

(廿二)反切起於何代？沈括鄭樵之說繹等為何證明為中國自古有其事者所舉之字證為西漢五經中之[illegible]？

(廿三)何謂雙聲疊韻

第二章　論文學

周秦西漢依經籍所載有散字三千餘（詳前章），以為生活動之部分應用。由此三千餘字造就若干名詞、成語、標題。尤以典故、譬喻更覺便利。其於文學之組織，固不外模法與搭詞，然善用成語、典故、譬喻及標題章句，則絕妙之意義、美麗之辭藻、與人生之興趣俱出矣。是文學之所以尚也。詩三百〇五篇後繼以楚辭、漢賦，即魏晉樂府詩歌，終未離乎風騷雅頌之宗主。（參文心雕龍、詩品）皆寫情寫景者也。書有典謨誓誥，皆樸實之素語，純質厚。若管、韓、訶、董之奏議法令，以及劉、賈、晁、枚之策牘，皆寫意寫事者也。遂特解達道也。且能載道，尤能興感。興感者，純文學也。若曹植父子兄及建安諸子、蕭統父子兄弟、與永明諸子時已發明此旨。曹丕典論論文以「氣」字括之，謂文之有精神生活也。唐象廣泛。而蕭則較為切近。文選序曰：「譬諸陶匏，為入耳之娛；黼黻，為悅目之玩。」

、、、、若夫姬公之籍、孔父之書、、、、老莊之作、管孟之流、蓋以
立意為宗、不以能文為本、今之所撰、又以略諸。若賢人之美辭、
忠臣之抗直、謀夫之話、辯士之端、冰釋泉涌、金相玉振、所謂
坐狙丘、議稷下、仲連之卻秦軍、食其之下齊國、留侯之發
八難、曲逆之吐六奇、蓋以事美一時、語流千載、概見墳籍、
旁出子史、若斯之流、又亦繁博、雖傳之簡牘、而事異篇
章、今之所集、亦所不取。至於記事之史、繫年之書、所以
褒貶是非、紀別異同、方之篇翰、亦已不同。若夫讚論之綜輯
辭采、序述之錯比文華、事出於沉思、義歸乎翰藻、故與夫
篇什、雜而集之、、、、名曰文選云耳。」意謂摧詩賦騷辭頌讚箴
銘哀誄可稱文學。又梁元帝金樓子立言篇以「揚搉前言抵
掌多識者謂之筆、詠嘆風謠、流連哀思者謂之文。」至於文
者惟須綺縠紛披、宮徵靡曼、脣吻遒會、情靈搖蕩。劉勰

《文心雕龍·總述篇》曰：「今之常言有文有筆，以為無韻者筆，有韻者文也。」按此定義，則唐宋韓柳歐蘇曾王八家，亦不得入於文林，以事雖出於沉思，而義不歸乎翰藻，蓋以立意為宗，不能以能文為本者也。並以文類甚多，而談文獨總文學，亦六朝人士之所據以當歎。談文復分多類，詩、騷、歌、賦，代有其偉，降及魏晉，七言五言，霸佔文壇為位既久。蓋當時作家，不欲藏之名山，惟直抒胸臆，因興寄情。且風氣之趨於民眾，求思想能放其一尊之陋習。故仲長統述志詩曰：「叛散五經，滅棄風雅。」竟宏闡魏晉曠達之風氣矣（參吳禮部詩話）。晉人才調當不減於魏人，然鍾記室則曰：「彬彬之盛，備於黃初、正始，爾後陵遲衰微，迄於有晉。」是受古文派之影響，謂古香古色愈古愈好，蓋謂晉不如魏，魏不如漢，漢不如周秦。其實不然。如陸時雍詩鏡總論云：「晉人五言絕，愈俚愈趣，愈淺愈深；齊梁人得之，愈藻愈真，愈華愈潔，此皆神情妙會，行乎其間。

然則三張二陸兩潘一左何遂於一石八斗。但由實際人生上觀，淵明品格當推第一。故鍾嶸評為「古今隱逸詩人之宗」。若唐之王維、白居易、韋應物、儲光羲、柳宗元及宋之王安石、蘇東坡，皆吸其神髓。即李白亦不無淵源也。

自永明後，我國詩体大起變化，所以開唐律之新疆也。庾肩吾傳曰：「齊永明中，王融、謝朓、沈約文章始用四声，以為新變。至是轉拘声韻，彌為麗靡。」南史陸厥傳又曰：「約論四声，妙有銓辯。」著四声譜，同時王斌作四声論。又有所謂「八病」。其書不傳，惟據宋書謝靈運傳乃知其主張「五音相宣，八音協暢，玄黃律呂，各適物宜」。「宮羽相變，低昂錯節」。「前有浮声，後須切響」。「一簡之內，音韻盡殊；兩句之中，輕重悉異」。沈氏自詡新發明，漢宋以還無人覩此神秘。陸厥固加辯疑，蕭果猶未之許，世歷隋唐，漸次推行。唐初四傑尚未脫除，迨沈、宋過渡，李、杜登壇竟風靡天下矣。唐詩人創作其特長亦止此五言律体。（全唐詩及彭彭云二千餘家。按唐詩紀事，唐詩至今可考者約計一千一百五十家）唐詩發達的人勝境，忽出若干古董詩人，如燕張說、許蘇頲、粵張九齡、蜀陳子昂輩，提倡復古。東西南北聯成一氣，以陳成代之進步，減文學之厄運也。究之，李白能結古詩之局，杜甫能開新体之端（參朱希祖中國文學史要略）。李杜之詩雖源風騷，而不同向風騷之力，有其未來前程。（參唐詩研究）若韓愈之倡復古文，終未復西漢之古，更未復周秦之古，僅藉此號召以排除駢偶而尚單行散句，謂之唐文可也。宋人繼承唐業，文有歐、王、曾、蘇，而詩之品格已變。或曰是晚唐香奩体之遺毒也。實未必然。宋詩若全龍衣晚唐，則文學平民化矣。（宋詩紀事搜羅宋詩人至三千八百餘家，補錄又三千家）。宋人之特長不在詩而重詞，謂詩餘也。亦三

國學研究論

二十七

四五七言之長短句混合作也。明人徐師曾文體明辯云：「詩餘謂之填詞，則調有定格，字有定數，韻有定聲。作者欲創造或改造詞牌，非通樂律不可。」是詞之於律詩，尤當嚴絃管者也。今所見之長調中小令各詞牌，多前人成調，按譜填之，似無新腔製就。不知操觚者家於此作何感想？豈非與教坊樂工合作乎？葉夢得避暑錄話：「柳永為舉子時，教坊樂工，每得新腔，必求永為辭，始行於世，余仕丹徒，嘗見一西夏歸朝官云：凡有井水飲處，即能歌柳詞。」後山詩話云：「柳三變遊東都南北巷，作新樂府，骫骳從俗，天下詠之。」教坊老樂工逐漸物化，加之國難頻繁，曲度亦逐漸失傳，文人多不解音樂，難得新腔，卒至按舊調填詞，亦不可被絃管而歌矣。元曲代興矣。元人因宋理學而忽略文學，然不乏文豪，除趙孟頫、虞集、楊載、范梈、揭傒斯四大家外，有張翥、薩都剌等張薩富於言情、多感時之作。張之詞屬婉約派、薩之詞屬豪放派。另有閒適派承宋代之餘緒。頗形發展。然元詞受曲之影響，若無華采。元曲為一代特色、堪與周詩楚騷漢賦六朝五言、唐近体宋詞並稱。元劇分南曲北曲。北曲結構全部皆四折。折者即今之幕也。時或於四折外加楔子。若取長篇故事為題材每感不足。於是後起之南曲（傳奇）卒破例發展焉。南曲中任何角色皆可唱、且每折不限一調一韻、四折既破、不拘楔子。北曲題目正名由司唱者唱。南曲改為上下場時、由演者唱。比較北曲進步。南曲齣數大抵由三十至五十、如琵琶記有四十二齣、幽閨記有四十齣、荊釵記有四十八齣。北曲成規既破、作家亦堅持、惟辭大受詞人粉飾、漸失新鮮活潑本色、變成非民眾之文藝作品（參陳冠同中國文學史大綱一四一頁）。或問中國至元時始淪於游牧民族統治之下、為何戲曲竟如是其發達？宋亡之

四

國學概論

二十八

已是反抗之物理然耳。初，俳優諧言與舞蹈合，歌二者混同，演成戲曲。六朝時稍具形式，如滑劇、優傳之代面、搖踏娘，皆於演故事，兼用歌曲。至宋更加進步。（參崇文總目錄周優人曲辭二卷）北宋已有雜劇作家。（武林舊事載宋官本雜劇名目多至二百八十本）南渡後又盛行溫州雜劇。是南曲之祖也。忽必烈南侵中原，易以佛，繼之南疆淪陷，惟事屠殺，尚武輕文，當時有九儒十丐之目。文人最不見重視，臺省要職漢人南人均不得為之，才子多寄於歌聲之末，以抒其亡國奴抑鬱感慨之懷。（所謂不得其平則鳴）是一代偉大文藝作品之所由生也。故李漁笠翁偶集云：「元有天下，非特政刑禮樂一無可宗，即語言文字之末，圖書翰墨之微，亦大概見。使非崇尚詞曲，得琵琶、西廂及元人百種曲傳於後代，則當日之元亦與五代金遼同其泯滅，焉能附三朝驥尾而掛學士文人之齒頰哉」。

元代戲曲家見鍾嗣成錄鬼簿凡一百十七人、其中最著第一期有關漢卿、馬致遠、白朴、王實甫、第二期有鄭光祖、喬吉甫、世稱六大家。又元人主中原後、韻文流為戲曲、散文流為小說。小說在前朝早有淵源、惟至元特盛耳。明郎瑛七修類藁卷二十二云「小說起於宋仁宗時、蓋時太平甚久、日欲進一奇怪之事以娛之」是宋平話之所以風行也。宋代小說種類有「渾詞」如宣和遺事、五代平話、京本通俗小說(多零本短篇)等是。雜記如太平廣記、歸田錄等是。神怪如夷堅志、春以相記、洞微志等是。誌艷如麗情集、侍兒小名錄、楊太真外傳等是。以上四類皆宋代小說、多短篇白話、所以傳播異於前代也。元人小說愈形發展、一洗古旧積習、全用俗語。且体例變為章回、乃長篇有系統之紀事。最著者如水滸傳、三国演義等是。此二書與後出之西廂記、琵琶記、称四大奇書。然則元代文學足垂於世者實為戲曲小說已也。

國學概論

二十九

明太祖恢復中原、雖稍重文教，籠絡士子，然課以八股文、試帖詩，對於文學專務形式，終成畸形。除以士進獻、門詩外，其他詩文仍不無特出人材。如宋濂、劉基（越派）、王禕、方孝孺、高啟（吳派）、楊基、張羽、徐賁、林鴻（閩派）、孫仲衍（嶺南派）、劉崧（江右派）。皆有集鳴世。文首推宋濂，詩宜尊高啟。高詩有江館、青邱、吹臺、鳳臺、南樓、樓軒、姑蘇雜詩等集，凡二千餘首，自選定為缶鳴集凡九百餘首。歿後，徐庸綴拾遺逸，合為一編，題曰大全，凡十八卷。（史述高啟因撰宮女圖詩，招禍，腰斬于市）。其次中世及末葉，有李東陽、李夢陽、何景明、徐禎卿、楊慎、李攀龍、王世貞、宗臣、謝榛、袁宏道、高攀龍、鍾惺、譚元春、陳子龍等。時有十才子、七才子、八才子、四才子之目。東陽作品才情兼美，詩文並妙，獨遭夢陽之攻擊。甚攀陽世貞之崇夢陽，標榜復古，實則未免模擬剽竊。李王學風橫流一世。雖有王慎中、唐順之等出、文宗歐劉，詩奉初盛，究莫相抗。其間卓然能自樹一幟者，惟王守仁。宋仁詩文俱成新調，極可讀。次則歸有光。有光文以唐宋為標準，所作優美秀麗，法度森嚴，排斥世貞，遂成明文中堅。時又有袁中郎兄弟三人起，流露清新輕淺之詞，蓋崇尚卑卑者，以其立辭淺顯，趨向平民，風行一時，遂生反動，鍾惺、譚元春立幽深孤峭一派，世之詩文，豈古典、浪漫之互相消長歟？繼之以清，二百七十餘年，最隆盛者，厥為一種古典文學，主修辭，卒未能發揮一種民族特色。即其戲曲小說承元之舊而已。第南曲（傳奇）盛行，有閱世道人六十種曲，存留至今。北曲（雜劇）幾乎發絕，傳奇著名者有四：一、朱權荊釵記，二、劉知遠白兔記，三、施君美拜月亭，一名幽閨記，四、徐㽦殺狗記。文辭俚俗動人，足當時合演之劇本。他若湯顯祖之牡丹亭、南柯記、邯鄲記、紫釵記，皆夢幻之劇。明人通俗小說可分三類：一、神魔故事，以吳承恩之西遊記。二、人情小說，如王世貞之金瓶梅，依稱

佳作。二、歷史小說有西周之演義、東周列國志、前後七國志、
說列國志、今古奇觀、兩漢演義、說國、水滸、英烈傳、精忠傳、
海公清烈傳等。足證元明間為歷史小說出產時期。此種歷史小說
於平民知識甚大有影響者也。清人入關、利用漢奸范文程洪承
疇輩策略、欲懷服中國、故獎進文化、以開博學鴻詞科、編纂圖
書、皆足以牢士大夫、就範。其散作家文以王猷定、魏禧、侯方域、
汪琬、計東、邵長蘅、施閏章、姜宸英最著。詩以錢謙益、吳
偉業、龔鼎孳、王士禎、施愚山、宋荔裳最著、而朱彝尊等出
身布衣二者、兼長且通經術、其為時人所重。中葉之壇、幾全被桐
城派霸佔。此派源于震川、振于方苞、劉大櫆及姚鼐。當乾隆
時、東漢古文學戰勝宋剌世子而姚鼐折衷之謂義理、考據、
辭章三者不可缺一。後管異之、梅伯言、方東樹、姚碩甫等各
以所得授徒、綿延全國。漸次演為江西、廣西、湖南三支、其代

表人物首推曾國藩。又有惲子居、張皋文領袖陽湖派。秦小峴、李兆洛等繼之。國藩於經學劃除漢宋之爭，於文學調劑桐城陽湖二派。概以要用為主。其幕下有王闓運、吳汝綸等。王講學湘、蜀，弟子數千人，譽滿天下。吳講學京師，文名亦盛。王湘潭人，共湘鄉為鄰；吳桐城，共姬傳同里，豈非地靈而人傑乎？末葉國家多難，文學無形劇變。龔自珍當為戎首，其文「縱拔驁張，全是霸氣」。蓋豪放派也。康有為、梁啟超、譚嗣同不守常法，而南社諸人繼出不絕。閩人林紓亦以桐城派自命，而為文不類。惟有功於譯學。清之文陸幾無不能詩者。[illegible]精趙之別立論不免。自江左三大家去後，王士禎久掌詩壇，號神韻之目，以措辭清新秀雅為歸。其戚趙執信則起而反之，對詩不相下。趙詩渾括深細，務窮性真，絕去浮靡，成王派之勁敵也。繼起反對神韻派復有三支生力軍，至樓

三十一

律者有沈德潛，主机理者為翁方綱，主性灵者為袁枚。袁著小倉山詩文集及小倉山四六文，且詩多通俗不用典故。又與趙翼、蔣士銓称江左三大家，皆性灵派也。他如錢載、厲鶚、舒位、歐陽磵東各自成家。咸同後又有所謂宋詩運動，如鄭珍、莫友芝、金和、江湜皆能以蒼涼之筆致，寫乱離之情緒。龔自珍不但能文亦能詩者，較宋人尤有進境。末葉發現新体詩、句同白話，而詠時事或於思想異常精妙，若黃遵憲、譚嗣同、梁啓超之作品，幾是類也。

清初詞人似踏明詞之衰頹習慣，追朱彝尊宗法姜夔、張炎，陳其年宗法蘇辛，風氣一變。朱係浙派先導，継起者厲鶚、郭麐，可謂登峯造極。末流未免失之堆砌，於是常州派張惠言、張琦、周濟、莊棫等樹幟反動。然浙派弊在雕琢生澀，常州派弊在太疏隱晦，故項鴻祚與蔣春霖折衷二派自成一派。清代小說略起變化，蓋由宋元式說話變為描寫，如曹雪芹之紅樓夢、吳敬梓之儒林外史，原取日常生活描寫，與說話體之離奇曲折熱鬧故事比較，頗覺進步。但紅樓夢所寫皆貴族生活，儒林外史所寫皆文人生活，究非平民所能了解。其他宋元式之小說有七俠五義、兒女英雄、粉妝樓、二十年目睹之怪現狀、老殘遊記、官場現形記等，傳播頗廣。光宣間西洋小說譯本叢出，如偵探小說、冒險小說、歷史小說、人情小說均極盛行。

清劇戲曲承明南曲之遺，通稱傳奇。以孔尚任桃花扇為最著，稍後有洪昇之長生殿，李漁之十種曲，蔣士銓之藏園九種曲，黃燮清之倚晴樓七種曲。時民間亦有各地劇，如漢調行於湖北，西皮行於陝西，弋陽腔行於江西，徽調行於安徽，京調行於北京，粵調行於廣東及華僑居留地。別

二十五

南調行形与南劇南調行形猶卅。近西洋戲劇輸入中國，作稱
始生變化。
總之一部三千年文學史，詩歌、騷賦、五言、七言、古律、近律、詞
曲、小說，凡文之美而感人者皆是也。詩文之外，又有所謂神話與
童話。神話為人類之最初文學，童話為人類之最初文學。晚近［illegible］
受歐化影響，倡新文學，風行白話詩文。白話文繼宋儒語錄及
明清小說之餘緒，頗臻水平線境界。白話詩尚未開
三章完、亂臭嬰兒咿唔以學語，會有時焉。

第三章　論經學

漢志以六經列於諸家前名為六藝，史記也曾說孔子六藝，這六藝就是六經。經字是後來尊稱的。然而六經名目早見莊子天運篇「孔子謂老聃曰吾治詩書易禮春秋樂六經以為文。」又詩書禮樂古稱四教，並稱易教春秋教（見禮記經解篇）大概的文化由聖由後聖奉為學校教本了。到了漢代樂經已亡（或者就是樂記上所說的那些）只立五經博士為學官。後來有人傳出了周禮孝經和孔門弟子所記的論語，拿出諸子中的孟子，便湊合為九經。又按唐孔穎達撰定五經義疏已是三禮三傳，分習三禮三傳合名一經乃合周易毛詩僞古尚書呼作九經了。然而開成年間刻石國子監竟列孝經論語爾雅成十二經。宋人列孟子於經部，十三經的大名從此立定。因唐人止為五經疏，不及孝經論語孟子爾雅，宋儒纔

國學概論　　　　華三

奉詔編修/。如孝經正义論語正义孟子正义爾雅疏都是邢昺作的。明初定制以易詩書礼記春秋為五經。以大學論語孟子中庸為四書。不久頒行十三經注疏。永樂年間又詔儒臣纂四書五經大全。朝廷開科取士都遵用所載的講說為張本。大全多沿襲宋元諸說，雜録成書，沒有甚麼精采。清初漢宋學說兼采。乾隆以後許鄭學大行，說經都主实证，不空談義理，算是專門東漢學。嘉道以後，又溯源上去，易宗虞氏以求孟義，書宗伏生歐陽夏侯，詩宗齊魯韓三家。春秋宗公穀二傳。漢十四博士今文說自魏晉淪亡千餘年到這時纔復活。

攏總講起來，中國經學可以歸納為三大派，(1)是西漢今文經學。(2)是東漢古文經學，(3)宋學。

西漢今文經學創於今文十四博士，後因古文經學異軍突起，和鄭玄王肅的混亂家法，漸漸地衰落。魏晉南北朝又因政變及胡禍連年，殘存的章句也多隨兵燹以俱滅。一直到清末，藉着有改革的機會，忽然得了新生命，所謂常州學派，公羊學派，都是西漢學的復活。東漢古文學發生於西漢末年，到東漢就因今文派自身的腐化和古文諸大師的努力，創出古文學派來了。以鄭玄結束東漢學成小統一。畢竟左袒古文學。王肅也是一樣，好像殊途同歸，共趨亡今興古。後來六朝的南北學，隋唐的義疏派，雖虛空八般學各同各異，然而都以古文學為立場。等到北宋慶曆年間，懷疑學派崛起，古文派便暫休息。不過明末因姚江學派流於虛妄，和滿清的壓迫。於是顧亭林大喊舍經學無理學的口號，來復興古文學，清代二百多年學術界的地盤，遂為此派所獨佔，所謂以惠棟為領袖的吳派，以戴震為領袖的皖派，都和東漢古文學有傳統的關係。

國學概論　　　　三十四

宋學懷疑的精神，唐經師啖助趙匡陸淳等已曾開端，北宋慶歷後愈形發達，到了南渡因研究的方法不同，維是分為程頤朱熹領袖下的歸納派，陸九淵楊簡領袖下的演繹派，和葉適陳傅良領袖下的批評派。但他們立足於哲學的見解，以理欲心性為論究的對象，而昔助於經學的解釋，初無二致，元明以來，歸納派的朱學因朝廷的提倡便取得正宗的地位，陸學因王守仁一支生力軍加入，頗得具有天才學者的信仰。他們的結果尊德性因流於神釋，道問學也歸於空疏，於是經學墮落，使東漢古文學乘機復起。從來三大派對於孔子的觀察各有不同，講學各異，今文學以孔子為政治家，以六經為孔子致治學說，所以偏重微言大義。它的特色是功利的，流弊未免狂妄，古文學以孔子為史學家，六經為孔子整理古代史料的書籍，所以偏重名物訓詁，它的特色為考證的，流弊過於煩瑣，宋學以孔子為哲學家，六經為孔子載道的工具。所以偏重心性氣。它的特色為玄想的。流弊落到空疏，這三派各有優長各有劣點，在我們今日看來政治歷史哲學都是必要的學科都可以參考的。中國經學研究的時期綿亘二千多年，經部書籍據四庫全書總目所載已經達到一千七百七十三部，二万零四百二十七卷。這是很可驚駭的數目，個人每日讀一卷也要六七十年纔讀得完。我們正好用批評法來提取要義以致用於文哲法治倫理社會宗教諸學科。並擇一光大精以維繫人心而延長國脈，徐養原頑石廬經說一易論載着「六經皆聖人所作，然未有無所用而作之者。書與春秋左右史掌之以記得失，奉諱惡。詩則太子巡狩，太史陳之以觀民風。禮則大宗伯大司樂掌之，其行之在郊廟燕饗冠昏喪祭，有一書必設一官，累代傳之以為掌故。而樂正因以教國子焉。若乃空著一書，傳諸其人，而曰吾以明道也。此後代儒者所為，不可以語古聖古哲之著作也。今夫易之

國學概論　三十五

為用卜筮是已。其官太卜筮人是已。始古而無卜筮，雖不作易可也。按王制樂正崇四術，立四教，順先王詩書禮樂以造士。古之造士以詩書禮樂，未聞其以易也。……」說明詩書禮樂与春秋五科為大學中的教本。易是普通社會的用書，都是實用知識技能。

以上乃某氏在某大學之經學演講，已曾指明經學發展之時代与派別及其為何關係中國文化。茲再論各經之內部問題。古以詩書易禮樂春秋為序，漢志承劉歆之業，崇偽抑真，增修易翼而首列之。朱子亦評易為卜筮之書，蓋舍十翼，義占課析義也。十翼哲理近道家，其二元論相對論種種宗教倫理上之見解，固可取者，古文家必附會為孔子親筆，一反其真矣。近人論易義約有數旨。

(一) 变易不易皆易之義

(二) 古聖作易垂教以正人倫

（三）連山歸藏，世有其書否

（四）周易重卦當從史記，而卦辭、爻辭，作者或係周公。

（五）彖象文言乃卦爻之解釋。

（六）漢初說易皆主義理，切人事；而言陰陽災異術數者為易之別傳

（七）孟氏為京氏所托，虞氏傳孟學，亦間出道家。

（八）費氏易傳於馬、鄭、荀、王，而其說不同。鄭玄以禮說易，推補爻辰，王弼以十篇昌言名理，而一掃象數。

（九）以傳附經，始于所謂費直其人，不始于王弼，亦非本于鄭玄

（十）圖書之說，漢宋各異。胡渭辨之頗詳。

（十一）黃宗羲論易取王注與程傳，不取焦京陳邵，近人復理焦京，未免主障。

（十二）清人說易，張惠言為顓门，焦循為通家，學者可先觀二家之書。

國學概論

三十六

(十三)象數已具易中，与名理表裏，不必外求。

(十四)焦循以假借說易，本於韓詩，發前人所未發。

(十五)易說多依託，不當崇信偽書。言易之書最多，可取者甚少。

(十六)漢人古義多不傳，漢碑可以引証。

論詩

(一)詩義難明之點甚多。

(二)詩有正義、旁義，即古義亦未盡可信。

(三)四始六義

(四)三家与毛之爭，後有鄭、王、朱之爭。

(五)漢志明言毛傳不可信

(六)毛詩大小序之來由。

(七)朱子不信毛序。

(九)十五國風之次當從鄭譜

(八)馬端臨駁朱申毛

(十)感生說

(十一)魯頌為奚斯作，商頌為正考父作

(十二)南陔六詩與金縢，三夏不在三百零五篇之內，三百零五篇為全經不可增刪。

(十三)詩無不入樂，史漢與左傳亦可證

(十四)詩至晉後而盡亡，開元遺聲不可信。

(十五)詩教溫柔敦厚，在諷世不直言，楚辭及唐詩宋詞猶得其旨

(十六)風人多託意，要不可以文害辭。

(十七)鳥獸草木之名當考毛傳、爾雅、陸疏而參以圖說目驗。

(十八)鄭箋朱傳，間用三家或參毛而酌以私見，皆未盡善。

(十九)今人說詩當求通義。

論書

(一)尚書分今古文最先而最難解

(二) 古文增多十六篇見漢志，增二十四篇爲十六卷見孔疏，篇數分合增減皆有明文。

(三) 伏生所傳今文不僞，其大傳乃最初之義。

(四) 伏傳後以史記比較可信。

(五) 古文無師說，二十九篇之古文說亦參差不合。

(六) 馬鄭說山川當據緯之解之，據漢人古義解之。

(七) 上言今尚書說，漢以周官解虞夏之制，且並及今文，乃亂尚書三代事實。

(八) 尚書義凡三變，學者各有所據，皆不知當主伏生。

(九) 衛賈馬鄭尊古文而抑今文，其故有二：一則學術之傳不精進，則陳僞，一則文字之傳不準確，則訛謬。

(十) 百篇全經不可見，二十八篇篇篇皆有之，學者當講求大義。

(十一) 書序有今古異僞，史記所引書序皆可據。

(十二) 二十八篇乃完之書，後人割裂補亡，殊屬多事。

(十三) 僞孔傳尚書各篇前人辨之已明，閻若璩毛奇齡集備各家亦有得失，當分別观之。

(十四)宋儒體会語气勝於前人，而变乱事实不可為訓。

(十五)尚書有不能解者當闕疑，不必强為傅會。漢儒疑辞不必引為確據。

(十六)偽古文言性言誠為偽孔傳襲某孔學，非孔學出偽書。

(十七)尚書是經非史。

(十八)治尚書當先看孫星衍尚書今古文注疏，陳喬樅今文尚書經說考。

論礼

(一)漢初止有礼經，即仪礼，無三礼之名。三礼之分自鄭玄始。

(二)鄭玄分别今之儀礼及大小戴記甚明，無小戴删大戴之說。

(三)鄭注礼記，以周礼為經礼，仪礼為曲礼，有誤。臣瓚注漢志不誤。

(四)鄭注三礼，究有大功於經典。

(五)漢立二戴博士是仪礼，非礼記。後世學者多误，毛奇齡始辨

（六）禮所以復性節情，經十七篇於人心世道大有關係。

（七）禮十七篇乃孔子所定，邵懿辰之說最通，其訂正禮運射御之誤，當作射鄉，尤為精確。

（八）邵懿辰以逸禮為偽，與古文尚書同，十七篇並非殘闕不完，能發前人之所未發。

（九）儀禮為經，禮記為傳，當從朱子之采用臣瓚之說，儀禮經傳通解分節尤明。

（十）古禮情義兼盡，其原理不可廢棄。

（十一）言理亦當言禮，朱子以此推服鄭玄。

（十二）王肅有意難鄭，近儒辨正已詳，五禮通考舍鄭從王，俞正燮譏之甚是。

（十三）明堂辟雍封禪當從阮元之言視為定論。

（十四）周官改稱周禮始於劉歆，其書之所自，當從何休之說出于六國時人，非周公實行之制度。

（十五）鄭調和今古文，亦求疏通周官王制而得失參半。

(十六) 周官之法不可行於後世，馬端臨文獻通考言之最詳。

(十七) 王制、月令、樂記非秦漢之書。

(十八) 經學糾紛不明由於據左傳、周官二書，輕疑妄改。

(十九) 六經之義禮為重，以其關繫實於人生也。

春秋論

(一) 春秋為後世立法，惟公羊能發明此旨，惟漢代能實行此旨。

(二) 穀梁在公羊後，近古文派。

(三) 公羊、穀梁二傳為傳其師之書非作，左傳獨見於東漢，不得立學官。

(四) 春秋傳事明義

(五) 春秋兼采三傳，不主一家，始於范甯，而實始於鄭君。

(六) 春秋大義在討亂賊，微言在改立法制，孟子之言與公羊合，朱子之法，深得孟子之意。

（七）春秋是作不在鈔錄，是作經，不是作史，杜預以為周公作凡例，陸淳駁之甚明。

（八）董仲舒之學最醇，微言大義存于董氏春秋，「存三統」明見其書，並不自何休始。

（九）異外內之義與張三世相通，當爭戰之時，尤宜講明此旨。

（十）春秋素王不必說孔子是素王，春秋為後世立法，即云為漢立法亦無不可。

（十一）春秋改制猶今人言革命變法，損益四代，孔子以告顏淵，其作春秋亦即此意。

（十三）孔子成春秋即不能滅盡漢奸，而能使漢奸不得志。

（十四）春秋一字寓褒貶之義，宅恕而立法嚴。

（十五）春秋書災異，不書祥瑞，公羊、左氏好言占驗，皆非大義所關。

（十六）趙匡、鄭樵辨左氏非邱明，左氏傳文實有人附益，或係賈逵等為之。

（十七）左氏傳不解經，杜、孔已明言之，劉逢祿《左氏春秋考證》尤詳晰。

（十八）春秋必有例，劉逢祿《何氏釋例》大有功於公羊、穀梁。杜預《釋例》亦有益於左傳。

（十九）公穀傳義，左氏傳事，其事亦有不可據者，當作小說觀之。

（廿）劉知幾詆毀春秋並及孔子，由誤信杜預、孔穎達，不知從董氏公羊以求聖經。

（廿一）劉知幾雖謬妄，猶知春秋與左傳之別。

（廿二）斷爛朝報不必專責王安石，朱子疑公穀。

（廿三）三傳皆專門，學者宜分治一家。

（原書白頁）

第四章　論子學

子者先生也，學者之尊稱也。論語孔子外，曾子有子得称子，或其後學門人尊之也。孟子孟外，荀子，告子得称子，當為同時之鴻碩也。荀子有非十二子篇，則又指學派言矣。莊子天下篇曰百家，司馬談論六家，家亦即子，劉歆七略概謂之諸子，班固漢志列為九流，似含有蔑之之意焉。茲姑依漢志所載儒道陰陽名法墨縱横小說農雜皆出於王官。如云「儒家者流，蓋出於司徒之官，助人君順陰陽明教化者也」。「道家者流，蓋出於史官，歷記成敗存亡禍福古今之道，然後知秉要執本，清虛以自守，卑弱以自持，此人君南面之術也」。「陰陽家者流出于羲和之官，敬順昊天，曆象日月星辰，敬授民時也」。「名家者流蓋出于礼官，古者名位不同，礼亦異數也」。「法家者流，蓋出于理官，信賞必罰，以輔礼制也」。「墨家者流，蓋出於清廟之守，茅屋采椽，是以貴儉；三老五更，是以兼愛愛，選士大射，是以上賢，宗祀嚴父，是以右鬼，以孝視天下，是以上同」。「縱橫家者流，蓋出行人之官，孔子曰「誦詩三百，使於四方，不能顓對，雖多亦奚以為」，又曰「使乎使乎」，言其當權事制宜，受命而不受辭，此其所長也。」「雜家者流，蓋出於議官，兼儒墨，合名法，知國體之有此，見王治之無不貫，此其所長也」。「農家者流，蓋出于農稷之官，播百穀，勸耕桑，以足衣食，故八政一曰食，二曰貨，孔子曰所重民食，此其所長也」。「小說家者蓋出於稗官，街談巷語，道聽塗說者之所為也。孔子曰雖小道必有可官者焉，致遠恐泥，是以君子弗為也。然亦弗滅也。閭里小知者之所及，亦使綴而不忘，如有一言可采，此亦芻蕘狂夫之議也」。是謂諸子學術之異，出於官守之不同者也。竊疑後漢提倡周官之學稱經者之故為此說也。近人多論諸子不出於王官，或曰「儒家以六經設教，而論者遂謂儒家為出於司徒之官，不知儒家之六籍，多非司徒之官所能夢見。此之所施固非彼所教也，此其說已不能成立，其最繆者莫如以墨家為出於清廟之守，夫以墨家其為創說，更何可言。墨者之學，儀態萬方，豈清廟小官所能產生。墨家貴儉，與茅屋采椽何關。如茹毛飲血，穴居野處，不更儉邪？又何不可謂墨家出於洪荒之世乎？養三老五更，尤不足以盡兼愛。墨家兼愛本於其所謂天志，其意欲兼而愛人，兼而利人，與陋儒之養老異矣。至謂宗祀嚴父是以右鬼，以孝視天下是以上同，則更荒謬矣。墨家愛無差等，何得宗祀嚴父。其上同之說，謂同一天下之義，與儒家之孝治天下全無關係也。墨家非命之說，要在使人知禍福由於自召，豐歉有待耕耘，正攻儒家死生有命，富貴在天之說也。若順四時而行，適成有之說，更何非命之可言。凡此諸端，足徵墨家之不出於王官，舉此一家可例其他也。

陳柱駁之曰：「《呂氏春秋·當染篇》云：『魯惠公使宰讓請郊廟之禮於天子，桓王使史角往，惠公止之，其後在於魯，墨子學焉。』然則史角為周代王室之官，掌郊廟之禮，惠公止之於魯，故其後世傳其學，墨子學焉，則謂墨

國學概論

四五

之出於清廟之守，豈得謂之無儒乎？墨子主旨在於兼愛，兼愛故不得謂之非不攻，欲無攻，故不得不尚同，其說兼愛曰：將嘗本原孝子之為親，度者，吾不識孝子之為親，度者，亦欲人之愛利其親與？意欲人之惡賊其親與。以說觀之，即欲人之愛利其親也。然即吾惡先從事，即得此。若我先從事乎愛利人之親，然後人報我愛利吾親乎？意我先從事乎惡人之親，然後人報我以愛利吾親乎？即必吾先從事乎愛利人之親，然後人報我以愛利吾親也。然即人之交孝子者果不得已乎？毋先從事愛利人之親者與」？（兼愛下）是墨子之說兼愛，固嘗以孝親為說矣，謂其與孝治天下之說無因不已過乎？、即此一端，已可證明墨子學之出於清廟之守，亦即墨學出於清廟之守之可信，更可證其他諸家之出於王官之為可信也。（子二十六論）

鍾泰亦助勢曰：孔子曰：「天子失官，學在四夷。」（左傳昭十七年）上世之學掌於王官，無可疑也。……班固因劉歆七略，為漢書藝文志，而謂儒道陰陽名法墨縱橫雜農九流之學，皆出於古之某官，又謂「合其要歸亦六經之支與流裔」，近人詆之以為附會協例，全無憑據，然莊子天下篇言「古之人其備乎？配神明，醇天地，育萬物，和天下，澤及百姓，明於本數係於末度，亦通四辟，大小精粗，其運無乎不在。其明而在數度者，舊法世傳之史，尚多有之。其在於詩書禮樂者，鄒魯之士搢紳先生多能明之。詩以道志，書以道事，禮以道行，樂以道和，易以道陰陽，春秋以道名分。其數散於天下而設於中國者，百家之學時或稱而道之。」（見莊子天下篇）百家淵源於王官及六藝之學，戰國時人多知之者，不得以七略、藝文志之無所憑據也。且淮南要略以為諸子皆起於救世之弊，而論儒者之學則曰「修成康之道，述周公之訓」。論墨子之學則曰「墨子學儒者之業，受孔子之術，背周道而用夏政」。論管子之學則曰「崇天子之位，廣文武之業」。夫儒家無論矣。老子為周守藏室之史，莊子有孔子西藏書於周室，繙十二經以說老聃之文，（見莊子天道篇）而曾子問孔子，孔子所告之者每曰吾聞諸老聃（見禮記曾子問），是老子之有得於六藝也。墨子之書多引詩書，又言吾見百家春秋（唐劉知幾史通六家篇引墨子逸文。又墨子明鬼篇亦稱燕之春秋、齊之春秋、周之春秋云云）而呂覽稱魯惠公使宰讓請郊廟之禮於天子，桓王使史角往，惠公止之，其後在於

國學概論

四十三

魯。墨子學焉」（當染篇）是墨子有得於六藝也。管子以禮義廉恥為國之四維（管子牧民）而所為作內政以寄軍令者，實本之周禮鄉遂之制（小匡）且其書言法而曰「法出於禮」（樞言）曰「所謂仁義禮樂者皆出於法」（任法）又弟子職者禮之曲禮少儀之類也。而今在管子之書，是管子之有得於六藝也。其詆毀詩書以為國之淫蠹者惟商鞅韓非耳。然商君師尸佼，韓非師荀況，佼況皆尊先王，稱孔子（尸子貴言篇有曰「修先王之術，除禍難之本」。明堂篇有曰「度於往古，觀於先王，其稱引孔子之言尤衆」）則鞅與非則亦不能無聞於六藝之支派，故苟從取諸子之書明其異同，詳其得失之所在，其與六藝分合之迹，蓋不得而湮沒者也。夫此非謂諸子之學皆六藝之所已備也。又非謂諸子之學，其義無有能出六藝之外也。譬之江水，諸子者其下流之播為九江三江，而六藝者則其濫觴之始也」（鍾氏中國哲學史一編二章）按漢志之特標為名，猶云秦學於於史，漢時於官，所謂太常掌故，博士皆教官也。若曰春秋戰国之傳六藝者為王官机関，未免謬誤。老子周周藏史也，謂之史官可，而仲尼嘗為乘田委吏及魯司寇，豈得言教官乎？其间礼问官參政而已。至所載晏子、子思、孟子、孫卿子等，皆縉紳先生也。嘗為官者也，究非周時在位司徒之官以掌教者也。史角為王官固矣。角桓王時人，墨翟定王至赧王時人，角裔在魯衍十餘世，歷百餘年，仍得稱王官學乎？況所舉各傳只覽左氏、孔子、諸子書，其中多係後世依托者所造，又豈得為信據乎？漢哀平後學者妄惑於劉歆擬造周官，駁書之過也。近人胡長顧則此及其他固失狂妄，第陳氏鍾氏終未全得也。所謂本本水源，或亦云然。試觀詩有商頌，正考父作，魯頌奚斯作。書有秦誓。易有十翼，周秦漢三代人作。（依托孔子）禮有儀禮，孔子述；記，孔氏門下作；大小戴記，戴德、戴聖編，究何与於王官。儕非子均為偽書，立學于世不示後，詞悉于信哉？維老莊于周与虞夏商周之掌故有関係，於皋陶、伊尹、伯夷、姜尚、管仲之主張不無影響，他若尚書之皋陶陳謨、箕子鴻範、周易卦爻之言陰陽君子小人

國學概論　　　四十四

皆近老莊之言。「術有殊貴而遊孔氏之門者」，「楚狂接輿」「長沮桀溺」（《論語》）或自成一派人物，與學說矣，當時無「道家」二字之專名。道家及他家之名皆漢人強命之也。《莊子·天下篇》僅云「古之道術有在於是者」耳。孔子言夏禮殷禮杞宋不足徵，自衛返魯然後樂正，雅頌各得其所。又「周禮盡在魯矣」，更何有於五官，孔子非周司徒，亦非魯司徒。門下弟子三千，深通六藝者七十二人，德行言語政事文學四科，特數顏淵等十人，蓋於民國初年未立案之大學畢業者，政府未加限制社會仍不歧視。六藝纔廢，王官無存，尤可笑者，「雜家出於議官」，「小說家出於稗官」，虞夏商周無此官名。惟秦漢有之。然則所謂雜家孔甲盤盂伍子胥等二十家，小說家鬻子等十五家，皆漢世依託無疑矣。吾故曰班固王官說擁護周官為之也。

茲將先秦諸子學術要旨略述于後

孔子及孔門弟子

孔子生於封建時代，雖有聖德，平民不得為領袖，故有素王之運動，素王意義依春秋立說，即「天下為公」大同太平景象及民主共和之組織也。其政治主張出於堯舜禹湯文武傳統之哲學思想，孔子特將上古傳統思想天人合一論（天命）發揮而光大之。所釋之天有四種意義（一）主宰之天（二）定命之天（三）自然之天（四）理性之天。而其歸結究在人道，標一「仁」字以資號召。韓愈《原道》篇曰「博愛之謂仁」。程子注《論語》曰：「仁主於愛，愛莫大於愛親，故曰『孝弟也者其為仁之本與』。」朱子謂「仁者心之德，愛之理，猶言生之性，愛則是理之見於用者也」。（見《語錄》）足証宋儒理學以天道為體，仁道為用矣。

孔子終身以仁為志，於古人僅稱伯夷、叔齊、微子、箕子、管仲為仁。不輕許以仁。且多人問仁，所答僅部分之仁，非全備之仁也。

孔子論政治主道德，知人、安民皆主教，亦人道之發展。故曰：「道之以政，齊之以刑，民免而無恥。道之以德，齊之以禮，有恥且格。」（《論語·為政》）又曰：「為政以德，譬如北辰，居其所而眾星共之。」

孔子門人三千，通六藝者七十二人，略見《史記·仲尼弟子列傳》。《荀子·非十二子》篇載十二子子弓一派，或為荀子祖師。《韓非子·顯學》篇言孔門分裂成八家。而《論語》上四科十哲及曾子、有若、子張等皆直接孔子之要人。《大戴記》有曾子十篇，其為傳統之道義歟？

國學概論

四十五

孟子受業子思之門人，孟子七篇，識之以光大孔門。（參焦循孟子正義）孟子學說之綱領，詳於盡心篇，「知性知天」為人之義之表現。是亦性善論與先天良心論之端之淵源也。（見告子篇）至於求「放心」「養氣」「寡欲」「存夜氣」皆修養工夫。孟子為當代之大教育家，宗旨在啓發人之本來善性，故曰教必以正（離婁上）中也養不中，才也養不才，故人樂有賢父兄也。（離婁下）「中」字乃人心中之天命，「正」字即易經「蒙以養正」之意焉。孟子之於政治，雖曾發過激之言，然仍排斥楊墨與無政府之許行等為邪僻之言。固認分業之必要，為政不可與民並耕而治矣。

荀學　荀子生於孟子後數十年，或先後同時之人。孔學傳說之最高碩果荀子二十卷及西漢博士學堪盡之。荀子弟子滿天下，傳政治學者有韓非、李斯等。李斯即改制而統一中華之偉人也。荀子「性惡論」實與孟子殊途同歸，其修養說不外積偽而興禮樂，至於論理學頗有貢人之發明。老子為道家之開祖，實則古無所謂道家也。依莊子天下以敘論

論老學之於莊有同有不同者焉。一由虛而實，一由實轉虛矣。老子一書後名道
德經，分上下共八十一章，由文學上觀為古詩歌。由哲學上觀亦屬實用主義，
其政見本道德而言為無為有為，自然人生之發展也。實行老子政治學者有，有
之子。宣傳虛無思想者有莊子，概于之子莊子二書見之。二書恐已多經
後人竄改。莊子除內篇七篇外，餘名外篇雜篇，更難讀。六朝後注者
每以佛學附會解之，至章太炎之齊物論釋，尤為創見，頗失莊子之本色。
其宇宙觀以宇宙為一絕對無限之理想，超越時間空間，其人生觀不外「物
我平等，生死一如」，即萬象自然之變化作用也。莊子亦用名學以辯證其理論
並為打破差別知識起見，而倡三「籟」——天籟地籟人籟。
墨子及別墨。墨子生於孔子末年，與子思上同時，或及見孔子也，依畢
沅考據，墨子于周赧王二十年猶生存。梁任公云，鄭繻公被弒後三年墨
子還未死，吳起死時墨子已死矣，予則謂墨子生于周貞定王介初年

國學概論

四十六

死生同安之中業。故淮南要略篇曰墨子學儒者之業，受孔子之術，以為其禮煩擾而不悅，厚葬靡財而貧民，久服傷生而害事，故實用主義者也。今本墨子有五十三篇，可信者當係尚賢尚同兼愛非攻節用節葬天志明鬼非樂非命等十篇。其他墨辯六篇亦精審。墨子學說係屬一種宗教思想。其倡兼愛尚同出于天志明鬼，其倡尚賢節用節葬非樂非命出于夏禹平水土之苦境。墨子述之將有造就於時代也。若春秋三世之遺意焉。至於墨子之智識論殊為一種最高哲學，今之人無以越之也。且求實驗而以論理學證明之。近人梁啟超胡適特別發揚之。墨學既主實用，故重經濟學而論生產消費分配及人口問題。墨子死後，門人漸分多派，有兼治名家法家農家或流為游俠。若宋鈃尹文之許行陳相皆特出者焉。

經典	派別	學派	廢立時代	經傳存亡
詩	今文	魯	孝文時立 光武復立	隋志亡於西晉
詩	今文	齊	孝景時立 光武復立	隋志魏代已亡
詩	今文	韓	孝文時立 光武復立	隋志有二十二卷 無傳者今存外傳
書	今文	歐陽	孝武時立 光武復立	隋志亡於永嘉之亂
書	今文	大小夏侯	孝宣時立 光武復立	同上
易	今文	楊氏	光武時立 光武復立	漢志不錄
易	今文	施氏	孝宣時立 光武復立	隋志亡於西晉
易	今文	孟氏	同上	隋志十卷殘缺 宋志無
易	今文	梁丘氏	同上	隋志亡於西晉
詩	古文	毛氏	平帝時立 光武末立	今存
書	古文	孔壁尚書	平帝時立 光武末立	隋志有宋志無
書	古文	孔傳尚書	晉梅賾奏上	今存
易	古文	費氏	漢代未立	漢書有隋志無 今存鄭注佚文
易	古文	高氏	同上	漢志有隋志無

	京氏	元帝時立 光帝復立	隋志十卷宋志無			
礼	大戴	孝宣時立 光武復立	今存名大戴記	逸礼	王莽時立 後廢	今存
	小戴	同上	今存名礼記	周官	同上	
	慶氏	未立	今存礼經白文 醫古記名儀礼			
春秋	公羊 顏氏 嚴氏	孝景時立 光武復立	今存	穀梁	孝宣時立光武同	今存
	董氏	未續立	今存名繁露	左氏	未立光武復立 平帝時立 光武罷	今存
論語	魯	漢志二十篇	隋志無	古	隋志二十一篇	今存何晏集解本
	齊	漢志二十二篇	隋志無			
孝經	顏之存本	張禹傳十八章	隋志無	孔氏	漢志二十二章	今存又流入日本本

管李申慎商韩诸子

漢人称管商等為法家，固矣。我国上古藉數子之學与力而臻於法治国之林也，有所謂中国法系也。

管仲名夷吾，齊人，步武伊尹、姜尚，相桓公，尊周室，攘夷狄，兵車之會六，乘車之會三，九合諸侯，一匡天下。終其身齊国富強，人民安居樂業，為上古罕見之人物。

漢志載管子八十六篇，蓋劉向所訂定也，今本闕十篇存七十六篇，春秋戰国書籍多襲引管子語句，依史記論管子甚詳，篇目次第亦最整，此當周秦之世通行之書。迨古文家尚偽經而管氏微矣。胡適以老子之前忽有心術白心諸篇之道家學說，孟子荀子之前數百年忽有内業篇之儒家心理學，申不害商鞅前數百年忽有法法明法諸篇之法治主義。為違反學說後先演進之程序學說相承之系統而定是書出于後人雜湊之作。

陳澧亦疑是書為何備百家之說，不知春秋初年中国學術未分多派，此謂九流十家皆漢志強分之說，管氏為諸子前輩，後學者莫不有其淵源焉。管子之法學有三民主義（富民、教民、順民）富民者民之身家生活也，教民者，民之精神生活也。順民者，即民權也，其經濟政策及軍事行動者，所以扶助此三民主義而實施也。然此實施者悉著於法條，不以私意變更之，雖元首亦受法律之拘束，無專制之有。

李悝，戰國魏人，事文侯，作法經。法經之創，平糴之制，盡地方，國以富強。其法經六章：一曰盜法，二曰賊法，三曰囚法，四曰捕法，五曰雜法，六曰具法。是法典之祖也。商鞅治秦，即以此法為張本。秦人世守不替。漢承秦制，蕭何因之，又增戶法、擅興法及廄法三章，世所謂九章律焉。法者，平也，言平法也。律者，節也，原於音樂，五聲十二律是也。借用自然與人為合作之義也。爾後叔孫通、張蒼、晁錯等增訂法令。武帝時趙禹、張湯等又加修補。自此中國法系之規模已備。南朝受佛教、道教及儒書之經世之影響，廢弃法統，而北朝繼之，歷元魏、北齊、隋、唐、宋、明、清不變。東方大國二千數百年之勢力賴以維持，皆李悝之賜也。

申不害，戰國韓京人，相昭侯十五年，終其身國治兵強，無侵韓者。其學本于黃老而主刑名，著書二篇，號申子，亦大政治家也。

慎到，戰國趙邯鄲人。其先，清尋昌平人。因孔子為魯司徒，懼誅而徙於趙。清子生到。肄業西河子夏之門，是起段干木皆窓友，亦與孟子同時通五經者也。同應齊宣王之聘，列稷下而為大夫。後為楚襄王傅。過魯，平公拜到為上將軍，以伐齊。遇孟子於途，聞仁義之說而罷兵。與其徒許犯、環淵、田駢之屬，退處邯鄲。著書八千言，其大要本天道而不離乎人情，任法治而還責於君主。史記載慎到十二篇。漢志十二篇，今僅存數篇。（存慎懋賞注慎子內外篇，又日本全書收萬曆五年刊本五篇，又守山閣本慎子一卷，附逸文一卷）

商鞅，衛之庶公子。入魏，習李悝、吳起之學，事魏相公叔痤為中庶子，知其才，薦之惠王而不能用，乃去魏入秦，因景監求見，初說帝王之道，孝公不能用，繼言強國之術，孝公大悅。從革變法三年，推行新法，十二年廣之功業乃成。鞅以軍功封十五邑，為侯，列爵商君。孝公在位二十四年卒，惠王立，鞅被誣受戮，所謂殉法矣。有商子五卷。漢志言二十九篇，今存二十四篇。其法治主義之最著者，在打破宗法社會，革除部落思想而造成統一國家之組織：嚴查戶籍，連保連坐，實行小家庭制，法律平等，無階級之別。他為軍國主義，與兵於農，通國皆兵，即所謂「農戰」也。依魏悳草令，注記誠富國利民之

國學

經濟政策篇

韩非子，韩之公子也，喜刑名法術之學，與李斯同業於荀卿之门，為人口吃不能言而善著書。數以書諫韩王，王不能用。迺發憤作内外儲說、說林、說難、孤憤、五蠹等篇。秦王見而悦之，因急攻韩，韩遣非使秦。李斯、姚賈毀之。王下吏治非，斯使人遺非藥，使自殺。其書藝文志載五十五篇，与今本同。然後頗有竄入之章句。韩非子之法政學乃渊源於商法申術，亦深受荀卿之影響。言性惡而法後王。講参驗而尚实用。至於老學造詣尤深。試讀喻老解老二篇可以知矣。非以人之利己心出于天，惟御之以法而已。内儲說上下篇論之甚詳。其學說概行实現於李斯之功業中矣。

名家

名家之名固為漢人所加，而名學必有其系统，當非出於别墨明矣。名學先輩鄧析子傳至惠施公孫龍子，已自有其傳授，即天下篇之所謂辯者也。及之墨派講學仍受其影響。若歷物十事及辯者二十四事，皆近老莊之宇宙观非孔門之人之哲學也。兹叙古名學系统數人以資考証：

第五章　論史學

任公曰：「史者，記述人類社會賡續活動之體相，校其總成績，求得其因果關係，以為現代一般人活動之資鑑者也。」其專述我國先民之活動，供現代國人之資鑑者，則曰國史。此誠史學之定義也。昔賢之述太古時代，多採易傳，實則易傳多漢人之作，頗難盡據，而判為有史之價值。然龍門之五帝紀，所謂伏羲、神農、少昊、顓頊、帝嚳等，概能舉其生產地，必有所本焉。敘唐虞夏商周，當以伏生之二十八篇尚書及左傳，與乎春秋、國語為本。詩三百五篇，禮十七篇，並二戴記錄，亦係重要資料。堪云史之源出於經典，經之部分猶史實耳。僅就史之範圍，應推馬司遷為祖，劉向、班固次之，劉珍、劉陶、荀悅、衛颯、譙周又次之。華嶠、陳壽其下也。宋後東晉有袁宏、王隱、虞預、孫盛、習鑿齒、漢干寶、薛瑩、袁山松、徐廣，南北朝有范曄、沈約、顧野王、崔浩、魏收，隋有李德林，唐有魏徵、長孫無忌、令狐德棻、李延壽、王劭、劉知幾、吳兢、杜佑、韓愈，五代有劉昫，宋有曾鞏、劉羲叟、孫甫、歐陽

國學概論　　五十

修、曾公亮、宋祁、章衡、蘇轍、司馬光、劉恕、范祖禹、胡安國、胡寅、朱熹、呂祖謙、江贄、李燾、劉友益、羅泌、胡一桂、金履祥、元有歐陽玄、李思成、陳桱。明有宋濂、王禕、胡粹中、梁寅、劉剡、商輅、王宗沐、袁黃、趙讓。清有谷應泰、王鳴緒、張廷玉、陳鶴、徐乾學、畢沅、馬驌、趙翼、王鳴盛、錢大昕、顧祖禹、王闓運、趙爾巽諸名史家也。而其體裁不外紀傳書志或通鑑編年、記事本末而已。通鑑專載政事及皇家關係，皆向「忠孝節義」標準上作文章，於國計民生異常忽略，其目的僅能暗示人勉為國破家亡時殉難之忠臣孝子烈士節婦。且多數史家中佛教之毒過深，於孔門要孟前之真人生哲學相差甚遠，卒見民族前途日見衰頹，可嘆：二十五史——史記、前後漢書、三國志、南史、北史、晉書、宋書、齊書、梁書、陳書、魏書、北齊書、北周書、隋書、舊唐書、新唐書、舊五代史、新五代史、宋史、遼史、金史、元史、新元史、明史——九通——通考、續通考、清通考、通典、續通典、清通典、通志、續通志、清通志——於各種制度文化及社會事實無所

中國史家之作品　（國學概論補三）

司馬遷字子長，龍門人，繼父談為太史令，著史記，

班固字孟堅，茂陵人，著西漢書。

班昭字惠姬，適曹世叔，早寡，固之妹，彪之女，繼兄業，修成漢書。

劉珍字秋孫，南陽人，作建武以來名臣傳。

荀悅字仲豫，潁川潁陰人，刪漢書為帝紀三十卷。

以上兩漢

譙周字允南，巴西人，著古史考。

孟康字公休，安平人，著前漢書。

如淳，馮翊人，著前漢書。

韋昭字洪嗣，餘姚人

以上三國時人

國學概論

五十一

華嶠字叔駿，高唐人，著漢紀三十卷。

陳壽字承祚，巴西安漢人，撰三國志。

傅玄字體奕，雍州人，撰魏書。

以上西晉

王隱陳郡人，撰晉史九十餘卷。

虞預字叔寧，餘姚人，著西漢書四十餘卷。

孫盛字安國，太原人，著魏氏春秋三十卷，晉春秋十餘卷。

習鑿齒字彥威，襄陽人，著漢晉春秋五十四卷。

蔡謨字道明，陳留考城人，著前漢書百餘卷。

干寶字令升，新蔡人，徙嘉興，著晉紀三十卷

薛瑩字之家，丹陽人，著後漢東觀記百餘卷

袁山松字道，高陽夏人，撰後漢書百卷

徐廣字野民東莞人修晉紀四十一卷

以上東晉

范曄字蔚宗順陽人刪後漢書自成一家之作。

謝靈運會稽人玄之孫家于上虞撰晉書三十五卷。

沈約字休文武康人著晉宋齊書。

顧野王字希馮吳郡人著陳書及輿地志國史紀傳。

魏收字伯啟鉅鹿人纂北魏史

以上南北朝

李德林字公輔博陵人撰北齊書三十四卷。

魏澹字彥深曲陽人別成魏史（意在矯魏收之失）

魏徵字玄成鉅鹿人撰隋書紀傳。

以上隋朝

國學概論

五三

長孫無忌字輔機，洛陽人，撰隋書志。

令狐德棻，宜州人，撰後周書。

李延壽字遐齡，相州人，撰南北史一百八十卷。

劉知幾字子玄，領國史館，著史通內外四十九篇。

王劭字君懋，撰隋書八十卷。

吳兢，汴州浚儀人，撰貞觀政要及大唐春秋。

司馬貞字子正，河內人，撰史記索隱及補三皇紀。

杜佑字君卿，京兆萬年人。

韓愈字退之，南陽人，修順宗實錄、憲宗實錄

以上唐朝

富弼字彥國，河南人，著唐鑑音訓。

孫甫字之翰，陽翟人，著唐史記二十五卷。

歐陽修字永叔廬陵人撰唐書五代史。

曾公亮晉江人同歐陽修宋祁同修新唐書。

石介字守道奉符人著唐書糾繆。

章衡字子平浦城人神宗朝進編年通載十卷。

蘇轍字子由號潁濱著古史五十餘卷。

司馬光字君實平陽夏縣人修資治通鑑。

劉恕京兆人與司馬光同修通鑑，又別編通鑑全紀及外紀。

范祖禹字淳父華陽人與司馬光同修通鑑又別編唐鑑(十二卷)仁宗政典(六卷)

胡安國字康侯崇安人著春秋傳及通鑑舉要補遺。

朱熹字元晦婺源人著通鑑綱目。

呂祖謙字伯恭壽州人著左氏博議及諸史詳節大事記等書。

李燾字仁甫丹稜人作資治通鑑長編。

國學概論　五十三

尹起莘遂昌人著通鑑綱目發明五十九卷。

羅泌字長源廬陵人著路史。

胡一桂字庭芳婺源人著十七史纂。

金履祥蘭溪人著通鑑前編。

以上宋代

陳櫟字壽翁休寧人著漢唐機要。

歐陽玄瀏陽人著唐書纂要。

李思誠字德有平定人總修宋遼金三史又著唐書纂要。

陳桱字子經明州奉化人著通鑑續編。

王幼學號慈湖望江人著綱目集覽。

以上元朝

王禕金華人與宋濂同修元史二百十卷。

胡粹中，山陰人，著元史續編。
張九韶，字美和，臨江人，著元史續編。
梁寅，字孟敬，新喻人，著宋元史略。
陳濟，武進人，總修永樂大典，又著元史舉要、通鑑綱目集覽正誤。
王逢，鄱陽人，稱松鳩先生，著通鑑節要。
劉剡，字用章，建陽人，纂修宋元二鑑。
商輅，號素庵，淳安人，修儒臣續編宋元綱目。
馮知舒，建安人，著綱目質實。
劉弘毅，建陽人，著綱目質實。
薛應旂，字仲常，武進人，著宋元資治通鑑百五十七卷。
王宗沐，字新甫，臨海人，修宋元續資治通鑑。
柯維騏，字[illegible]，著宋史新編，及史記考要。

國學概論

一〇五

顧允上虞人著歷朝捷錄。

袁黃浙江嘉善趙田人號了凡，著史漢定本，綱鑑補。

趙謙餘姚人著有聲音文字通（百卷）歷代譜系辨同合（二十六卷）

倪士毅字仲弘號道川休寧人纂歷代帝王說。

以上明朝

谷應泰字賡虞豐潤人著明史記事本末。

張廷玉字衡臣桐城人奉勅撰明史。

顧炎武號亭林昆山人著天下郡國利病書（百二十卷）

徐乾學字原一昆山人號健庵奉勅總裁一統志明史纂輯鑑古輯覽古文淵鑑及資治通鑑後編，百八十四卷

陳鶴字鶴齡元和人號稼亭著明紀。

畢沅字纕蘅亦字秋帆鎮洋人有續資治通鑑。

國學概論

馬驌字驄御，一字宛斯，鄒平人，著繹史（百六十卷）

李兆洛字申耆，武進人，著歷代地理志韻編今釋二十卷

趙翼字雲崧，陽湖人，著二十二史劄記。

王鳴盛字鳳喈，號堂，江蘇嘉定人，撰十七史商榷（百卷）

錢大昕字曉徵，號辛楣，又號竹汀，著二十二史考異、唐書史臣表、唐五代學士年表、宋學士年表、元史氏族表、元史藝文志、三史拾遺、諸史拾遺、通鑑注辨正、四史朔閏考、元詩紀事等。

章學誠字實齋，餘姚人，著文史通義。

（五十五）

（原書白頁）

二十五史之一覽表

書名	卷數	撰者	年代（西紀）
1 史記	一三〇	前漢司馬遷	太古——前一二二
2 前漢書	一二〇	後漢班固	前二〇六——西紀二四
3 後漢書	一二〇	劉宋范曄	西紀二五——二二〇
4 三國志	六五	晉陳壽	二二〇——二八〇
5 晉書	一三〇	唐房喬等	二六五——四一九
6 宋書	一〇〇	梁沈約	四二〇——四七八
7 南齊書	五九	梁蕭子顯	四七九——五〇一
8 梁書	五六	唐姚思廉	五〇二——五五六
9 陳書	三六	唐姚思廉	五五六——五八〇
10 魏書	一一四	北齊魏收	三八六——五五六
11 北齊書	五〇	唐李百藥	五五〇——五七七
12 周書	五〇	唐令狐德棻等	五五七——五八一

13	隋書	八五	唐魏徵等	五八一——六一七
14	南史	八〇	唐李延壽	四二〇——五八九
15	北史	一〇〇	唐李延壽	三八六——六一七
16	舊唐書	二〇〇	石晉劉昫等	六一八——九〇六
17	新唐書	二五五	宋歐陽修宋祁等	六一八——九〇六
18	舊五代史	一五〇	宋薛居正等	九〇七——九五九
19	新五代史	七五	宋歐陽修	九〇七——九五九
20	宋史	四九六	元脫脫等	九六〇——一二七九
21	遼史	一一六	元脫脫等	九一六——一一二五
22	金史	一三五	元脫脫等	一一一五——一二三四
23	元史	二一〇	明宋濂等	一二〇六——一三六七
24	新元史	二五七	清柯劭忞	一二〇六——一三六七
25	明史	三三六	清張廷玉等	一三六八——一六四三

哈佛大學燕京圖書館藏

民國時期國學教材

李兆民卷

下

閆月珍 編

上海古籍出版社

修辭學

李兆民

修辭學

五章
計七十九頁

李兆民

第一章 辭之意義

諺云「思如潮湧」，又曰「如懸河」，蓋謂腦想之活潑，與言語之便利，儼然流水也。希臘語（言）根於心（下三），亦流水也。六國辯士蜂起，六朝文章靡麗，豈讓雅典民主時之碩彥哉。

或曰「鸚鵡能言不離飛禽，猩猩能言不離走獸」（禮記），以思想簡單，言而不為心聲，且有聲無辭者。然則人之表示意義及發音必具一致之目的焉。究之，思想不限於音信，如瘖啞之手勢，辯士之態度，優伶之身段，皆可表示，所乏者文耳。易繫辭曰「其旨遠，其辭文」，禮記表記曰「情欲信，辭欲巧」，論語泰伯篇「出辭氣斯遠鄙倍矣」，証明辭即文言雅言巧言辭之意義既顯，乃進而分析其本體。一為思想，二為言辭。前者屬內容區分，後者屬外形區分。

第一節　思想

思想者，起伏人心中之一切現象也。自古研究思想方法有四：一則研究人類之根本性質，關於哲學認識論範圍。二則以認識論之知識為內容，而從其邏輯之形式上思考之。繫乎論理。三則研究思想成立之順序及其成分，歸諸心理。四則研究以三方面所論定之一切思想於修辭學，具何條件。哲學廣遠，以非必要。茲略述心理論理兩端所論之思想如何，關係語言，藉明修辭旨趣。

（甲）由心理學論理想之範圍。可以概括一切意識現象。意識現象者，總稱起伏人心中諸般思想也。自其簡易輕微者如衝動、本能、注意至感覺、感情、情緒、欲望、意志、知覺想念概念思索，等皆屬意識範圍。其現象可分為知情意或括作知情，如以感覺與知覺為直接連屬外界之想念概念與思索不外乎想念內之別種作用。而就想念為廣義解釋。堪概括「知」方面之一切心念，至云「情」方面合情感與情緒、廣義稱為感情。時則一切思想皆在想念與感情中。故「意」已融合于二者矣。漢儒以性情相應由震舒識，亦指心理學上意識現象言也。

(乙) 自論理學方面解釋思想，即全從知力作用上論思想。論理學上所謂思想，不外乎心理學上所謂思索中之概念判斷，推理等範圍。論理學者以「概念」即抽象想念為第一步，推以「判斷」表其言語而作成「命題」

二

例如有「春」之概念，連合「可愛」之別一概念，可得「春乃可愛」之一判斷。或又可言春不可愛。此兩判斷中之「可愛」一概念早已始于「春」之最初概念中，是特提出以明二者之關係耳。[illegible]之異，前者從「春」中充分用「可愛」一概念，後又加上，生出判斷論證之價值。特別兩證而得「春乃可愛」一語，名之曰肯定命題，或肯定判斷。後者乃從「春」中取出「可愛」之一概念，証明兩概念之結合實屬誤謬而必須隔離，故名之曰否定命題，或否定判斷。更有他方面言「春乃可愛」與「春如果可愛」二判斷之形式又各自不同。前者為規定命題，後者為假定命題。成立判斷，或表現命題之要件通例有三：主部、從部、繫部。主部為成立命題起點之概念，相當於前例之「春」；從部為判斷主部相对之關係，相當於「可愛」繫部使主部與從部間發生關係，此為「乃」字之判定。

自概念而進入判斷之順序，略如上述，而思想理論之發展而不止此，凡二個以上之命題複合而生新判斷時謂之推理。例如「三月為春天，故可愛」一語，此僅比「春乃可愛」為稍複雜之判斷而已。若分作單純之判斷，可得「三月為春天」與「三月乃可愛」二判斷，而以「故」字聯鎖之，以明後者可由前者推測而知，此之謂推理。依推理法，則先立「春乃可愛」一判斷為大前提，次立「三月為春」一判斷為小前提，然後達到「三月乃可愛」之斷案，是即三段論法也。

論理上之思想，似較心理上狹小。然在論理學者則以為凡屬思想，不能逾越論理範圍。其實日常起伏於人心中之思想，不必全合論理之法則，特意識之根本上有統一性存在耳近世心理學中有聯想心理學一派，其主張以為論理上亦不外聯想法之一種，未免過廣。

第二節　語文

言語者人類以聲音表現意義之一物也。就狹義言，蓋指發於口齒者為主。廣之，以文字傳佈聲音效用同者皆言語也。今欲明其性質，當先索其緣起，再察其與聲音文字之關係。略述如左：

古人之論言語發源者夥矣，約要有四說：一曰「膜聲」，謂人類語言由於模倣動物及其他聲音而起。二曰「歎聲」，謂人類有自然發動固有之情意，而嗟嘆之，是言語之原因。三曰「情音」，謂人類既具高等之發聲機關，原有自發表情意之能力，猶金石之被擊成聲，加以節調，由複雜錯入順遂，斐然成章，自非前說之單簡發音可比。四曰「偶然」，謂言語之發生，乃由偶然無關係之一音附於或一事物漸行流播，遂帶言語之性質，以上四說各有互相為用之點，蓋語文之變遷，每由少而多，由簡單而複雜，由窮困而完整也。

雖然，言語之發生，有必然偶然二源，必然說乃模聲歎聲等音三說所共主，謂言語與意義有必然之關係。偶然說者謂言語與意義僅偶然結合耳。如云言語與意義果基於必然關係，似未成言語之先已有意義。但言語未成，止有聲音，聲音所表，僅屬胡塗之感情，不得遽謂之意義。必待由此表情進乎習慣法度之聲音，作成明白確實之意義表示，始成為言語，其中必含有偶然結合之成分矣。

發音可分譟音諧音二種。人聲屬諧音，乃由各單音結合而成無數之言語。然尚未表現，如應於是更利用聲音之

四

則，無論言語之變化，即多少音數，前後音位，與同音別高低音度，長短音波，廣狹音幅，及各種音移是也。音幅音色等美觀，隨言者臨時態度或生理心理之特性而異，非言語之固有性質也。至音數音位、音別等言語之客觀條件，可任人適用也。至與意義不可離之關係，如有變易，其意義遂殊。若音度音波則有客觀主觀二種用法。

學者咸認聲音為言語之根，固無誤矣。然聲音之源非僅依附於物類，發動於情意，而求表達已也。聲音之於人間，然其功效用亦極微妙，有時可獨立代表或刺激他人之感情，猶有進者，言語之成，言語在於如何成其聯想。蓋言語未成時之聲音，初予吾人一種感覺，次則隨之想念。必待與其所標示之事物間有常駐性後，言語始能成。其間感覺、想念、意義次第發生，即聯想作用為之也。聲音之表情作用有時超越於表意，亦出於聯想。言語所含之聲音原有起自模擬或歎聲者，故隨時使人聯想，至其最初所模擬之本體及所為發歎之情意，修辭作用，言語能利用其適當之聲調，以表其超越意義之感情，而豐富言語之內容，遂可收刺激他人感情之效果，如文章之句調，詩歌之韻律，皆所以證明其理。

今人恆言文字為言語之符號，似矣，究未盡然，文字非專為言語之符號而生，與言語並生而別出一源者也。蓋人類既知以聲音表示思想，同時又知以象形表示之，知由口傳耳矣，又知由手傳目。於是因所見，心所思者，皆依形以畫成其物，舉示他人，作為交通之具。此即文字之緣起，名，象形式，中國太古之科斗文也。從使用日繁，一切物象若都作成圖畫，未免過煩，當稍求省筆，漸與象形本意差遠，止作記號，名為記號式是由大篆變小篆，漸成漢隸及正書，可稱第一級之大進步，此等文字皆可指事會意，總名「會意式」或「意字」。隨意字俱來者爲「音符式」或「形聲」「諧聲」，又稱「音字」，一部分漢字及今之注音字母是。音字者從字者中抽出固有之意義，使其單作音之符號以別已成之語。於是昔日「字即意」之範圍，今變而入「字即語」之境界。昔日以文字兼表思想與聲音者，今全用以表言語，至此則文章特爲字記之言語耳。然而文章與言語能否完全一致，尚待討論。

蓋以發表言語時可利用音之抑揚伸縮以調節情感之厚薄，表示意義之強弱及注意所集中。若以文字記之必失其大半效果。設文章若就言語之原形造作，多得其意而失其情。然言語愈發達，文章勢力亦隨而展開，卒占優勝。至文章勢力所以優勝，若圖籍保存流布諸便利，爲言語所不及。實造以彌補缺憾而有餘，修辭作原是以補文不及語之缺憾。其法有二：一則加音之要素於文章，言語常利用音波音度音調，音彩以表微妙之情趣而使能聽者可獲深切之興發。文章可加音數音位音別諸客觀條件之補足；二則加新穎之意義於文章，言語常利用手勢、面容、身段以表態度之意識而使聽者可生發揮之領悟，文章可加譬喻、詠讚、排偶諸積極方法而補之。於是隱者顯，小者大，遠者近，雜者理，斯其效果釋而齊矣。

第三節　詞與辭及辭與思想之關係

史集多溷用詞與辭二字，實則意義有別，於精成等倖時已明之。依說文「詞從司言，意內而言外也。」辭從受辛猶理辜也」段注「詞與辛部之辭，其義迥別，辭者說也，謂文辭足以排雜飾修也，謂備章也。詞者謂摹繪物狀及發聲助語之文字也。又荀子正名篇曰：「辭也者，兼異實之名以論一意者也。」夫累數字之名而名代動靜等類之詞也，然則辭乃聯合多詞而成之一具體也。如論語云：「吾日三省吾身：為人謀而不忠乎？與朋友交而不信乎？傳不習乎？」此分析四句，每字或二字各為一詞，吾為代名詞，身人朋友為名詞，省謀交為動詞，不為副詞之類，是合言之說解，實乃個述之辭也。

而詞者以字為單位，以言語為研究之材料，故所研究之範圍為詞之性質與詞之關係。但使詞之結合，盡能合於規律，言者之意已無含混，或足以使人誤會之處，斯可謂能盡厥職矣。若夫修辭則所取之材料不僅言語，必進而求之文辭，所用以為單位者必集合而成之一字羣，非僅單純之一字，故其所要求者乃在情感之濃厚，格局之優越。例如

（一）猿人立而啼
（二）淚如雨下
（三）富貴於我如浮雲

猿啼淚下均可成句，而必加人立如則猿啼之怪狀淚下之繁多更須諸言外矣。且人自人，猿自猿，淚自淚，雨自雨，今取以相喻則猿狀之可畏，淚容之悽慘，便覺宛然在目，此乃修辭作用也。第三例改為我不羨富貴，與原句之意亦正相等但覺言詞質直，不能引起讀者興趣。今將主格之我字改為副詞短語，易以「如浮雲」三字由僭視之情況，於是使人發生一種超越人寰之遐想，此亦修辭之作用也。

詞與辭之意義既明，茲續進言辭與思想之關係。

辭為言語與思想互相結合之物，前已言之，是吾人所謂辭言其中含有思想矣。安用更與思想並論乎？從普通論文章看，雖各分辭與思想為二物，而批評亦定二標準，是不得不再分析之。請先論思想與言語之關係。思想及言語之性質，前二節已詳，至二者之關係，自來心理學者論理學、言語學者皆須論及。且認為重要問題。言語所以表思想固矣。然思想究如何表出，表出之思想是否即言語，此須亦不得不論。

第一，思想與言語間無必然之關係，譬如「松」之思想，邏輯決不定須發此聲音。因此聲音不能使任何時代，任何國家之懷同一思想，故曰「言語非思想」。

第二，思想既有以手勢，面容，身段，繪畫等直接表示，是又足須借助於言語，故言語與思想之範圍亦不同，不能認有思想者必有言語，故又曰「思想非言語」。

第三，若分思想為知、情、意三方面，言語僅為知之符號，所表但為思想之一方，則思想與言語不能謂為完全結合。

第四，言語有單語及辭章之分，僅屬散字則無思想，要思想既經複雜始能成言，而言語亦非團結不能表思想，故合有思想之言語為句，字僅為句中表現思想之材料。

第五，言語與思想相合，僅限於成句之時。此時思想即言語，言語即思想，內容外形不能分別，故始可名為「辭」。

第六，思想以屬於知力及論理者結合最易，亦最普遍，然從以加入感情之程度多寡為近於完全辭之標準。故言語與思想在「辭」之範圍內始有結合之傾向。

次論辭與思想之關係

凡人之所思，有抽象想念，具體想念二方面。抽象想念者

第十四、二十

八

其想念中尋索之物無明白之跡象，或有亦極稀薄。苟欲使其顯露，凝結固定，不得不假其符號之言語。故當其未著為言語時僅有渺漠之意識，迨其著為言語，則此意識經一度之集合運轉而成為正式思想。至是言語思想完全一致。無言語即無明顯思想之運轉。言語以外無思想，思想以外無言語。例如野人無遠慮，必有近憂一語，若非其語成立，終不過渺茫之意識。極易消失也。及此語既著，思想亦同時成立矣。由是可知抽象想念決無自始至終不具言語不具外形之實質。如此辭與思想自不能生出區別。異從想念全異，其想念本有實質，不徵言語即可得而見之跡象，亦不待其意識之集合運轉，而思想即可成。但至著為言語時始表出其象，而所表出者還否即其全體尚屬問題，至是言語思想未必一致，既有彼先之分，復不免偏全之別不得謂思想全納于言語中。例如「大風起兮，雲飛揚」一語不待成語即可想象而得風起雲揚之狀，然後此從思想而移為辭，由是可知其象想念者言語之先已具於人腦，是而辭與思想自生區別。

究之，吾道區別辭與思想者有二意，其一為左右之區別，空間之區別，無思想之辭與無辭之思想，初原孤立，及二者結合後方成文章，其二以為先後之區別，時間之區別。先有無辭之思想，然後傳之以言語而成文章。前說於理論不免矛盾，因辭既為思想與言語所合成，自無僅成其空洞外形之理，故後說比較合理，然傳於思想乃言語或詞而非辭，如謂辭傳於思想，必將陷入前說之謬誤。當知先有思想，繼傳言語，然後成為「辭」，以未傳言語之思想，與辭対立時，則思想等辭學先後之問

九

與辭，而先後之關係。自思想言之，非有無辭之思想，乃未成辭之思想。自辭言之，固無思想之辭，但未成思想之辭，亦不能存在；以燭喻之，思想其膏之可燃性也。言語其火也。辭則其既燃之燭光也。

此種理論以具象思想為合，蓋其思想與辭，依先後之關係可使對之。若抽象想念，則以其初原無不具言語之思想，故辭與思想不能對立。吾人常覺辭與思想有可分不可分之二象，每觀念，然一抽象想念時，即隨有一種隱約之言語以為胚胎。否則一切思想皆無所附麗而價發展，但此想念中隱約之言語，初甚散漫，及發之於口，筆之於書，更須整理而使完善，乃成為辭。若以比之具象想念，則前者已整理之辭，可當後者由移之辭，前者隱約之辭，尚無辭之資格，僅可當後者之所謂思想而已。渺茫之意念與其正式之思想，隱約之語與其正式之辭，其間區別甚明，自此而移於彼之作用，名曰修辭作用。既移之物，名之曰辭。其義既明，始可進求「修辭」之理論。

第二章　修辭之概要

第一節　何謂修辭學

修辭學者，研究文辭之如何綺飾而使增美，足以感人之深經也。修辭學亦曰文章學，文章二字本作彣彰，文彩鮮明之意也。論語衞靈公篇「辭達而已矣」。禮（儀禮）聘禮記「辭多則史，少則不達。辭苟足以達，義之至也」是辭之當明達爲第一要旨。又論語憲問篇曰「爲命，裨諶草創之，世叔討論之，行人子羽修飾之，東里子產潤色之」修飾潤色誠屬絕妙好辭之最大工夫。然左傳成公十四年曰「春秋之稱，微而顯，志而晦，婉而成章，盡而不汙，懲惡而勸善，非聖人誰能修之。易乾卦文言曰：君子進德修業，忠信所以進德也，修辭立其誠，所以居業也。乃古聖修辭學之極致，孟軻辯論之文亦多涉辭章範圍。至若曹丕之典論論文，應瑒之文質論，陸機之文賦，皆有証於修辭學，後劉彥和起家，積平生之研究，著有文心雕龍，沈約曰此深得文心者。可謂我國修辭學專書之所自始。

第二節　修辭學之研究法

修辭學與文典原有簡明之界說：文典僅能以字為單位，不能以句為單位，僅能以言語為材料，不能以辭為材料。以字為單位而研究之，應分字之性質及關係二面：論字之性質者為「詞性論」，論字之關係者為「作句法」，進求其用法者，乃「文章論」，亦不過總其性質與關係而謀其支配排列之得當耳。至修辭學所研究者為辭之美質，所謂美者得樹所構乎。道之途徑果安在乎。設使僅謂之美質，凡詩詞歌賦小說、戲曲皆屬於辭。從論其美，豈修辭學之範圍？然則修辭學非批評也。非美學也。蓋有其獨立之範圍。

研究辭之美質者可分三途：一、視辭為一團不可分之作品而研究其美。二、取辭中之思想而研究之。思想非辭，如未分析而但究其美，則研究者尚屬隱約之現象，結果可與第一途同歸入美學之中。三、修辭學研究之範圍，乃由思想而移為辭之中間過程。美學之研究法乃以未移為辭或已全移為辭之辭現象為主。修辭學之研究法，乃由未移為辭至已全移為辭其間經過作用為主。前者之性屬於靜，後者之性屬於動。前者屬乎結果或材料上之研究，後者屬於方法或技巧上之研究。

修辭學

十一

辭為思想之定形所裝成。思想之移為辭，亦可謂思想之發展。思想能為數階段之發展，無論至何階段，皆可著於言語或文字。特思想之發展必須依據某一原理，由簡單而複雜，而非別生他思想，否則是變換，而非發展矣。蓋發展者但以一物循一定軌道，依一定原理而運轉之也。例如「桃花為春卉」一語，初含有「桃花」「春卉」「為」三想念。如云「桃花開於三月，故為春卉」，是增「三月」「開於」等字，於原意未改，惟廣其意義複雜耳。

想念之發展大別為二階段：一曰實現，二曰理想。實現之發展指有合事實之性質者言，又可得前章所舉之抽象及具象二種。抽象發展之原理託於論理律，以論理關係作一定軌道；具象發展之原理託於因果律，以因果律關係作一定軌道。凡人思想之運轉，常依據二者之一，軌道雖異，而各循以發展也則同。譬如在具象想念中有「我明日出城」之想念，遂使發展為「我明日出城送客登車，歸時便道訪友」，此因果關係為之也。然使改為「我明日在家作文」，或「我明日就近訪友聚談，故不送客出城」，此則變換或破壞，而非同一軌道之發展，以其途出於因果外也。又如在抽象想念中有「名譽為人之第二生命」之想念，遂使之發展為「名譽敗雖生猶死，故為第二生命」，此論理關係為之也。設使改為「名譽非生命」，或「名譽雖敗猶生，賢於死，故非第二生命」，此亦為變換或破壞，而非同一軌道之發展，以其途出於論理律也。

其次說明理想之發展。理想不必以合於事實之性質為限，但本其動機而為橫行發展，非以實現為的，仍依論理，循因果而為縱行發展也。其發展之原理託於情之一貫。既以情為其一定之軌道，則論理之關係若何，因果之關係若何，皆非所問矣。此一貫之情趣固足發其想念抵于實現，即或為實現界所不見者，亦能呈露之。然有時并實現法中之論理因果之律，皆為其所破壞。且情最無定律，故理論與事實上亦難指出孰為論理，孰為因果，蓋視其快感或苦感之別，若為一貫之發展耳。例如蘇軾詠雪「飛雪似楊花」，以楊花以為增加於飛雪之想念，然非隨意無據之增加也。蓋其對于楊花輕而白之情感與對于飛雪輕而白之情感為一貫也。然以論理律繩之，雪有輕潔冷之意，殊楊花止有輕潔而無冷，二者殊未完全一致也。惟藉輕潔二點相似，均詣一貫之軌道以求聯絡。又如李白詩「白髮三千丈，緣愁似個長」，此謂愁則易老，老則髮白，更甚言之而云髮有三千丈之長，此情之一貫也。

然以白髮僅億之，則愁使髮白可也。何能使髮長，且即云長矣，
亦何由知其為三千丈乎。則惟藉愁與老二事之相因，似諳一義
之軌道，以為取給而已。故此時之發展全仗持之動機以求乎
其種耳。吾是觀之寫現之，實現之而展於修辭過程，
直接之關係，惟於既定事實之素材，而與其在論理或因果律
上有無違背，認為修辭過程上之最低標準，或探求其確係
件，設之理想之發展為修辭上之最高標準，或探求積極條
件，以修辭之技巧加諸素材，即始於此。蓋理想之發展即在
物象之發展由隱約散漫之狀態，進為顯出結集之狀態，更由
弱進為高強之狀態。情愈感結體之程度愈高程度高，乃
為思想團結有力之原。思想團結有力，然後易於實現易於
動人。故凡從將一作辭之思想，必使其經過前所云之發展然
後為言語，由修辭所

一三

很定著於言語。此修辭所萬不可缺。不然亦不能成其為完全之辭。故可稱之為修辭之內容」

其二內容相對者則為外形。外形之修辭，即思想發展至極點時則所用之言語須使表示想念思義之外。猶不失其感情。豈但不失，且可增加。是以言語充分表現思想發展之效果也。至於言語之表情，一可利用言語之聯想，二可利用聲音之引性。利用言語之聯想者謂之語趣。利用聲音之引性者謂之音調。語趣之表情謂言語在其固有之意義及感情外，尚有一種特殊作用（所不可分離之聯想也）。有此聯想，斯附有一種新之情趣，即言語運用時所自然生出之光彩也。語趣須藉習慣而有其表情。音調則獨立自有其表情。前者起於言語及習慣之聯想，後起於聲音及感情之一致。文章之背景屬於語趣表情，語勢及形式屬於音調表情。二者之修辭皆係重要作用，故可稱之爲修辭之外形。總之，修辭有內容外形二面：一根據於想念之發展，一根據於表情之利用。修辭學因於如斯學談辭之範疇，觀此可明。適應於此種種方面，適當闡明修辭之修辭現象，即修辭學所研究者也。

第三節　修辭學的宗旨和效果

辭之旨在達己意於人，務求語與思符。而修辭之旨在何以達其辭。本旨有別，昔者學子於此嘗作多説。一派學説在人既知文以載道，修辭家不啻立勸説之目。孔思孟明人及游士皆習修飾辭令對之術。孔子曰：言之無文，行之不遠。衛且全部國語國策，注意若何説服人，亦不外此。惟各行其道耳。唐柳宗元曰：文者以明道，是固不苟爲炳炳烺烺，務采色，夸聲音以爲能也。宋葉適曰：爲文不明，雖工何益。此尤同載道修辭

十四

之辭曰。或謂勸導說即訴之於聽者、讀者之意志，究實辭答。蓋意志在心理上至今猶難確其義，如慾望、決心等，與情之關係至切，總稱意志，不知人心之活動力，必藉情驅使，仍果實現，換言意志，非審議也。

二、論理說。蓋云邏輯為辭之上乘，堪以準則思想也。不知文章有時違論理規律，益覺巧妙者。人每以整齊論理即修辭直捷方法，而措其價值，豈曾深思哉。若所期不止於理明辭達，則必別有一種隱約之情趣運用其間。蔡邕所評「色絲女外孫齏臼」，誠非限於論理也。

三、美感說。美為修辭現象最易感覺之情態，可稱極致。文章之美，非僅為美學之所謂美。尚含有真善等義，又其美非僅靜的，當兼生氣活動。且非止感其本體美云爰蓋求其能感人。猶有進者，有生氣活動之美，足以感人，其作用雖在於刺激情感，易咸卦彖曰：二氣感應以相與，止而說，觀其所感而天地萬物之情可見矣。上六，咸其輔頰舌。注：輔頰舌者所以言者，咸人以言，是發爲美辭矣。

修辭之宗旨既明，其效果可知。文章足以動情，必修者先自富其情，更用特殊之辭法以增進文章之情，而令讀書之時興之相感，故作者之情不足，則文章之情難豐，而讀者之情亦不受其刺激。必使其修辭現象之所及，能令讀者徹底感動，忘其所有，遷而隨之，如昔人所謂：情生文，文生情，則其效果也。何謂特殊之辭法，即藉情之豐發其想念，抵其所欲現也。蓋人之意識最尊，辭而情又最無性，尚非納諸一貫之軌道使之集中焉，是必感人，不徒臨實之鋪寫，而在想念之實現。使文章生強烈之情，用以刺激讀者之心。例如王昌齡[illegible]閨怨

修辭學

十五

夜飲詩「遙向吳江別，來意青山明月夢中看」，江上青山明月最易移情，然情深於故交，則雖處其景亦如夢中看耳。是託其別後思念之舊情若何。又重別李評事「吳姬緩舞留君醉，隨意青楓白露寒」，評事急欲上長安，然不可留，乃藉吳姬緩舞之力以留之，為客欲急，姬舞偏緩，庶可冀客醉耳。其依戀之情不亦深乎。醉後隨意所適，雖以青楓之將落，夜路之相侵，而不覺寒氣迫人，是言詞婉轉之至矣。王昌齡送沈子福之江東詩「唯有相思似春色，江南江北送春歸」。此唯有春字是從寂寞中轉出，以春色喻相思，極妙極似，蓋春色不限江南北，相思亦然，當隨人所往而追躡之，不令人感嘆寂寞，措辭之妙，亦可見。戎昱別湖上亭詩「好是春風湖上亭」，暗指意中人之好言也。春風來意何知，意在柳藤，婉如其人之難捨，一推一就，纏綿嫵媚，異乎和別恨詞。[illegible]捲春山朝[illegible]

燕空忙，不念花無主；以所處之環境比簾櫳，而年少若青春花好時有限，燕無知，我與重利輕別離之商賈何異，識怨情也。然情由忙中暗示，雅而有趣，最宜山間思細讀。觴未飲心先醉，為有春愁似酒濃也。緣醉酒是以解愁。今反言酒似春愁，與欲遂竟墜淚同情之強烈，乃由此修辭現象中表出是。故修辭以情趣為尚，可謂最難之主張，以其合乎人心中之喜悅哀怨，斯美之本意可得矣。

心理學家言知識有二種：一為單純認知，一為加意領會之。譬之曰，假使限於前者，不能謂有修辭現象，必至後者始有修辭之作，蓋可謂加意領會者，確定注意集中之點，令意識結體非常顯出之謂也。由此愈進愈深，乃達信念（信念者亦情之作用，故刺激感情首要令注意集中。）此人見

修辭學　十六

說理文中引用特殊事例，或譬喻，往往謂是論理作用，其實不然，事例譬喻非以助長論理，但為增進加意領會，加意鈎留，不問論理之精神。此為加情於概念，而喚起注意，或備平易之例喻以新定注意集中點而已。復次，說理時亦有修辭之現象，而令思想利於團結。若論理太甚，文辭逆，當恐將流於散漫無紀。失卻注意集中。故借具象之例，或借說，知闌缺之理以制禦過度之分解散漫，而使意得有結體，然後加入情趣，而導之歸于集中。如劉向之諫起昌陵疏，韓愈之諫佛骨表，皆屬論文，本可止求論理精密，然其所以說之動人者，不在論理精密，而在其意注，集中點上作聚之情極為飽滿也。

三曰：調辭以務似生情。今歷文章之情為內容外形二種。內容者指隨附於思想本身之情。外形者指會合於辭式之体之情。例如山勢蜂腰斷，溪流燕尾分」一句，擇蜂腰之突如中斷，燕尾之平出分流，可以刺激一種突兀分趣之情，此內容之情也。同時山勢與蜂腰，溪流與燕尾兩相比附，間接發生其聯想中類似之點。此在知力活動之形式上極適合於發生快感，故為外形之情。且蓄水攔激其勢更盛，比較物相差愈遠，隨帶之快感愈多，此又知力活動上隨帶之情也。其他尚有合於論理而生之情，合於事業實而生之情，皆不問內容為何物，止論外形何以生，此皆可謂外形之情。總之，修辭學乃刺激種種感情，惹人注意，使之織結體可達圓滿工夫

第三章　修辭學之組織

修辭之目的在動，現象為此業，故文章亦美術之一種也。文

章之美，然至複雜，可研求之處甚多，大別有二，材料與技巧是。材料係作成美術內容之思想，技巧為表現內容之過程。修辭法乃即用之於此兩過程，修辭學即所以究其技巧。然技巧既用以表現思想，須運用選擇之技巧，其他對于適應語文之思想，亦須運用修飾之技巧。譬如有「面色鮮紅」一思想，可改曰「紅顏」，此但為語文之表出屬於外形之修辭過程。如再改曰「紅顏」，一番鬱團思想之表展屬於內容之修辭過程。又改曰「顏色桃花紅」，並語文思想而施修飾之技巧矣。然前三者皆不失為修辭之過程。由此可知思想移為語文之過程中一部分思亦進於技巧之階梯。故思想自發起至展開直至發表，皆思想發展之經過，就中分直接與技巧有關或無圖兩部。一為理想之發展，一為實現之發展。其理想之發展即技巧之運用，而為修辭現象所從出也。茲將修辭現象之區分與說述後，

第一節　修辭現象之區

文章成美之過程，已分三段比較，是證其有積極修辭現象之文，可稱美術文。止照實鋪寫者為平敘文。一則思想有技巧之發展，語文有技巧之適應。一則思想語文皆無技巧者也。前之平敘文雖無修飾之技巧，而思想既經表現成為文章，亦不能無過程，有過程亦不能毫無現象。特此僅照實表現思想耳。如是思止求事敘理明，不求鉤近委曲，語文止求表裏一致，不求精工綺麗。蓋謂思想符論理之條件，如命題先標，層次順序類是。語文符文典之條件

如行文純正，用字明確，類是，皆修辭之消極條件也。文苟不備此條件，意義必晦澀，非但不能感人，並使人不得其要領，焉能斐然成章哉。作文當備消極條件，尚更求積極條件。積極條件修辭之內容為理想之發展，外形為其情之利用。前章已略言之，茲復為之分析，內容則有想念之增加，想念之變形，想念之排列，想念之態度四類。外形則有語趣之表情，音韻之表情二類，音韻分聽覺及形式。形式再分口調及律格

綜之修辭過程可分為消極積極二部，修辭現象可分為內容外形二部。內容為思想之思形，簡名「想形」，外形為語文之形，簡名「語形」。二者相合是為「辭藻」，辭藻即文思之精華也。南史梁簡文帝紀，帝讀書十行俱下，博綜

羣書，辭藻艷發，蓋有漢魏六朝綴國亂楚辭之勢也，

已成一片矣。

第二節　修辭現象之統一

上述各種辭藻，各有特殊之領域，獨立之權能。若無以統之，則多種現象將何所託乎。實際上更有一種靈現象，以統一其他各現象，即文體是也。文體有主觀客觀二方面，作家之風格及興會，表現於修辭現象中以統一其他各現象者，謂之主觀文體；思想之目的及言語之特殊表現於修辭現象中以統一其他各現象者，謂之客觀文體。主觀文體因人而不定，客觀文體實而必然。如文心雕龍體性篇云：「賈生俊發，故文潔而體清；長卿傲誕，故理侈而辭溢。」屬于作家之風格(1)，因人而不同，文物備云

寫氣圖貌，既隨物以宛轉，屬采附聲，亦與心而徘徊」，屬於作家之興會，因時而或異，故爲自由而不定者。他如定勢篇云：「章表奏議，則準的乎典雅；賦頌歌詩，則羽儀乎清麗。」屬於思想之目的，各有其歸趣之別。明詩篇云：「四言正體，則雅潤爲本；五言流調，則清麗居宗。」屬於言語之特徵，各成其體製，故爲確定而必然者。蓋主觀文體，以作家之性質情感爲標準。客觀文體以既定之思想言語爲標準。前者對於後者或各異短長，後者對於前者則隨所取舍，總之文體乃修辭現象之歸趣、諸種辭藻之運用，此皆爲其所統一焉。

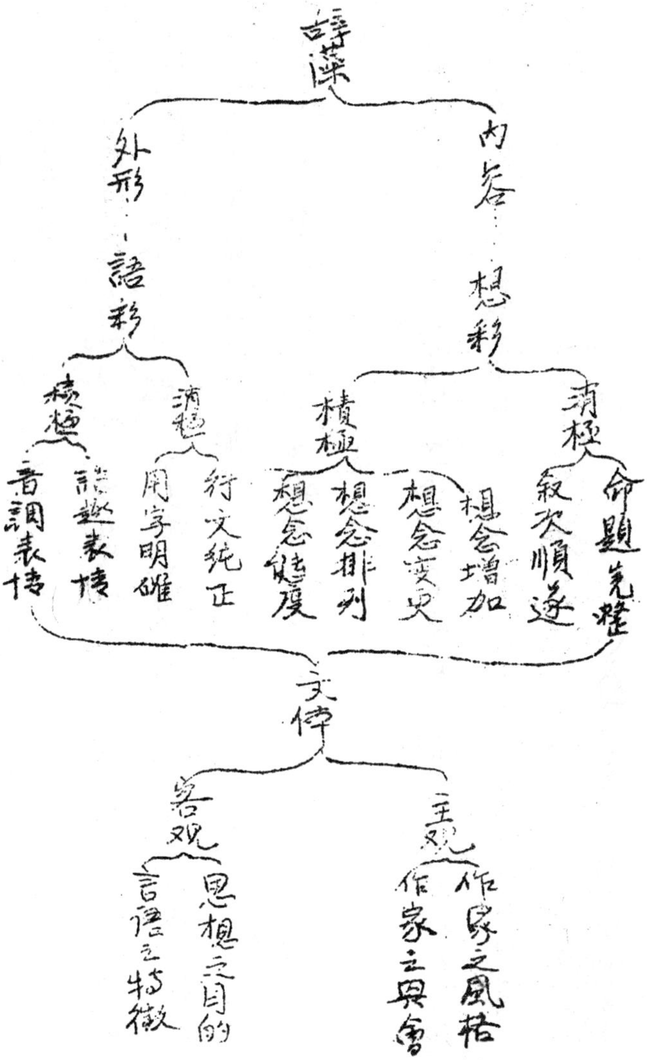

第三節　修辭之預備

文章之成分為字語句段，故欲辭藻優美，必先將詞句

修辭學

廿

中之疵累隱去，是前提也。既益以優美材料，再加技巧修飾，然後可臻真善美之地。僅茲將去蕪諸詞辯句等重要各種條之大分述如左：

(一)去蕪

文辭之最低限度，固在意義明達，詞句清楚，非必具何特殊點，然不可有缺陷處，使人讀之或生反感，換言之即衣先論理條件。雙就者焉。此條件雖屬消極，而宜詳述之，而不具備，不足以語於積極也。略舉之要點細繹考語

文辭必根據語言。而語言時有變遷，地有同異，故善為文者必以其時，適當之語文，傳述當地真確之意旨，決非強古以合今，或違逆時代潮流而立說。如引僻典異凡

文辭之生僻隱僻及不見史傳之字，故亦爲僻典也。僻典當不爲今人所通用，用之不達，更難生感。文士幸勿強効陳腐詞句以襲爲舊套，參雜專門術語以自詡宏富，蓋均有以害於文辭之通順也。昔賢之嘉言美詞，爲今代之人所通用者，吾人宜熟讀而細味之，俗語隱語，採擇以入；若古文僻經，日新斗奇，百年死字，務求避免，大不雅者，尤應擯棄。今文學士亦不爲，必依託孔壁汲冢，僞古文，令人不識其字以唱高，識修辭之障礙也。其他杜撰，或妄改成語，亦辭家所忌，晚近自號新文學家者，流於不求字義與聲調，任意創造成語，譯辭新名詞，時或偏僻古奧，成語更遺忘其一二字，不加詳考，即率用之，後乃以訛傳訛，真似讖語，名之不正，可知矣。至雜採外國語文，競時髦，殊堪

修辭學

廿一

造實，當知文辭之主要用處，不在作者而在讀者。倘中雜有外國語，則為未諳外國語者所未通，甚感困難。方言之白亦然，其效力祇限一方，如用於文，於此方人讀之固覺洋洋有味，而異地人觀之，即無從索解。甚有今劉以外國語為詩句者，袁世凱當選總統時，其黨羽某獻頌詩，有曰：天縱有爾，傑西里，同將百里爾，天縱如此，誠遷解剖，寧不令人噴飯乎！

亦革亂後青年競倡民間文學，採訪市境鄉村歌謠，附以注序，便於據為文學；前輩辭家間為之點選，於鄙陋俚俗，聞之不能入耳，聞之深感肉麻，斷難陳諸大庭廣衆。小說如品花寶鑑、九尾龜等，多有之。劇秘穢語亦所不免。欲文辭純潔者，切宜懸為厲禁。

否則一人既造作者，方自付其描寫盡致，不知無形中已自損文格矣。由思想言語一致，既造成辭，必含有意義，但其意義之廣狹，臨場必須審慎，所採取詞句，是否能曲盡，一有忽略，則文與意岐，或上下不屬，氣非鄰於晦澀，即涉於暗昧，然晦澀暗昧之文，焉足以言巧妙符契。

（二）儲詞

古諺云：長袖善舞，多財善賈。胸中儲詞不豐，胡能運其文辭，瞻美。儲詞者，非強記憶成語之謂，蓋有漸積而致之方法焉。讀書時每遇嘉句，或一段要文，必口誦心維，多加揣摩。存儲腦底，且不時溫習，不致忘失。作文時須將存儲詞句，施諸實用。或臨筆欲用何詞，而心有所感，必覓辭典考証以求適當，此外所應注意者，遣詞多少務必得宜，蓋應有而不有，與不應有而有，均非也。前者之弊爲殘缺，後者之弊爲重複與累贅。殘缺則有意而不能自明，陳義而不能自圓其說，儼如人之口舌官能未完備者然；重複則說而又說，未免令人生厭；累贅則似人生贅瘤，無益於體，反累其身，徒多此無謂之枝節也。

(三) 辭句

句者局也，語意已備見於此事若干詞之局中也，故每句必須成一意，所發意無混於一句，一句亦不可分數句也。然吾人精思運詞之際，每爲一義之數點，難以遽斷，因當上下文之關係，與作者之情感所趨而別之。例如老子道德經廿六章「重為輕根，靜為躁君，是以聖人終日行不離輜重」句，若單從修辭工夫，輕重比較上觀，可作一句。如就引為喻，分作二句或三句亦未嘗不可。又六十六章「江海所以能為百谷王者，以其善下之，故能為百谷王；聖人欲上人，以其言下之；欲先人，以身後之」句，若泛論兩種潛勢力，則可作二句，如就上下文固係言，偏重聖人之謙德善下，豈不能作一句讀乎？

像形式言，此長短句也。其他短句如「近樂者赤，近墨者黑」，「積穀防饑，養兒待老」等皆然也。其他五句長短之伸縮作者當有伸縮，若短之句可使之伸長，甚長之句可縮之使短。例如「我讀書三年」可成一短句，若益之為「昨晨我在花園內讀我所喜之本最有價值之書」已二十字，仍為一句。但情節較複雜耳。事簡意單用短句，設情節曲折則

修辭學

廿三

長之，理固然也。又所言急促時常用短句，如「來，予與言」。「歛哉！汝諧」之類是。又文有頓挫，或鍊句亦用短，如「人誰無過，過而能改，善莫大焉」。「片言可以折獄」。「由，誨汝知之乎」頓挫之句也。「謀之不臧，則具是依」。「君子信盜，亂是用暴」鍊句也。

句互長短伸縮，于語趣音調頗有影響，顯其修辭現象。而句之整齊尤甚。句須整齊，兩句或數句對偶，既易成誦，且可引起讀者精神。惟排列過多，易板滯，設或殘湊堆砌。反使人生厭矣。又句中有不可分讀之處，或終止之詞者為緩句。反之為急句。用急句多則文字緊[illegible]勁，而其弊流于擽切。用緩句多，則文字舒暢，而其弊流于軟弱。故句之或緩或急，全視作者善于支配也。

第四章 修辭之方式

第一節 辭藻之內容

第一項 消極之想形

辭藻之內容，或謂之文思，即思想之色彩也。簡稱想形。消極之想形爲想念中之實現發展也。按前述實現發展分抽象想念及具象想念二種。凡理論屬于抽象想念類，依論理學而以論端紊亂爲戒。凡事物屬于具象想念類，依因果律，兩以因果顛倒爲戒。依論理律則，命題表現完整，依因果律，層次貴乎順序。不經此過程，想念尚難明晰，並無望乎未來。茲分釋如次

甲、命題之完整　命題爲論理學名詞，所以判斷表示意識之事物也。無判斷成立之理，則命題至要

其從部。二者無缺，是爲命題。先提命題又有單複之分。單式命題，其主從部各一，例如曰民無信不立。曰民無信也爲主部，曰不立也爲從部。巧言令色鮮矣仁也，曰巧言令色也爲主部，曰鮮矣仁也爲從部，皆主先而從後，順遂之方式，數簡之理論也。如三年無改于父之道，可謂孝矣也。曰孝矣爲主部也，曰三年無改於父之道也爲從部。曰夫子之道，忠恕而已矣也。曰忠恕也爲主部，曰夫子之道也爲從部。此皆主後而從先，倒裝之方式也。

複式命題則有一主而數從者，例如曰大學之道，在明明德，在親民，在止於至善也。

有一從而數主者，例如曰德之不修，學之不講，聞義不能徙，不善不能說是意義也。

有二命題相對待者

例如「道之以政，齊之以刑，民免而無恥；道之以德，齊之以禮，有恥且格。」

有二命題相交互者

例如「舉直錯諸枉，則民服；舉枉錯諸直，則民不服。」

有數命題相排比者

例如「恭而無禮則勞，慎而無禮則葸，勇而無則亂，直而無禮，則絞。」

有數命題相蟬聯者

例如「天命之謂性，率性之謂道，修道之謂教。」

修辭學

卅五

有數命題相錯雜者

例如：「不仁者不可以久處約，不可長處樂，仁者安仁，知者利仁」。

凡此複式命題，亦單式命題所結成，苟分析之，則每一判斷皆可自立，皆可遂乎完整。若其成立要件，或有不足致破壞其完整時，補其不足，亦可得命題完整的過程。主從或太雜亂，致無統一結合時，分解清理，亦為命題完整之方法。

理論之簡者，固可以單式或複式之命題判斷之矣；若其論緒過繁，非練習多數之命題而成一大命題不足以盡之，則先立一主題，更逐次分疏之，無論其辭之多少，皆與此主題不離不背，否則紊乱無章矣。讀《中庸》曰：「凡為天下國家有九經……」
有時單一主題且不足賅，則須析其主題，使之對待交
互，排比，蟬聯，錯雜，以資解說，結果得一完備之理論。
其對待者（讀《孟子·梁惠王下》曰：「齊宣王問曰：『交鄰國有
道乎？』孟子對曰：『有……』」）
其交互者（讀《孟子·告子下》曰：「宋牼將之楚，孟子遇于石丘，曰：『先
生將何之？』曰：『吾聞秦楚構兵……』」）
其排比者（讀《孟子·梁惠王下》曰：「孟子見齊宣王……左右皆曰：
賢，未可也……」）
其蟬聯者（讀《孟子·離婁上》曰：「居下位而不獲於上，民不可得
而治也……」）
其錯雜者（讀《孟子·公孫丑上》曰：「夫仁，天之尊爵也，人之安

修辭學　　　　廿六

宅也。莫之禦而不仁，是不智也（三・三・三四）。至若命題過大，非單用一法所能盡者，則須備用諸法，綜析兼施，而理論始大明，如《尚書・洪範》先立九疇之目，然後逐條分析之。每項中更析細目，一一釋之，提綱挈領，論繹繁而不亂，此抽象想念發展之極則也。

（二）序次順遂　具象想念，蓋以事物為根據。事物之始、終、首、尾、本末，於是因果生焉。每敘一事物，必須始終紊亂，本末具明。主部在先，繫部在後，是為序次順遂。層次亦有單複之分，㊀單序者，主部及繫部各一，最簡之事物也。如晉人伐衛，晉人為主部，伐衛為繫部。周公出奔遂。周公為主部，出奔遂為繫部。有特省略主部，如《春秋》本魯史，其所書「螟」「大饑」「大雩」「城郎」皆魯國之事，雖有主詞而意仍可喻也。

複序者有一主而數繫，如過秦論曰：「秦孝公據殽函之固，擁雍州之地，……商君佐之，內立法度，務耕織，修守戰之具，外連衡而鬭諸侯。」有數主而一繫，如曰：「寧越徐尚蘇秦杜赫之屬為之謀，齊明周最陳軫召滑樓緩翟景蘇厲樂毅之徒通其意，吳起孫臏帶佗兒良王廖田忌廉頗趙奢之倫制其兵。」有二主繫對敘，如曰：「秦無亡矢遺鏃之費，而天下諸侯已困矣。」有數主繫列敘，如曰：「齊有孟嘗，趙有平原，楚有春申，魏有信陵。」有數主數繫并敘，如曰：「惠文武昭襄蒙故業，因遺策，南取漢中，西舉巴蜀，東割膏腴之地，收要害之郡。」

複序者皆單敘之結合，則一主繫皆自可順遂。特因整理便利計，就其類近者歸納於一方，以成為種種方式。凡事物之間有因可以案序或類序法敘次之矣。若事物過繁非數語所可盡，則須先標主部，而後次第述諸繁部。其要在使主部顯明，而繁部各有條理，切忌賓主不分，先後失序。如傳一人，則姓名居首，次及里貫家世，次及其性格行為，又次幼壯而老死，或插其佚聞，或殿以評論，中間或有於敘他人處，亦當使其主賓分明，可讀漢書甘延壽傳。如誌一地，則地名居首，次及疆域沿革，次及山川形勢，風土景物，又必由大而小，由近而遠，可讀漢書地理志。若屬遊記，則須本其觀覽步履所及之先後，依次述之。可讀柳宗元至小丘西小石潭記。

如記一事，則先舉主因，次陳經過，終明結果。其中述及事之關係人，亦著明主賓。可讀史記吳世家吳公子光求之一段。

如述一物，則先舉名目，次說形質，再詳功用。可讀漢書食貨志述貨幣。

至如典章制度，事非一端，必須先綱領而後條目。可讀尚書堯典。

遇其繁瑣複雜，務醒眉目，須用歸納法敘之。可讀縕汙子齋章、閨室雜辭祿。

若夫史編地志，并舉兼包，先後錯綜之間，尤難網言。可盡蓋具象想念之極則也

修辭學　　廿八

第二項　積極之想彩

第一目　譬喻法

譬喻法，于理想發展時附加同一情趣之新想念以丰富其原情而使意識結體也。此為修辭過程中應用最廣、效力最大之一法。其別有九：

(一)真喻　以顯明之事物比他事物，而喻義與本義區別極明也。有附以「如」「似」等字者，如曰「富貴於我如浮雲」，曰「飛雪似楊花」。有不說而自明其為喻者，如曰「良藥苦口利於病，忠言逆耳利於行」，曰「人而無信，不知其可也。大車無輗，小車無軏，其何以行之哉」。此法多見於詩歌中，例如：

「關關雎鳩，在河之洲，窈窕淑女，君子好逑。」

「南有樛木，葛藟纍之，樂只君子，福履綏之。」（詩經周南）

「螽斯羽，詵詵兮，宜爾子孫，振振兮。」（詩經周南）

「麥秀漸漸兮，禾黍油油兮，彼狡童兮，不與我好兮。」（箕子麥秀歌）

「新裂齊紈素，皎潔如霜雪，裁成合歡扇，團團似明月，出入君懷袖，動搖微風發。常恐秋節至，涼飆奪炎熱，棄捐篋笥中，恩情中道絕。」（班婕妤怨歌行）

「冉冉孤生竹，結根泰山阿，與君為新婦，兔絲附女蘿。……」（古詩）

其他理論文亦要採用，例如：

「君子之德風，小人之德草，草上之風必偃。」（論語）

「挾泰山以超北海，語人曰：『我不能。』是誠不能也。為長者折枝，語人曰：『我不能。』是不為也，非不能也。故王之不王，非挾泰

修辭學　廿九

山以超北海之類也，王之不王，是折枝之類也。」（孟子）

「防民之口，甚於防川，川壅而潰，傷人必多，民亦如之，是故為川者決之使導，為民者宣之使言，……」（國語）

「且趙之於燕齊，隱蔽也，齒之有脣也，脣亡則齒寒，今日亡趙，則明日及齊楚矣。」（戰國策）

（二）隱喻　藏喻之形，而義與本義混而難別，多見詩歌中，例如：

「匏有苦葉，濟有深涉，深則厲，淺則揭。」（詩經邶風）

「碩鼠碩鼠，無食我黍，三歲貫女，莫我肯顧，逝將去女，適彼樂土，樂土樂土，爰得我所。」（詩經魏風）

「予欲望魯兮，龜山蔽之，手無斧柯，奈龜山何。」（孔子龜山操）

「南山有鳥，北山張羅，鳥自高飛，羅當奈何。」（宋康王舍人妻何氏美，王欲之，捕舍人，何氏作烏鵲歌以見志，遂自縊）

「蓬生麻中，不扶自直，白沙在泥，與之皆黑。」（史記）

「鴻鵠高飛，一舉千里，羽翼已就，橫絕四海，橫絕四海，又可奈何，雖有矰繳，將安所施。」（漢高祖鴻鵠歌）

說理之書中間用之，如：

「虎兕出於柙，龜玉毀於櫝中，是誰之過與。」（論語）

「城門之軌，兩馬之力與。」（孟子）

當以莊子較多，如寓言篇是。

（三）諷喻：一語兼含他義，將諷刺勸誡之意寓於物類，或假托之事，以資諷勸，蓋以文學中應用最廣之法也。例如：

「鴟鴞鴟鴞，既取我子，無毀我室，恩斯勤斯，鬻子之閔斯。」

修辭學 三四

……」。（詩經邶風）。
「枯魚過河泣，何時悔復及，作書與魴鱮，相教慎出入。」（漢樂府雜曲）
「煮豆燃豆萁，豆在釜中泣，本是同根生，相煎何太急。」（曹植七步詩）
他，如禰衡鸚鵡賦借喻身世。司馬相如子虛賦借畋獵之事，皆辭賦之諷喻。國策莊辛對楚襄王借蜻蛉、黃雀、黃鵠、蔡聲侯之事，喻襄王之淫侈。史記滑稽傳淳于髡對齊威王借飲酒諸方式喻威王之沈湎，皆散文之諷喻。
（四）引喻乃引古人之故事成語以飾其辭而增其言也。（參七多）
引經子及先哲詩文，批評家節之曰古典、派或疑之，然其引喻之處，實助進文情，增多興會，亦重要之修辭法也。

例如：

「使君官不遠，骨肉還相薄。買臣困朱樵，伉儷不安宅。陳
平無產業，歸來翳負郭。長卿還成都，壁立何寥廓。
四賢豈不偉，遺烈光篇籍。當其未遇時，憂在填溝壑。
英雄有屯邅，由來自古昔。何世無奇才，遺之在草澤。」
（左思詠史）上引故事

「秦皇御宇宙，漢帝恢武功。歡娛人事盡，情性猶未充。
銳意三山上，託慕九霄中。既表祈年觀，復立望仙宮。
寧為心好道，直由意無窮。曰余知止足，是願不須豐。遇
可淹留處，便欲息微躬。山嶂遠重疊，竹樹近蒙籠。開衿
濯寒水，解帶臨清風。所累非外物，為念在玄空。朋
來握石髓，賓至駕輕鴻。都令人逕絕，唯使雲路通。

一峯陵側景，無事適華嵩，寄言賞心客，歲暮爾來同。」
（沈約《遊沈道士館》）上典「故」兼「引」。
其主論之中用之尤多。
例如：
「《康誥》曰：『克明德。』《太甲》曰：『顧諟天之明命。』
《帝典》曰：『克明峻德。』皆自明也。湯之《盤銘》曰：『苟日新，日日
新，又日新。』《康誥》曰：『作新民。』《詩》曰：『周雖舊邦，其命維新。』
是故君子無所不用之極。」（《大學》）
上引此、（成語）
〔……王曰：『寡人有疾，寡人好貨。』對曰：『昔者公劉好貨。《詩》
云：「乃積乃倉，乃裹餱糧，于橐于囊，思戢用光，弓矢斯
張，干戈戚揚，爰方啓行。」故居者有積倉，行者有裹囊

道。以上一段，可以義方啟行。王如好色，與百姓同之，於王何有。王曰：「寡人有疾，寡人好色。」對曰：「……昔者太王好色，愛厥妃。詩曰：『古公亶父，來朝走馬，率西水滸，至於岐下，爰及姜女，聿來胥宇。』當是時也，內無怨女，外無曠夫。王如好色，與百姓同之，於王何有？」（孟子）

他如屈原離騷中歷舉太康、羿、澆、桀、紂諸人之敗亡，李斯諫逐客書歷舉由余、百里奚、蹇叔、丕豹、公孫支、商鞅、張儀、范雎諸人有功，皆用其法。

（五）提喻　由全體與部份之關係結合而成，或提特殊以喻綜名，或提綜名以喻特殊。或提具象事物以喻抽象理論。或提抽象名詞以喻具象想念，亦修辭之要法也。其用於單詞者，如以「隱肉」總喻隱士，以「嬙施」總喻美人，乃特殊喻

修辭学　三十二

總名，以「三國」喻「魏蜀吳」，以「右軍」喻「王羲之」，乃總名喻特殊。又如以「燃犀」喻明察，以「掩耳」喻蔽聞，以「掛冠」喻退隱，以「折柳」喻送別，乃具像喻抽象。以「嗣續」喻子孫，以「伉儷」喻夫婦，以「芒屩」喻麻履，以「步搖」喻首飾，乃由抽象喻具象。至用之詩文句中者，特殊喻總名。

例如：

「雖有「姬姜」，無棄蕉萃。」（左傳引逸詩。見子書、成晉篇）

「「西子」蒙不潔，則人皆掩鼻而過之。」（孟子）

「悲風鳴我側，「羲和」逝不留。」（曹植贈王粲詩）

總名喻特殊，例如：

「入匡郭而追遠兮，念「夫子」之厄勤，彼衰亂之無道兮，乃困畏乎「聖人」。」（班昭東征賦）

「翰林風月三千首，吏部文章二百年。」（歐陽修贈王介甫）

「君子之厄於陳蔡之間，無上下之交也。」（孟子）

「漢親誅其三公」以謝前過。（枚乘上書重諫吳王）

具象喻抽象。例如：

「相去日以遠，衣帶日以緩。」（古詩）

「惟向深宮望明月，東西四五百回圓。」（白居易上陽白髮人）

「相如乃與馳歸，家居徒四壁立。」（史記司馬相如傳）

「宮之奇以其族行，曰：『虞不臘矣。』」（左傳僖五年）

抽象喻具象。例如：

「江南無所有，聊贈一枝春。」（陸凱詩）

「君門嗟緜邈，身計念居諸。」（高適詩）

「孔子曰：『殷有三仁焉。』」（論語）

「百昌」皆生於土而反於土。（莊子）

「手攜漫刺謁朝官」。（戴復古詩）

（六）換喻　取異類之物以代本體而喻之也。大別有五：

一為屬物與本體之關係。如「老子」「莊子」「孟子」「荀子」以人名代其所著之書。「黔首」以代百姓，「巾幗」以代婦人是也。「冠蓋」以代官僚是也。

二為徵物與本體之關係。如「元首」「股肱」以代君臣。「喬梓」以代父子，「手足」以代兄弟。「耒耜」「饔飧」以代勞人是也。

三為地位與本體之關係。如「陛下」以代君主，「萑苻」以代盜賊是也。

四為原料與本體之關係。如「毛穎」以代筆，「焦桐」以代琴是也。

五為形狀與本体之關係。如「鷁首」以代船，「鶴膝」以代杖是也。

詩之中偶用此法，足以增其色彩，蓋藉聯想之作用而助情興也。

第一例如：

甲「羔裘逍遙，狐裘以朝」（詩羔裘）

乙「雖非甲胄士，疇昔覽穰苴」。（左思詠史）

丙「太祖在漢中，劉備據山來，使劉封下挑戰。太祖罵曰：『賣履舍兒，長使假子拒乃公乎！待我取黃鬚來擊之。』」（魏略）

第二例如：

甲「哀今之人，胡為『虺蜴』」。（詩正月）

乙「昔為鴛與鴦，今為參與辰」。（蘇武詩）

「檀道濟見收，怒目如炬，脫幘投地，曰：『乃壞汝萬里長城。』」（宋書檀道濟傳）

第三例如：

「東鄰之嬉，那得之嬪。」（詩韻人）

「文園」終病渴，休詠「白頭吟」。（杜牧詩）

「東魯」營周，窮尊刪採；「西河」紹魯，著彼讚述。（梁簡文帝請賀琛奉述毛詩義表）

第四例如：

「萬里風帆水著天，『麝煤』『鼠尾』過年年。」（黃庭堅詩）

「衽金革」，死而不厭，北方之強也，而強者居之。（中庸）

「桂櫂」兮「蘭枻」，斲冰兮積雪。（楚詞九歌）

第五例如：

「月團新碾瀹花甆，飲罷呼兒課楚詞」（秦觀秋日題邢敦夫壁）

「春寒惻惻掩重門，金鴨餘香殘火尚溫。」（韓偓絕句）

「七千里外二毛人，十八灘頭一葉身」（蘇軾初入贛過惶恐灘）

（七）擬聲喻　擬事物之音以修飾文章也。蓋以吾口頭器官擬對方之音模成己音。附諸事物而使之活現也。詩文中多用此法。例如：

「風雨淒淒，雞鳴喈喈……風雨瀟瀟，雞鳴膠膠。」

「喓喓草蟲」「雝雝鳴雁」（詩國風）

「唧唧復唧唧，木蘭當戶織……不聞爺孃喚女聲，但聞黃河流水鳴濺濺……不聞爺孃喚女聲，但聞燕山胡騎聲啾啾」（木蘭詞）

修辭學　　三十五

曰：「瀖泋濩渭，蕩雲沃日。」注謂衆波之聲（木華海賦）

曰：「砅巖鼓作，漰湱澩灂。」注謂水波相激之聲（郭璞江賦）

曰：「飄忽淜滂（風擊物聲），激揚熛怒，耾耾雷聲，迴穴錯迕。」（宋玉風賦）

曰：「夫其悽戾辛酸，嚶嚶關關，若離鴻之鳴子也。含胡嘽諧，雝雝喈喈，若羣雛之從母也。」（潘岳笙賦）

曰：「庖丁為文惠君解牛，手之所觸，肩之所倚，足之所履，膝之所踦，砉然嚮然，奏刀騞然，莫不中音。」（莊子養生主）

（七）字喻　根於字以增損其想像，而使其結作也。此法大別有二：一就字形之離合以成辭。二就字與字之結合以成辭。前者如離合詩及字謎之類，後者如迴文詩之類。雖云小巧，大雅不為，然就其結構精工巧妙處言之，亦頗是修辭之事。前例如：

「漁父屈節，水潛匿方。」離魚字

「與時進止，出行施張。」合日成魯字

「呂公磯釣，闔口渭旁。」離口字

「九域有聖，無土不王。」合或成國字

「好是正直，女回於匡。」離子字

「海外有截，隼逝鷹揚。」合乙子成孔字

「六翮將奮，羽儀未彰。」離鬲字

「蛇龍之蟄，俾也可忘。」合鬲虫成融字

「玟璇隱曜，美玉韜光。」去玉成文不須合

「無名無譽，放言深藏。」離與字

修辭學 三十六

「按轡安行，誰謂路長。」離才字合吳字成舉（孔融作郡姓名離合詩）

（九）詞喻　根於詞句以增想念，借音近之一語巧作雙關而寄情也。例如：

「奈何許，石闕生口中，銜碑不得語。」（樂府讀曲歌）

「歲晚天寒郎不歸，廚中烟冷雪成堆，竹篙燒火長長炭，「炭」到天明竟作灰。」（粵中民歌）

「柚子披皮「瓤」有心，小時知好到如今，頭髮條條梳到底，鴛鴦那得不相尋。」（同上）

「盧道士程才實望華山上方，偶有顛仆，郎中宇文翰致書戲之曰：「不知上得不得，且怪懸之又懸。」」（諧噱錄）

「有人將蔡永與手鈔尚書典一錢，李商書遺之曰：「容書那可

典」。某人曰：「前已是饒典、僻典」。（同上）

第二目　化成法

當思想發展時，要具之意念，以助長其情致，而使活潑也。此亦修辭過程中運用之要法。其别有四：

（一）擬人　將無情物擬同人類之有情，或將無生物表為人類之有生。此法又可分為三類：一僅將屬於有情人物之靜狀詞加於無情物。二將無情物或無生物視如人類，使之有人類同樣之動作。三將無情物或無生物完全化為人類，使之動作如人之言談問答。是特程度深淺之分，根本固一致也。他如用人稱代以代無生物，亦擬人法之一種。

一例如：

憐風驚怒岸（何遜詩）

修辭學　三十七

慵紅悶翠掩青鸞（韓偓詩）

共賞西園正媚春（李中詩）

山都號風奮猿泣，杜鵑嗚咽怨幽冥。（劉基蜀國絃樂府）

二例如：

雄姿未受伏櫪恩，猛氣猶思戰場利。（杜甫高都護驄馬歌）

蠟燭有心還惜別，替人垂淚到天明。（杜牧詩）

梅已偷春成國色，雪猶殢臘造天陰。（秦觀詩）

天雨止鳩呼婦歸鳴且喜，婦不亟歸呼不已（歐陽修詩）

誰似臨平山上塔，亭亭迎客西來送客行（蘇軾詞）

三例如：

隰有萇楚，猗儺其枝，夭夭沃沃，樂子之無知（詩萇楚）

君不見銅雀台多事土，起上雕棟蔭歌舞，餘香分盡妬不

陳·鄭虔書叢詩續楮，何如此兒凝青膚，冷面不識邢雄諧，
是翁已去法筵後，遍諸未許嚴震陶。暮年得君真謝兄，
摩挲出賢雲生手，未知南越石霧中，而有文章似君否？
西家撲滿本弟昆，趣清尚獨何年分，一朝陸地真見碎，莫
望韓公數瑩記。（陳洪綬贈道士見硯歌）

他例如：

摽有梅，其實七兮。

蘀兮蘀兮，風其吹汝。

（二）現實法 以過去未來元事全託於想念中者，描寫為目前之法也。此法可分二類

（甲）歷史現實法。把過去事物，儼如現在，

（乙）預言現實法。以未來事物說作現在。演說家好用

此譬象。

(丙)想象現實法。則不論時間上之過去未來，惟將空想之事物說成目前也。詩歌中多用之。

(甲)例如史記項羽本紀鴻門宴一段

(乙)例如國策張儀為秦連橫說韓王。

(丙)例如仲長統樂志論屈原九歌河伯杜甫麗人行。

(三)擬呼 ⊙⊙ 由情感之故，舉非現有之事如在目前，述無生命之物若有生命。以此種想像加諸事物而呼出之也。蓋當吾人之想像達極強時，幾難分現實與想像之界。遂將平敘文[illegible]突變為[illegible]以資表現其情感也。此與前二法相關，但有繼起之分耳。其用於詩歌者頗多。例如

鳳兮鳳兮，何如德之衰也。來世不可待，往世不可追也。天

下有道，聖人成焉。天下無道，聖人生焉。方今之世，僅免刑焉。福輕乎羽，莫之知載；禍重乎地，莫之知避。已乎已乎，臨人以德；殆乎殆乎，畫地而趨。」迷陽迷陽，無傷吾行；吾行郤也，無傷吾足。」（接輿歌）

出東門兮厲石班，上有松柏青且闌，麤布衣兮縕縷時，不遇堯舜主。」牛兮努力食細草，大臣在爾側，吾當與汝適楚國」（寧戚飯牛歌）

（四）誇張　亦由情感之故，遠述事物比之實際而加誇張，以聳動讀者也。普通手敘文貴實而忌浮誇，然為助進文勢計，則常不惜為過甚之辭，故加增飾。此法可分為二式：一、偶於篇中故作數誇張語以增高氣勢，助其興趣。二、全部皆由誇張之旨以構成。

前例四：

振衣千仞岡，濯足萬里流（左思詠史）

烹羊宰牛且為樂，会須一飲三百杯（李白將進酒）

北宮黝之養勇也，不膚撓，不目逃，思以一毫挫於人，若撻之於市朝，不受於褐寬博，亦不受於萬乘之君，視刺萬乘之君若刺褐夫（孟子）

昔周之伐殷，得九鼎，凡一鼎而九万人輓之，九九八十一万人，士卒師徒，器械被具所以備者稱此。（戰國策）

任公子為大鉤巨緇，五十犗以餌，蹲乎会稽，投竿東海，旦旦而釣，期年不得魚，已而，大魚食之，牽巨鉤，錎沒而下，騖而奮鬐，白波若山，海水震蕩，声侔鬼神，憚赫千里，任公子得若魚，離而腊之，自制河以東，蒼梧以北，莫不厭

若冥者（莊子外物）

後例如：

楚襄王與唐勒、景差、宋玉遊於陽雲之臺。王曰：「能為寡人大言者上坐。」王因唏曰：「操是太阿戮劍一世，流血沖天，車不可以厲。」唐勒曰：「壯士憤兮絕天維，北斗戾兮太山夷。」至景差曰：「校士猛毅皋陶嘻，大笑至兮摧覆思。鋸牙裾雲晞甚大，吐舌萬里唾一世。」至宋玉曰：「方地為車，圓天為蓋，長劍耿介，倚天外。」王曰：「未可也。」玉曰：「并吞四夷，渴飲枯海，跂越九州，無所容止，身大四塞，愁不可長，據天躐地，迫不得仰。」若此之大也如何。」楚王曰：「善。」（宋玉大言賦）

第三目　布置法

布置法於理想發展時整秩其意念而為適當之排列以疏狀其情緒而使讀者完固也。此法為篇章結構所通用其別有六：

（甲）對稱（相同）　因人心有向背聯比之自然趨勢，遂本之而為齊巧之布置。將兩事相提並舉以見指歸也。兩事有相同者如「父慈子孝」，有相背者如「口蜜腹劍」。有相聯者如「天香國色」。有相比者如「春華秋實」。要在意義平行，輕重悉稱。此法文中應用最廣，六經諸子已早用之，詩賦駢儷中尤為要素。

例如：

「乾道成男，坤道成女，乾知大始，坤作成物……」（見易繫辭）

「天下皆知美之為美，斯惡矣；皆知善之為善，斯不善矣……」

（老子）

「夫銖銖而稱之，至石必差；寸寸而度之，至丈必過。……」（枚乘上書諫吳王）

「佇中區以玄覽，頤情志於典墳，遵四時以歎逝，瞻萬物而思紛，悲落葉於勁秋，喜柔條於芳春。心懍懍以懷霜，志眇眇而臨雲。詠世德之駿烈，誦先人之清芬，遊文章之林府，嘉麗藻之彬彬。慨投篇而援筆，聊宣之乎斯文。」（陸機文賦）

（2）漸層　因意念之有層次，遂本之而為步驟迭進之布置於辭句構成，由淺而深，由弱而強，由低而高之階級也。此法須有二數以上不相齊之事物方可依次列舉，有時歸宿。例如

修辭學　　四十一

「孟子曰：天時不如地利，地利不如人和。三里之城，七里之郭，環而攻之而不勝。夫環而攻之，必有得天時者矣。然而不勝者，是天時不如地利也。城非不高也，池非不深也，兵革非不堅利也。米粟非不多也，委而去之，是地利不如人和也。」（孟子）

「客有歌於郢中者，其始曰下里巴人，國中屬而和者數千人。其為陽阿薤露，國中屬而和者數百人。其為陽春白雪，國中屬而和者不過數十人而已。引商刻羽，雜以流徵，國中屬而和者不過數人而已。是其曲彌高，其和彌寡。」（宋玉對楚王問）

「一命而僂，再命而傴，三命而俯，循牆而走，亦莫敢余侮。饘於是，鬻於是，以餬余口。」（正考父鼎銘）

「少年聽雨歌樓上，紅燭昏羅帳，壯年聽雨客舟中，江闊雲

低斷雁叫西風，而今聽雨僧廬下，鬢已星星也，悲歡離合總無情，一任階前點滴到天明。（蔣捷虞美人詞）

（四）複疊　因情感濃厚，遂重疊其辭句，使讀者神往之。同辭同義謂之複，異辭同義謂之疊。有句之複疊，有章之複疊，要不外表現餘情。故常用於詩歌中，可增益其韻味。文中亦用之，所以助興趣也。例如：

江有汜，之子歸，不我以，不我以，其後也悔。

江有渚，之子歸，不我與，不我與，其後也處。

江有沱，之子歸，不我過，不我過，其嘯也歌。（詩經國風江有汜）

山有樞，隰有榆，子有衣裳，弗曳弗婁。子有車馬，弗馳弗驅。宛其死矣，他人是愉。

山有栲，隰有杻，子有廷內，弗洒弗埽，子有鐘鼓，弗鼓弗考。宛其死矣，他人是保。

山有漆，隰有栗，子有酒食，何不鼓瑟，且以喜樂，且以永日，宛其死矣，他人入室。（詩國風山有樞）

花嬋娟，泛春泉。竹嬋娟，籠曉煙。妓嬋娟，不長妍，月嬋娟真可憐。夜半姮娥朝太乙，人間本自無靈匹，漢宮承寵不多時，飛燕婕妤相妒嫉。（孟郊嬋娟篇）

門外綠陰千頃，兩兩黃鸝相應，睡起不勝情，行到碧梧金井，人靜，人靜，風弄一枝花影。（秦觀如夢令）

鶯嘴啄花紅溜，燕尾點波綠皺，指冷玉笙寒，吹徹小梅春透，依舊，依舊，人與綠楊俱瘦。（同上）

娟娟霜月冷侵門，怕黃昏，又黃昏，手撚一枝，獨自對芳尊還又不覩禁花又惱。漏聲遠，一更更，總斷魂，斷魂斷魂不堪聞。被半溫，香半熏，睡也睡不穩。誰與溫存，惟有牀前銀燭照啼痕。一夜爲花憔悴損。人瘦也，比梅花瘦幾分。（康與之江城梅花引）

折花枝，恨花枝，準擬花開人共卮，開時人去時。怕相思，已相思，輪到相思沒處辭，眉間露一絲。（俞彥長相思）

文中複疊者多見管子孟子。

（丁）照應　篇章之際前後互相以通脈絡，所以使文章結構趨于緊固也。此法爲一切文章所必需，而於議論文關係尤切。若行文不注意前後之照應，則篇章散漫，甚且矛盾。惟照應有顯有隱，顯者易見，隱者難明矣。顯例如：

上山採蘼蕪，下山逢故夫，長跪問故夫，新人復何如？新人雖言好，未若故人姝。顏色類相似，手爪不相如。新人從門入，

故人從閤去，新人工織縑，故人工織素。織縑日一匹，織素五丈餘，將縑來比素，新人不如故（古詩）

人之於身也，兼所愛；兼所愛則兼所養也……（孟子）

隱例如：

孟夏草木長，繞屋樹扶疏。衆鳥欣有託，吾亦愛吾廬。既耕亦已種，時還讀我書。窮巷隔深轍，頗迴故人車。歡言酌春酒，摘我園中蔬。微雨從東來，好風與之俱。泛覽周王傳，流觀山海圖。俯仰終宇宙，不樂復何如。（陶潛讀山海經）

太史公曰：學者多稱五帝，尚矣！然尚書獨載堯以來，而百家言黃帝，其文不雅馴。搢紳先生難言之……

（史記五帝本紀贊）

(戊)釋析　所以釋要思想脈絡之法也。言情論事每須借抑揚開闔以擴張文勢，故文之先後中有不同之意相為主賓，方足顯其理之所在，務反正分明，斯為醒目耳。

言情者例如：

叔于田，巷無居人，豈無居人，不如叔也，洵美且仁（詩叔于田）

北方有佳人，絕世而獨立，一顧傾人城，再顧傾人國，寧不知傾城與傾國，佳人難再得。（李延年歌）

洛陽名工鑄為金博山，千斵復萬鏤，上刻秦女攜手仙。承君清夜之歡娛，列置幃裏明燭前，外發龍鱗之丹彩，內含麝芬之紫煙。如今君心一朝異，對此長歎終百年（鮑照擬行路難）

修辭學　四十四

曰：紈扇如團月，出自機中素。畫作秦王女，乘鸞向煙霧。彩色世所重，雖新不代故。竊愁涼風至，吹我玉階樹。君子恩未畢，零落委中路。（江淹班婕妤詠扇）

論事者例如：

曰：夫尹士惡知予哉？千里而見王，是予所欲也；不遇故去，豈予所欲哉？予不得已也。予三宿而出晝，於予心猶以為速。王庶幾改之，王如改諸，則必反予。夫出晝而王不予追也，予然後浩然有歸志。予雖然，豈舍王哉？王由足用為善，王如用予，則豈徒齊民安，天下之民舉安。王庶幾改之，予日望之。予豈若是小丈夫然哉？諫於其君而不受，則怒，悻悻然見於其面；去則窮日之力而後宿哉？（孟子）

曰：龍噓氣成雲，雲固弗靈於龍也。然龍乘是氣，茫洋縱乎玄間，薄日月，伏光景，感震電，神變化，水下土，汨陵谷，雲亦靈怪矣哉，雲龍之所能使為靈也。若龍之靈則非雲之所能使為靈也。然龍弗得雲無以神其靈矣。失其所憑依，信不可歟。異哉，其所憑依，乃其所自為也。易曰雲從龍。既曰龍，雲從之矣。」（韓愈雜說）

（七）倒裝　顛倒其普通之順序。蓋依積極修辭目的可作是用引起注意也。或敘眾因於篇末，或以結論為冒頭皆是。

例如：

「步出齊城門，遙望蕩陰里，里中有三墳，纍纍正相似。問是誰家墓，田疆古冶子，力能排南山，文能絕地紀，一朝被讒言，二桃殺三士，誰能為此謀，國相齊晏子。」

修辭學　　四十五

（諸葛亮 梁甫吟）

「嗚呼，盛衰之理，雖曰天命，豈人事哉……」（歐陽修 五代史伶官傳序）

其他句中亦有倒裝者。例如：

聖人，吾不得而見之矣。（論語 述而）

水火，吾見蹈而死者矣。

鳥，吾知其能飛；魚，吾知其能游；獸，吾知其能走。走者可以為罔，游者可以為綸，飛者可以為矰。至於龍，吾不能知其乘風雲而上天。（史記老莊列傳）

第四目　表示法

表示法者，當理想發展時，審擇其適應之態度以表達其情趣，而使意識顯露也。此係修辭過程之終點，其別有七：

(一)問答　謂二人以上之問，以引示所欲說之意也。言情之詩歌，如陳琳飲馬長城窟行，屈原漁父。說理之文，如春秋，公羊傳隱公元年。公孫龍子通變論

(二)設疑　有問而不必相答。其設疑也，非真不解甘受教，蓋以求聽者心中所期之解答耳。例如屈原離騷，天問，吳越春秋漁父歌，賈誼鵩鳥賦皆是。

(三)詠歎　所以使文有勢力而情趣激，故於語句間偶識其歎聲也。例如梁鴻五噫歌，李白蜀道難，司馬遷報

任安書皆是。

（四）反語　辭之外表與內含相反之語句也。其構成之要素有三：一語意與言者之真意相反，二言時含有譏諷之情，三指摘他人之不當。例如滑稽列傳、白居易新樂府等是。

（五）曲言　因欲緩和語氣或助強語勢，故應直言而不直言，應斷定而不斷定，節其語氣而以婉曲出之也。例如：貪吏而不可為而不為，廉吏而可為而不可為。貪吏而不可為者，當時有污名，而可為者子孫以家成。廉吏而可為者，當時有清名，而不可為者子孫困窮被褐而負薪。貪吏常苦富，廉吏常苦貧，獨不見楚相孫叔敖，廉潔

不受錢。（傷逝歌）

夏，齊孝公伐我北鄙，洮之盟故也。公使展喜犒師，使受命于展禽……（僖公二十六年左傳）

（六）警句　用語奇警深，或語簡情富之辭句，以抒情說理而動人深省也。例如：

秋風蕭蕭愁殺人，出亦愁，入亦愁，座中何人，誰不懷憂？令我白頭。胡地多飆風，樹木何修修，離家日趨遠，衣帶日趨緩。心思不能言，腸中車輪轉。（古歌）

……親賢臣，遠小人，此先漢所以興隆也；親小人，遠賢臣，此後漢之所以傾頹也。先帝在時，每與臣論此事，未嘗不歎息痛恨於桓靈也。……（諸葛亮出師表）

（七）詳略　表情述事，特詳特異，非由情事之本然，而出於

修辭學　四十七

作者意象之剪裁。用此變化而見不滯，亦修辭上之一種技巧也。

其篇中兼具詳略二法者，例如：

人生不相見，動如參與商……（杜甫贈衛八處士）

晏平仲嬰者，萊之夷維人也。事齊靈公、莊公、景公……（史記晏子列傳）

第二節　辭藻之外形

第一項　消極之語彩

第一目　行文純正

消極語彩，僅求明白表現思想，固不求美，然亦不可令人起醜惡之反思感。醜惡乃容受不積極現象也。本項所言，以純正為旨，純正現象不離顯彰，僅能以對方——不純正——識別之。蓋僅就文章病態略加發揮，作為界限，此等病態即純正矣。所謂純正者，以時代為標準，有白話之標準，有雅言之標準，但違其一，皆不純正。不純正之現象約有八端。（於第三章已精述及）

(一)戒方言

方言，為地特殊之語，未經通行全國通都大邑者也。因之即欠純正。至時代變遷，土白或升格為標準，當以適通情形定之。或有故意採取者，不在此例。

（二）戒俚語

俚語，俚鄙之言，未流行於中上流社會中者也。用之足以破壞純正。至於通俗口語，不在此戒。惟語意過褻雜，文言亦宜戒之矣。

（三）戒古語

古語，僅見於生僻之古書，未經近世流行者也。以之入文，易生不純正之感。如《漢魏六朝經訓辭賦》中多有艱澀語，均宜慎用之。為平敘文不必雜古典，為語體文不可雜文言。

（四）戒外國語

他國之名詞習語，或音譯，或直譯之語，昔於佛經及胡語，近於東西洋諸音譯，於流行成標語以前，用之仍感其不純正，或過遠；年適用者，則又變為自然之辭藻矣。

(五)戒術語

專門科學藝術之語，非普通所習者也。以之入文，亦易生不純正之感。至術語久已流行社會，膾炙人口者，自可入文。然慎重出之，如哲學上之「相對」「絕對」「主觀」「客觀」，法學上之「權利」「義務」「取締」「放任」已用之熟矣。

(六)戒杜撰語

作者見聞淺薄，文字上少工夫，每想有思想無成語可表，即臆造不符聲調、不合文理之新語充之。人雖揣其用意，而生辭硬澀，自難以言喻。近人喜襲日本名詞。

四十九

修辭學

不知倭人常將漢文改造於語助，變更原意，荒謬已極。

（七）戒訛誤語

前人疎忽，久已將此誤引，或寫別字，流俗沿習不衰，卒之錯鑄難銷，不可改更，如「齟齬」一語本意「相合」，反之方枘圓鑿則不入矣。而世俗往往誤用為不合之意，又「內人」一名本指「宮御」，非謂妻也，而世俗久已誤用為己妻之稱也。楊雄法言「鴻飛冥冥，弋者何篡」。自後漢書或作「何慕」，而蘇軾詩遂有「弋人悵何慕，一舉渺江海」之句。孟子「獨孤孽子其操心也危」。自江淹恨賦用作「孤臣危涕，孽子墜心」，而陳與義詩遂有「半年入危涕，世事共前朝」之句。凡此皆不足為訓也。

第二目　用語明確

明確者，文顯義之而不陷入晦澀枝迻移也。若意識未明，辭義未確，則讀者惟於捏摸會，則靡所適從也。其病態有四：

一、戒異辭同義。

異辭同義之語，善用之可掩映重複之嫌，於辭藻上收效極大。然爾雅釋詁、釋言、釋訓三篇皆所以通古今異言，如「始」之字義，凡釋十一字；「大」之一義，凡釋三十九字，而用各有當，不能盡取。至為排對，有資其辭，如老子「為天下谷」「為天下谿」，谿即谷也。然妨礙明確之处固多也。如禮記所載「何故為樂？樂以為樂也」，「何故為寶？寶以為寶也」。未免冗贅難澀。

修辭學

五

（二）戒同辭異義

同辭異義之語最易生誤解與疑問，如詩經「誰謂河廣，曾不容刀」之刀字，訓小舟也。與莊子「奏刀騞然」之刀字異義也。若在一文中兼指二物，則使人難明矣。又如唐張繼詩「夜半鐘聲到客船」一句，後人多起誤解，其為夜半之鐘，傳到船客耳中乎？抑敲鐘時客船始抵寒山寺前乎？

（三）戒曖昧語

平叙文中說理叙事皆貴明白，故措辭不在藻飾，用字求新奇，惟以切當為旨。若思想游移，觀察模糊，自不能不陷于曖昧之弊。若夫詩歌或意存諷刺，或情在隱微，則自難一一索其達詁，非此所論也。

(四)戒假借語

文中時或假借成語以達意，苟能適當，可使人起儆提之感悟；否則不明確之弊隨之而生。蓋既經借用，即爲其際意相並入，而不能照實表現，故不可不審慎出之。若其文飾過甚，則似是而非之事，每足混真。如言「苛察」則曰「吹毛求疵」；言「顯露」則曰「水落石出」。言「弭患」則曰「釜底抽薪」。言「自欺」則曰「掩耳盜鈴」。皆以譬喻爲辭，鄰於積極。究不宜于敘說理文焉。

第二項　積極的修辭

第一目　語趣之表情

語言各具固有意義及情感，同時尤求適應得宜。文章構成，隨其思想目的之所在，審其背景，體其態度，而於何種緩糾劇。於是擇語文之切合者施之，俾讀者頓生敏捷之聯想。如「朔風寒雪」所以喻閉塞之情，「畫棟珠簾」所以侈富麗豪華。「重門落葉」則秋色凄然，「草長鶯飛」則春光穠在。文寫富豪則「輕裘肥馬」，狀佳人則「螓首蛾眉」，抒壯懷則「怒髮衝冠」，語卑佞則「脅肩諂笑」。類此，猶曰借其象之名，迺譬喻之法。若乃「髮鬩」突梯足徵驚怪之情，「乃公」自稱躍然傲慢之態。「老奴」則親暱相見，「阿瞞」則懷念而聞。此語之背景使然耳。同一月也，言吉則曰「孤」，言樂則曰「朗」，同「一燈」也，言靜則曰「青」，言華則曰「花」。同一鳥也，言悲則曰「啼」，言喻則曰「語」。此心之情態使然也。見於史傳紀載時傳神，詩人賦情尤多入妙。所謂「言外意，絃外音」者皆語趣之功也。

修辭學

五十二

第二目　音調之表情

音調，於修辭上重要位置。凡言語之選擇及配置，大半視為標準，而判其精粗優劣焉。音調有二種：一屬語勢，二屬形式。下分釋之：

(一)語勢之音調　又可分作音趣與音勢二種。音趣者利用言之別性與附帶之情感，加諸事物而適合之也。此與前論選擇喻有聯絡。然彼以模擬事物之音為本意。此則不限於事物固有之音。惟以聲音適致語情為本意。詩大序曰：「情發於聲成文謂之音。」足證聲音之於人心，效用至妙。言語文章固以思想情感為本，而聲音實常相互。於選擇聲音適當之字以副其思想情感，必能使聽者讀者得深切之領會而與之同情。惟用以明音趣之效尤甚焉。例於楚辭曰「心溶溶其不可量兮，情澹澹其若淵。」以下溶溶、澹澹之形容水者形容心境，而其字音亦含一種恬靜情態。又如晏殊用之於詩，則曰「梨花院落溶溶月，柳絮池塘淡淡之風。」此形容者又為風月。而合恬靜之態一也。音勢若此用音之結合以構成之氣勢，運諸語文，而補助其氣也。且言語於本意外，尚有種種氣勢之抑揚、收縱、強弱、緩急可以具見。此實與人心情感關係至切。個人性質之剛柔及興會之苦樂，皆不覺流露焉。昔劉大櫆云「音節高則神氣必高，音節下則神氣必下，故音節為神氣之跡，一句之中或多一字或少一字，一字之中，或平聲或仄聲，同一平字仄字，或用陰平、陽平、上聲、去聲、入聲，而音節迥異。故字句為音節之矩，積字成句，積句成章，積

修辭學　　五十三

章成篇，合而讀之，音節見矣。歌而詠之，神氣出矣。」「凡行文字句之短長抑揚高下，無一定之律，有一定之妙，學者求神氣得之音節，求音節得之字句，思過半矣。」此音勢之說也。參孟子「梁惠王問利國」一章，樂毅報燕惠王書及其他戰國策多篇。

（二）形式之音調　有普通特殊二種。普通者謂之口調，將於諸文辭中。特殊者僅限於文辭中之特別現象。二者所由成立，一屬經驗，一屬規律。前者屬於形式美之原理，並用於各種詩文。後者恪守形式美之原則，作多種模範以示形式之歸趨。然規律亦由口調進步而成，其本一也。

或問：何謂形式美？曰：美學家所稱之統一均整調和變

「句」之單位為步，有句一步者謂之單步句。有一句二步者謂之二步句。三步，四步，五步，六步，七步類推，不可更多矣。一步句者一字句，或二字句也。二步句者三言或四言也。三步句者五言或六言也。四步句者七言或八言也。五步句者九言而間有十言也。五步以上用者已少，句長過不便唱讀也。

單步句例如：

緇衣之宜兮，敝、予又改為兮，適子之館兮，還、予授子之粲兮。（詩緇衣）

天，休使圓蟾照客眠，人何在，桂影自嬋娟。（蔡伸十六字令詞）

二步句例如

魚麗于罶，鱨鯊，君子有酒，旨且多。（詩魚麗）

湖上閒望雨瀟瀟，煙浦花橋路遙。謝娘翠娥愁不消，終朝，夢魂迷晚潮。（溫庭筠河傳）

三字句例如：

坎坎伐檀兮，置之河之干兮，河水清且漣猗……（詩伐檀）

陽關萬里道，不見一人歸。唯有河邊雁，秋來南向飛。（庾信重別周尚書）

池北池南草綠，殿前殿後花紅，天子千秋萬歲，未央明月清風。（王建宮中三台詞）

四字句例如：

胡取禾三百兮……胡瞻爾庭有縣貆兮（詩伐檀）

力拔山兮氣蓋世，時不利兮騅不逝，騅不逝兮奈何，虞兮虞兮奈若何。（項羽垓下歌）

五步句例如：

但聞黃河流水鳴濺濺……但聞燕山胡騎聲啾啾（木蘭從軍歌）

六步句例如：

王郎酒酣拔劍斫地歌莫哀，我能拔爾抑塞磊落之奇才……（杜甫短歌行）

「均」之單位為句，有一均一句者，有一均二句者，有一均三四句者，一均約當詩之一聯或詞之一韻。然不能以有韻之句皆為均，如詩之起韻，於韻句皆當與下句併作一均，惟古歌及詞有一句為一均者耳。

單句均例如：

唐虞世兮麟鳳遊。今非其時來何求。麟兮麟兮我心

修辭學　五十六

處。（孔子獲麟歌）

二句均例如：

男兒欲作健，結伴不須多，鷂子經天飛，群雀兩向波。前行看後行，齊著鐵裲襠，前头看後头，齊著鐵鉅鉾。（橫吹曲企喻歌）

三句均及四句均，例如：

亭皋木葉下，重陽近，又是搗衣秋。奈愁入庾腸，老侵潘鬢，謾簪黃菊，花也應羞。楚天晚，白蘋煙盡處，紅蓼水邊头。芳草有情，夕陽無語，雁橫南浦，人倚西樓。……（張耒風流子詞）

解之單位為均，有一解一均者，有一解二均者，有一解三四均者。解為詩之段落。詩經之章，古樂府之解，詞曲之疊法同。

「篇」之單位為解，有一篇一解者，有一篇二解者，有一篇三四解以至數十解者。詩經之篇最多者有十六章，古樂府及詩歌最多者至數十首。詞最多者為四疊。曲最多者有二三十支。

韻叶法以音位為律格之基礎而將同（或類似之）音依一定之間隔安置而使之和協也。我國詩作有句中叶，有每句叶，有二句叶，有三句叶，有轉叶，有隔叶，有懸足叶。

句中叶例如：

鴻飛遵渚，公歸無所，于女信處。（詩九罭）

首二句同首及中間句相叶

鑾輿三顧茅廬。漢祚難扶，日暮桑榆。深渡南瀘，長

駐留戀，須想象，美乎周瑜妙術，悲夫關羽云殂，天數盈虛，造物乘除。問汝何如，早賦歸歟。（虞集折桂令）

本調句中與句尾自叶

每句叶例如：

秋風蕭瑟天氣涼。草木搖落露為霜。群燕辭歸雁南翔。念君客遊思斷腸。慊慊思歸戀故鄉，君何淹留寄他方。賤妾煢煢守空房，憂來思君不敢忘。……（魏文帝燕歌行）

愁脈脈。目斷江南江北，烟樹重重芳信隔，小樓山幾尺。細草孤雲斜日，一向弄晴天色，簾外落花飛不得，東風無氣力。（陳克謁金門詞）

二句叶例如：

有時不再至，離別在須臾，屏營衢路側，執手野踟躕，仰視浮雲馳，奄忽互相踰。風波一失所，各在天一隅。長當從此別，且復立斯須。欲因晨風發，送子以賤軀。（李陵與蘇武詩）

其他近体詩習是而詞間亦有之。

此路風波險，十年一別須臾，人生聚散長如此，相見且歡娛。——好酒能消光景，春風不染髭鬚。為公一醉花前倒，紅袖莫來扶。（歐陽修錦堂春詞）

三句叶見李斯嶧山刻石。

錯句叶見岑參輪臺歌，李白菩薩蠻詞。

隔句叶見溫庭筠酒泉子詞。

騷之叶見楚辭大招、蔣捷水龍吟詞。

平仄法以音性爲律格之基礎，不過辨字之平仄，參錯雜比以成音調之抑揚也。陸機文賦云「音聲迭代」，劉勰云「聲有飛沈」「和體抑揚」。沈約云「宮羽相變，低昂舛節，前有浮聲，後須切響」，皆平仄之說也。其法見唐詩五七言古體及五七言律絕等近體。

第五章 文體

第一節 主觀之文體

第一項 作家風格

風格者，作家之氣質。氣質者，視其人之修養何如。各因修養之不同，而氣質自有偏勝焉。風格亦異，文體亦殊，即讀者之賞鑑，隨而不同。曹丕曰：「文以氣為主，氣之清濁有體，不可力強而致。」此謂氣者，即風格之表現也。

風格之種類，惟劉勰析為八體：一典雅，二遠奧，三精約，四顯附，五繁縟，六壯麗，七新奇，八輕靡。劉勰而後，亦有八美：一雄，二真，三傑，四麗，五茂，六遠，七潔，八適。以上皆說文章之體之氣格，約則皆仍以八目以擬作家之氣質。

第一目　雄健

詩品云：「積健為雄。」文氣亂作以此為第一。利如理直氣壯，調響詞高，跌宕縱橫，浩瀚流轉。凡此作家大抵胸襟闊大，精力彌滿，故令讀者覺其包羅萬有，氣勢雄豪。文如韓愈，詩如李白、杜甫，詞如蘇軾、辛棄疾，皆具雄健之美者。

第二目　富麗

富麗作，寡見於敍文及論理文。惟辭賦及駢文較多，詩歌詞曲間亦有之。大抵作者構思華妙，才藻充溢，故能比事屬辭，令讀者覺其光彩耀目，不能遽及。文家如枚乘、司馬相如及六朝人士，詩家如李商隱、溫庭筠，詞家如吳文英、周密等，皆敷腴流鍊，非博聞強記不易者也。

第三目 詭曲

文章有不循常格而益美者，其氣格局勢，往往奇突奇崛，變化以之入妙，韓愈自謂曰「怪怪奇奇，不可時施」者是也。然而文以詭曲，往往似乎創說，思之逾深，然其半乃由脈絡總更顯斷察明，作者思想突兀，迥不猶人，然其人大力者為之，亦不免病於類狗，詩家如盧同，詩家如劉叉遊戲之作，後人不宜學也。

第四目 正直

記事說論，利在直辭，即文具義讀之可得。大抵作者思想清醒，襟懷坦白，然不宜為抒情之文。蓋抒情貴活潑，不適用方正之形式，或過直之思想也。又家如開

修辭學　六十

羅鄴皆此作之著者。詩家如白居易自謂"非求宮律高，不務文字奇"。此較之雕刻琢者質樸多矣。

第五目　沈鬱

文有以雄健為美者，其利在吐；有以沈鬱為美者，其利在吞。大抵作者風懷之深至，綿邈古今，傳為鬱悒，若將不堪，現諸文辭，遂成悲慨。文家如屈原、賈誼、司馬遷，詩家如杜甫、孟郊，詞家如周邦彥、王沂孫等是。

第六目　雋逸

雋者初逸，初非謂落拓縱橫之謂也。大抵作者皆具超群軼俗之概。文家如莊子、陶潛，詩家如鮑照、謝朓，詞家如陳與義、姜夔等是。

第七目　清新

昔人論文有「芟蕪雜，去陳言」，即清新也。以之鄙倍庸濁，則不清，剿襲雷同，則不新。大抵作者須聰敏過人，趣境高曠，其文辭鮮潔爽脆，讀之使人心暢神怡。文家如梁簡文帝、柳宗元。詩家如謝靈運、王維，詞家如秦觀、張炎等是。

第八目　平淡

文章最難以平淡見長，而平淡又能平衡及餘味之謂。昔人云：「絢爛之極，歸於平淡。」此境頗難，大抵作者既不持才使氣，又不敢巧求工於平淡，然奇中生出至味，故不易得也。又如論語至淡而有味。歐陽修、曾鞏等為時有此好。詩家如陶潛、白居易，即以平淡驚人，若實力家

修辭學　　六七一

氣，則流於庸淺，古今犯此鮮矣。

第二項　作家之興會

文章固隨作家之氣質而異其風格。而作家對事物之感觸而生之興會，尤影之作品優劣。凡人心靈之動作多屬外事之反應。故情感屢變。又亦難自持。若人居秋而悲，對月而嘆，皆一時興會使然。是遭遇興會之變動，可使文章異其神氣矣。於此僅能研究何種興會，生何種文章。不暇問何種事物生何種興會。對於文采以窺作家之興會區為四類。

第一目　樂觀

樂作者興會飛揚，乃有樂觀之文，能使讀者快感。其語趣多利用雅潔。音調多利用和平。其想像多利用譬喻，誇張，對偶，詠歎。其風格多近於富麗，佳妙，遒清新。文如頌贊，詩如雅頌，及游山玩水之作皆是。此派因刺激性頗多，並予人以恬適，故亦易激起人，然至情緒最高亦不甚足動人也。

第二目　悲觀

作者以憂傷悲語難，亦語莫能忍，故有其悲感發為文章。其語趨音調多利抑揚頓挫，以盡其悲觀感動讀者，起人之同情。其想像多利用譬喻，頓呼，複疊，設疑，詠歎。其風格多近於沈鬱。文如騷體哀誄，詩如變風變雅，及一切傷時之作皆是。此派最於求工，所謂"窮苦之言易好"也。

第三目　憤激

修辭學　六十二

人心抑鬱，觸事所發，形之於文，自有悲恚不平之概。其
語趣音調多利用尖刻激性者，以喚起人之同情。其想象
常利用頓呼，反語，倒裝。其風格多近於雄健，間以沉鬱。
文如討檄及責讓之書牘，詩如黍離及刺怨之作皆是。此
類文僅得多用，若其辭氣不宜過激，過激則失調節而為文
章之美也。

第四目　詼諧

詼諧近於譏諷，而與譏刺有別。蓋諷刺之意當為諷文
章也。其語趣利用滑稽反語。其音調利用和諧與變
化。其想象利用諷喻，擬人，誇張，問答。其風格多近
於詭幽。文如晉魯褒錢神論，王琳鯉表等。詩如俳諧
及嘲戲調謔之作皆是。此類最足動人情趣，然亦乎

而其，不知文學美善之旨，否則流蕩矣。

第二節　客觀之文体

客觀文体為辭之本体現象，即思想言語之性別也。是形出物確實者也。根屬於思想，以事物之本体而分屬於言語，以文字之本体而分。作者應悉心觀察事物之情理，而求發展思想。且斟酌文字意義，而求運用言語。此在修辭過程中最重要，尤於一切文章程度優劣有關，批評家亦據以立論也。其内容乃意旨，其外形為語織。

第一項　意旨

昔人論文，多重體裁，而以「辨体」為先務也。然有失之繁瑣者，於摯虞流別、昭明文選、姚鉉唐文粹、姚鼐

修辭學　六十二

古文辭類纂，李兆洛駢體文鈔，楊伯言古文辭略，曾國藩經史百家雜鈔，分門別類，或大衆百足，或就意之旨趣別為五目。

第一目　記叙

記叙乃文字最初之功用，作成文章，則史傳其正宗也。推及典志，游記，碑誌，新聞，神話，寓言，小説，戲劇等亦皆是。其間又平叙與修飾之分。平叙者止求記載明白已足，修飾者則重刻畫工夫，以期引人入勝，更有寫實與虛構之別。寫實者務條理不紊，詳略得宜，使讀者瞭如指掌。虛構者務摹描寫妙肖，如同精審，使人讀之如身歷。史傳，典志，游記，碑誌，新聞，寫實者也。神話，寓言，小説，戲劇，虛構者也。寫實之記叙雖間有飾，然不過布置求妥，語句求真而已。至虛構者則積極求其美善動人，斷非平敘所能至。縱或依傍事實，亦必選取其最精之一部，加以誇張點染耳。

第二目　議論

議論即辯術，本來之功用亦能離事而構，大抵不論何人論事，論理皆論證，總以明之真理，言之透徹為主。修飾工夫盡在平敘，以其務使讀者明白了解而深切領會也。普通議論文，對淺近事理而發，猶之尚易。若高深複雜之事理則尤整理思想，選擇詞句，以求適宜。

第三目　詮釋

講釋以達為主，如修辭雖以荒適詞深、繁博等，亦外釋名物析義理，皆重平敘，不貴修飾，其大半工夫惟用以整理之。

修辭學

六十四

思想耳。亦偶有說理用修飾者，如易文言精述之。

第四目　告語

告語即書牘体，或含議論，或參記叙，所異於記叙議論者，以有相对之讀者。其一对一者，私函也；一对衆者，演說也，訓誥也，命令也，檄文也，通電也。衆对一者，民衆請願書也。衆对衆者，團体宣言也。此類文章以能說動人意為要，亦有抒寫感情之作。他如贈序為朋友勸勉之告語，偏重劝說。祭文為对死者表哀之告語，偏重抒情。為体自變，要亦可兼修飾之功。

第五目　歌詠

歌詠即詩賦詞曲之屬，純以感情為主。对內重在意識結体而論意境是矣。对外重在意識實現，以刺激感情。故內容外形之修辭均緣積極。培養情趣，揣摩思想，內容之修辭工夫也。鍛鍊語句，斟酌音調，皆外形修辭工夫也。晚近或以詩歌上重在情意，而不顧詞調，失之偏枯甚矣。

第二項　語數

第一目　散體

散体爲文之本。其稱散体者乃對駢體韻文言也。凡記敘，議論，講解，告語，諸文皆利用散体。因思想之變遷，用表現極能自由，而易於明瞭，故學文者當先從散文入手，散文佳，然後進求他体。若散文條理不清，他体必雜亂矣。良以文本乎理，理明則辭可達，譬之彩色，縱有炫人之美，亦附託於潔淨之素紙，方露鮮妍。古文家提倡義法，亦植本之計也。

修辭學　　六十五

第二目　駢體

駢体之特性為對偶，而佐以音調之變化統一，用以生出種種形式美及情趣。前論布置法之排比與音調中之奇偶已略言其原理，大抵思想之發展每由簡單而複雜。加以情趣之點滴遂由散化為整，思想既複，利用排比之布置以分疏，情趣既點，利用音調之和諧俾中節，故駢文之佳者不徒在文彩之堆砌塗飾，無可增加讀者之領會刺激讀者之感情，若夫僅拘形式，過事裝飾而不求理解者，手筆拙劣者也。至四六相對，乃適用音數律與形式美之統一原理。四六相間乃適用形式美之變化原理。平仄相對間乃適用音律性，音位律與形式美之變化原理。近有疵其束縛自由而主張廢去者不知此種文体構成之原理，在修辞学上誠亦可思也。靡之云乎哉。

第三目　韻文

韻文之特點在叶韻。前論調協下之諧疊及律格調下之韻叶法已言其概，韻之作用乃以相類之間隔出現，假音樂之趣趣，而引起讀者之同情，詠歌視爲要素。其他文体如箴銘頌誄等亦多叶韻，以其切於情也。詩歌每藉以調節感情，轉換語氣，使讀者至有韻处所覺精舒而情可展。韻寬則情勢從容，韻密則情勢迫切，韻轉則情轉，韻急則情急。試取古文有韻之作讀之可領会。

第四目　語体

語体抑以口語為文。宋儒語錄及元明以來小說多用之。其發表似較文言透徹也。語体之所以行，因由社会多數習用之故，使人易於領会，又直用口語，描摹嗡唇態度畢肖。所宜注意者，當以中上流社会通行者為標準。至其所以與文言異者，自在文法。而文法上之差別，亦在虛字助字所運助數語虛字。晚近語体盛行，用以表示思想及感情，似甚暢達。然蘇浙閩粵人為之，每文白混雜，不易清徹。蓋其土腔影响過甚也。且「的」字「了」字太多，致讀亦不慣耳。或用「底」字「地」字於名物、稱代、屬格，以替「的」字，精密其研究之，每句中止用一「的」字較佳。

黨錮論

張士元

三代而下。士之重節行、持廉恥。莫如東漢。其後朝亦未有如東漢之尤甚者也。蓋前漢諸帝。雖不純尚經術。其尊禮大臣亦至矣。公卿有辜。黜之時不顯然黜之。常用溫語詔諭之。而其臣亦知自重。小者移疾。大者引決。至光武之世。所以禮大臣者益備。其培養人才，激勵風教，深學篤志。而清修之士。高尚標置。遂有天子不得臣。公卿不得友者。豈非詩書禮義之化大行歟。吾讀范史黨錮傳。不禁太息流涕。而益知朝廷累世之所涵育者深也。桓帝延熹九年，李膺等以習錄人。竟誣為黨人下獄。錮其名。踰年廬江賊起。從霍諝竇武之請。悉除黨錮。靈

修辭学

帝建寧二年。黨事復起。死徙相繼。錮及五屬。熹平五年。永昌太守曹鸞訟之。黨禍愈烈。迄中平元年。黃巾賊三十六萬。一日同起。始悔前事。大赦黨人。而國勢已不振矣。自建寧以至中平。海內清流二十餘年。其為儒學重名義者。斯皆盡滅。而漢遂亡。方其盛也。賢士多在朝。其衰也。賢士多在野。故其亡也。賢士幾無在者。豈特天下之亂。無人以救之哉。而其剝喪斯文。備加於天心所關其之人。而罪無可逭也。夫以十常侍之權力。輔之以千億之朝士。其網羅之嚴。猶以千鈞之重。加鳥卵之上也。而士皆至死不肯俯首乞憐者。無他。所欲有甚於生。則凡可以得生者不為也。所惡有甚於死。則凡可以辟患者不爲也。雖其間亦有過於激烈，不合中道者。要之皆志仁義者之流也。嗚呼。君子小人之進退，常相勝，人患孰不欲進君子，退小人。患在不辨其孰正孰邪而去取之耳。漢唐末世之事，不可以爲得失之鑒乎。

儒與二氏孰入論

汪家禧

士先求身名教，而後蔑儒之。趨向論，若數世諸先生，崇仁義，尚禮教。是故儒尚於九流。而後世末下之危用儒者。道家言清淨，不貴名。釋氏外形骸，樂身沒有名。獨任意行者。平旦氣散，罪不翻然悔。悔是過之氏之學，取其悔也而導之。曰是外也，非內也。得乎內，可遺乎外也。譬行失道者。從而呵之。是亦可遺也與以行其義。且有自適之樂。亦何有於從者。夫堯舜文武周公孔子，嘉世未易之道也。儒者述之，其道亦不可易。道家始黃帝。而黃帝無書。釋氏梵典。其文且勝。其言皆近信。含筆者之典籍。信假託之虛辭。遂惑矣。道之書，莫古於老聃。莊述老而宏誕，亦緣附釋氏之漸。漢文崇黃老而不言老莊。知莊非老比矣。漢武表章六藝後。異學漸衰。至光武益敦崇名實。舉經明行修之士。終東漢世。獨創黨錮。蔚然為真儒者。史亦絕書。而專宗鄭公。尤以清談通才。傳群聖籍。儒道大昌。循是以先三代之風。詎遠哉。正始之世。薦禮教而崇放曠之始也。時王何臣事。國不清矣。一二士夫。從誕為高。視儒朝廷如虛偽含。以彼其人，豈亦能自樹言，而始以廢棄一切自大其陋。洎及兩晉，言治法者作為鄙俗。甚以周易與莊老衡，王何之雅，上通於天。豈虛語歟。釋氏襲莊老之放曠而加甚者也，萌於東漢，盛於東晉，鄭璞、孫綽、謝靈運，假借其言，以濟侻僻。而彼教之矯出焉。又先以清言自結於朝士。什以支棻以衛道安輩，或革其搢精。應為翻譯，而勸付賢諸儒國。又為張大之。歷宋齊梁陳，崇信徧於上下。更言地獄，又襲釋氏怪誕。學釋氏者言能含，盛稱莊嚴。靈褒以福禍。宋以未精，以釋亂儒。首李翱。翱著去佛齋說。以闢佛趣復性書言滅情。固釋氏旨也，然其說雖存，逢老莫辯。蓋自黎韓氏，以仁義之旨尊天下，儒術大顯，寂靜之說，未能動眾也。終唐之世，儒與二氏雖

補前修辭學

三

□□相過，獻納，朋友講習，僅□□□學友。北宋穆修，受學華山。邵子闡之。易分先後天。通書因太極圖說極，均本道家。然周邵之學，旁明体用。繼以二程，實踐躬行。如聖外王，非僅僅激厲名節已也。繼後二陸，提倡心學。慈湖繼之，論辯空虛。朱子振六經絕續之傳，使其學不流異教。天下賁盛，持之以實。論說經典，章明禮教，雖少識言靜坐。言悟，晚歲及反之。故傳朱學者，歷久無弊。論者或譏傳注小疵，以相詰難。又甚者謂虛靈不昧，顯露禪機。嗚呼。好議論而昧大綱，有如是耶。夫人與之別，漢儒亦語幽微。鄭氏注經，先從異說，論學者亦以較難作之也。曰註章句，訓詁而說實則者皆隨儒朱子之朝。本末賅備，偽學之禁，不為失人。後世知之，謂道学之实。何昧昧而侥倖论之，儒有郑而怀明，有韩而开新。有其创作之，二氏卒不能夺儒，二子功也。近世讲义据之与古辞义递殊，繁则坐献，或有以空疏诮者。所不可不辨也。以节义守家法，如东汉坐言起行，如南北宋。吾教应以不坠之与。

淺淮辨

朱泽澴

明季以来，论淮之入白马湖者，皆自宝应山阳之间，达射阳湖下。白驹丁谿不通，白驹丁谿之海口亦已。如罗淮水道。不知白马湖宁非受淮之处。白驹丁谿诸场，非可浅入海之地也。郦道元淮水注云，中渎水，首受江于广陵之江都县。北至涉樊梁湖，至博芝射阳二湖，西北至山阳东入淮。又云，吴于广陵城掘深沟，曰邗沟，沟自江东北通

补充修辞学

四

射陽湖，由山視之，山陽寶應高郵為自北至南高阜之地。古為射陽之湖，承受邗溝十瀆之水，承天長盱眙眾流之匯。此處素寬，其去不滯。湖水入於淮，則淮水入湖可知。淮方受湖，則淮高於湖可知。此五代時尚有崖陵水深之語也。迨黃來侵淮，淮常淤墊，河之受江者。今則受淮矣。河之入淮以入海者，今則受淮湖入海矣。夫引白高射陽之水入海，已非故道。蓋沿海諸場，地勢高於吳塍。使其卑下，當日竟可引湖入海，又何為導之入淮而入海也。然塌地雖高，而有港道通流。渠如白馬，非復昔比。淤澤大漲，遂成田疇。其以洶湧澎湃之狀，高而田廬沙土壅城。由浪自來，欲以紆曲之港瀉汪洋之波，雖愚者亦知其難矣。淮者，四瀆之一。自桐柏山而東，水之注之者億。

二十有五。如沂沭尚别絶焉。故淮已淮隘。又分支流北入於海。酈道元所謂游水北逕泥鄉故城入海者。是也。今淮入海之處。河居其七。淮居其三。淮水暢流。淡澤不張。洪澤既漲。亦得不注於白馬湖。決灃隄越於射陽。入海亦速。激行橫溢。浸溢平原。勝然延堤。大其甚者。淮蒸之嘆。亦決於山陽之北。則決於高寶之西。蓋以水勢過極。猶可堰河北以紓一時之患。若淮水日滯日盛。隄防漸加漸險。萬億六埔之間。一有衝決。七邑成汪洋矣。是故海口之淮開者勢也。雖使神能效靈。疏鑿浚道。不能解上流之漲。亦不能越運河。超城郭。飛入東海者。亦勢也。不思分其一流。欲淺淮。豈能免七邑之危哉。

流冠議

閻爾梅

補充修辭學

五

壬午夏秋間予至京師，時流寇方圍開封，撫臣高名衡遣其子叩閽乞師，首揆周延儒憂迫無策，但云豪之功已。予聞之，慨然謂友人曰：開封能存外地，棄之則河南全省淪據，淮陽亦不守，漕運中阻，京師大事去矣。因草流寇議，欲上之，竟格首揆改忌，友人促予疾出京，毋久留。蓋九月二十七日也。書此以俟後之讀論者。

流寇為中原患最久，任事者數易，鮮成功。當事者率不得其要領之說也。夫任事者之人不言，言事者之人言之而不得，及其任之也，奇未必如其所言。言之者不得，則及其任之也，效可睹矣。遂以為寇所能料，我甚患，我欲以制寇者耳，有所誤焉，有所失焉，有九策焉。何謂所誤？

晁錯言曰。若此境之功名，在於良將。不可不擇。夫錯之所謂良將，有戰將耳。如今之[illegible]總兵都督官是也，非大將也。書潭元聖，諸稱尚父，漢以三公兼將軍之職，想以軍相行邊關之事。宋以樞密副使換經略招討之使，權尚望重，身係天下安危。此非智深勇沉，文武兼資者不能也。我朝設總制經略，率用侍郎兼風憲之銜者。繼洪武開邊楊榮行邊，則大學士也。正統間邊邏難守，信王驥，則都御史兵部尚書也。近因流寇造逆，君上震怒，閣臣樞臣督師者四，具尚方劍。其隆重比前人有加矣。豈非古推轂遺意耶。近人不拘資格。惟才是視，有天子熟知其生平者。有公卿大臣特薦者，有擢試之郎國實見其可用者，有上書請求自効者。有拔之行伍羅非辜之餘者。國家以制藝

補充修辭學

六

取士以經術存官，其不肖者亦足適。賢者稽古自命，祇礪風裁。居內則有文獻之知，居外則有循良之譽，備顧問。司封駮，卓有可觀。獨軍旅之事，則和素深於韜鈐奇正之書。親歷乎山原險阻之變，習寒甘苦，與衆共之。戰陳衝鋒鏑，以身臨之。自非然者。挾輔樞之貴，恃勅劍之威。銓擇推其附請，除授惟其所私。激功罔聞。士卒失懽，大敵一臨。直委而去之耳。噫嘻乎。癡臥者既不可以負鼎，徒步者亦不可以游江海。鼎以始加重，江海未始加廣，且深也。天下豈果烏獲之力，舟楫之具哉。獨無奈臥癡徒步者何耳。以無奈臥癡徒步者，亦自知其不能，而妄而為能耳。豈惟其不自知。抑人且有亦知其不能。妄以為能，而使之者矣。豈惟不知其不能，抑且有明知其不能，而妄推之人，始以為能而然使之為笑。夫不自知其不能而自謂能者，罔也。不知人之不能而使之任者，闇也。知其人之不能而姑使之任者，殆於舍權。備以塞責也。用人者，不得已而權之。為所用者，不得已而為之。不得已之命，一出於爛羊，不可以之職。遂迫於州郡。庾亮敗奔，溫嶠。長帥專國，諸葛大臣，則用人者所為人用者，罪亦同歸於一迹也。孔子曰：孟公綽為趙魏老則優，不可以為滕薛大夫。苟當時大冢宰大司馬，操權衡於上，皆有虛公博訪，擇所知於下，軍旅之事，而付之能治軍旅之人，何至有轅戟力爭之悔乎。故曰擇將而不得其人，朝廷之誤一也。昔魏樂羊之拔中山也，謗書滿篋，文侯不問。陳平之間楚使也，恣為金出入，高帝不問。光武之答岑征南也，曰荊門之事，繇公為重。宋祖之遣曹武惠也，曰江南之事，一以委卿。其責神速。進退權將，擇材則謀不淺。

補充修辭學卷

七

謀淺則兵敗。自然之理也。今天下獨梁桀羊陳不可畢其人。苟借其人而用之。出奇制勝，對陣決戰，或制將之威，或納降用間，或受城假役，或圍甚不暇。功昧於兵勢，陽千里之外。遙聞之，不審其所處之為何地，所遙值者之為何時。心疑色變，執關而前，曰若似規避也，若似畏敵不敢進也，若似縻費金錢也，若似藐視朝廷棄人也，若陳援以有所私也，若似有異圖也。讒人流言語，紛然可聽，而不知已犯兵家之大戒矣。重者械繫，輕者罷斥。立監以分其權，臨敵而易其帥，盧植檻車，道濟投幘，一簣山虧，十年功廢。為文侯高帝者，雖為光武宋祖趙文讒邯。故曰將將而不能盡其用。朝廷之誤二也。何謂五失。將御監司，率皆文士，其產邊塞者，獨習見戰鬥之容，然亦未必親臨矢石也。若中原以南，生長貴介，閭閻之首，不復知金鼓力

鐵矢何物？忽而聞陣操槍，三軍奔步。刃光在睫，鐵衣有聲，
朱顏絕叫，馬驚覆走。左右相靡，身忘其處。誰能以輕裘緩
帶之生死須臾之地，神色自若乎？是惟有閉城待命而已。乘
城外如異域，聽其焚燬，不相關涉，曰吾以重封疆也。天子有
道，守在四夷；諸侯守在四鄰；大夫守在四境。蓋不令偪近門庭曉
戰，落淺既以求武，且使進退有餘地也。烏有州謂守在四門者
哉。生死存亡悉委諸賊之去來，喪恥毀名，莫此為甚，此其失
之恃者一也。國家文武並用，然州在武臣，皆以文臣統攝之。恐
武人不學，易生變亂，法甚善也。然一旦推心置腹，安慰保全，
儻自謂節鉞在掌，生殺惟命，恣睢睥睨，刻薄寡恩，彼將以權
智之設，以為變起，將以次誅之乎？慮其激而向我為敵也，將隱
忍以聽之乎？法屈而威不振，即自為猶可處耳，上貽君父之憂。
補京[illegible]修辭學

八

下為十年所患。剿增撫蕩，後事匪遂，此其失之悖者二也。春秋戰國諸侯割據，彼以相征伐無虛日。然猶不廢救災卹鄰之禮。今四海一家，雖有尊分界，然非為朝廷大僚厥職也。豈有寇至則止求其出境，而不指鄰境之罹災。寇在鄰境，則皆言汛地，欲共同援者乎。同守封疆，豈同胡越。遂啟亡齒寒，鄰寇迫及於我。彼之所以報我者，亦猶是也。此之失之極者三也。從來言兵事者，戰守而已。然此猶謂撫也。撫即宋之所謂和耳。和用之於夷狄且不可。況流寇乎。流寇皆朝廷之赤子也，偶以催科之故，為有司所迫，至於殘破城郡。侮辱親王，此其罪莫可赦矣。況我軍屢為所創，未有可以挫其逆鋒，剿其死命者。如賊大衰，巨賈勒進之命，猶不貽笑者乎。朱儁之擊黃巾也，賊乞降，儁不可曰：秦項之世，民無定主，故賞附以勸來。今海內一統，惟黃巾造逆，納降無以勸善。更使賊利則進戰，退則乞降，縱敵長寇，非良計也。未以傳之決勝如此，以敵之窮困如此，且不肯輕許之撰，今身為大臣，總大帥於境上，不能料敵決勝，仍託名征剿，而隳行撥之之術，以漢偉第一，日為羣盜所狎，而不自知。此其失之君者四也。祖制非汗馬功勞，不許世爵。茲流寇降渠，懸封侯之賞，以待有功，可謂異矣。任事者宜開誠布公，敷名賞，徹絕條逕直絕隱。賊平之後，功自歸之。今賊勝則不以報，報亦千百之十一耳。我獲其一二諜者，輒千百報之，日攘奪戰士功為己有，夫眾懸軍中，誰與聞見，功罪察不容掩，以身為三軍之主，三軍之功，皆我之功也。歷之冒之，何為乎？漢故事，破賊文書，以一為十，獨國淵上首級以實數。以征討外夷，將以大武功，聳民聽也，封域之內，百姓叛離，雖克捷無異。淵猶恥之，今流寇非封域以內者哉。有功者尚不欲多報，況無功而濫冒之耶？先案洞則褒儀辭倖，此其失之欺者五也。何謂九異？從者以半餓饉

淵光修辭學

九

民不聊生。有司重斂酷刑，逼為一二桀黠倡言煽惑，釀成大亂。其意謂死於有司，不若死於殺掠之為愉快也。然殺掠之慘，原非本性所習。父將撫慰恤恨而不可得。人之常情也。今朝政蠲組，海內懽悅，轉亂為治，正在此時。儻有司仍以貪殘奉行，天下以為朝廷不過以空言欺百姓耳。懽悅者且竊哭去矣。故不遴廉惠素著者，使往撫之。稅簡民業，耕桑如故。夫死於有司，不若死於殺掠之為快，死於殺掠，又何若生於族黨鄉閭之為更快乎。從賊者相率思歸，家居之圖，而不肯從賊，可知也。如此則賊勢衰矣。宜一也。選將精練，督師主之，巡撫監司贊之，彼將將寡弱者何人乎。勢不得不賴之總兵參將諸將。諸將用命則勝，不用命則敗。擇之不慎者也。顧使之用命者，從以權力鉤繩，刑威褒賞勸已乎。抑鼓舞駕馭之有其道耶。晉悼公霸於歸上。使士匄將中軍，士匄讓，其下皆讓，三駕而楚不能與爭。陸賈見陳平曰。將相調和，則士豫附。君何不交驩太尉，平

用其言。延諸葛，渥遇乘之食，貸之闕儀，以帥克共和。吉
之善發也。侃感悟。鄧羌怒猛斬徐成，欲攻之。猛赦成，
馳入其軍，慰以好言，楚遂解。李抱真臥王武俊帳中，
武俊感其誠，許以死報。懷光又據時，俊之背，激之為兄弟
手。俊輒力戰，大捷。后襲皖鳳鄜，河南諸將所流落相持
者，豈無人哉。顧不肯為我用命，何也。誠無駕馭之道失
於正以服其心也。有法焉。一以至誠感動之，使人人懷忠孝
之思。一以賞罰約束，使功罪咸宜，無怨望。一以顏色晉接
之，使有勇武有才略者，皆欣然得以自表見其所長。蓋人
各有心，誰肯不奮勉當時，名垂後世。但兵凶器，戰危事，又
誰肯以生死不測之身，為不知己者輕用乎。苟得其御之之
道，則人心和輯，上下如一，釋私讎，趨公義，惟恐後，訴者信，
積極修辭學

十

弱者趨。驕者羸。叛者合。蹈淵赴火。投於嚮敵。無復國不覺其何以為我國命如此也。此其故殆難言之也。其二也。古帝王之用兵也。取亂侮亡。救民水火。故止戈之謂武。今則以暴掠百姓為己。所過財物婦女。劫掠靡遺。誣指百姓為賊。殺之以報幕府。上首功焉。一遇賊至。鳥驚巢散。莫知所之。此無他。將帥不知訓之於平日。斯其不能禁之於臨時。且有不肖之將帥。縱之以實囊橐者。更可痛也。是使戢亂將帥。中明紀律。露宿則結營。入市則平價。敢有侵戕良民。蹂我禾稼者刑無赦。如此則百姓方歌舞壺漿。以迎王師矣。此其三也。偵探之役。從來以士卒之賤者充之。如驛吏塘撥然。夫兩軍相鬥。誰肯以虛實示敵。獨偵探者先得其情狀耳。此兵家勝負大機也。用非其人。則有隔數百里數十里而至所謂已至者。有已至而謂猶尚遠者。從之最妨心事。實未嘗深入敵境也。境且未入，況情狀乎。未至而誤為至，則軍心疑。已至而誤為未至，則猝然受攻。是皆敗道。為今之計。宜慎選偵探之才而大用之。非素所親信者莫遣也。恐其未必忠於主也。非勇敢之士莫遣也。恐其未必深進也。非要詼滑稽者莫遣也。恐其陷於敵陣中。不能自脫。且以諜為專事也。宜別為一隊。以一將專統之。選擇而使。給鞍馬錢糧。聽其晝夜四出。續急報。有功則計數上幕府，紀錄陞遷，所授職者等。罪則以軍法從事。如此則人人以偵探為榮。誰敢不竭力以職。求敵之情狀以告我者。巢穴安在。糧食屯食安在。從來熟路安在。險隘安在，賊之眾力強弱何如。壘援何如。賊首行事號令何如。素其所憚者為

補充修辭學

諜。其妻所暱視者為反諜。其嬖而之角力者為反諜。其腹心用事者為反諜。其羣賊樂從其渠魁者。抑怨其渠魁，思歸鄉里者。如此則賊之情狀，我左得之。僕謂以善縫者置賊中，王式遂擢卒為候騎，皆偵探之盡善者也。馬伏波聚米為山。世祖曰：虜在吾目中矣。夫伏波自隴西來，敵之情狀悉知之。然則伏波固漢之良偵探為冀也。賊之情狀得矣。然後定謀。兵法云：知己知彼。夫彼己非士馬多寡強弱之謂也。謂其將帥之智計淺深遲速耳。晉欒枝戰於城濮，以柴偽遁，敗楚師。周世宗聽趙游計，飛傳至洛陽，以梁主矣。絕文國鑲道，大破之。李光弼戒諸將勿前，嘉延暉李日越戰，降則前之俱來。後果然，於青上元夜張燈高會，未以奪范偷閱，此皆謀勝之大較也。今流寇恃衆負

虛。無紀律，貪則易餌，憤則人怨之，恃衆則驕。無紀律則
易搖動。數者有一，此必敗。而流寇兼有之。誠能以天時之便，
人地利之宜，分羣之以殺其勢，虛張之以疑其心，斷其餽
餉以使之匱乏，挑其救援以使之無所恃，搗其所不救以亂之。
劫其所不虞以驚之，餌之使進，則伏險以邀之，怒之使亟戰，則
發壁不出以挫之。要之堅城以老之，誘之絕地以殲之，賊之所長，我
則避之，賊之所短，我則擊之。以逸待勞，以整待紛，賊方奔走
自救之不暇，而暇圖我乎。司馬仲達平遼東，計往來不過一
年。岳鵬舉破楊么，不出八日。謀定故也。慎其始也。謀定矣，然
後用間。夫以賊攻賊者之謂間。寇起山陝之初，各攜其妻子
親戚置營中。其恃力爲亂衣帛者，皆是也。十餘年以來，
初起同心戮力者，死亡過半矣。所擄我人，但以供井臼芻豆役

十三

補充修辭學

耳。彼人巢穴也。是以有數日返者。有數月返者。有數歲返者。彼人既不加多。又不與我人相信。又不得不還我人以充其用。其事異心。尤生內變。趙充國之料罕开也。曰羌人所以易制者。以其種自有豪。數相攻擊。勢不一也。曹操之料公孫康也。曰。袁熙袁尚兄弟。急之則并、相救。緩之則自相圖。其勢然也。今流寇所處之勢。非所謂種自有豪。數相攻擊者哉。然間之使自相圖者。未有人也。誠得大將擁重兵於要地。因事設疑。如田單之於樂毅。陳平之於范增。猜嫌既形。腹心自潰。使賊分攜我。惕懼為其黨所謀。必將有自相吞噬。計窮歸命者矣。古人居高視下。審敵情之急緩。遣探蹤之。是以能出奇乘其懈也。冥其不也。議者好言入山搜賊。兵法云。十則圍之。倍則攻之。賊亦沒徑路非一。我兵不多於賊。搜之則不設長圍，設長圍則处之防衛突。我不戰先疲矣。此獨有處於審先後法耳。范雎遠交近攻，秦用其法吞齊，使不助五國，光武知隗囂公孫述不足為患，曰：且當置此子於度外，遂專意平江淮山東諸盜。郭嘉策袁紹性遲，力探懸擊劉豫州。趙普請太原當西北二邊，克太原則西北我獨當之，不如姑俟削平諸國。蓋賊衆則我不能並禦，賊強又不可以力取。當得次第於其間，殲其渠魁之屢叛者。陽以計攝之，使不敢先動。而陰召諸將，併力以攻其狹健者。如此則我之兵勢不分，而又無前後受敵之患。一賊授首，羣賊懸膽落矣。算其七也。闖渡河而南，初所陷特縣郡鎮集，進大都亦為所陷，行且圍開封，猶維揚矣。聞其陷襄陽也，僅十有八人。其取洛陽也，城內民以怨福王之故，開門迎之。

十三

補充修辭學

歸德則縣令所部士大夫激變。防禦益疏。若是則城之陷，非寇力能攻之也。寇亦有未倖焉。實緣守之者非其人耳。戰則彼此相攻。守則祇有賊攻我。望我攻賊者，安危懸之賊。我得不坐困耶。然守得其人，較之戰更省力。百姓既懷戀祖，則墳業若家。勵之入城共守，犯變命。士大夫身家居城内。兩三計議甚審。又无變命。積薪米。備器械以策。慎識察督監，以時申禁。堅壁清野，賊至無所掠。賊敗又無所據。戰者日尾其後而邀擊之。賊又不敢持久於城下，僅守者兼能困戰。如許遠之在土壁，張巡之在睢陽乎。賊計日滅矣。其八也。流寇長技，惟恃刀馬。飄忽震蕩。出沒不時。然不知有所謂節制。不用節制，則練步卒以破之。夫騎兵衝陣，遇敗則有餘，殺賊則不足。宴能殺賊者，步卒耳。設有兩人於此。一馬一箭。隔數十步外。馬上者可以弓矢得志。然猶或不中焉。短兵一接。步下者直以手操刀而墜之矣。蓋馬雖馴熟。終勞控控固不如步行者。盤旋縱就之為便利也。人苟卒未明此理。驟見敵馬衝突。如崩如潮。勢不可禦。遂披靡潰亂耳。苟平日講求訓練。使眾皆洞然於彼此長短之故。又試之小勝以堅其膽。然後嚴申號令。有進無退。退則必斬。并及隊長以徇。於是先藏弓矢。擐甲擁盾。以一刀間一矛。魚貫雁行。聞鼓齊進。賊馬至而用矢。矢則我有盾。矛刺其上。刀斫馬足於下。如岳武破長勝軍之法。彼飆馳電震蕩者。一時俱廢矣。至於賊旁衝則左右翼之。賊逾進走。則抄從甚之。賊委去。則乘虛搗之。數者非馬不可。雖然。練步卒至此。豈易言哉。平日撫愛壯士。優賞

十四

新元修辞学

健兒風霜疾病，死喪瘡痍，罔不憐念。父母妻子之愛情。金帛糧餉之小物，罔不周詳。設身處地，委曲推思。盡其人心，方足國根。而又有嚴令而約束之。其誰不畢命疆場耶。吳起用士卒之最不苦同居處。李牧日椎牛以饗士卒。人固有愚之而後不苦於威。生之而後視死如歸者。非一朝一夕之積累也。莫非也。指其誤，鑒其失，善用其所長以制之。於流離人所有哉。

孔孟荀專書研究

李兆民

李兆民

孔孟荀專書研究

一章

計五十六頁

孔孟荀專書研究

第一章 概論

第一款 小引

漢書藝文志載「儒家者流蓋出於司徒之官，助人君順陰陽明教化者也。」而司徒之官始於唐虞，見於虞書帝曰「契，百姓不親，五品不遜，汝作司徒，敬敷五教在寬。」歷夏殷周都有這官，大概他們有一種傳統學術思想與義和之官及太宗太史太祝太卜等官所授的不同。胡說諸子不出於王官，錢說學出王官，二說均偏，當知諸子學說與其祖先世守之典籍及其傳固有重大關係，究難嚴格地以官分家，若不分家又無從得着治學的系統。豈可過責古人？古文學派雖令人懷疑，然持西洋近代思想以抨擊先賢，未免幼稚。藝文志又說「游文於六經之中，留意於仁義之際，祖述堯舜，憲章文武，宗師仲尼，以重其言，於道最為高。」證明儒家標榜仁義以堯舜文武孔子為中堅人物。對於道家尊道德祖黃帝稱伊尹太公仲管師老聃另有一番見解。用為孔子學說不空談天道人故鬼神必求合於人生社會國家的實用。論語上說「如有所譽其有所試」可叫做「實用主義」Pragmatism 或「實在論」Realism 依學庸孟荀記載也有「像心物平行論」Psychophysical 和「一元論」Parallelism 的說法。

第二款　孔子

第一項　孔子事略和著述

孔丘字仲尼，周靈王二十一年十一月庚子（魯襄公二十二年）生於魯國昌平鄉陬邑，祖先為宋公族，父叔梁紇，母顏氏，長嘗為委吏料量平，為司職吏（乘田）畜蕃息，適周問禮於老子，既反，弟子益進。魯昭公二十五年甲申孔子年三十五，適齊，為高昭子家臣，以通乎景公（有聞韶（述而）問政（顏淵）二事）景公欲封以尼谿之田，晏嬰不可景公有所疑難，魯定公元年，孔子年四十二，季氏強僭，其臣陽虎作亂，專政，孔子退居不仕。潛修詩書禮樂，弟子彌眾。九年，孔子年五十一，公山不狃以費畔季氏，召孔子，欲往，卒不果行（有答子路東周語，見陽貨篇）定公以孔子為中都宰，一年，四方則之，遂為司空，又為大司寇。

定公十年，相定公，會齊侯于夾谷，齊人歸魯侵地。

定公十四年，孔子年五十六，攝行相事，誅少正卯，與聞國政，三月，魯國大治，齊人歸女樂以沮之，季桓子受之，郊又不致膰俎於大夫，孔子行。適衛，主於子路妻兄顏濁鄒家，適陳，過匡，匡人以為陽虎而拘之（有顏淵後及，文王既沒之語，見先進篇）既釋，還衛，主蘧伯玉家，見南子（有矢子路及未見好德之語，見述而篇）去衛適宋，司馬桓魋欲殺之（有天生德於予及微服過宋事，見述而篇）又去宋，適陳，主司城貞子家，居三歲，而反于衛，靈公不能用，復如陳，如蔡及葉（有葉公問合子路不對，沮溺耦耕荷蓧丈人事等微子篇）。
（絕糧陳蔡或在此時）
楚昭王將以書社地封孔子，令尹子西不可乃止。
哀公十一年孔子年六十八，歸魯，魯終不能用。孔子亦不求仕。敘詩書禮樂，弟子三千人，身通六藝者七十二人。
哀公十四年孔子作春秋（有知我罪我等語）
哀公十六年孔子年七十三卒。葬魯城北泗上，弟子皆服心喪三年，惟子貢築室墓旁復獨居三年，又有從冢而家者百室，因命名孔里。
史記孔子世家載孔子冢大一頃……廟藏孔子衣冠琴車書至於漢二百餘年不絕，太史公曰：詩有之高山仰止景行行止，雖不能至，然心鄉往之，余讀孔氏書想見其為人，適魯觀仲尼廟堂車服禮器，諸生以時習禮其家，余祗回留之不能去云。

孔子的著作止有春秋經，凡例在公羊傳和董氏繁露裏面表明了。並且他纔訂過詩、書、易、禮。這都背着消易五篇，則刪的話有些可疑。漢博士傳齊、魯、韓三家，毛詩到了東漢中葉才發現的。尚書僅傳伏生二十八篇，其餘不可靠。今日所見的孔傳古文尚書中間有二十五篇全是王肅偽造的。禮就是儀禮十七篇，鄭玄改名的。另有大戴記、小戴記，禮記除了解釋儀禮以外還有許多的古代殘本在裏面。至於論語一書與孔學關係最大，但是門人的記載。漢書藝文志說：「論語者，孔子應答弟子、時人及弟子相與言而接聞於夫子之語也。當時弟子各有所記，夫子既卒，門人相與輯而論纂，故謂之論語。」經典釋文序錄說：「論語是門徒所記，故次孝經。」鄭玄說：「論語仲弓、子游、子夏等撰定。」論語古來傳有齊、魯、古三部。齊論語是齊人所傳，別人問王、知道二篇，共二十二篇，其中章句遠比魯論語多。魯論語是魯人所傳，共二十篇，古論語說是出于孔壁，分堯曰下章子張問以為一章，有兩子張，共二十一篇。篇次不與齊魯同。後來人多從張侯論，因為張禹是以魯論證各家的，今世所讀的是何晏論語集解。

第二項　孔子學說

壹　天道

孔子學說大部分出於前古天人合一論的傳統思想，加以發明光大，造成一種系統。他的本體論是天——「一元」，並於標出「天」字為主，然以為有幾種意義。

先秦哲學

(一)主宰的天　就是宗教上所有主宰的上帝，總持宇宙一切自然界。孔子所以天命斯文在自己身上，便時常稱主宰的天來表示他的信念，如「予所否者，天厭之」、「不怨天，不尤人，下學而上達，知我者其天乎」、「天喪予，天喪予」等，是不但說天帝是遠古的主宰，更是現在人間活潑地主宰，並且他一身擔負道統的責任，有代表天帝的氣魄，這是傳統「天人合一」論的極致。

(二)定命的與主宰的天是同，是講由天賦予人若何的生活命運。所以他說「君子……畏天命」「道之將行也與命也，道之將廢也與命也」子夏也說「死生有命，富貴在天」。就俗語說「謀事在人，成事在天」。然而見傳說孔子罕言命，因為孔子是知天命而盡人事義務的努力奮鬥的。他口裏不多說，只把他的身體去實行。

(三)自然的天是宇宙間森羅萬象無所不包而有規律秩序，孔子說「巍巍乎唯天為大，唯堯則之」。正所以把天的廣大有條不紊來比堯的知識和德行才能。子貢也說「夫子之不可及也，猶天之不可階而升也」，是一樣的比方。

(四)理性的天，是說宇宙間一切事物都具有理性，天雖不說人的話語來指點人知道種理性，然而他賦予人有悟性，人可以用思想或經驗得以知道許多，所以孔夫子說「天何言哉，四時行焉，百物生焉，天何言哉」。宋儒所解釋的天者理也就是這種。從宗教方面說是(一)種或兼言(二)種天，從哲學方面說是(四)種天，從科學方面說是(三)種天。不過孔子的學說在三方面四種天都講得通的，因為他肯定「天」是宇宙萬有的本体，又是超乎宇宙萬有的本体。

貳　仁道

天(上帝)為本體。天有好生之德，惟聖人能配天而表揚天。天德頒示人間就是孔子所謂仁人，至於仁便可以知天。孔子不許弟子以仁，因為他們尚未知天。孔子以為天德的偉大高遠，人的知識不易揣測或經驗，所能够表彰出來務必標舉一個字極端推尊。這個就是「仁」字。仁從二人，其道顯于人與人的關係。孔子所有「天」的信念是出上古天人同類或天人合一論傳統的學說，以為人本於天，視人等於天，盡人的性，就可以參天地而育萬物。性是甚麼？「天命之謂性」。從那裡知道性的表現呢？說是「仁」。程子注「仁字說」仁主於愛莫大於愛親。所以論語說「孝弟也者其為仁之本與」。韓愈原道篇說「博愛謂之仁」。不過孔子言仁還有較大的用意，要藉仁以認識那主體的天。又程子識仁篇載「仁者以天地萬物為一體」，朱子說「仁者心之德，愛之理，猶言生之性，愛則是理之見於用者也」（見語錄）。証明宋儒都講解「天為體，仁為用」了。換一句話說，天為本體論，仁為認識論。

孔子終身以仁為志，於古人只稱伯夷叔齊微子箕子比干管仲為仁。不輕易以仁許門弟子。惟有顏淵庶幾乎三月不違仁，並且許多人來問他仁，他所答應的僅屬仁的部分，不是整個完全的仁。如顏淵問仁，子曰「克己復禮為仁，一日克己復禮，天下歸仁焉。為仁由己，而由人乎哉？」……非禮勿視，非禮勿聽，非禮勿言，非禮勿動。是說人為著求仁便犧牲了他耳目口身的欲望，並且要着禮可以試驗他是否真有良有仁在裏面。

樊遲一次問仁，孔夫子說"仁者先難而後獲，可謂仁矣"。講到克己犧牲的工夫，是不容易作的，如果甘願犧牲，真是難能可貴，不計所獲，自有偉大結果，並且當務為急，不求所難知，力行所知，不憚所難為。

樊遲二次問仁，孔子說"愛人"，對人只要有徹底的愛，天下就沒有不了的事，愛算是萬事的根本。

樊遲三次問仁，孔子回答說"居處恭，執事敬，與人忠，雖之夷狄不可棄也"，能忠信篤敬，雖蠻貊之邦行也，意同，說是恭敬忠這樣的美德，都是由仁道發出來，仁道發出這些美德，可以感化野蠻的社會為文明的，可以改造環境。

仲弓問仁，孔夫子說"出門如見大賓，使民如承大祭，己所不欲，勿施於人，在邦無怨，在家無怨"，這就是忠恕之道，對己對人常懷寬

荀子所重的是子弓。孔子經傳的正統都在這派內。所以從學業
上的功績講起來子夏當然是孔門第一人。
十哲以外有曾參有若子張等都是一時優選。曾子有子二人有
從於魯國恰如孔子當時謹直的曾子門人更出過子思孟軻等
大為孔門宣揚過精義。
論語載着子路曾哲冉有公西華侍坐的時候，各言其志，三人都
述說他們在政治上的希望，惟獨曾哲超羣脫俗，深為孔子所嘆
賞。這曾哲就是曾參的父親，他們父子同受業於孔門的。孔門幾
乎都以參為魯鈍，這不過批評他大戴禮記曾子十篇所載修身
的標準。
用心思……夕而自省思以殁其身……也。君子終身守此惶惶。……
……終身守此憚憚也。見善恐不得與焉，見不善者恐其及己也，是故
君子疑以終身，君子見利思辱，見惡思詬，嗜慾思恥，忿怒思患，終

專書研究孔學

六

身守此戰戰也，君子思勝氣，思而後動……（立事篇）君子執仁立志（制言上）君子思仁義，晝則忘食，夜則忘寐，日旦就業，夕而自省，以歿其身。

(二)態度。君子己善，亦樂人之善也；己能，亦樂人之能也；己雖不能，亦不以援人。君子好人之為善，而弗趣也；惡人之為不善，而弗疾也；疾其過而不補也，飾其美而不伐也，伐則不益，補則不改矣。君子不先人以惡，不疑人以不信，不說人之過，成人之美，存往者，在來者。……君子義則有常，善則有鄰，見其一，冀其二，見其小，冀其大，苟有德焉，亦不求盈於人也。君子不絕人之歡，不盡人之禮，來者不豫，往者不慎也，去之不謗，就之不賂，亦可謂忠矣。君子恭而不難，安而不舒，遜而不諂，寬而不縱，惠而不儉，直而不徑，亦可謂知矣。多知而無親，博學而無方，好多而無定者，君子弗與也。……——夸而無恥，彊而無憚，好勇而忍人者，君子不與也。好名而體

忿怒而為惡，足恭而口聖，而無常位者，君子弗與也。巧言令色能
小行而篤，難於仁矣。出入不時，言語不序，安易而樂暴，懼之而不
恐，說之而不聽，雖有聖人，亦無若何矣。臨事而不敬，居喪而不哀，
祭祀而不畏，朝廷而不恭，則吾無由知之矣。觀其所愛親，可以知
其人矣。臨懼之而觀其不恐也，怒之而觀其不惛也，喜之而觀其
不誣也，近諸色而觀其不踰也，飲食而觀其有常也，利之而觀其
能讓也，居哀而觀其貞也，居約而觀其不營也，勤勞之而觀其不
擾人也。君子之於不善也，身勿為能也，色也勿
為可能也，心思勿為不可能也。居上位而不淫，臨事而栗者，鮮不
濟矣。君子之於子也，愛而勿面也，使而勿貌也，導之以道而勿強。
也宮中雍雍，外焉肅肅，兄弟憘憘，朋友切切，遠者以貌，近者以情，
友以立其所能，而遠其所不能，苟無失其所守，亦可與終身矣。立
事篇。孝子之事親也，生則有義以輔之，死則哀以莅焉，祭祀則莅

曾子書研究九

之以莊」（本孝篇）君子之孝也，忠愛以敬……盡力而有禮莊敬
而安之，微諫不倦，聽從而不怠……」（立孝篇）君子之所謂孝者，
先意承志，諭父母於道」「父母愛之，喜而不忘；父母惡之，懼而無怨，
父母有過，諫而不逆；父母既歿，以哀祀之加之，如此謂禮終矣」（大
孝篇）「事父母有道乎？」……「有愛而敬」孝子無私樂，父母所憂憂
之，父母所樂樂之，孝子唯巧變，故父母安之」「事兄有道乎？」……「有
尊事之，以為己望也」……「使弟有道乎？」曾子曰：「有嘉事，不失特也
……」（事父母篇）君子進則能益上之譽，而損下之憂；不得志，不
安貴位，不懷厚祿，負耜而行道，凍餓而守仁」「君子無悒悒於貧，無
勿勿於賤，無憚憚於不聞，布衣不完，蔬食不飽，蓬戶穴牖，日孜孜
上仁。」（制言中篇）「昔者禹見耕者五耦而式，過十室之邑則下，為
秉德之士存焉」（制言下篇）
（丙）言行　「君子攻其惡，求其過，彊其所不能，去私欲，從事於義，可

謂學矣。君子愛日以學，及時以行，難者弗辟，易者弗從，唯義所在。
君子既學之，患其不博也；既博之，患其不習也；既習之，患其無知
也；既知之，患其不能行也；既能行之，貴其能讓也。君子博學而孱
守之，微言而篤行之，行必先人，言必後人。行無求數有名，事無求
數有成。身言之，後人揚之；身行之，後人秉之。君子不絕小，不殄微
也，行自微也，不微人。論而後行，行必思言之，言之必思復之，思復
之，必思無悔言，亦可謂慎矣。人信其言，從之而行，人信其行，從之
以復，復宜其類，類宜其年，亦可謂外內合矣。君子疑則不言，未問
則不言，兩問則不行其難者。君子患難除之，財色遠之，流言滅之，
禍之所由生，自孅孅也，是君子夙絕之。君子入人之國，不稱其諱，
不犯其禁，不服華色之服，不稱懼惕之言。故曰：與其奢也，寧儉；與
其倨也，寧句。可言而不信，寧無言也。君子終日言，不在尤之中；小人
一言，終身為罪。君子亂言而弗殖，神言弗致也，道遠日益云。眾信
弗主，靈言弗與，人言不信不和。君子不唱流言，不折辭，不陳人以

[illegible]

其所能言也有主，行也有法。行而不能窮也，喜怒遂能也，慕善人
而不與焉，辱也。不能行而言之，誣也。非其事而居之，矯也。道言而
飾其辭，虛也。無益而厚受祿，竊也。好道煩言，亂也。殺人而不戚焉，
賊也。人言不善而不違，近於說其言；說其言，殆於以身近之也；殆
于身之矣。言者行之指也……聽其言也，可以知其所好矣；觀
說之流，可以知其術也。久而復之，可以知其信矣。君子為小猶為
大也，居猶仕也，備則未為備也，而勿慮存焉……（立事篇）與父言，
言畜子；與子言，言孝父；與兄言，言順弟；與弟言，言承兄；與君言，言使臣，
與臣言，言事君（立孝篇）。君子一舉足不敢忘父母，一出言不
敢忘父母（大孝篇）。夫行者，行禮之謂也。弟子無曰不我知也。鄙
夫鄙婦相會于廧陰，可謂密矣，明日其或揚……富以苟不如貧以
譽，生以辱不如死以榮。辱可避，避之而已矣；及其不可避也，君視

死若歸（制言上篇）君子雖言不受必忠曰道，雖行不受必忠曰仁，雖言有主行有本謂之有聞矣，君子尊其聞則高明矣。行其聞則廣大矣。（制言下篇）

（丁）環境　蓬生麻中，不扶自直，白沙在泥，與之皆黑，是故人之相與也，譬如舟車然，相濟達也，已先則援之，彼先則推之，是故人非人不濟，馬非馬不走，土非土不高，水非水不流。（制言上篇）與君子遊，苾乎如入蘭芷之室，久而不聞，則與之化矣。與小人游，貸乎如入鮑魚之肆，久而不聞，則與之化矣。（制言下篇）

性質木訥，其實參何嘗鈍，聞一貫之道之言，就能體會到忠恕。這個恐怕三千多人中惟他獨能。他所以這般體會到仁的方面，為一世的師表，恐怕也，就是他的性質木訥殊思精進不輟所致。

曾子著述有孝經及大戴記曾子篇，禮記中曾子問一篇。其他禮記裏面還還有多少關於禮記孝經等的話說。論語裏面的曾子曰計學而篇載二處，泰伯篇載五處，子張篇載四處，顏淵篇、憲問篇各一。因此可以窺見他們的思想和他為人。

曾子有疾，召門弟子曰：「啓予足，啓予手。詩云：戰戰兢兢，如臨深淵，如履薄冰。而今而後，吾知免夫，小子。」這和孝經裏面說的「身體髮膚受之父母，不敢毀傷」正相符合。

曾子有疾，孟敬子問之。曾子言曰：「鳥之將死，其鳴也哀；人之將死，其言也善。君子所貴乎道者三：動容貌，斯遠暴慢矣；正顏色，斯近信矣；出辭氣，斯遠鄙倍矣。籩豆之事，則有司存。」泰伯篇這正是恰守孔子意誠心正而身修的道理。

曾子曰：「可以託六尺之孤，可以寄百里之命，臨大節而不可奪也，君子人與？君子人也。」「士不可以不弘毅，任重而道遠。仁以為己任，不亦重乎？死而後已，不亦遠乎？」人都看為遲鈍的曾子，有那麼毅然高尚的人格，不可奪的節操，並且想起當年傳授他的仁道，應如何擔負責任鞠躬盡瘁來保守。

孔子觀察曾子是個孝子，和他細談孝道。他們彼此問答的話語，便成了一本孝經。鄭康成注中庸「大經大本」的說「大經謂春秋，大本指孝經」，這些話也說孔子志在春秋，行在孝經。姚際恒古今偽書考則孝經為偽書。然在漢時實有傳授，呂覽已曾引用。

漢書藝文志載古文孝經古孔氏一篇二十二章，孝經一（篇，十八章，長孫氏、江氏、后氏、翼氏……）證明孝經有今古文。隋經籍志載秦焚書，河間人顏芝收藏。漢初除挾書禁令，子貞纔出示於人。這是今文本，江翁、后倉、翼奉、張禹傳授凡十八章。另有古文本出於孔氏壁中，孔安國作傳，鄭康成作注，今不傳。凡二十二章，相傳出劉炫手，多閨門章四百餘字。唐開元御注用今文本。元行沖為之作疏，清皮錫瑞有孝經鄭注疏頗明晰。阮氏孝經校勘記說：……近日本校撰一本傳入中國，此係中國之僞，尤不可據者也。

曾子不但傳授了孝經，還傳授了大學。朱子以為大學經文作於曾子，傳是曾門諸生寫的。朱子又以為大學致知格物能知中庸的明善及孟子的知性盡心相當，誠意正心能和中庸的誠心及孟子「存心養性」相當。或者曾子門人從思想的脈絡上因欲証明孔曾思三聖的一貫特為作了這本書。劉向在他們的別錄裏面以大學為通論，說是概論儒家學說的課本。韓愈在原道裏面引大學的文句以論儒道。司馬光著大學廣義一卷。程顥程頤朱熹等更為補傳，名大學章句。可以作儒家哲學入門的書籍。

大學的思想大概可分為二：一是三綱領（明明德親民止於至善）「八條目」（格物致知誠意正心修身齊家治國平天下）把孔子的仁道使從個人的內性出發，再加以幾分心理的傾向。二是仁心的根本應當如何用工夫修養。後來宋儒朱熹自己立在經驗主義上作了解釋，明儒王陽明自己立在唯心論上也作解釋。

素來孔子與門弟子的重要談話都載在論語。漢書藝文志說……夫子既卒，門人相與輯而論纂，故謂之論語。鄭玄云：論語所子游子夏等撰定。程子曰：論語之書成於有子曾子門人，故其書獨二子以子稱。何氏說：魯論語二十篇，其二十篇中章句頗多於魯論。古論出孔氏壁中，分堯曰下章子張問以為一篇，有兩子張，凡二十一篇，篇次不與齊魯論同。所以三種論語篇章各有不同。漢時各有名家，張禹本受魯論語於夏侯建，又從庸生王吉受齊論語，號曰張侯論語。孔安國訓解古論語，馬融也作訓說，世都不傳。到了鄭玄就魯論語篇章參考齊古作註。今傳何晏集解本。

第四款 子思

第一項 子思事略和著述

孔子生鯉，字伯魚，年五十先孔子而死。伯魚生伋，這就是古來傳說作中庸的子思。史記孔子世家、禮記檀弓篇、劉向說苑、漢書藝文志》《孔叢子》等都謂子思記載過他的事蹟和言論，還有好幾他也是和他祖父一樣周遊列國，傳道講學，相傳《中庸》這書是他出在宋國的時候作的。《漢書·藝文志》載《子思子》二十三篇，《中庸》二篇，《孔子家語後序》說「四十七篇」，《孔叢子·居衛篇》又說「四十九篇」，大概是後世散佚了。後人有疑《中庸》爲秦時作品，說《孔叢子》都是晚出僞書。

關於《中庸》歷史上的價值，前題已表申論之，駁主張這書不是孔思門的人。說它的性質，不與古來儒家一樣專講人道，說甚高深，後體用論甚廣，「性」「情」二己發未發，開天人合一的信念，作人性的基礎，似乎是對付老莊甚子作的。因爲老莊，「仁義」「禮儀」，儒家當時大道然後從禮數，儒家爲自衛起見，不能不在形而上學上判出工夫，以示莊嚴而加抵抗力。這恐怕是《禮》撰道分二中庸》從天道演繹到於人道，至說「誠」道「與」模「圖」滿天人合一論，正是把古來一貫思想進一層發揮的結局。它說的顯微體用也是根據古代思想「人心惟危，道心惟微」（見荀子解蔽篇）而來的，決不能說是竊用老莊的。子思以「誠道」為天道，以天道為人道的根源，由此至於人性的那些地方，正是他真正地把握着了儒教教理的根本。所以說「誠者天之道也，誠之者人之道也」。

第二項　子思的學說

(一)誠道

朱熹說「須是且着力去看大學，又着力去看論語，又着力看孟子，看得三書了，這中庸半截都了」（語類六十二卷）。本來大學是儒教的入門書，論語孟子是實用書，那末說中庸代表論理方面的著述，當然可以的。

中庸一篇的綱領盡在第一章「天命之謂性，率性之謂道，修道之謂教，道也者不可須臾離也，可離非道也，是故君子戒慎乎其所不睹，恐懼乎其所不聞，莫見乎隱，莫顯乎微，故君子慎其獨也。喜怒哀樂之未發謂之中，發而皆中節謂之和，天地位焉，萬物育焉。從來說人道的講甚麼三德九德，是從外面對道德加修為的，但不過中庸發明喜怒哀樂等未發心中寂然不動的狀態為中，和二德就是誠道。

我們如何可以得到誠道，而致中和的德呢？這個第一就是要如上述心理的戒慎其所不睹，恐懼其所不聞，以謹其已發的慎獨。第二就是要積極地求博學之審問慎思明辨以盡的修養。誠者天之道也，誠之者人之道也。誠者不勉而中，不思而得，從容中道，聖人也。誠之者，擇善而固執之者也。博學之，審問之，慎思之，明辨之，篤行之。（三十章）它分人心為上中下三階級，或生而知之，或學而知之，或困而知之，及其知之一也。或安而行之，或利而行之，或勉強而行之，及其成功者一也」。——生知安行是聖人，屬於上部；學知利行者中人；困知勉行而得中和之德者中人以下。——因此表示誠道的過程，他雖然沒有明說性的三品，但已為韓愈性三品說作先驅。

(二)倫理觀

中庸的天道，換句話說就是人道。把這人道的本体具体的情況也就是「誠」道，所以以誠處世。好比內方外圓的東西，內方是誠，是中含持於衷，外圓是四端，中是節，善於應付環境，而造就良好環境。「故為政在人，取人以身，修身以道，修道以仁」，故君不可以不修身；思修身不可以不事親，思事親不可以不知人，思知人不可以不知天」。所謂以「仁」「知」「天」原是孔子哲學的系統，今特以「誠」字來表示，並且由言道系統在人生上發出五達道（君臣、父子、夫婦、昆弟、朋友）、三達德（知、仁、勇），今概以「誠」字來「一貫」。

至於三達德的工夫，「好學近乎知，力行近乎仁，知恥近乎勇」，

十三

孔孟荀哲學研究

知斯三者，則知所以修身；知所以修身，則知所以治人；知所以治人，則知所以治天下國家矣」，則三達又通乎五達道。因為好學、力行、知恥的人，未有不為賢父兄、賢母、良夫、良妻、良友、忠臣、孝子的。

(三)鬼神觀

孔子在論語裏面常提到「敬鬼神」、「祭神如神在」、「鬼神之為德其至矣乎」等語，他的孫子子思也在中庸裏面繼續發揮而崇為萬物的根本。

「鬼神之為德，其盛矣乎！視之而弗見，聽之而弗聞，體物而不可遺。使天下之人，齋明盛服，以承祭祀，洋洋乎如在其上，如在其左右。詩曰：『神之格思，不可度思，矧可射思。』夫微之顯，誠之不可揜如此夫！」（中六章）中庸這種鬼神論，到漢代的董仲舒、劉向父子受了很大的影響，使他們發出許多的哲學神話來。

第五款　孟子

第一項　孟子事略和著作

孟子名軻，字子輿，亦字子車，周烈王四年生於鄒邑，原屬邾子國，近魯，後為魯所併。或曰孟子是魯公族孟孫的後代，所以仕於齊，喪母而歸葬於魯。幼受賢母教育，長受業子思門人。學成，歷游梁、齊、宋、滕各國，說仁義之道不行，退而與弟子萬章等記載他游諸侯，與時人問答的話語，編成孟子七篇（見史記孟荀列傳、漢趙岐題辭）。又有外書四篇：性善、辯文、說孝經、為政，其文不能弘深，不與內篇相似，似非孟子本真，後世依放而託之者也。（參考李孟子外書疏證、翟灝四書考異）。漢書藝文志載儒家孟子十一篇，也是總合內外篇說的。孟子以屬諸子，得免秦火。趙岐題詞說：在漢時曾置博士，但仍罷而列於傳記。宋以前孟子不稱經，所以經典釋文不以孟子。宋代設科，以易、書、詩、三禮、春秋三傳及論語、孝經、孟子、爾

孔孟荀專書的研究

西

稱為十三經。孟子是周赧王二十六年死的，享年八十四歲。他一生所見不單是政界群雄割據爭戰，連學術也是一樣的分歧。楊朱墨翟之言盈天下，還有宋牼許行告子莊周各逞長才，演出空前的思想武劇。

第二項　孟子學說

孟子全部哲學上的系統，可在盡心篇裏面幾句話看得出來。盡其心者，知其性也。他根據天人合一論說：我就是大我的表現，所以先言盡心知性，算是他的認識論。知其性則知天矣，盡人性以認識主宰的天，總對他趨乎宇宙的一元，算是他的本体論。存其身，養其性，所以事天也。夭壽不貳，修身以俟之，所以立命也。此是他是行為論。這行為論，就他的人生觀，社會觀和功利說。

(一) 人生觀

(甲) 性論　性善說是孟子的根本思想，自從他起頭議對這個問題來根據學理發揮。孔子未曾明顯的標題論性，到了子思說誠之道，於天命之謂性，率性之謂道，似乎以為人心中原來天賦有善質，現在孟子既受業於子思門人，便由誠道演出性說來了。

孟子一方面枚舉許多古人的言行來論證他的性善說，他方面又從心理地探討良心的起原，歸納地辯證人性為善。他說「人皆有不忍人之心，先王有不忍人之心，斯有不忍人之政矣。今人乍見孺子將入於井，皆有怵惕惻隱之心，非所以內交於孺子之父母也，非所以要譽於鄉黨朋友也，非惡其聲而然也，由是觀之，無惻隱之心，非人也，無羞惡之心，非人也，惻隱之心，仁之端也。是非之心，智之端也。羞惡之心，義之端也，辭讓之心，禮之端也。人之有四端也，猶其有四體。而自謂不能者，自賊者也。」（公孫丑章句上）這是孟子有名的「四端說」，從古以來，像他

孔孟荀專書研究

五

這樣明晰簡單地說過良心的起源，確實未曾見過。他認這四端三樣為人性固有的，而且存在的決非客觀的，所以他以為各人把自己的良心弄明白，而培養他在萌芽的時候，就自然能夠發揮善性。他又說：「仁義禮智，非由外鑠我也，我固有之也，弗思耳矣。故曰求則得之，舍則失之，或相倍蓰而無算者，不能盡其才者也。」（告子上）只要人能把良心的善端擴出使它發達，就是善人，自暴自棄的，就是惡人。但是他對於惡的存在問題，以為性中無惡，惡是另一部分的衝動，可以叫作肉慾，不是先天的，乃是後天的。譬如同地同時種麥，土地的肥瘠雨露的滋養及人力的栽培如何，收穫固然決不一致。但不能說是麥的本性有變化，同樣人的本性也決不能說是有異種的，個個人都與聖人同類，不過培養不足，物欲所蔽，遂生差異，遂惡德了。（見告子上）

孟子的性善說大概如此，但他和告子所說的話很有些不相貫串的處所，似乎是講東應西的。如告子說「性猶杞柳也，義猶桮棬也，以人性為仁義，猶以杞柳為桮棬」，是用自然主義解釋的。謂人性有為仁義可能，不是說仁義就是人性的本身。孟子答以「戕賊杞柳，戕賊人性」，未免誤解告子，並沒有說把仁義做作的話。不過說仁與不仁都是人性中的一個要素罷了。孟子全不注意對方這一點，只把自己的話循環反復地說了一些。

告子說「性猶湍水也，決諸東方則東流，決諸西方則西流，人性無分於善不善也。亦猶水之無分於東西也。」以為人性中有善惡二素質存在，看父兄如何教導法。但孟子駁他躍水過顙的話，要為性善說有時蔽於物欲的意思，畢竟未曾徹底攻破告子的善惡混合說。

告子說「生之謂性」，因為自己說性，孟子幾次不能領會，這回說把性的本質明論下來。他說一切生物，天賦的性質即是性，捨去這種生理的自然性以外，別無所謂性，別無所謂性之所以然。但孟子反問他，你所說生就是性的話，好比一切都是白的——白羽的白，白玉的白，皆如白雪的白，沒有別的意思麼？告子答曰然。於是孟子又用反証法質問他說，然則犬的性和牛的性一樣，牛的性和人的性一樣麼？這個說法，形式上似乎把告子駁倒了，其實不然，因為告子的意思，是說凡生物固有的生理方面的欲望，都當時都呼它為性，把性自身的原理抽象起來說的時候，人和牛本是一樣。一點也沒有打破告子這種根本主義。孟子以為人性中除動物性以外，還有人類獨有的理性——獨有的良知良能，所以反對人物平行，道理原是不錯，不過他的回答太不切題了。

告子說：食色性也，仁內也，非外也，義外也，非內也。他素以本能慾而外動物性而外，則無所謂性。現在以食欲色欲那種本能為性的大部分，本是當然，同時仁愛那種東西也是和這食色欲一樣，都如自然的衝動而發的。所以他又說「仁內也」，是性的內的東西。義非藉意志的力量使不能行，是來自外，有動吾心而使前進的傾向，所以「義外也」。義是性以外的東西。並且補足它說「彼長而我長之，非有長於我也，故謂之外。」因為「白」與「長」畢竟都是吾心外客觀的標準。我據之以作行為。與仁情愛等之自然地迸出於吾心者迥然不同。但是孟子駁他說「白馬之白也，無以異於白人之白也、不識長馬之長也，無以異於長人之長歟？且謂長者義乎？長之者義乎？」（告子上篇）以為馬的長與人的長，他們中間當有輕重的差別。然而這種差別心，正是義，這個義正是迸發於吾心內。決非性外的東西。不過告子又說「吾弟則愛之，秦人之弟則不愛也，是以我為悅者也，故謂之內。長楚人之長，亦長吾之長，是以長為悅者也，故謂之亂。他始終以仁義為主觀的東西，性內的東西。而「吾身」與吾心不相連接，唯以吾身為主，當把這「長」為手為悅者為義的時候，義是客觀的性外的，但這大有毛病。孟子這段話大體上並沒有解答告子的論旨。因為無論是吾人的境猶內或是自己的猶內，對於這種內的心理是一樣的，總是以我為主的主觀的東西，當然屬於性內的，和食色欲同，都屬於性內的。其說的意義，屬於性外的，在孟子不同的見解，一面承認義的客觀性，一面又主張意志的義為性內的東西。不過孟子未曾把這點駁告子，大概孟子以人格為標準，擁護他的善性的，告子以自然性為立場，說生就是性，性無善無不善，他的見解比孟子廣泛。從性的自身研究就算相當了他。

(四)先天良心論　孟子認性善說，又因四端論到德性，固為先天的，提倡良心固有論。所以他在盡心篇上說：「人之所不學而能者，其良能也；所不慮而知者，其良知也。孩提之童，無不知愛其親也，及其長也，無不知敬其兄也。親親仁也，敬長義也，無他，達於天下也。」這和四端說一樣，他說良心的起源極平明，引例又極適切。四端說不忍人之心為良心的內容，從而闡於這四端發生的理由完為先天良心存在的緣故，他以為人人能明白他固有的良心，那仁義的性自然可見，誠道自然可合，結果推吾心以立物心，一切倫理的關係，也而了然，所以他又發出一種非常唯心的議論，說：「萬物皆備於我矣，反身而誠，樂莫大焉。強恕而行，求仁莫近焉。」（盡心上）這唯心論後來發揚於宋朝佛化儒家程明道陸象山等和明朝的王陽明。

（丙）德論　孔子的仁德可分廣狹二義，廣義講，仁智勇三德並稱，不待說，五論之德也概括在內。但到了孟子，便解釋仁德著重於孔子所傳的忠恕，並且時常以義來對待或代替，不如孔那麼可說的與他獨有於墨子的兼愛只有盲目地實例，由此我們可以想見他的仁德範圍了。

孟子主張施自親始，有差別的。他說「仁，人心也；義，人路也」（孟子上）以為必使二者相對，前者便不可得而全。本來仁義禮智四德是從他的四端說演出來的。不過他對於「義德」特地擴充。這是他的創見處。他以仁義為人道的原理，同時把來評判當時的政治，並且攻擊一切別的學說。他的仁義既是這樣，因其良知良能的善德。那末發而適於體的時候，自然形式上變成中庸之德了。在這個意味上，他以為是中庸學說的繼承者。他攻破楊墨要不外乎以中庸為其他說的標準。「楊子取為我，拔一毛而利天下不為也。墨子兼愛，摩頂放踵利天下為之。子莫執中，執中為近之，執中無權猶執一也。所惡執一者，為其賊道也。」（盡心上）他謂子莫那種執一而不適於時的「中」實際上不足為道德的指導原理，於是他就得權道。

（甲）修養論　孟子的修養論就是所以發揮那固有的良知良能的工夫。工夫很多，要的是求放心、養氣、寡欲、存夜氣四種。這四種學說於宋儒大有影響。他們利用這四種發揮許多學理。

①求放心　人性固屬善的，但又因物欲所據，轉為不善。所以他以為我們不可不求良心，不喪失仁。"仁，人心也；義，人路也。舍其路而弗由，放其心而不知求，哀哉！人有雞犬放，則知求之；有放心而不知求。學問之道無他，求其放心而已矣。"（告子上）他明說學問之道在求放心，就是去邪念而歸依自己固有的良心。

(2)養氣　孟子把人心的繫屬分成志氣欲三者，這三者換一句話說，志就是志向或心念，氣就是魄力或精神，欲就是欲望或情欲。所公孫丑上載："夫志，氣之帥也；氣，體之充也。夫志至焉，氣次焉。故曰：持其志，無暴其氣。"此說志向或心念是提起魄力精神的，並且能率欲望的支配情感的。志向和魄力就會作便成

孔孟荀專書研究

「浩然之氣」，「大無畏的精神」，其爲氣也，至大至剛，以直養而無害，則塞于天地之間。其爲氣也，配義與道，無是餒也。說這大無畏的精神，是道義充於內，而後英氣發於外。世間無「高尚的目的偉大志向」所引導的能力，和所制定的欲望，都是不正當的，不長久的，缺乏生命的。不是爲大丈夫的規矩。「居天下之廣居，立天下之正位，行天下之正道，得志與民由之，不得志獨行其道，富貴不能淫，貧賤不能移，威武不能屈，此之謂大丈夫」（見《滕文公下》）。但不過這大無畏的精神如何發法呢？就是他所說的「不動心」——「持無暴的工夫」。

(3) 寡欲　我們的良心，本善，但被外面的物欲所陶冶，甚至環境不良，而趨於爲惡。孟子曾多樣以戒于寡慾的話語，正是說明這個關係。所以他說節制物欲，是修養的第一要件。他說：「養心莫善寡欲，其爲人寡欲，雖有不存焉，寡矣；其爲人也多

(4)寡欲。雖有存焉者寡矣。(盡心下)

存夜氣　存夜氣是就良心消長説的。他以牛山草木比良心，以斧斤比邪欲，誘惑而梏亡，以氣化流行雨露潤澤比夜氣的生息，証明為惡由於良心作用的消亡，所以説：孟子曰：「雖存乎人者，豈無仁義之心哉？其所以放其良心者，亦猶斧斤之於木也。旦旦而伐之，可以為美乎？其日夜之所息，平旦之氣，其好惡與人相近也者幾希，則其旦晝之所為，有梏亡之矣。梏之反覆，則其夜氣不足以存，夜氣不足以存，則其違禽獸不遠矣。人見其禽獸也，而以為未嘗有才焉者，是豈人之情也哉？」到底怎樣叫作夜氣呢？大概是夜闌人靜，萬籟俱寂，心目閒適，沒有一點邪欲妄念的時候，良心自然發現出來，向偉大的人格促養成起來了。

(二)教育學

則代主張把心性作基本的，除孔子子思以外要推孟子。孟子的性善論不但貫徹到他的人生觀，還影響了他的教育學。因為孟子既然承認一切善端為我性所固有的，然而不能充分為惡者，是不能盡他的才。人民不能盡其才以至為惡，算是教育失敗，教育失敗，當然是君師和先覺的責任，所以他說：「天降下民，作之君，作之師。」（梁惠王下）「天之生此民也，使先知覺後知，使先覺覺後覺。」（萬章上）並且他自己許下了「得天下英才而教育之」的宏願。認教育為天賦的責任，德高學博的人自應擔負的。孟子於教育為天賦的責任，德高學博的人自應擔負的。孟子在教育上發明的有若干原理，從發我們後人研究。

（甲）養性的　教育的宗旨無非是發展人本來的善性，在起初的時候，教必以正（離婁上），就是易經蒙卦以養正的意思。所以家庭教育尤重於庠序教育（見滕文公上）。他說：「中也養不中，才有養不才，故人樂有賢父兄也（離婁下）。中字可是人心中的天命。才是良知良能，不中不才說他們青年在蒙童渾樸的年齡當被前輩施教，保存他們的天性，發展他們的天才。

（乙）自動的　人性本善，他自己總會發動往好來走，不要人家逼迫他，所以說「君子深造之以道，欲其自得之也，自得之則居之安，居之安則資之深，資之深則取之左右逢其源，故君子欲其自得之也」（離婁下）說可稱君子的賢父教育家決不是揠苗而長的「宋人」（見公孫丑上）首要的是有如時雨化之者（盡心上）從消極方面說墮落到自暴自棄（見離婁上）也是環境不好。

（丙）標準的　教育雖是自動的，但是不能不有標準，例如羿之教人射必志於彀……大匠誨人必以規矩（告子上）所以他說「聖人既竭目力焉，繼之以規矩準繩，以為方圓平直，不可勝用也；既竭耳力焉，繼之以六律正五音，不可勝用也（離婁上）。」說到人品

孔孟荀專書研究　　二十

的標準，「聖人百世之師也」（盡心下）「文王我師也」（離婁下）「人皆可以為堯舜」，「舜何人也？予何人也？有為者亦若是」（滕文公上）

（丁）意志的　他說訓練意志，陶冶性情，並而訓練意志，使他能戰勝物欲的惡劣環境，孟子自己說：「我四十不動心」（公孫丑上）「居移氣，養移體」（盡心上）大氐無畏的純修于窮大少命分于都是磨練成的，證明陶冶訓練的工夫何等緊要，等到工夫圓滿也，先苦其心志，勞其筋骨，餓其體膚，空乏其身，行拂亂其所為，所以動心忍性，曾益其所不能（告子下）然後可受大任。

（戊）人格的　孟子以人格建立於情感上，便收得很大的效果，說無論何時何地，若有懇切精神的人，由心能以一己的人格感動他人。他以「誠」為人格中心，這種主張是遵從師說，「誠者天之道也，誠之者人之道也。」發揮到「至誠而不動者，未之有也，不誠未有能動者也。」（離婁上）「萬物皆備於我也，反身而誠，樂莫大焉」（盡心上）。

（三）功利說

關於倫理心性的問題，等到孟子起來撐持儒家門面的時候，使充實擴大多了。他更標舉道德至上主義，仁義為口號，要行他的抱負於天下，遊說諸侯，以達到治國平天下的目的。正和當年孔夫子相同。他初見梁惠王，王問他何以利吾國，他毫不客氣正面攻擊王的私利主義，而進以君民一體的公利說，仁義本身，無疑。孟子不言利，其實他不言私利，講強暴，止言公利講王道利國利民，兼利天下。並且他的社會政策所論政治經濟諸問題，并不違於義則論，合儒。他說文王以民力為臺為沼，而民歡之，謂其臺曰靈臺，謂其沼曰靈沼，樂其有麋鹿魚鼈。古之人與民偕樂，故能樂也。（梁惠王上）他所倡的是民本主義，有何利益快樂，都以人民為主張的保民而王，不但不嗜殺人，不殘民，並要教民養民，與民同樂，並且他以民為國本，得天下有道，得其民，斯得天下矣。

得其民有道，得其心斯得天下矣」。這也是孔子的仁道，「民胞物與」「博施濟眾」。他雖沒舉孟子，但是救人的心思一點，和孟子相同，所差別的只是關係社會組織。孟子的根本政策第一主張人民先有恆產而後行仁政，他說「衣食足而後知禮義」的思想，以人民一般經濟上的安定為維社會政策的第一步。他說「五畝之宅，樹之以桑，五十者可以衣帛矣，雞豚狗彘之畜，無失其時，七十者可以食肉矣，百畝之田，勿奪其時，八口之家可以無飢矣，謹庠序之教，申之以孝悌之義，頒白者不負戴於道路矣。老者衣帛食肉，黎民不飢不寒，然而不王者，未之有也」（梁惠王上）。這正是他簡單地說明恆產的必要的名言。現代的社會主義者還厚」，勤用不休」，然而他的恆產的方法是古來井田制度的復興，與現代的社會主義的經濟政策不同（滕文公上）。

四　社會觀

孟子雖是說過激烈言論，民為貴，社稷次之，君為輕。然而他並不要打破這種君臣關係。這樣，所以他斥楊子、墨子為無父無君，排無政府主義者許行等為「神農之言」。他認分業為必要，為政不可與民並耕而治國。他所理想的國家，是上下相對地信任而組織文質彬彬的國家社會。這是他主張的完全繼承孔子的社會觀。他以分業的社會組織為人類社會進步和發展。從前以一人的身體而百工的事，當然完全不堪。同時一人引出許多例證或勞心，或勞力。勞心者治人，勞力者治於人。治於人者食人，治人者食於人，天下之通義也。（滕文公上）以論破許行陳相等的言行。這些地方雖是他排斥無政府主義的一節，然就此可證明他的並社會觀，和上下相對信的社會觀。

他對於君主和臣民的關係，主張雖持古來的共和政體，以為唯有德者可為元首。着作一種不成文的憲法，他在萬章上篇說堯則

廿三

孔孟荀專書研究

詳細傳講時別詳明無非要發揮那傳統的德治主義——必其人之德配天而從天命莫之為而為者天也莫之致而至者命也。並且提倡民權天聽自我民聽天視自我民視因民心所歸就是天命所在。

第六欸　荀子

第一項　荀子事蹟和著述。

荀卿戰國時人又稱孫卿名況生長趙國當齊國宣王威王時稷下地方為四方學者薈集的淵藪騶忌騶衍淳于髡慎到環淵田駢接子騶奭先後都來到那裏荀子年五十也來到那裏。襄王在位荀卿最為老師尚修列大夫之缺曾經三度為祭酒齊國本地有些人嫉忌他似是主聯秦抵諸主國要想把他排擠出去荀卿不安轉到趙國後到楚國春申君委他作蘭陵令荀卿勸春申君居安思危立長君而遠封地後來春申君被李園害死荀卿也就辭職，著書數萬言，終老蘭陵死了。（西曆紀前二三〇年前後）葬在那裏。

荀卿生卒年月無所稽考。古今異說紛紛，但從前他的門徒韓非李斯身上推測，當後於孟子四十年至六十年，距離秦始皇統一天下的時候不過二三十年。所著荀子今本二十卷三十二篇，未必都是他自己的手筆，有他們門徒作的，大概是一派的學說。

現非十二子篇、天論篇、解蔽篇所載，荀子於百家學說無所不窺，惟宗儒道，以斟酌諸子，並且解經多種。荀卿傳授，楚元王交本學詩於浮邱伯，浮邱伯為荀卿直接弟子，所以劉向傳魯詩、穀梁春秋，劉歆治毛詩、左氏春秋，董仲舒治公羊春秋，都作書讚美荀卿。劉向稱荀卿善為易，見非相大略二篇。又稱二戴禮並傳自荀卿，大戴禮曾子立事篇載在修身大略二篇文中，小戴禮禮記三年問、鄉飲酒等載禮論、樂論篇文中。

孔孟荀專書研究

茁

第二編　荀子學說

荀子是繼承孔門子弓學說的大儒，比較繼承敦厚謹嚴諸子一派的子思孟子學說不同。學者都說孟子法先王的，但能知時適用，言禮參法，應付環境以啟未來中華民族一統的大勢。並且荀子的學說足以代表中華民族的意志和心理，所以天論篇裏他論破一切天變地妖無關人事的話；非相篇裏又論破容貌骨相無關於貧富。他止尊重個人的意志力和不能不信任他力的神祕。他以為有倫理教育的栽培，人人可以達到聖賢的境界。這種特見，正是他性惡論的內因。

(一)天論　古來儒者都奉天為主宰，為人類的大父，倫理的根據，獨誠表示他們敬畏崇拜的心意。子思孟子這樣，墨子莊子也是這樣，是荀子不注意這位管轄宇宙大自然的道理。他認定一切天象，定出於自然的規律。天論篇說：天行有常，不為堯存，不為桀天。應之以治則吉，應之以亂則凶。彊本而節用，則天不能貧；養備而動時，則天不能病；修道而不貳，則天不能禍。故水旱不能使之飢，渴，寒暑不能使之疾，祆怪不能使之凶。本荒而用侈，則天不能使之富；養略而動罕，則天不能使之全。這正是自力主義的第一聲。

上古對天的信仰最濃，大有一神教的色彩，到了孔子雖然天人合一論的精華，「天意」「人為」兩樣並重，荀子又進一步說「天有其時，地有其財，人有其治，夫是之謂能參。舍其所以參而願其所參，則惑矣。」（天論篇）「道者非天之道，非地之道，人之所以道也，君子之所以道也。」（儒效篇）這種說法以三才論形式為基本出發到絕對的人力主義。以人心代表天意，以人事代表天職，而他不完全排斥精神論，我們可以細玩他「形具而神生」一句，（不言超乎外的神，而言生乎內的神）和天君天官天職天功天情天養天政

孔孟荀專書研究　　廿五

等宗義的要義，便知他能獨有見地，獨成一說，只求一切現象適用於人生，不求知天的所以然，不要如何認識現象外的本體。說使縱不知以為知，未免誇妄。他以為最誇妄的說，莫顯着日月蝕，風雨雷電，怪星而不以為異。他要以人力征服自然，這種意志自力主義，就是他學說的本源，性惡說也因此發出。

(一)性惡說　荀子說的中心，就是性惡說。他在天論裏面否認超乎自然界的神祕思想，主張人為的意志力。他不信人類是生天賦善性而出世的。如果人性上不加一種人為的工夫，會與野獸無別，變成弱肉強食的世界。所以聖人起而施偽以矯正人的惡性。他說：人之性惡，其善者偽也。今人之性，生而有好利焉，順是，故爭奪生而辭讓亡焉；生而有疾惡焉，順是，故殘賊生而忠信亡焉；生而有耳目之欲，有好聲色焉，順是，故淫亂生而禮義文理亡焉。然則從人之性，順人之情，必出於爭奪，合於犯分亂理，而歸於暴。故必將有師法之化，禮義之道，然後出於辭讓，合於文理，而歸於治。用此觀之，然則人之性惡明矣，其善者僞也。」（性惡篇）他詳釋「僞」字，就是人爲的意思。凡非自然是人造出來的，都叫作「僞」。如政治教育禮俗等是人爲，所以導人至善的工具。不過他對於善惡有個標準定義。善的定義是「正理平治」，惡的定義是「偏險悖亂」。又爲人類社會國家費掉如許心思，無非是從這個定義。他的行爲好比陶人的埏埴，匠人的矯牛角。我們人生來的性情目是好色，耳是好聲，口是好味，心是好利的。並且性情都是衝動的，依理性的判斷利或害善或惡而後行爲的時候，那就是僞了。性與僞的生處決不相同。前者先天的、固有的，後者後天的人爲的。雖稱爲聖人，他的性原不異於常人。不同的善積僞。同時他駁斥孟子的性善說。孟子曰「人之學者其性善也。」曰「是不然，是不及知人之性而不察乎人之性僞之分者也。凡性者天之就也，不可

孔孟荀專書研究

共六

學不可事，礼義者聖人之所生也，人之所學而能所事而成者也。

這是孟荀學說的分界。荀子反對他。說人性原有的本質是利己的欲望，不得已用教化來矯正的。孟子以為教化乃擴充人性內在善根的。荀子以為教化乃從外面去矯正人性內在私欲的。二人根本地全相反對。但是孟子論性善完畢同時對於後天的欲望也承認過，所以倡寡欲的修養法，以補足他的缺陷。至於荀子也照樣承認過人性有接受仁義道的素質，以救濟他的偏頗。畢竟二人殊途而同歸。

（三）修養論

（甲）積偽　荀子以積偽為陶冶人性的工夫，好比曲木可以矯直，鈍金可以鍛利。換句話說，人生可得而化，算是他的教育觀，修養法就是人為的礼義師法。

（乙）起礼論　荀子以礼義師法為矯正人性的工具。礼論篇載礼起於何也？曰「人生而有欲，欲而不得，則不能無求，求而無度量分界則不能不爭，爭則亂，亂則窮。先王惡其亂也，故制禮義以分之，以養人之欲，給人之求，使欲必不窮乎物，物必不屈於欲，兩者相持而長，是禮之所起也。故禮者養也。」一方面聖人制禮，教他辭讓的義以保社會的安寧秩序。他方面又說「禮者養也」，物欲得中，然後至於好其別。別就是義的意思。循此養，行此禮，知所以養恭敬辭讓的安，知所以養禮義文理的情，通國難將盡節相維，且深能自覺，他放縱情欲是自取滅亡。禮的效驗就躲出來了。他更倡禮三本說：「天地者生之本，祖先者類之本，君師者治之本。」覺着禮若沒有這大威權大來歷，是不易推行的。

(丙)作樂論　儒家以樂輔禮而行，為治人治國的最要工具。因為仁風是善政的先導，自唐虞以來，屢述太史典樂的功效。孔孟曾經說過，只是沒有荀子說得那麼詳備。如樂論篇「夫樂者樂也，人情之所必不免也。故人不能無樂，樂則必發於聲音，形於動靜，而

孔孟荀專書研究　　二七

人之道，声音動靜性術之變盡是矣。故人不能不樂，樂則不能無形，形而不為道，則不能無亂。先王惡其亂也，故制雅頌之聲以道之，使其声足以樂而不流，使其文足以辨而不諰，使其曲直繁省廉肉節奏足以感動人之善心，使夫邪汙之氣無由得接焉。……故樂在宗廟之中，君臣上下同聽之，則莫不和敬；閨門之內，父子兄弟同聽之，則莫不和親；鄉里族長之中，長少同聽之，則莫不和順。……樂行而志清，禮修而行成，耳目聰明，血氣和平，移風易俗，天下皆寧，美善相樂，故曰：樂者樂也。君子樂得其道，小人樂得其欲；以道制欲，則樂而不亂；以樂亡道，則惑而不樂。故樂者所以道樂也，金石絲竹所以道德也，樂行而民鄉方矣。故樂者治人之盛者也。……樂也者，和之不可變者也；禮也者，理之不可易者也。樂合同，禮別異，禮樂之統，管乎人心矣。……荀子釋樂為愉快，愉快過度便流於淫蕩，所以必為雅頌而引導到正當的地步。藉以感動人的善心，不能外治人的舉動。樂能內治人的心志。二者兼施，德化乃成。荀子論樂又論舞，因為看他俯仰屈伸，盡筋骨之力以要鍾鼓俯會之節，而靡有悖逆者，實與有訓練調和的深意。

（四）心理學　荀子在〈性惡篇〉雖只論過人欲，但在〈正名〉〈解蔽〉二篇中大講他的心理學。他也把人的精神作用分為知情意三方面來考察。〈正名篇〉說：「所以知之在人者謂之知；知有所合謂之智。」以示知之作用如何存在。「性之好惡喜怒哀樂謂之情」，以說情的作用如何存在。「情然而心為之擇謂之慮」，以證意志作用的存在。他對於三者特重意志，更顯出他的特色。他又以意志的判斷力和本能的動力兩樣積習而成的東西，以「作偽」。這種習正是制止欲望或追求欲望，而使得乎中庸的心理。因為情感不必定是慮可依欲望的當否而判斷，所以這意志作用這心慮正是統轄心性的樞府。所以他說「心也者，道之主宰也」（〈正名篇〉）「心者，形之君

孔孟荀專書研究

廿九

也，而神明之主也，出令而無所受令（解蔽篇）。說心為主宰精神的
御機。至心慮和物欲的關係如何呢？說凡語治而待去欲者，無以道欲而困
於欲者也。凡語治而待寡欲者，無以節欲而困於欲多者也。有欲無
欲，異類也（正名篇）。似乎是對着老莊去欲的話而發的。他主張
導欲節欲，而不必去欲寡欲。祇有欲為生人，無欲為死人。獨先以
殺盡全國的人，就是平亂，究何有於治。所以他說心之所可而中
理，則欲雖多，奚傷於治（正名篇）。
他以為人心不定，不專一，謬妄便發生出來。譬如槃水，正錯而勿
動，則湛濁在下，而清明在上，則足以見鬚眉而察理矣。微風過之，
湛濁動乎下，清明亂於上，則不可得大形之正也。心如是，故導之
以理，養之以清，物莫之傾，則足以定是非，決嫌疑矣（解蔽篇）。他更
說明心的三大作用，第一要在於知道。人何以知道？曰以心。心何
以知？曰虛壹而靜。心未嘗不藏也（藏，藏諸觀念之意），然而有所謂虛

心未嘗不兩也，同時有容入二三概念的能力也。然而有所謂壹。心有取捨諸概念作用之謂也。心未嘗不動也，然而有所謂靜。靜也，解釋為依靜慮以說心諸概念而做成妥當的觀念，然後行事。用現代心理學上的術語來解釋，正是講明意識說的作用。

他復就現代學言說明心理學上的記憶作用：「人生而有知，知而有志。」記憶也。「志也者，藏也。然而所謂虛，不以所已藏害所將受謂之虛。心生而有知，知而有異，」判斷也。「異也者，同時兼知之兩也。然而所謂一，不以夫一害此一謂之壹。……虛，而靜謂之清明。」就辨直覺以藏是牢記。虛是收取種種知識而不使混亂，說知覺作用。異是判斷作用，同時容著許多反對的觀念，而不使彼此混亂，就施他取捨識別的心理作用，最後於這些知覺記憶判斷等外，更有個綜字當的本質及究竟原理等的能力，直覺也。就叫作大清明。充滿這種能力的人，他呼為大人。總而言之，心有三種作用，知

孔孟荀專書研究

究

識記憶判斷更從理性能力的統制。以心理為基礎講論理達於極致，可算他的特色。

(五)論理學　上古論理學自從墨子發它有個秩序精為整理以後，止推荀子了。至於惠施公孫龍等流為詭辯學，名實混亂，是非不明，是荀子很不滿意的。所以他作正名篇，不過論理學本不是儒家所專長，他只把世上名家的學說排列一下罷了。它的內容和墨子的小取篇類似。

他就正名提出三個根據：

一、所為有名　一切事物的形狀，如同且變動無常，人的心思也是一樣，所以各據其心之所思以名物的時候，若名不符實，自難辨正，以用然則判定共同的名詞是必要的事。

二、所緣以異同。制名的時候緣何以分異同呢？就是緣天官。他的作用亦制名的意思說的。他以為形體色相必藉著視官辨別其

孔孟荀專書研究

音清濁靠聽官辨別，甘苦鹹淡辛酸奇味等靠着口舌辨別，臭香靠着鼻官辨別，疾癢冷熱滑鈹輕重等靠着形體辨別。至於喜怒哀樂愛惡欲七情靠着心思辨別。因為心靠着五官的作用有認識萬物判別萬事的能力，五官作用是知覺，心的作用有認識萬物，用此去以區別事物的異同。叫作制名的根據。

三、制名之樞要　感覺知覺的作用，雖萬人都有共同處。但制通名時各與物又不可不相應合，換句話說，同類物當附同名，異類當附異名，又單名可適者則用單名，否則用兼名，他的說法就是說論理學上的內函外延的關係。怎樣呢？他的大共名集合了種種屬性正如「物」或「動物」「植物」那種複合概念一樣。他的大別名又因概念的內函已達於最小極度，不可再分，所以又知「存在性質」。那種概念相當物本無名，人為便利起見而命以名作一種約束，約束既成了通俗，就是制名的規範，也可叫作實名。

三一

以上三條是对他正名篇的建設方面說的。他又攻擊詭辯學的「三惑」可以代表他論理的應用方面。

第一惑於用名以亂名。驗之所以為有名，而觀其孰行而能禁之也。例如宋牼說「見侮不辱」（莊子逍遙、韓非子顯學篇）墨子說「聖人不愛己」（兼愛篇）「殺盜非殺人也」（小取篇）。

第二惑於用實以亂名，驗之所緣無以同異而觀其孰調，則能禁之也。例如莊子載惠施說「山淵平」（天下篇）「殺盜非殺人也」（宋子說「情欲寡」（正論篇）墨子說「芻豢不加甘，大鐘不加樂」。

第三惑於用名以亂實，驗之名約，悖其辭則能禁之也。

例如公孫龍說「楹有失，白馬非馬也」（墨子經說上、莊子天下篇、儀礼鄉射篇、礼記投壺篇）

以上是荀子排斥辯者三惑要旨。此外他對於名詞的定義也說過幾句：名也者所以期實也，辭也者兼異實之名以論一意也，辯說也者不異實名以喻動靜之道也，期命也者辯說之用也。辯說也者心之象道也。心也者道之主宰也，道也者治之經理也」。名是闡表明個個不同事物的概念，現於言語，形成名辭。辭是命題，由主辭賓辭繫辭三者而成。辯說是推理斷定，期命是「一段論法中的媒(介)辭」，立于大前提小前提的中間，結論的時候作連結二者用的。他說「正名而期，質請而喻，辨異而不過，推類而不悖，聽則合文，辨則盡故。以正道而辨姦，猶引繩以持曲直，是故邪說不能亂，百家無所竄」，方言正論的效果以作結論。

六　政治學

荀子門下出過一位人政治家李斯，一位大政論家韓非，當然他自己的造詣定不淺鮮。他和孟子一樣提倡正名分，尚賢能，不愧為儒家正派。他說「有亂君，無亂國，有治法，無治人」（君道篇），特別闡明他是講法治主義的。但是他不偏于一面，依然注重治人。所以他別注意選賢與能。他說：「禹之法猶存。安其人則亡。法者而夏不世王，法不能獨立，法不能自行，得其人則存，失其人則亡。法者治之端也，君子者法之原也。故有君子，則法雖省，足以徧矣；無君子，則法雖具，失先後之施，不能應事之變，足以亂矣。不知法之義而正法之數者，雖博，臨事必亂。（君道篇）

又荀子雖多稱道古聖，遵先王，卻主效法後王，說聖王有百，吾孰法焉。故曰文久而息，節族久而絕，守法數之有司，極禮而褫。曰欲觀聖王之跡，則於其粲然者矣，後王是也。彼後王者，天下之君也。舍後王而道上古，譬之是猶舍己之君而事人之君也。故曰欲觀千歲則數今日，欲知億萬則審一二，欲知上世則審周道，欲知周道則審其人所貴君子。故曰以近知遠，以一知萬，以微知明（非相篇）。這幾話語的要義在粲然和「久」字。「五帝之外無傳人，非無賢人也，久故也。五帝之中無傳政，非無善政也，久故也。禹湯有傳政不若周之察也，久故也。傳者久則論略，近則論詳（非相篇）。

此外，分業法，和社會問題，以及利民富國政策，他也都說過。他是戰國時代第一個有深思博學而富經驗的偉人。他論到國家成立的要素說：「國家失敗則士民去之。無土則人不安居。無人則土不守。無道法則人不至。無君子則道不舉。故土之與人也，道之與法也者，國家之本作也。」

（原書白頁）

第四款　孔門經學（六藝）

周禮以禮、樂、射、御、書、數為六藝。史記稱孔子成六藝，是指六經說的。班固藝文志以六經列於諸家前，名為六藝。這是六經當時自有六藝之稱，後來纔尊稱經的。又稱詩書禮樂為四教，並稱易教春秋教。孔子說[二四]：入其國，其教可知也。其為人也溫柔敦厚，詩教也。疏通知遠，書教也。廣博易良，樂教也。絜靜精微，易教也。恭儉莊敬，禮教也。屬辭比事，春秋教也。故詩之失愚，書之失誣，樂之失奢，易之失賊，禮之失煩，春秋之失亂。其為人也溫柔敦厚而不愚，則深於詩者也。疏通知遠而不誣，則深於書者也。廣博易良而不奢，則深於樂者也。絜靜精微而不賊，則深於易者也。恭儉莊

專書研究　　二十三

嚴而不煩則深於禮者也。屬辭比事而不亂則深於春秋者也。（見禮記經解篇）根據此說釋六藝早有爲教了。又經孔子批評他們的得失了。

(一)易

伏羲畫卦，有象無辭，文王始爲卦辭，每卦系六爻，從此易的道義得以講說。（漢書藝文志說：「至於殷周之際，紂在上位，逆天暴物，文王以諸侯順命而行道，天人之占可得而效，於是重易六爻，作上下篇。」）然而有人說卦辭爻辭都是文王作。馬融陸績等以卦辭文王作，爻辭周公作，因爲爻辭中有王用亨於岐山、箕子之明夷等，疑是文王以後的話語。左傳韓宣子適魯見易象云：「吾乃知周公之德。」正義謂周公爻辭，然是文王本意，史記孔子世家：「孔子晚而喜易序彖象說卦文言，韋編三絕。」易緯稱易歷三聖，指伏羲文王孔子。但是孔穎達否定文王說（正義），歐陽修又否定孔子說（易童子問），葉水心所見相同（習學記言）。到底孔子與周易有甚麼關係，倒是一個難問題。論語述而篇載「假我數年，五十以學易，可以無大過矣。」三句內中「易」字魯論語寫作「亦」字。並且論語他處孔子未嘗與門弟子討論過周於易的問題。從子夏至子思孟子荀子，這些儒家都未論易也舉一言半句。就是墨家，亦沒有研究過易經，亦沒有受過易經的影響。我看周易中多含雜老子莊子的思想，很少有孔子的思想，可以說老子哲學和易經上的宇宙觀大概出於同樣思想。易載「太極生兩儀，兩儀生四象，四象生八卦」與道德經四十二章「道生一，一生二，二生三，三生萬物」萬物

專書研究

二十四

負陰而抱陽，沖氣以為和，這本体產生萬物的道理論，依是想像的。所不同的在它生生發展的原理上，易是從偶數，老子是從奇數，「易」主陽，老子主陰，又易的本体「太極」或「道」為現象界內存在實在一點，和以「象」為那實在的現象一點看起來不錯，說二者沒有關係。何說二者都說「有」「無」「剛」「柔」「善」「惡」「動」「靜」的相對法。

古來易字的解釋很多，或說易是否占卜變化的所以取它為名。又說「易」字从日（象陽）下从月（象陰），所以寓變化的意思。鄭玄說「易」含三義：簡易也，變易也，不易也。說是本体到底只有一個，本來宇宙間一切現象、人間百般事情都是變化無窮的，然而其中卻有一定不變的道理。周易哲學中最重要的字是「象」，要想在宇宙間現象裏面求得宇宙間的本体。如果說吾人所見聞知覺的世界祇是現象，永不能知道現象後面的本体。因為我們的經驗多含主觀見解，經驗所到的總是現象，永遠得不着本体。這現象論是現代科學中極盛行的一種認識論。如果說仰觀俯察所見所聞五官所獲的現象，就是外物實際的本相，這叫做純樸的實在論。哲學的實在論有以精神為客觀實在的本体，有以物質勢力為客觀實在的本体，正是易經的作者不應談現象和相對論。五行相生相剋，陰陽消息。還認超出有形絕對的本体。又要在這關係中找出一個貫通的方法，所以藉着卜筮，發明判斷，有「象」又有「辭」了。作易經的歷代諸家無論如何多少總是受了漢族古來天人合一的思想以及功利的農本主義種種影響。所以顯出混雜不純的樣子，未若判為一專書研究

二十五

元論。它處處是指著陰陽二原理發揮。以二元為標準相對地去類推宇宙間森羅萬象。又以二元統轄萬象。例如把宇宙間一切現象分為陰陽二元觀察時，那天日明等為陽，地月暗等為陰。時間的夏春晝陽，秋冬夜為陰。空間的上前高為陽，下後低為陰。人事的貴尊大為陽，賤卑小為陰。人倫的父君夫男為陽，子臣婦女為陰。諸如此類天地間一切現象都可以用這為表為裏為消極為積極的二元去統攝。這兩個原理遂成區分萬象的標準。若判二元論，它說宇宙本體太極，就是一元氣。這一元氣太極自身是生生不息活動的東西，繫辭說「生生之謂易」是生天地大德的根原。這太極的本体後來演成宋儒周程的理學派（周敦頤、程頤等）是繼承晉王弼及西漢今文派言「理」者另有邵雍、劉牧之等是繼續今文别派京房和東漢古文諸家言數者又以乾元統坤元詮明易經含義，從来不易治理也不是二三代或二三人的手筆大概包括好幾派哲学的原理在裡面也可以用今代的哲学名詞現象論實在論唯理論經驗論和一元論二元論精神論物質論以及生命論等来解析

參考李鼎祚周易集解惠氏周易述易例明堂大道

「法意」二部三星的「執中」老子的「守中」孔子的時中都是同一傳統思想依然把它解作持其兩端而用其中的意义依然是個三才論成為相對論說空間時間天與地相對人間男與女相对神與奸相对君子與小人相对理解的方式以陰陽剛柔仁義代表之易彖卦所載的是非常顯明乾坤是相

先秦哲学　　二十六

卦的卦爻的極理面万事萬物萬理以六十四卦代表都是相对的循環的由主觀上說以生尅合離輔反的象徵形情来驗吉凶然而易道不是極端的相对運動似認越出自然界外還有一絕对的運動稱其本為「神」或「性命」之理

(二)詩

虞書說「詩言志歌永言聲依永律和声八音克諧無相奪倫神人以和」所謂詩歌可說是這裡的虞夏已後有道人為采錄官商朝還有太師专门管理周官太師掌六師曰風曰賦曰比曰興曰雅曰頌正義說比賦興之義有詩則有之唐虞之世治致升平周於太平之世並無諸侯之風則唐虞之世必無風也雅維王者之政乃是太平前事以堯舜之聖黎民時雍亦以無雅於方

六藝之中唯應有頌耳。劉安制礼之後，不復爲譏諫，故當有「雅」。夏氏之衰，昆吾作霸，諸侯強盛，故當有「風」。蓋在心爲志，發言爲詩。歷世篇章既繁，自周以前別爲，以文周之太師因而數之，孔子之時蓋已三千餘篇。上說固屬牽強，然而可以証明上古詩歌不但是在文學上寫景抒情，述有許多哲學上的意味和政治上的作用。所以詩大序說：「詩者志之所之也，在心爲志，發言爲詩，情動於中而形於言，言之不足，故嗟嘆之，嗟嘆之不足，故詠歌之，詠歌之不足，故不知足之蹈之，手之舞之也。」詩經集傳說：「人生而靜，天之性也；感於物而動，性之欲也。夫既有欲矣，則不能無思；既有思矣，則不能無言；既有言矣，則言之所不能盡，而發於咨嗟詠嘆之餘者，必有自然之音響節奏而不能已焉。」可見有人類就有意志與情欲，有意志與情欲就是有言語，有言語

先秦哲学

二十八

就有詩歌由心理學上推論雖有這種現象我們看風詩牝於關雎正如古話說造端乎夫婦求婚是社會的開始婚姻失時或不得其正影响社会很大孔子删詩所傳下來三百另五篇頭一首孔子就以為他是好詩樂而不淫哀而不傷確得意志發情欲的正當而作諷刺的指擬不过詩大序說是關雎美后妃之德未免牽強傅會至云詩的效力為何偉大「正夫婦」成孝敬厚人倫美教化移風俗正得失動天地感鬼神「用之鄉人用之邦國」是不錯的國風是描寫市境鄉村的事情大小雅是向那祖傳的政治原理發揮的三頌是宗教哲學詩又是一種廟堂文學正夫婦……豈風詩承當正得失是雅詩承當動天地

感鬼神是頌詩承當

又按韓非顯學篇說自孔子死後儒分為八，其中有顏氏之儒，就是所傳諷諫詩的，但顏氏詩說早已失傳。據子戰國時傳詩說者，此見最有名的老師祭酒荀卿。漢書楚元王交傳載少時嘗與魯穆生白生申生同受詩于浮丘伯，伯者孫卿門人也。鹽鐵論載包丘子（即浮丘伯）與李斯俱事荀卿，漢書儒林傳載申公魯人也，少與楚元王交俱事齊人浮丘伯受詩。這樣看出來魯詩源是荀卿傳出來的。細玩韓嬰韓詩外傳引荀子以說詩者四十有四，韓詩與他也有特別關係。經典釋文序錄載徐整說：「子夏傳曾申，申傳魏人李克，克傳魯人孟仲子，仲子傳根牟子，根牟子傳趙人孫卿子，孫卿子傳魯人大毛公。」又說：「子夏授高行子，高行子授薛倉子，薛倉子授帛妙子，帛妙子授河間大

先秦哲學

二十八

毛公（毛公為詩訓傳於家，以授趙人小毛公）盧文弨說：「毛公親事荀卿，故亦以秋冬為婚期，即謂霜降逆女之義。」困學紀聞載「初學記」荀卿授魯國毛亨作詁訓傳，以授趙國毛萇。程子曰：「毛萇最得聖賢之意」。甚至毛詩仍不出荀卿範圍，然而周代的詩說，孔子後獨推荀卿了。

毛詩序說：「上以風化下，下以風刺上，主文而譎諫，言之者無罪，聞之者足以戒。」這是他們把詩用為勸善懲惡的工具了。又論語載：「詩三百，一言以蔽之，曰：『思無邪』。」「詩可以興，可以觀，可以群，可以怨。」鄭樵說：「善觀詩者，當推詩外之意，如孔子、子思；善論詩者，當遥詩中之理，如子貢、子夏；善學詩者，當取一二言為立身之本。如南容、子路。善說詩者不必分別所作之人、所采之詩，如諸經所舉之詩可也。「緜蠻黃鳥，止於丘隅」，不過喻小臣之擇卿大夫有仁者依之，孔子推而至「為人君止於仁，與國人交止於信」。「鳶飛戾天，魚躍于淵」，不過喻惡人遠去而民之喜其所，子思推之「上察乎天，下察乎地」。「如琢如切，如磋如磨」，而子貢能通于貧富之間。「巧笑倩兮，美目盼兮」，而子夏能悟禮後之說。南容三復不過白圭，子路終身所誦不過「不忮不求」。「維嶽降神，生甫及申」，宣王詩也，孔子以為文武之德。「夙夜匪懈，以事一人」，仲山甫詩也，左傳以為孟明之功。朱熹說：「古人一篇詩必有一個意思，且要理會得這個。柏舟說『靜言思之，不能奮飛』，綠衣說『我思古人，實獲我心』，此可謂止禮義，所謂可以怨，便是喜怒哀樂發而皆中節處。」這是他們作為修養身心的法門了。

他書。間引三家說，以關雎為康王時詩，以鼓鐘為昭王時詩，以商頌為宋襄公時詩，以燕燕為衛獻公時詩。

專書研究

39

參攷　陳喬樅三家遺説考　魏源詩古微（兩書為三家説）

〔注意〕詩三百零五篇外另有笙詩南陔、白華、華黍、由庚、崇丘、由儀六篇有聲無辭。其他逸詩，據困學記聞載，逸詩篇名若有貍首、驪駒、祈招、轡之柔矣皆有其辭，惟采薺、河水、新宮、茅鴟、鳩飛無辭。

周子醇樂府拾遺曰「孔子刪詩，有全篇刪者，驪駒是也；有刪兩句者，『月離于畢，俾滂沱矣，月離于箕，風揚沙矣』是也；有刪一句者，『素以為絢兮』是也。」朱子發曰「詩全篇刪去者二千六百九十四篇，如貍首、曾孫之類是也。篇刪章者，如『唐棣之華，偏其反而，豈不爾思，室是遠而』之類是也。章中刪句者，如『巧笑倩兮，美目盼兮，素以為絢兮』是也。句中刪字者，如『誰能秉國成，不自為政，卒勞百姓』是也。」

（三）書

按着璇璣鈐曰載「孔子求得黃帝玄孫帝魁之書，迄於秦穆公，凡三千二百四十篇，定可為世法者，百二十篇，以百二篇為尚書，十八篇為中侯」。這大抵是張霸的僞造。漢伏生僅傳書二十八篇，今文家以爲與劉歆移太常博士書也提到「以尚書爲備」。漢志稱大小夏侯經二十九卷，王引之經義述聞說是加入後得泰誓。漢志又稱「尚書古文經四十六卷」除二十九篇與今文同外，逸十六篇爲十六卷，又一卷是序也。東晉梅頤獻有孔安國傳的尚書凡五十八篇爲四十六卷，其中三十三篇與鄭同。二十五篇又多於鄭，真是僞之又僞了。或有人說孔子刪書祇取二十八篇的話，我看可靠。伏生所傳二十八篇：一、堯典（今本舜典而無篇首二十八字），二、皋陶謨（合今本益稷），三、禹貢，四、甘誓，五、湯誓，六、盤庚，七、高宗肜日，八、西伯戡黎，九、微子，十、牧誓，十一、洪範，十二、金縢，十三、大誥，十四、康誥，十五、酒誥，十六、梓材，十七、召誥，十八、洛誥，十九、多士，二十、無逸，二十一、君奭，二十二、多方，二十三、立政，二十四、顧命（合今本康王之誥），二十五、費誓，二十六、呂刑，二十七、文侯之命，二十八、秦誓。這二十八篇可信是周秦時代流傳下來的東西。所謂逸十六篇者，其目見於鄭康成，分開的九共爲九篇，連同

專書研究

四十

舜典、汩作、大禹謨、益稷、五子之歌、胤征、湯誥、咸有一德、典寶、伊訓、肆命、徂后、武成、旅獒、冏命，計三十四篇。晚出孔書於二十九篇內分泰誓，析堯典的下半截為舜典，皋陶謨下半截為益稷，盤庚分為三篇，共作成三十三篇，加上多出的二十五篇（大禹謨、五子之歌、胤征、仲虺之誥、湯誥、伊訓、太甲三篇、咸有一德、說命三篇、泰誓三篇、武成、旅獒、微子之命、蔡仲之命、周官、君陳、畢命、君牙、冏命）都是逸書，又不見了。這就是今代所謂的尚書，總共有五十八篇。或有人說今文家說尚書一類的原有文稿不止二十八篇，那末書的周書逸書散見於古書中的很多，尹吉見禮記緇衣，高宗見坊記，夏訓見左傳襄公四年，伯禽、康誥見定四年，相年見墨子尚同，禹誓見兼愛、明鬼，武觀形見非樂。大戰、揜誥見尚書大傳。大戊見史記殷本紀，豐刑見漢書律曆志。又書序所有之九共、帝告、說命、泰誓等本 very 畢命六篇均見大傳，並經都指為偽物（詳新學偽經考）。不過左傳書等疑本紀等古書。漢儒有僞造杜撰的嫌疑，也難盡信。所以我以為研究周秦時代的尚書，止能根據伏生的二十八篇。

尚書大傳上載着說：「六誓可以觀義，五誥可以觀仁，甫刑可以觀誡，洪範可以觀度，禹貢可以觀事，皋陶可以觀治，堯典可以觀美。」這就是文心雕龍宗經第三所說的「七觀」。又載：「子夏讀書畢，見於夫子，夫子問焉：子何為於書？子夏對曰：書之論事，昭昭如日月之代明，離離若參辰之錯行；上有堯舜之道，下有三王之義。商所受於夫子，志之於心，弗敢忘也。雖……」了這種批評，覺着尚書之感力很大，也是它展轉成為教化的緣故。楚語申叔時對莊王教太子曰：「教之令，使訪物官。教之語，使明其德，而知先王之務用明德於民也。教之故志，使知廢興者而戒懼焉。教之訓典，使知比義焉。」這并是書教的效果。

講到周秦時代周書所有的思想：

(一) 明威明畏的主宰　認定宇宙間有一位大主宰，「皇天上帝」，人的生死禍福都操於他的手裏。

(二) 天子　帝王可稱天子，因為他已奉天承運代上帝治理天下，「惟辟奉天」「惟其克相上帝。」(泰誓)「改厥元子」(召誥)

(三) 人民代表天命「民之所欲，天必從之」「已予小子不敢替上帝命。」(金縢)。「天視自我民視，天聽自我民聽」(泰誓)

(四) 祭祀　認定人有靈魂，人死後魂有知覺，所有祭告的事；並認為善人的靈魂死後升天。例如周公……為三壇……乃告太王王季文王」(金縢)

(五) 卜筮　視卜筮為方法，可以得知天命所在。「寧遺我大寶龜，紹天明」(金縢)「厥既得卜則經營」(召誥)

(六) 刑人乃申天討　因為人平等，人不能刑人，惟天能罰有罪者。「惟恭行天之罰」(牧誓)。

(七) 道德，以不侮鰥寡，惇恤為大德。(康誥、無逸)

(八) 孝友　以孝親敬兄友弟為人倫之大本。(康誥)

(九)重喪禮　「一方哀死者，一方防攘奪」，「惟食喪祭」(洪範)

(十)主敬　以敬與誠為接下服官行事為人的準道。「罔不克敬典，乃與裕民……」(康誥)「亦厥君先敬勞」(梓材)「王敬作所」(召誥)「億萬年敬天之休」(洛誥)「爾克敬」(多士)

(十一)作新民　總是人人可受教育，悔悟振作而為完人(康誥)

(十二)守常崇賢　「……茲殷其惟克用常人」「其勿以憸人，其惟吉士」。(立政)「邦之杌隉曰由一人，邦之榮懷亦尚一人之慶」(秦誓)以上數條

完全包括儒家一元論實用論哲學的基礎。

(四)禮

漢初高堂生所傳的禮經本是儀禮十七篇，而禮記只得為禮經的傳。到了宣帝時代，后倉最明，戴德、戴聖、慶普都是他的弟子(見藝文志)。但不過高堂生確是荀卿的徒子徒孫。儒林傳說：「東海蘭陵荀卿善為禮、春秋，授后蒼、疏廣。」劉向敘錄說：「蘭陵多善為學，蓋以荀卿也。長老至今稱之」

四十二

也。又二戴禮並得有荀卿：大戴記曾子立事篇載修身、大略二篇文，小戴樂記、三年問、鄉飲酒義三篇載禮論、樂論二篇文。可見曲臺禮依然同源荀卿。

今文學家說如今的十七篇中，惟冠、昏、喪、相見、虞為士禮，餘皆天子諸侯卿大夫制。又說高堂生所傳只有士禮，其他逸禮三十九篇，群書時見徵引，未必都是偽造的。

至于康有為都說如今的禮記實集諸經傳及儒家諸子而成，是不錯的。然而禮記已前旣為曾有所謂記，喪服之記，子夏為之作傳，是必在于夏先。今禮記中屢稱記曰，疏都以為舊記無疑。然則禮記起自是匯集經傳以外書籍的稱呼了。其後凡諸經的傳及諸家諸子，為禮家所采，都歸併一處，就它上禮記的名目了。

禮記有好幾篇詳載著者，如中庸子思所作，緇衣公孫尼子作也。有以《禮運》為子游所記孔子的話語，他的門人又為《檀弓》上下篇。《仲尼燕居》或疑仍是子游記的。《曲禮》《玉藻》是子游門人傳的（見邵懿辰《禮經通論》）。出而有人以為《王制》漢博士作，《月令》呂不韋作。《樂記》出河間獻王。陳壽祺《辨別說》：「《禮記·王制》正義引盧植云：漢孝文帝令博士諸生作此書。考盧氏說出《史記·封禪書》：文帝召魯人公孫臣拜博士，與諸生草改歷服色事。明年使博士諸生刺六經作《王制》，謀議巡守封禪事。與今《王制》無一語及封禪，意必將者特以端耳。《史記索隱》引劉向《別錄》云：文帝所造書有《本制》《兵制》《服制》篇。以今文制參校，絕不相合，然前博士所作《王制》或在《藝文志》禮家《古封禪群祀》二十二篇中。……《月令》本《呂氏春秋·十二月紀》之首章。……《周書》七十一篇而《月令》第五十三。……淮南王安亦取以為第四篇曰《時訓》……賈逵、馬融之徒皆云《月令》周公作，故王肅用焉。後漢魯恭曰：《月令》周世所作，而所稱皆夏之時也。……《樂記》若《藝文志》云河間獻王

專書研究　　四十三

與毛生等共采周官及諸子言樂事以作樂記。其內史丞王定傳之以授常山王禹，成帝時為謁者獻二十四卷記。劉向校書得樂記二十三篇，與禹不同。」而班志所載其書曰「樂記二十三篇，王禹記二十四篇」。然則禮記中之樂記非王禹樂記甚審，那末，禮記確是七十子門人所人所論。非雜出秦漢的作品。禮記為七十子後學的書籍，又多存禮家舊聞，我們研究它可以知道宗教哲學人生哲學社會學和政治原理。如讀曲禮可知古代風俗社會情形。王制為孔門改制革命的建國方略，非周定指着周代典章說的。文王世子可知古代學制和教育方針。禮運述小康主義為現代國家過渡政治。大同主義為孔門最高理想，欲以造就將來的新社會。讀禮器可明一神教與多神教的區別。讀內則可觀古代卿大夫的家庭生活。喪服小記大傳為說古代宗法最有條理的作品。讀學記可知古代所發明的教育原理。樂記論樂極精。荀子呂覽諸書論樂者多和它們混合中庸爲孔門最高哲學。於篇首「天命之謂性，率性之謂道，修道之謂教」三句可以看出全書宗旨。然而道之在人心與表現要怎樣才得就是「喜怒哀樂之未發謂之中，發而皆中節謂之和」一隱一顯有一種不可消失的精神在那裏。又說「道不遠人」。這種精神在人行爲上表出來的結果的結果是「執其兩端用其中於民」。從哲學觀可判爲傳統的實用論。大學論教育和治國的原理。一個國家的興衰在它的教育上可以看得出來。它的格物、致知、正心、誠意、修身、齊家、治國、平天下，是一種王道教育方針。今本大戴記未必是戴德當年的原本，但有若干篇總不能不說是來頭貨。許慎五經異議引證過。隋經籍志作十三卷。自爲目言云四十七篇存留三十八篇。今實存留三十九篇。此書有二十八篇起，以上皆佚。止從三十九篇起，以下尚存。有主言、哀公問五義、哀公問於孔子、禮三本、禮察、曾子立事、曾子本孝、曾子立孝、曾子大孝、曾子事父母、曾子制言上中下、曾子疾病、曾子天圓多篇，與小記同，也有和戴

專書研究

學四

于家語、賈子新書所載同的。其中有天圓一篇算是世上最先發明的圜地動的學說。它的末尾仍然歸到陰陽二元論。似為秦漢間陰陽家所續。至於本命篇，本命也是古代哲學中書，它的認識論推究宇宙萬物本體，都以數理說，屬乎道家的作品。

（五）樂

文心雕龍說：「夫樂本心術，故響浹肌髓，先王慎焉，務塞淫濫。敷訓胄子，必歌九德，故能情感七始，化動八風。自雅聲浸微，溺音騰沸。秦燔樂經，漢始紹復，……」它是承認有所謂樂經，並且推測樂經已載樂的教體，可以使他人心移易風俗。又曰：「故知詩為樂心，聲為樂體；樂體在聲，瞽師務調其器；樂心在詩，君子宜正其文。好樂無荒，晉風所以稱遠；伊其相謔，鄭國所以云亡。……凡樂辭曰詩，詩聲曰歌，聲來被辭，辭繁難節……」樂心是善惡哀樂發而中節，應合詩辭以表示他的道德精神和情感。樂體是律呂的，奏則以表示何項情感。

就是屬於甚麼哀樂之各種譜調。文中子曰「聽其音則知其風，觀其樂即知其俗，見其俗即知其化」（與樂記意同）。説明其論個人或社會藉着音樂所得着的是一般知識的總和。樂不但與詩有密切關係，也與禮相依。如山先生曰「禮中有樂，樂中有禮」。朱文公謂嚴而泰，和而節，禮勝則離，以其太嚴，須用有樂。樂勝則流，以其太和，須用有禮」（見困學紀聞）。就是在儀禮上所以表現的樂教哲學意義和人生哲學意義，全靠樂來灌溉它的生命。此在相對的地位上能並立為環境作執中、守中的程度。

樂豈特建築着詩禮，還要配舞。內則載「十三學樂、誦詩、舞勺，成童舞象，二十舞大夏」，保氏教國子以六樂（鄭玄以為六樂者，雲門、大咸、大韶、大夏、大濩、大武也。蓋當時小舞，年二十始教大大舞也）。那末在大庭廣眾中，鼓琴的鼓樂，唱歌的唱歌，足蹈手舞，活動一下，好像到了「葛天八闋」「鈞天九奏」的地步，何必另外找甚麼極樂世界。

李雲研究

漢十五

或有人說樂未有經，樂所歌的，就是詩，聽它的聲音以看出道德精神來。不過我們一讀樂經所載：「凡音之起，由人心生也。人心之動，物使之然也。感於物而動，故形於聲。聲相應，故生變，變成方，謂之音。比音而樂之，及干戚羽旄，謂之樂。樂者，音之所由生也，其本在人心之感於物也。是故其哀心感者，其聲發以散；其怒心感者，其聲粗以厲；其敬心感者，其聲直而廉；其愛心感者，其聲和以柔。六者非性也，感於物而後動。是故先王慎所以感之者，故禮以道其志，樂以和其聲，政以一其行，刑以防其姦。禮樂刑政，其極一也，所以同民心而出治道也。」又「流而不息，合同而化，而樂興焉。」又「樂者敦和，率神而從天。」又「樂也者，聖人之所樂也，而可以善其民心，其感人深，其移風易俗，故先王著其教焉。」「夫民有血氣心知之性，而無哀樂喜怒之常，應感起物而動，然後心術形焉。」又載：「樂者樂也，君子樂得其道，小人樂得其欲。以道制欲，則樂而不亂；以欲忘道，則惑而不樂。是故君子反情以和其志，廣樂以成其教，樂行而民鄉方，可以觀德矣。德者性之端也，樂者德之華也。金石絲竹，樂之器也。詩言其志也，歌詠其聲也，舞動其容也。三者本於心，然後樂器從之。是故情深而文明，氣盛而化神。和順積中而英華發外，惟樂不可以為偽。蓋者以治人之情志，古者重而習之。」這一段話語也可以當作樂經一篇導言。

六　春秋

春秋一書，若用歷史眼光看，方式是記事的作品，然而講到大義，就是根據宗教倫理和法治上最高的原理，或目的，定要推崇公羊了。孟子引述孔子曰：「其事則齊桓晉文，其文則史，其義則丘竊取之矣。」是一樣的證明。

今本春秋全經共萬七千字，不重在記事，以人事以示義，恐怕在前原有的魯春秋和晉乘、楚檮杌為參數很多了。當那封建時代文網尚密，私家講學尤為不常見的事情，何況要排議朝政，譏評人物呢？聖人「義不訕上，智不危身」，記晉史的舊文，傳微言於後學，實

專書研究

96.

有不得已的苦衷。春秋一書，可說是擔負美刺的責任麼？請已瞭，後春秋作，也大概是這樣講的。天人合一論的科學試就元年春王正月一條來加證明。按着公羊傳說：元年者何？君之始年也。春者何？歲之始也。王者孰謂？謂文王也。曷為先言王而後言正月？王正月也。何言乎王正月？大一統也。公何以不言即位？成公意也。何氏公羊解詁說：春秋變一為元，元者氣也。無形以起，有形以分，造起天地，天地之始也，故上無所繫，而使春繫之也。不言公而言君者，所以通其義於王者，春秋託新王受命於魯，故因以錄即位，明王者當繼天奉元，養成萬物。春者，天地開闢之端，養生之首，法象所出，四時本名也。文王周始受命之王，天之所命，故上繫天端，方陳受命，制正月，故假以為王法，不言謚者，法其生，不法其死，與後王共之，人道之始也。統者總繫之辭，王者始受命，改制布政，施教於天下，莫不一一繫於正月，故云政教之始。即位者，一國之始，故春秋以元之氣，正天之端，正王之始，正諸侯之即位，以諸侯之即位

以諸侯之即位正境內之治，諸侯不上奉王之政則不得即位，故先言正月而後言即位；政不由王出則不得為政，故先言王而言正月也。王者不承天以制號令則無法，故先言春而後言王；天不深正其元則不能成其化，故先言元而後言春。五者同日並見，相須成體，乃天人之大本，萬物之所繫，不可不察也」。胡安定春秋傳曰「元即仁也，仁人心也」，是說元為本體，仁為認識論。

或有人說這是漢代的自然論，根據淮南子「原道」、大自然。春秋說「元」，道家說出「玄哉元」或者叫「道」，就是易經上的「大哉乾元，萬物資始，乃統天」為宇宙自然的現象，莫知為而為，祇有順道，更無反抗。人類一切舉動都要遵循這自然規律也，就是合理論。只要人類思想行為都能合規，都不須叫錯了。（在今日研究西洋哲學者看來，列為兩派：一為唯理派，以為一切由五官可接觸而得的知識是沒有決定性與普遍性的，經驗世界的現象，生滅無常，變遷無定，決不能給我們人有正確決定的知識，

的

我們正確的知識盡從自心思想中求之，好比留算術一樣，因爲由理性中所發出的知識是正確的。此說又稱爲「先驗」與「經驗論」對立。否得一半理由，我們要知道現在經驗科學還是不能認識思想的價值，科學中的根本概念如物質、因果、空間、時間等，都不是純粹實際經驗所能得的，很多由思想所假定的。

主於現代自然科學的宗旨，就是想純粹想自然現象上建立個宇宙觀。不承認有超乎自然的事物，所以很傾向機械的唯物論，蔑視精神的獨立。他們人的對象是客觀的自然，忘了主觀的心識。近年科學的心理學家如費克納 Fechner 等一部份傾向自然論。他們的手續就是將各種自然科學中的律令綜理組合，歸引到一個最大公例及根本觀念，如動、靜、空、時、質、力、數、意、生命、進化等類，再由這上面建立個統一宇宙觀。不過孔子對「自然」和「理性」有一種貫徹的說法，以自然爲包含物質精神兩界的，是產生理性的，並且由本體論

講那讖緯和行為論。好像比西漢的自然論、合理論的派屬、調
些、含混些，若用論述化論春秋有據亂、昇平、太平三世說。
公羊傳是公羊高撰的。高，戰國齊人，子夏弟子，四傳（高傳子平，平
傳子地，地傳子壽）到壽的玄孫公羊壽與弟子胡母子都著作成書。
何休為他作解詁，是大行於世。
穀梁子或以為名赤，或以為名俶，秦孝公時人（今據傳載，君子說名俶，
與商鞅同時，已不可確定）但儒林傳載，瑕邱江公受穀梁春秋
及詩於魯申培公。又穀梁序疏說：「穀梁傳孫卿，孫卿再傳弟子
魯人申公（培）。」這樣，穀梁春秋似是荀卿傳出來的。
穀梁說是古文學，然而它的體例頗與公羊相近。公羊先師有
子沈子，穀梁也有，大概是同源異流的。范甯集解序討於三傳說
不備意說：「專主一家所偏滯，擇善而從。若擇善靡從，即莫肯以求宗據
理以通經。」
專書研究

48、

《左傳》一書與《公羊》大異，釋義很少，或有經而無傳，或有傳而無經。蓋以漢博士說左氏不傳春秋，太史公敘述左丘明有國語，說左丘不說左丘明，《論語》左丘明恥之（章句：載在古論語，齊論語、魯論語都沒有）說國語，不說左氏傳。那末本有國語而無左氏傳，有左丘而無左丘明。今本左傳，是劉歆據國語所竄編，（今本國語是劉歆編左傳後剩餘的。）這話未免全可靠，但是春秋為經，左氏為史，春秋大義，我不務於左氏，左氏記事足以考證春秋是明確的。

王應麟說：「三傳皆有得於經，而有失焉。左氏善於禮，公羊善於讖，穀梁善於經，鄭康成之言也。左氏艷而富，其失也巫，左氏拘於赴告，公羊牽於讖緯，穀梁窘於日月，劉原父之言也。左氏失之淺，公羊失之險，穀梁失之迂，崔伯直之言也（此語本見春秋經解，攷卷本何晏《春秋》）。左氏之失專而縱，公羊之失雜而拘，穀梁不縱不拘而失之隨，晁以道之言也。事莫備於左氏，例莫明於公羊，義莫精於穀梁，或失之誣，或失之之亂，或失之鑿，胡文定之言也。左氏傳事不傳義，是以詳於史，而事未必實，公羊穀梁傳義不傳事，是以詳於經，而義未必當，董少蘊之言也。左氏史學事詳而理差，公穀經學理精而事誤，朱文公之言也。學者取其長，舍其短，庶乎得聖人之心矣。……」（見困學紀聞）

或以為春秋經文與三傳自成一種哲學系統，「理」是認識論和行為論的基本，「義」是人生哲學和政治哲學的要素，至於「事」只是證明所言「理」「義」而產生的，主觀客觀精神物質各不偏廢。

皮錫瑞說：「春秋大義在誅亂討賊。微言在改立法制。孟子之言與公羊合。朱子之注，深得孟子之旨。」孟子之後董子之學最醇，微言大義存於董子之書。「春秋繁露」漢人解說春秋者無逾於此，而廣大精微，比伏生大傳，韓詩外傳，尤為切要。

（原書白頁）

第二節　文學方面

第一項　五經文學

詩、書、易、禮、樂、春秋古稱六藝，又叫六經。樂經已亡，漢時只有五經，十四博士。從文學方面看，當以詩三百零五篇，為純文學。十三國風（邶、鄘、衛，只算一國）是民間文學。毛詩序都解為王侯大夫的，閑像太勉強了。開卷第一首「關關雎鳩」就是情詩，因為無情不成詩，也不能算文學。大小雅是王家貴族文學，開始就提到崇拜文王，講起燕樂嘉賓。三頌是廟堂文學，祭祀神祇祖先的樂歌。姚際恒以為周頌各篇，有武王時作的，有昭王時作的，不過魯頌是奚斯作的。商頌是正考父作的。楊子法言說「正考父嘗晞尹吉甫矣。公子奚斯嘗晞正考父矣」。後漢書曹褒傳說「昔奚斯讚魯，考父詠殷」，又注引韓詩章句說「奚斯，魯公子也。言其新廟奕奕然盛」，是詩公子奚斯所作也。正考公孔子之先也。作商頌十二篇」。這證明詩經不是孔子刪的，是周太師選的，周王欽定的。論語載「關雎之亂，洋洋乎盈耳。」（泰伯）「子曰關雎樂而不淫，哀而不傷」（八佾）。「子貢曰「詩云「如切如磋，如琢如磨」。其斯之謂乎？」子曰，賜也，始可與言詩已矣，……」」。（學而）「子夏問曰「巧笑倩兮，美目盼兮，素以為絢兮，何謂也」？子曰「繪事後素」。禮後乎？子曰「起予者商也，始可與言詩已矣」。（八佾）「子所雅言，詩書執禮，皆雅言也」（述而）「「唐棣之華，偏其反而，豈不爾思，室是遠而」子曰「未之思也，夫何遠之有」（子罕）」子曰「誦詩三百，授之而政不達，使於四方，不能專對，雖多，亦奚以為？」（子路）。「陳亢問於伯魚曰「子亦有異聞乎？」對曰「未也」嘗獨立，鯉趨而過庭，曰「學詩乎？」對曰未也，「不學詩無以言」，鯉退而學詩……」（季氏）。「子曰「小子，何莫學乎詩？詩可以興，可以觀，可以群，可以怨，邇之事父，遠之事君，多識鳥獸草木之名」子謂伯魚曰「女為周南召南矣乎？人而不為周南召南，其猶正牆面而立也與？」（陽貨）。「南容三復白圭，孔子以其兄之子妻之。」（先進）「子曰：詩三百，一言以蔽之曰，思無邪。（為政）。大概孔子和門人是評論過、賞鑑過詩經學的。

孟子和門人對於詩經學也有相當研究。他在孟子裏面引詩說：「詩云、經始靈臺，經之營之，庶民攻之，不日成之，經始勿亟，庶民子來，王在靈囿，麀鹿攸伏，麀鹿濯濯，白鳥鶴鶴，王在靈沼，於牣魚躍。」文王以民力為臺為沼，而民歡樂之，謂其臺曰靈臺，謂其沼曰靈沼，樂其有麋鹿魚鼈，古之人與民偕樂，故能樂也。」「詩云，刑于寡妻，至於兄弟，以御于家邦。」言舉斯心，加諸彼而已。故推恩足以保四海，不推恩無以保妻子。古之人所以大過人者無他焉，善推其所為而已矣」（梁惠王上）。「詩云，王赫斯怒，爰整其旅，以遏徂莒，

九十一

以篤周祜，以對于天下」。此文王之勇也。文王一怒而安天下之民。"對曰昔者太王好色，愛厥妃，詩云「古公亶父，來朝走馬，率西水滸，至于岐下。爰及姜女，聿來胥宇」。當是時也，內無怨女，外無曠夫，王如好色，與百姓同之，於王何有？」（梁惠王下）。"詩云迨天之未陰雨，徹彼桑土，綢繆牖戶今此下民，或敢侮予。」孔子曰「為此詩者其知道乎？能治其國家，誰敢侮之」今國家閒暇，及是時般樂怠敖，是自求禍也。禍福無不自己求之者。詩云「永言配命，自求多福」（公孫丑上）孟子曰「民事不可緩也。詩云，「晝爾于茅，宵爾索綯亟其乘屋，其始播百穀」（滕文公上）「公孫丑問曰，「高子曰，小弁小人之詩也」。孟子曰，「何以言之？」曰「怨」。曰「固哉高叟之為詩也。有人於此，越人關弓而射之，則己談笑而道之，無他，疏之也。其兄關弓而射之，則己垂涕泣而道之，無他，戚之也。小弁之怨，親親也，親親仁也。固矣夫！高叟之為美。」曰：「凱風何以不怨？」曰：「凱風親之過小者也；小弁親之過大者也。親之過大而不怨是愈疏也；親之過小而怨是不可磯也。愈疏不孝也，不可磯亦不孝也。孔子曰：舜其至孝矣，五十而慕。」（告子下）。公孫丑曰：「詩云：不素餐兮，君子之不耕而食，何也？」孟子曰：「君子居是國也，其君用之則安富尊榮；其子弟從之，則孝悌忠信，不素餐兮，孰大於是！」」（盡心上）。這是孟子賞鑑詩學的最高境界。荀子也是一樣。他說：「故木受繩則直，金就礪則利。君子博學而日參省乎己，則智明而行無過矣。……詩曰：「嗟爾君子，無恒安息靖共爾位，好是正直，神之聽之，介爾景福」」（勸學）。「目不能兩視而明，耳不能兩聽而聰，螣蛇無足而飛，梧鼠五技而窮。詩曰：尸鳩在桑，其子七兮，淑人君子，其儀一兮，心如結兮，故君子結於一也」」（勸學）。「諂諛者親，諫爭者疏，脩正為笑，至忠為賊，雖欲無滅亡，得乎哉！詩曰：「潝潝訿訿，亦孔之哀。謀之其臧，則具是違；謀之不臧，則具是依。」此之謂也。（修身）。君子行不貴苟難，說不貴苟察，名不貴苟得，唯其當之為貴。詩曰：「物其有矣，唯其時矣。」此之謂也。（不苟）。君子寬而不僈，廉而不劌，辯而不爭，察而不激，寡立而不勝，堅彊而不暴，柔從而不流，恭敬謹慎而容，夫是之謂至文。詩曰：「溫溫恭人，惟德之基。」此之謂也。（不苟）」故近者歌謳而樂之，遠者竭蹶而趨之。四海之內，若一家，通達之屬莫不從服，夫是之謂人師。詩曰：「自西自東，自南自北，無思不服。」此之謂也。（儒效）。」夫是之謂上愚，曾不如好相雞狗之可以為名也。詩曰：「為鬼為蜮，則不可得；有靦面目，視人罔極。作此好歌，以極反側。」此之謂也。（儒效）。鄙人反是，比周而譽俞少，鄙爭而名俞辱，煩勞以求安利其身而愈危。詩曰：「民之無良，相怨一方，受爵不讓，至于已斯亡。」此之謂也

（儒效）。」明主譎德而序位，所以為不亂也。忠臣誠能然後敢受職，所以為不窮也。分不亂於上，能不窮於下，治辨之極也。詩曰：「平平左右，亦是率從」。是言上下之交不相亂也」。（儒效）「故天之所覆，地之所載，莫不盡其美，致其用，上以飾賢良，下以養百姓，而安樂之，夫是之謂大神。詩云「天作高山，大王荒之。彼作矣，文王康之」，此之謂也」。（王制）故墨術誠行則天下尚儉而彌貧，非鬭而日爭，勞苦頓萃而愈無功，愀然憂戚非樂而日不足。詩曰：「天方薦瘥，喪亂弘多，民言無嘉，憯莫懲嗟」。此之謂也」（富國）。故為之雕琢刻鏤黼黻文章，使足以辨貴賤而已，不求其觀。為之鐘鼓管磬琴瑟竽笙，使足以辨吉凶合歡定和而已，不求其餘。為之宮室臺榭，使足以避燥溼養德辨輕重而已，不求其外。詩曰：「雕琢其章，金玉其相，亹亹我王，綱紀四方」。此之謂也。（富國）。」故仁人

五十三

之用國非特將持其有而已矣。又將兼人。詩曰：「淑人君子，其儀不忒，正是四國。」此之謂也。（富國）故君人者愛民而安，好士而榮，兩者無一焉而亡。詩曰：「价人維藩，大師維垣。」此之謂也。（彊國）財物貨寶以大為重，政教功名反是。能積微者速成。詩曰：「德輶如毛，民鮮克舉之。」此之謂也。（彊國）故能處道而不貳，吐而不奪，利而不流，公正而賤鄙爭，是士君子之辨說也。詩曰：「長夜漫兮，永思騫兮，大古之不慢兮，禮義之不愆兮，何恤人之言兮。」此之謂也。（天論）故曰：「心容其擇也無禁，必自見其物也雜博。其情之至也不貳。」詩云：「采采卷耳，不盈頃筐，嗟我懷人，寘彼周行。」頃筐易滿也，卷耳易得也，然而不可以貳周行。（解蔽）故君人者周則讒言至矣，直言反矣，小人邇而君子遠矣。詩云：「墨以為明，狐狸其蒼。」（逸詩）此言上幽而下險也。君人者宣則直言至矣，而讒言反矣，君子邇而小人遠矣。詩曰：「明明在下，赫赫在上。」此言上明而下化也。（解蔽）說行則天下正

說不行則白道而不冥窮，是以聖人之辯說也。詩曰：「顒顒卬卬，如珪如璋，令聞令望；豈弟君子，四方為綱。」此之謂也。（正名）

「聘禮志曰：『幣厚則傷德，財侈則殄禮。』禮云禮云，玉帛云乎哉！詩曰：『物其指矣，唯其偕矣。』不時宜，不敬交，不驩欣，雖指，非禮也。」（大略）「迷者不問路，溺者不問遂，亡人好獨。詩曰：『我言維服，勿用為笑。先民有言，詢于芻蕘。』言博問也。」（大略）「君子之所漸不可不慎也。人之於文學也，猶玉之於琢磨也。詩曰：『如切如磋，如琢如磨。』謂學問也。和之璧，井里之厥也，玉人琢之，為天子寶。子贛、季路，故鄙人也，被文學，服禮義，為天下列士，學問不厭，好士不倦，是天府也。」（大略）「學者非不為仕，而仕者必如學。子貢問於孔子曰：『賜倦於學矣，願息事君。』孔子曰：『詩云：「溫恭朝夕，執事有恪。」事君難，事君焉可息哉！』『然則賜願息事親。』孔子曰：『詩云：

卓如書研究

五十四

「孝子不匱，永錫爾類」。事親難，事親焉可息哉！」「然則賜願息於妻子」。孔子曰：「詩云：『刑于寡妻，至于兄弟，以御于家邦』。妻子難，妻子焉可息哉！」「然則賜願息於朋友」。孔子曰：「詩云：『朋友攸攝，攝以威儀』。朋友難，朋友焉可息哉！」「然則賜願息耕」。孔子曰：「詩云：『晝爾于茅，宵爾索綯，亟其乘屋，其始播百穀』。耕難，耕焉可息哉！」「然則賜無息者乎？」孔子曰：「望其壙，皋如也，嵮如也，鬲如也，此則知所息矣」。子貢曰：「大哉！死乎！君子息焉，小人休焉」。國風之好色也，傳曰：盈其欲而不愆其止。其誠可比於金石，其聲可內於宗廟。小雅不以於汙上，自引而居下，疾今之政以思往者，其言有文焉，其聲有哀焉。國將興，必貴師而重傳。貴師而重傅，則法度存。國將衰，必賤師而輕傅；賤師而輕傅，則人有快；人有快則法度壞。」（大略）「取友善人，不可不慎，是德之基也。詩曰：『無將大車，維塵冥冥。』言無與小人處也。」（大略）「內人之疏而外人之親，不亦遠乎？身不善而怨人，不亦反乎？利己而呼天，不亦晚乎？詩曰：『涓涓源水，不雝不塞，轂已破碎，乃大其輻。事已敗矣，乃重大息。』其云益乎？」（法行）

禮記裏面的中庸，或有人說是子思作的，我們看看有些可疑。第一點，從「載華嶽而不重」，這句語氣上看看，似乎不是魯國人，反像秦國人。第二點，「今天下車同軌，書同文……」更像是秦朝人作的。第三點，從分析的理性非常深奧詳明，包括春秋戰國時代各派學說而有批判的態度。所以我們敢斷定這書是晚出的。

專書研究

中庸作者對於詩經文學造詣頗深，如：

「故君子語大，天下莫能載焉；語小，天下莫能破焉。詩云：『鳶飛戾天，魚躍于淵。』言其上下察也。君子之道，造端乎夫婦，及其至也，察乎天地。」

「子曰：道不遠人，人之為道而遠人，不可以為道。詩云：伐柯伐柯，其則不遠，執柯以伐柯，睨而視之，猶以為遠。故君子以人治人，改而止。忠恕違道不遠，施諸己而不願，亦勿施於人……。」

「……君子之道，辟如行遠必自邇，辟如登高必自卑。詩曰：妻子好合，如鼓瑟琴，兄弟既翕，和樂且耽，宜爾室家，樂爾妻帑。」

「子曰：父母其順矣乎？」

「故天之生物必因其材而篤焉。故栽者培之，傾者覆之。詩曰：嘉樂君子，憲憲令德，宜民宜人，受祿於天，保佑命之，自天申之，故大德必受命。」

故大德必受命。

是故君子動而世為天下道，行而世為天下法，言而世為天下則。遠之則有望，近之則不厭。詩曰：「在彼無惡，在此無射，庶幾夙夜，以永終譽。」君子未有不如此，而蚤有譽於天下者也。

詩曰：「衣錦尚絅。」惡其文之著也。故君子之道，闇然而日章；小人之道，的然而日亡。君子之道，淡而不厭，簡而文，溫而理，知遠之近，知風之自，知微之顯，可與入德矣。詩云：「潛雖伏矣，亦孔之昭。」故君子內省不疚，無惡於志。君子之所不可及者，其唯人之所不見乎？

除掉諸子引用詩經這些章句以外，書經裏面也有文學，也是為人引用，書經文學有一首古歌，說：

股肱喜哉！元首起哉！百工熙哉！

元首明哉！股肱良哉！庶事康哉！

元首叢脞哉！股肱惰哉！萬事墮哉！」（益稷）

這三段就是的樂歌，

還有幾篇文辭如：

「王曰：『格爾衆庶，悉聽朕言，非台小子，敢行稱亂，有夏多罪，天命殛之。今爾有衆，汝曰：我后不恤我衆，舍我穡事而割正夏，予惟聞汝衆言，夏氏有罪，予畏上帝，不敢不正。今汝其曰：夏罪其如台？夏王率遏衆力，率割夏邑，有衆率怠弗協。曰：時日曷喪，予及汝皆亡。夏德若茲，今朕必往，爾尚輔予一人，致天之罰，予其大賚汝，爾無不信，朕不食言。爾不從誓言，予則孥戮汝，罔有攸赦。』」（湯誓）

這商湯一篇開戰的誓言。

「……王左杖黃鉞，右秉白旄以麾曰：『逖矣！西土之人。』王曰：『嗟我友邦冢君，御事，司徒，司馬，司空，亞旅，師氏，千夫長，百夫長，及庸、蜀、羌、髳、微、盧、彭、濮人，稱爾戈，比爾干，立爾矛，予其誓。」王曰：「古人有言曰：牝雞無晨，牝雞之晨，惟家之索。今商王受惟婦言是用，昏棄厥肆祀弗答，昏棄厥遺王父母弟不迪，乃惟四方之多罪逋逃，是崇是長，是信是使，是以為大夫卿士，俾暴虐於百姓，以姦宄于商邑。今予發惟恭行天之罰。今日之事，不愆於六步七步，乃止齊焉。夫子勖哉！不愆於四伐、五伐、六伐、七伐，乃止齊焉，勖哉夫子！尚桓桓，如虎如貔，如熊如羆，于商郊弗迓克以役西土，勖哉夫子！爾所弗勖，其于爾躬有戮。」（牧誓）

這是武王伐受的誓詞。

……王曰：「父義和！其歸視爾師，寧爾邦，用賚爾秬卣，彤弓一，彤矢百，盧弓一，盧矢百，馬四匹。父往哉！柔遠能邇，惠康小民，無荒寧，簡恤爾都，用成爾顯德。」（文侯之命）

這是平王傳旨嘉獎晉文侯勤王誥命的末段。

……古人有言曰：「民訖自若，是多盤，責人，斯無難，惟受責俾如流，是惟艱哉！」我心之憂，日月逾邁，若弗云來。惟古之謀人，則曰未就，予忌，惟今之謀人，姑將以為親，雖則云然，尚猷詢茲黃髮，則罔所愆。番番良士，旅力既愆，我尚有之，仡仡勇夫，射御不違，我尚不欲，惟截截善諞言，俾君子易辭，我皇多有之。昧昧我思之，如有一介臣，斷斷猗無他伎，其心休休焉，其如有容人之有伎，若己有之，人之彥聖，其心好之，不啻若自其口出，是能容之，以保我子孫黎民，亦職有利哉！人之有技，媢疾以惡之，人之彥聖，而違之俾不達，是不能容，以不能保我子孫黎民，亦曰殆哉！邦之杌隉，曰由一人，邦之榮懷，亦尚一人之慶。止（秦誓）

這是秦穆公戰敗後的誓詞

這幾篇文簡潔誠樸而情意敦厚，從廣義上說，在三代上很有文學的價值。

又從文學上看，孟子常引書經語句以說明他的題旨。如：

「書曰：『天降下民，作之君，作之師，惟曰其助上帝，寵之四方，有罪無罪惟我在，天下曷敢有越厥志？』一人衡行於天下，武王恥之，此武王之勇也。而武王亦一怒而安天下之民，民惟恐王之不好勇也。」（梁惠王下）

「孟子對曰：『臣聞七十里為政於天下者，湯是也。未聞以千里畏人者也。書曰：湯一征，自葛始，天下信之，東面而征西夷怨，南面而征北狄怨，曰：奚為後我？民望之若大旱之望雲霓也。歸市者不止，耕者不變，誅其君而弔其民，若時雨降，民大悅。書曰：徯我后，后來其蘇。今燕虐其民，王往而征之，民以為將拯己於水火之中也。簞食壺漿，以迎王師，若殺其父兄，係累其子弟，毀

向十九

其宗廟，遷其重器，如之何其可也。」（梁惠王下）

引「太甲曰：『天作孽，猶可違；自作孽，不可活。』」（公孫丑上）

引「書曰：『祗載見瞽瞍，夔夔齋栗，瞽瞍亦允若。』是為父不得而子也。」（萬章上）

引「舜相堯二十有八載，非人所能為也，天也。堯崩，三年之喪畢，舜避堯之子於南河之南，天下諸侯朝覲者，不之堯之子而之舜；訟獄者，不之堯之子而之舜；謳歌者，不謳歌堯之子而謳歌舜。故曰天也。夫然後之中國，踐天子位焉。而居堯之宮，逼堯之子，是篡也，非天與也。泰誓曰：『天視自我民視，天聽自我民聽。』此之謂也。」

引「吾聞其以堯舜之道要湯，未聞以割烹也。伊訓曰：『天誅造攻自牧宮，朕載自亳。』」（萬章上）

引「公孫丑曰：『伊尹曰：「予不狎于不順。」放太甲於桐，民大悅。太甲賢，又反之，民大悅。賢者之為人臣也，其君不賢，則固可放與？』」孟子曰：「有伊尹之志則可，無伊尹之志則篡也。」（盡心上）。

荀子對於書經文學也覺很有興趣的。如「分均則不偏，埶齊則不壹，眾齊則不使，有天有地而上下有差，明王始立而處國有制。夫兩貴之不能相事，兩賤之不能相使，是天數也。埶位齊而欲惡同，物不能澹則必爭，爭則必亂，亂則窮矣。先王惡其亂也，故制禮義以分之，使有貧富貴賤之等，足以相兼臨者，是養天下之本也。書曰：「維齊非齊。」（呂刑）此之謂也」（王制）。「故君國長民者，欲趨時遂功，則和調累解，速乎急疾，忠信均辨，說乎賞慶矣；必先修正其在我者，然後徐責其在人者，威乎刑罰。三德者誠乎上，則下應之如影嚮。雖欲無明達，得乎哉？書曰：「乃大明服，惟民其力，懋和而有疾。」（康誥）此之謂也」（富國）。「因其憂也而辨其故，因其喜也而入其道，因其怒也而除其怨，曲得所謂焉。書曰：「從命而不拂，微諫而不僊，為上則明，為下則遜」。（逸書，見偽古文伊訓）此之謂也。（法道）「故一年與之始，三年與之終。用其終為始則政令不行而上下怨疾，乱所以自作也。書曰：「義刑義殺，勿庸以即，汝惟曰未有順事」。（康誥）言先教也」。（致士）

「湯武之誅桀紂也，拱揖指麾而強暴之國莫不趨使。誅桀紂若誅獨夫，故泰誓曰「獨夫紂」。（逸書）此之謂也」。（議兵）

「宋子有見於少，無見於多，有後而無先則群眾無門，有詘而無信則貴賤不分，有齊而無畸則政令不施，有少而無多則群眾不化。書曰「無有作好，遵王之道；無有作惡，遵王之路。（洪範）此之謂也」。（天論）

「舜曰「維予從欲而治」。（虞書）故礼之生，為賢人以下至庶民也。非為成聖也。然而亦所以成聖也，不學不成，堯学於君疇，舜學於務成昭，禹學於西王國」。（大略篇）

以上數段文句都是孟子荀卿對於書經學派列研究的結

果和文學的賞鑒。

攏總一句話，孔孟荀的文學丟不了詩書為淵源為根據。

第二項　孔門諸子文學

論語為孔門弟子所記他們祖師孔子和師父所說的話。大概是有子曾子的弟子寫的，因為他們稱呼自己的師父作「子」。別的師伯師叔書名字了。這裏面有不少的名句叫我們發生興趣的。從學而篇，到堯曰篇它的次序是系統的。楊雄王通等以為這些章句是很具意義的，所以他們各自仿照它的体例來著書。楊雄著法言王通著中說，都揚模論語章句，他們覺著學是人生第一意義。堯曰社会歷史上的標準人物。且是完成這種大工作要靠文藝宣傳。所以說「行有餘力則以學文」，「游於藝」。他們看文藝畢竟是開路先鋒。

孔門弟子所記孔子的語句已成後世文章規範誰要曰出小段，古

光片羽很覺可貴。他真有一隻錦繡口。如

「學而時習之，不亦說（悅）乎？有朋自遠方來，不亦樂乎？人不知而不慍，不亦君子乎？」（學而）

（一）「道之以政，齊之以刑，民免而無恥；道之以德，齊之以禮，有恥且格。」（爲政）

（二）「學而不思則罔，思而不學則殆」（爲政）

（三）「多聞闕疑，慎言其餘，則寡尤；多見闕殆，

（四）慎行其餘，則寡悔。言寡尤，行寡悔，祿在其中矣。」（爲政）

（五）「臨之以莊則敬，孝慈則忠，舉善而教不能則勸。」（爲政）

（六）「殷因於夏禮，所損益可知也；周因於殷禮，所損益可知也；其或繼周者，雖百世可知也。」（爲政）

（七）「樂其可知也，始作，翕如也，從之，純如也，皦如也，繹如也以成。」（八佾）

（八）「居上不寬，爲禮不敬，臨喪不哀，吾何以觀之哉。」（八佾）

(九)富與貴是人之所欲也，不以其道得之，不處也，貧與賤是人之所惡也，不以其道得之，不去也。君子去仁，惡乎成名。君子無終食之間違仁，造次必於是，顛沛必於是。(里仁)。

(十)子曰：知者樂水，仁者樂山，知者動，仁者靜，知者樂，仁者壽。(雍也)。

(十一)子曰：恭而無禮則勞，慎而無禮則葸，勇而無禮則亂，直而無禮則絞，君子篤於親，則民興於仁，故舊不遺，則民不偷。(泰伯)。

(十二)大哉！堯之為君也，巍巍乎唯天為大，唯堯則之，蕩蕩乎民無能名焉。巍巍乎其有成功也。煥煥乎其有文章。(泰伯)

(十三)子曰：禹吾無間然矣，菲飲食而致孝乎鬼神，惡衣服而致美乎黻冕[illegible]」

六十

黻冕，卑宮室而盡力乎溝洫，禹吾無間然矣。（泰伯）

（十四）顏淵喟然嘆曰：仰之彌高，鑽之彌堅，瞻之在前，忽焉在後，夫子循循然善誘人，博我以文，約我以禮，欲罷不能，既竭吾才，如有所立，卓爾，雖欲從之，末由也已。（子罕）

（十五）可與共學，未可與適道，可與適道，未可與立。可與立，未可與權。……（子罕）

（十六）先進於禮樂，野人也。後進於禮樂，君子也，如用之，則吾從先進。（先進）

（十七）樊遲請學稼，子曰：吾不如老農。請學為圃。曰：吾不如老圃。樊遲出，子曰：小人哉！樊須也。上好禮則民莫敢不敬，上好義則民莫敢不服，上好信則民莫敢不用情。夫如是則四方之民襁負其子而至矣，焉用稼。（子路）

（十八）子曰：為命，裨諶草創之，世叔討論之，行人子羽修飾之，東里

子產潤色之。」（憲問）

（十八）子張問行。子曰：「言忠信，行篤敬，雖蠻貊之邦行矣。言不忠信，行不篤敬，雖州里行乎哉？立則見其參於前也，在輿則見其倚於衡也。夫然後行。」子張書諸紳。（衛靈公）

（十九）子曰：「君子謀道不謀食。耕也，餒在其中矣。學也，祿在其中矣。君子憂道不憂貧。」（衛靈公）

（廿）子曰：「知及之，仁不能守之，雖得之，必失之。知及之，仁能守之，不莊以涖之，則民不敬。知及之，仁能守之，莊以涖之，動之不以禮，未善也。」（衛靈公）

（廿二）孔子曰：「益者三友，損者三友。友直，友諒，友多聞，益矣。友便辟，友善柔，友便佞，損矣。」

孔子曰：「益者三樂，損者三樂。樂節禮樂，樂道人之善，樂多賢友，益矣。樂驕樂，樂佚遊，樂宴樂，損矣。」（季氏）

（善）見善如不及，見不善如探湯，吾見其人矣，吾聞其語矣，隱居以求其志，行義以達其道，吾聞其語矣，未見其人也。止（季氏）

（齊）齊景公有馬千駟，死之日，民無德而稱焉。伯夷叔齊餓於首陽之下，民到於今稱之。其斯之謂與。止（季氏）

（堅）……不曰堅乎，磨而不磷，不曰白乎，涅而不緇，吾豈匏瓜也哉，焉能繫而不食。（陽貨）

（其）好仁不好學，其蔽也愚，好知不好學，其蔽也蕩，好信不好學，其蔽也賊，好直不好學，其蔽也絞，好勇不好學，其蔽也亂，好剛不好學，其蔽也狂。止（陽貨）

（亞）太師摯適齊，亞飯干適楚，三飯繚適蔡，四飯缺適秦，鼓方叔入於河，播鼗武入於漢，少師陽，擊磬襄入於海止（微子）

以上數段章句雖多散少，幾乎都是駢儷的排偶文，和聯鎖句，不但在文法上有規矩，並且在修辭上有技巧。説明後代的文學畢竟沒有脱離論語的範圍。

孟子七篇：梁惠王、公孫丑、滕文公、離婁、萬章、告子、盡心，共計二百六十一章，三萬四千六百八十五字。有人説這二百六十一章是一氣呵成的。又説孟子文章遒勁辭辯不絕，已經傳染戰國游士的風氣。孟子文章漸漸地影響唐宋文風很大。世傳蘇洵年二十七始發憤為學，下筆頃刻數千言，人都稱異他作文的進步這般快捷，探他枕下還藏着孟子一冊。到了經義八股時代，論語孟子的注釋都已變為講章。

孟子文章時已注重邏輯，並且載有許多寓言，例如滕文公上「君子之德風也，小人之德草也」。離婁上「為淵敺魚者獺也，為叢敺爵者鸇也」。離婁下「齊人有一妻一妾而處室者

六十一

其良人出，則必饜酒肉而後反。其妻問所與飲食者，盡富貴也，
而未嘗有顯者來，吾將瞯良人之所之也。蚤起，施從良人之所之，
徧國中無與立談者，卒之東郭墦間之祭者，乞其餘；不足，又顧
而之他。此其為饜足之道也。其妻歸，告其妾曰：良人者，所仰望
而終身也。今若此，與其妾訕其良人，而相泣於庭中，而良人未
之知也。施施自外來，驕其妻妾。
止　告子上　句杞柳　止　句桮棬　止　句湍水　止　句牛
山之木嘗美矣，以其郊於大國也，斧斤伐之，可以為美乎？是其日
夜之所息，雨露之所潤，非無萌蘖之生焉，牛羊又從而牧之，是
以若彼濯濯也。止　又　句弈秋，通國之善弈者也，使弈秋誨二人弈，其
一人專心致志，惟弈秋之為聽；一人雖聽之，一心以為有鴻鵠將至，
思援弓　而射之……
止　都是好喻妙文。
　孟子的文章還是很多的排偶句，例如：梁惠王上　句不違農時，穀
不可勝食也，數罟不入洿池，魚鱉不可勝食也，斧斤以時入山林

材木不可勝用也，穀與魚鼈不可勝食，材木不可勝用，是使民養生喪死無憾也。養生喪死無憾，王道之始也。五畝之宅，樹之以桑，五十者可以衣帛矣；雞豚狗彘之畜，無失其時，七十者可以食肉矣；百畝之田，勿奪其時，數口之家可以無饑矣；謹庠序之教，申之以孝弟之義，頒白者不負戴於道路矣。七十者衣帛食肉，黎民不饑不寒，然而不王者，未之有也。可說是蟬聯式的排耦文。梁惠王下："取之而燕民悅，則取之，古之人有行之者，武王是也。取之而燕民不悅，古之人有行之者，文王是也。以萬乘之國伐萬乘之國，簞食壺漿以迎王師，豈有他哉？避水火也……"此可說並蒂式的排耦文。

公孫丑上："以力假仁者霸，霸必有大國；以德行仁者王，王不待大，湯以七十里，文王以百里。以力服人者，非心服也，力不贍也；以德服人者中心悦而誠服也，如七十子之服孔子也……可說是條諸式的排耦文。

公孫丑下「天時不如地利，地利不如人和。三里之城，七里之郭，環而攻之而不勝。夫環而攻之，必有得天時者矣，然而不勝者，是天時不如地利也。城非不高矣，池非不深也，兵革非不堅利也，米粟非不多也，委而去之，是地利不如人和也。故曰：域民不以封疆之界，固國不以山川之險，威天下不以兵革之利。得道者多助，失道者寡助。寡助之至，親戚畔之；多助之至，天下順之。以天下之所順攻親戚之所畔，故君子有不戰，戰必勝矣。」可說是連鎖式的排耦文。

滕文公下「居天下之廣居，立天下之正位，行天下之大道。得志與民由之，不得志獨行其道。富貴不能淫，貧賤不能移，威武不能屈，此之謂大丈夫。」可說是花序式的排耦文。

萬章上「伊尹耕於有莘之野，而樂堯舜之道焉。非其義也，非其道也，祿之以天下，弗顧也，繫馬千駟弗視也，非其義也，非其道也，一介不以與人，一介不以取，可說是帶謎式的排耦文。

從以上各式的排耦句法來看孟子的修辭之作是很技巧的，

荀子的純文學是成相篇和賦篇，這兩篇的體裁創自荀卿，為秦文學的始祖，李斯的碑文有此韻律，這兩篇的協韻也可以当做周秦的攷證，選出印在下面，我們可以把來作古歌讀。

成相篇

請成相，世之殃，愚闇愚闇墮賢良，人主無賢，如瞽無相何倀倀，請布基，慎聖人，愚而自專事不治，主忌苟勝，群臣莫諫必逢災，論臣過，反其施，尊主安國尚賢義，拒諫飾非，愚而上同國必禍，曷謂罷？國多私，比周還主黨與施，遠賢近讒，忠臣蔽塞主勢移，曷謂賢明？君臣，上能尊主愛下民。主誠聽之，天下為一海內賓，主之孽，讒人

專書研究

六十四

以賢能遁逃，國乃蹷，愚以重愚，闇以重闇，成為桀，世之災，妬賢能，
飛廉知政任惡來，卑其志意，大其園囿高其臺榭，武王怒，師牧野，
紂卒易鄉，啓乃下。武王善之，封於宋立其祖，世之衰，讒人歸，比干
見刳，箕子累，武王誅之，呂尚招麾，殷民懷，世之禍，惡賢士，子胥見
殺，百里徙。穆公得之，強配五伯六卿施。世之愚，惡大儒，逆斥不通，
孔子拘，展禽三絀，春申道綴，基畢輸，請牧基，賢者思，堯在萬世如
見之，讒人罔極，險陂傾側此之疑，基必施，辨賢罷，文武之道同伏
戲，由之者治，不由者亂，何疑為，凡成相，辨法方，至治之極復後王，
慎、墨、季、惠，百家之說誠不詳。治復一，脩之吉，君子執之心如結，衆
人貳之，讒夫棄之，形是詰。水至平，端不傾。心術如此象聖人，而有
埶，直而用抴必參天。世無王，窮賢良，暴人芻豢，仁人糟糠，禮樂滅
息，聖人隱伏，墨術行，治之經，禮與刑，君子以脩百姓寧。明德慎罰，
國家既治四海平。治之志，後埶富，君子誠之好以待，處之敦固有

深藏之能遠思。思乃精，志之榮，好而壹之神以成。精神相反，一而不貳為聖人。治之道，美不老，君子由之佼以好。下以教誨子弟，上以事祖考。成相竭，辭不蹷，君子道之順以達，宗其賢良辨其殃孽。請成相，道聖王。堯舜尚賢身辭讓。許由善卷重義輕利行顯明。堯讓賢，以為民，氾利兼愛德施均。辨治上下，貴賤有等明君臣。堯授能，舜遇時，尚賢推德天下治。雖有賢聖，適不遇世孰知之。堯不德，舜不辭，妻以二女任以事。大人哉舜，南面而立萬物備。舜授禹以天下，尚得推賢不失序。外不避仇，內不阿親賢者予。禹勞心力，堯有德，干戈不用三苗服。舉舜甽畝，任之天下身休息。得后稷，五穀殖，夔為樂正鳥獸服。契為司徒，民知孝弟尊有德。禹有功，抑下鴻，辟除民害逐共工。北決九河，通十二渚疏三江。禹溥土，平天下，躬親為民行勞苦。得益、皋陶、橫革、直成為輔。契玄王，生昭明，居於砥

六十五

專書研究

石遷于商，十有四世，乃有天乙是成湯。天乙湯，論舉当，身讓卞隨舉牟光，道古賢聖基必張。

願陳辭，世乱惡善不此治，隱諱疾賢，良由姦詐，鮮無災，患難哉，阪為先聖知不用。愚者謀，前車已覆，後未知更何覺時。不覺悟，不知苦，迷惑失指，易上下。忠不上達，蒙揜耳目塞門戶。门戶塞，大迷惑，悖乱昏莫不終極。是非反易，比周欺上惡正直。正直惡，心無度，邪枉辟回失道途。己無郵人，我獨自美，豈独無故。不知戒，後必有恨，後遂過，不肯悔，讒夫多進，反覆言語生詐態。人之態，不如備，爭寵嫉賢利惡忌。妒功毀賢，下斂黨與上蔽匿。上壅蔽，失輔埶。任用讒夫不能制。孰公長父之難，厲王流于彘。周幽厲所以敗，不聽規諫忠是害。嗟我何人，独不遇時当乱世，欲衷對，言不從，恐為子胥身離凶。進諫不聽，剄而独鹿棄之江。觀往事，以自戒，治乱是非亦可識。託於成相以喻意。

中國中世哲學

李兆民

李兆民

中國中世哲學 下

二章

計六十二頁

中國中古哲學

下冊

第二章 魏晉六朝

第一節 論儒家宗教哲學

由東漢進入三國六朝，不但是國家衰敗，社會混亂，連學術也落到黑暗時代。言乎經學，破壞了十四博士和熹平石經的系統，所謂古學的號召，攜亂家法的鄭玄死了，又出了個王肅，連起來許多古學人物，今學日微。魏有邯鄲淳造成正始石經，董遇撰周易章句十卷，左傳章句二十卷，樂詳撰毛詩義問十卷，稽宗撰春秋左氏章十卷，王基撰毛詩駁一卷，糜信撰春秋穀梁傳糜氏注十二卷，春秋說要十卷，孫炎撰禮記孫氏注三十卷，爾雅注三卷，董勛撰問禮俗若干卷，王朗撰易春秋孝經論語周官等傳各若干卷，周生烈撰論語、周禮等義說若干卷。吳有姚信撰周易姚氏注十二卷，韋昭撰毛詩答雜問七卷，孝經解讚一卷二十一卷，偉[illegible]

中國中世哲學

詩譜暢三卷、謝慈撰喪服變除圖五卷。蜀有劉備師事盧植、鄭玄，來敏專精左氏春秋，通劉歆條例，來敏左氏春秋，尤精倉雅訓詁，杜瓊著韓詩章句，許慈善鄭氏學，治易、尚書、三禮、毛詩、論語，周舒善春秋讖，李譔著古文易、尚書、毛詩、三禮、左氏傳、太玄。至於王肅，豈僅是三國經學界的領袖，尤其晉代的開祖（他的學說）主張與當時政治有密切關係的。他是晉武帝司馬炎的外祖父，所謂的自然，容易風行海內。按着隋書經籍志他的著作有：周易注十卷、尚書注十一卷（日本現在書目載今文尚書十一卷，王肅注）、尚書駁議五卷、毛詩注二十卷、毛詩義駁八卷、毛詩奏事一卷、毛詩問難二卷、周官禮注十二卷、禮記注三十卷、春秋左氏傳注三十卷、孝經解一卷、論語釋駁二卷、孔子家語解二十一卷、聖證論十二卷、王子正論十卷、魏衛將軍王肅集五卷。相傳梅賾所奏上的偽孔傳古文尚書畢竟是王肅偽造，漢末魏初的時代熹平石經殘碑尚在，今文學者還未死盡，不敢公然作偽，儀如劉歆移太常博士書不敢明言經文有闕，而倡立自己依託的毛詩。

魏末晉初繼續出了個何晏王弼。何晏作論語集解，傳到今日。王弼注影和　　思想影響後世思想很大。這樣把孔莊虛無思想侵入儒教中是特創的一會事，可算晉代清談的前驅了。

何晏在論語集解外喜談老莊，便作道德論及諸文賦數十篇（見三國志九，及三國志鍾會傳注、世說新語文字注）。今已不傳。范寧說何晏之罪浮於桀紂（也）。其立論以聖人無喜怒哀樂，王弼駁之，言聖人茂於人者玄明也，同於情者五情也。神明茂，故能體沖和以通無；五情同，故不能無哀樂以應物。然則聖人之情，應物而無累於物者也。今以其無累便謂不復應物，失之多矣。（以）鍾會何劭評何晏和其論「道精」，這是啟發唐李翱復性說。王弼易注合鄭玄象數而講名理，唐孔穎達為他作疏，收入正義。宋程朱作易傳亦頗類似。餘姚人虞翻相良，所作易注傳漢象數有所謂卦氣納甲說。唐李鼎祚周易集解多引用。清張惠言修補編成周易虞氏義九卷，虞氏消息二卷，虞氏易禮二卷。或有人說，虞氏易是西漢孟喜京房的流派。鄭玄王弼都傳費直易，但各有發揮。因為十翼原是劉歆依託孔子的東西。

三國吳陸績著周易注十五卷，今佚。

晉世太學尚清談，士子罕講經學，止有杜預注左傳，范甯注穀梁，郭璞注爾雅，前趙劉殷師事上黨崔游，習毛詩、京氏易、馬氏尚書，尤好春秋左氏傳。東晉元帝時修學校，簡省博士，置周易王氏，尚書鄭氏，古文尚書孔氏。毛詩鄭氏，周官、禮記鄭氏，春秋左傳杜氏，服氏，論語、孝經鄭氏，各一人，凡十人。斯時齊、魯、韓三家都廢，僅存毛詩。至王肅伸毛抑鄭，三家遺說始滅。孫毓作毛詩異同評，論又合王鄭而取王，陳統反之，作難孫氏詩評，又排王而取毛鄭，是世所謂三家毛鄭王之爭也。杜預承劉歆遺意創春秋左氏條例，此尊為晉室背景而立說也。公羊穀梁雖被黜不得立於學官，然劉兆、江熙、徐乾、劉寔等終身擁護正經。

等到南北朝對立，說經的有南學北學的分別。北史儒林傳序載江左周易則王輔嗣，尚書則孔安國，左傳則杜元凱；河洛左傳則服子慎，尚書周易則鄭康成，詩則並主於毛公，禮則同遵於鄭氏，足証北學尚循漢儒緒，而南學竟走上虛偽的途徑了。然北學派除服氏左傳外，不聞更有公羊，但北史又言習公羊春秋的只梁祚一人，崇文總目亦稱時有公羊傳何氏解詁二十八卷，不著撰人名，王鳴盛評為徐遵明或謂即衛彥。北史又說南人約簡得其英華，北學深蕪窮其枝葉，皮錫瑞曰：蓋唐人重南輕北，故定從南學，而其實不然，說經貴約簡不貴深蕪，自是定論。但所謂約簡者，必如漢人之持大體，玩經文，口授微言，篤守師說，乃為至約而實至精也。若唐人謂南人約簡得其英華，不過多言霏屑，騁揮麈之清談，屬詞尚腴，侈雕蟲之餘技。如皇侃

中國中世哲學

之論語義疏，名物制度，略而不改，多以老莊之旨，發駢儷之文，與漢人注經相去懸絕，此南朝經疏之僅存於今者，而此可見一時風尚。禮記疏本皇熊二家，熊安生北學，皇侃南學，孔穎達以為熊違經多引外義，釋經唯聚難義，此正所謂北學深蕪者。又以皇雖章句詳正，微稍繁廣，以熊比皇，皇氏勝矣。北朝諸君惟魏孝文、周武帝能一變舊風，其貴實致，亦未必優於蕭梁，而北學反勝於南者，由於北人俗尚樸純，未染清談之風、浮華之習，故能專宗鄭服，不為偽孔王杜所惑。此北學所以純正勝南也。

當這時候，南方有崔靈恩著三禮義宗、左氏經傳義，沈文阿著春秋、禮記、孝經、論語義疏，顧越著喪服、毛詩、孝經、論語義，王元規著春秋、孝經義記。北方有劉獻之著三禮大義，徐遵明著春秋義章，李鉉撰定孝經、論語、毛詩、三禮義疏，沈重作周禮、儀禮、禮記、毛詩、喪服義，熊安生作周禮、禮記義疏。其中當推徐遵明為北學大宗，擇經最正。以來劉焯、劉炫以此人傳南學，便趨於偽古文派，統一時代，並學說亡了。因為偽古學派宗周公，以周公為君主治萬民，經學都是周公治法一般副會的人，甚至以如來為教主救眾生，佛經都是教法。老子孔子也是佛降世，一個傳授周公治法，一個化身替佛説教法。這三教合一論固然是出於張融、顧歡、周顒、顏之推等提倡，畢竟是時勢造英雄，免不了潮流的衝激。第一步道教受了佛教的影響，愈演愈相像了。大概説佛的涅槃，道的仙化，都是始於無端終於無始內法輪。極致同一，不過名義上佛説「涅槃」，道説「真」罷了。至教相和組織上的不同，也不外乎風土習俗雖殊，何足輕重。何況注老子道德經的多家是沙門出身，解釋老子第一章，常無常有，就是根據空宗有宗講的。和鳩摩羅什同時的道安，又老子去解般若經。尤其是禪宗和天台宗露骨地老莊化了。第二步儒教受了道教的影響，王弼注易，何晏解論語，都是清談。並且漢代儒家提倡祭天（五方帝配五人帝）祭祖祭孔祭社等，已成了多神教，所以的二世因果三世

中國中世哲學

因果，並賴道教佛教補足罷了。六朝的學者對於佛教好像抽鴉片煙一般，所以衍出許多怪現象來了。

第二節　傅子

第一項　傅子事略及著作

傅玄字休奕，號鶉觚子，北地泥陽人。少孤貧，博學能文，性剛直亮達，仕於晉，任侍中，不廢著作。文辭和張華左思相馳騁。善作樂府歌辭，相傳晉代宗廟朝廷的樂章，都是他手中編定的。「太康體」也是指着他們詩說的。他是經歷三朝的人，生於後漢獻帝建安二十二年，歿於晉武帝咸寧四年。

傅子著作原有百二十卷，數十萬言，論斷經國九流及三史故事，詳細評他們的得失（隋書經籍志、唐書藝文志）。但到了宋代只存五卷（宋史藝文志），元明不傳，無所稽考。今本傅子是紀昀從永樂大典裏面編輯的。止二十四篇和四十八條（注三）。

魏晉六朝四百餘年思想上的真正儒家而且為名教提倡節倡儒家主義的政治道德的人，除却傅子恐怕没有第二個人。他生當亂世，遭遇些學界以及道佛風潮狂激的時候，還未嘗轉化降服，比較他算个純儒。

隋志雜家傅子百二十卷，新舊唐志卷數同。宋崇文總目僅五卷二十三篇。陳詩庭至今本十五篇，又佚十一篇。乾隆中永樂大典寫出二十三篇，俱有篇名，并無篇名者六條。蓋即宋時二十三篇之節錄本。又寫出文選注、御覽、諸子瓊林三十六條，合一卷。即今世所行聚珍本也。

嘉慶庚午嚴可均以魏徵群書治要所載二十四篇校補聚珍本。大典本多出二千五百許字，並以藝文類聚之釋法、北堂書鈔之大本

中國中世哲學

5

得二十八篇，又從三國志裴松之注寫出六千三百條字，釐為二卷。以衣嚴氏校意林，知其所載楊泉物理論，所載徐幹中論，僅前二條，又第三條是中論。其第三條之下半條及第四條乃傅子也。所載物理論僅前四條是物理論，其第五條至第九十七條皆傅子也。嚴氏輯錄為正一卷，頗得傅子端緒，遂編蒐各書所引得佚文數百條。以治要、大典等書之整篇整釐為二卷，以各書所引依意林九十五事次第類附，而自刪之為補遺二卷，合為四卷。原書區別內篇、外篇、中篇。內篇撰論經國九流，外篇三史故事，評斷得失，中篇雜書底本，而以自敘傳焉，所謂四部六錄者。茲據陳氏藏本例言後末手批一段云：考聚珍本意林載傅子誤將物理論周康越其間者僅五條，餘則廣子五條，秦子、太子各一條，載中論十六條，無所謂第十三條之下半條及第十四條及傅子。錢氏云嚴氏說蓋據明廖刻本言之。

今館本已更正）。載以理論凡八十三條（錢氏誤云八十條），而嚴氏所云第五條至九十七條及九十八條至末之說，條數大相徑庭。其中必有舛錯，未得嚴氏意林考正本互勘，不敢懸斷……以待博識者是正焉。協大本校所藏傅氏演慎齋校訂重刻本，有俞樾題首。目錄分卷一：治體、官人、擇賢、授職、校工、檢商賈、仁論、義信、禮樂、法刑、重爵祿。卷二：平賦役、貴教、戒言、正心、通志、曲制、安民、問政、問刑、釋法、信直、矯違、假言、宮室、大本、鏡總敘。卷三：闕題一百三十七條。卷四：闕題五十五條。卷五：馬先生傳、傅先生傳、宋生傳、何曾荀顗傳、諭傳、夔傳、傅幹傳、傅燮傳、傅嘏傳、自敘。此本較百子叢書所收、紀文達公校本為備多矣。

第二項　傅子學說

傅子處在清談時代，他近幾篇文裡面所說的畢竟未嘗沒多大的影響。他不注意那宇宙觀和現象後面有什么本体。只著眼人生。他也不解釋人生是什麼東西，因為他知道五官百體是摸得着的東西。依靠教育失其所以教，則同乎禽獸矣。失其所以同，則同乎禽獸，亂將基焉。何者，禽獸保其性然者也，筆句看來，以為血肉的衝動無異於禽獸，淵源孟子「人之所異於禽獸者幾希」之人。和禽獸不同的特點，貴在有教而可教。但是禽獸非絕對不可教的，鸚鵡能言，沐猴能舞，有何分別呢？

分別畢竟在精神，不在形質。所謂道德精神，當時都是用心意字來表示的。正心篇上說：「立德之本莫尚乎正心……身不正，修之心，所修彌近而所濟彌遠。」心是甚麼，他說：「心者神明之主，萬理之統也。」知心為萬事主。

這是用直覺從正面解釋「心」字的意義。其全部主腦說的包括天良覺性在內。但依傅子解，傅子附錄的神以感通的，仲言篇的天地至神。傅子似默認宇宙間有神為主宰而與人心感通的。和孔子孟子所說的天相貫。

人心如何有正有邪呢？他說：「若乃身坐廊廟之內，意馳雲夢之野，情繫曲房之娛，臨朝宰事，心與體離，情與志乖，形神且不相保，孰左右之正乎？忠正仁理存乎心，則萬品不失其倫矣。」（正心篇）這樣說心是個空虛的場所，有神明為主，保存忠正仁理，心便正起來了。有正心必有正體。設若「意馳」「情繫」，常懷妄想，不務實際，情感用事，志向不堅，自失，心便邪起來了，有邪心必有枉行，從消極方面看，不外乎孟子所謂求放心。

甚麼是由邪心所發的枉行呢？他又證明說：「秦始皇築長城

之甚以為國禍機發於左右者自失也。夫挾邪心以虔用天下，則左右不可保，云秦是也。秦之虐君，目規傾城之色，天下男女怨曠而不肯恤也；耳滿亡國之聲，天下大小哀怨而不知撫也；盡霸四海之外，口窮天下之味，宮室造天而起，萬國為之憔悴，猶未足以逞其欲，惟不推心以況人乎。故用是人如用草芥，使用人如用己，是有不得其性者也。」這是推着孔子忠恕的道義發揮的。

人必如何才沒有邪心而歸正呢？他說：「忠正仁理存乎心，則萬品不失其倫矣。」意謂對己常常要忠實而正直，對人常常要仁愛而合理。又說：「動而無節則亂。」就是說「動皆中節」的意思。「動靜不妄以寧天下」就是說靜不萌邪念，動不妄言妄行，處處「推心況人」，叫作「自得」，「無不得矣」。這可算大學中庸的義疏。

傅子所說的動而有節的言行德，不外乎「仁」「恥」「義」「信」等。講到「仁」，他說：「孔子惠及於老馬，西巴不忍而放麑，皆仁之端也。」

推而廣之，可以及乎遠矣。」獨執仁而用之，猶有節也。古之仁人，推所好以訓天下也。」這也是以「忠恕」二字解「仁」字的。論到「恥」，他說：「不聞大論則志不宏，不聽至言則心不固。思「唐虞」於上世，瞻「仲尼」於中古，而知夫小道者之足羞也。想「伯夷」於首陽，省「四皓」於「商山」，而知夫穢志者之足恥也。存「張騫」於西極，念「蘇武」於朔垂，而知懷閭室者之足鄙也。推斯類也，無所不至矣。德比於上，欲比於下。德比於上，故知恥；欲比於下，故知足。恥而知之，則聖賢其可幾；知足而已，則固陋其可安也。聖賢斯幾，況其憑乎？固陋斯安，況其為修乎？是謂有檢。」這是說為人須立志向前精進的意思。

論到「義」字，他在《義信篇》中只有「修義」二字，未得發揮，似有闕文。但《通志篇》末段像是引史以證明義行的。他說：「向「漢」初入「秦」，約法三章，論功定賞，先封所憎，無忌也。雖網漏吞舟，而百姓安之者，能通

中國中世哲學

8

天下之志也。得其略也、世尚寬簡、學儒書、致雖有失、能容宥臣。簡則不苛、寬則衆歸之。學儒書則篤於義、能容宥則上之情不售於下而民之所患上聞矣。自非聖人焉能無失、而能改則失少矣。……周昌比高祖于桀紂、而高祖託以愛子。周亞夫嚴軍令、而太宗爲之不驅。朱雲折檻、辛慶忌叩頭流血、斯乃寬簡之風。漢所以歷年四百也。又儒篇曰「至矣哉、吾子之事君也。使惡人不得行境內、況在其君之側乎。推公而行其道、有臣若此、其君希隘乎不義也。」論到信、他在義信篇上說：「王者修信而萬國以安、諸侯秉信而境內以和、君子履信而厥身以立。古之聖君賢佐將化世美俗、去信須臾而能安上治民者、未之有也。……君不信以御臣、臣不信以奉君、父不信以教子、子不信以事父、夫不信以遇婦、婦不信以承夫、則君臣相疑於朝、父子相疑於家、夫婦相疑於室、大小混然而懷姦謀、上下紛然而競相欺、人倫於是廢矣。夫信由上結者也。故人君以信訓其民，則臣以信忠其君，父以信誨子，則子以信孝其父，夫以信遇其婦，則婦以信順其夫。上秉常以化下，下服常以應上。其不化者百未有一也。夫為人上竭至誠開信以待下，則懷信者歡然而樂進，不信者赧然而迴意矣。老子不去來、信不足焉者，有不信也、故以信待人，不信思信，不信待人，信思不信。況本無信者乎……。以上幾句標是為人的根本，也就是治人的根本。

教民如何行仁、仗義、有恥、講信，必要賴教育，最易普編的社會教育在其禮樂。他注重教育，他說：「虎至猛也，可威而服，鹿至麤也，可教而使，木至勁也，可柔而屈，石至堅也，可柔而用。況人含五常之性，有善可因，有惡可攻者乎。人之所重，莫重乎身，貴教之道行，士有仗節成義死而不顧者矣。此先王因其教，因義而立禮者

中國中世哲學

9

也。……中國所以制四夷者，禮義之教行也。這是國民教育的原理與效力。至於教育的工具，他在《禮樂篇》上又說：「能以禮教興天下者，其所知大本立矣。……大本有三：一曰君臣以立邦國，二曰父子以定室家，三曰夫婦以別內外。三本者立，則天下正。……禮之大本存乎三者，可不謂之近乎？用之而彌天地，可不謂之遠乎？由近以知遠，推己以度人，此禮之情也。商君始棄禮樂，至於始皇遂滅其制，賊九族，破五教，獨任其威刑酷暴之政……繼桀紂之淫樂……豈非教義不立，和愛先之分也哉？由此則禮樂所以教導人民和睦相愛互助互救而加增團結力的。

儒家不講法治而尚德治。他以為政治須能通志，（岸賢國）然全國黎民安的，怎樣通志呢？就是「天下為公」。他在通志答問上說：「夫能通天下之志者，莫大乎至公。惟至公，故近者安焉，遠者歸焉……虞舜闢四門，則天下之人樂為之視矣；達四聰，則天下之人樂為己用矣……夫有公心必有公道，有公道必有公制……。夫在人上，天下皆為己用，無遠無近。苟所懷無遠無近，死命可致也。惟患眾流異源，清濁不同，愛惡相攻，而吉凶生，離疏遠別，上之人或有所好之流，獨進，而所不好之流，退矣。通者一，而塞者萬，則公道廢，而私道行矣。推是天下之志，塞而不通，欲自納者，困左右而達，到權移左右，頂上勢分矣。這樣闡識和公道是致治的本源。

怎樣尚賢呢？漢代政策出於道德名法，而飾以詩書禮樂，骨子裡面不尚賢，大概是看重有錢斡的人。董賈申韓不做公卿，只見那曲學阿世的公孫弘封侯拜相，他們考功法也是這樣主張的。不過到了魏晉時代，越發衰壞，多巧辯欺世，奔走權門，對於國計民生，太疏忽了。傅子目見這流弊，欲圖挽救。所以在舉賢篇上說，「賢者聖人所與共治天下者也，故先王以舉賢為急。」這是邦治由人的原則，非高干祿以求果腹，又非一家一姓的老狗，當為治國安民出來的。又說：「為國之本，莫大正身而一其聽。身不正，聽不一，則賢者不至，不為之用矣。」政治領袖若是[illegible]攬大權而結私黨，為小人所包圍，賄賂公行，邪正如孔子所訓「邦無道則隱」，必定如此。「開至公之路，秉至平之心，執大象而致之，亦云誠而已矣。夫任誠天地可感，而況於人乎……」也不外乎開誠布公，共同求治。至於用人的方術，他繼續說：「明主任人之道也專，致人之道也博。任人之道專，故邪不得間；致人之道博，故下無所壅。任人之道不專，則讒說起而異心生；致人之道不博，則正途塞而良材匱。使舜不得皋陶、湯未得伊尹，而不求賢，則上下不交，而大業廢矣。既得皋陶、伊尹而又人人用耳目，是代大匠斲也……」他提出「專」「博」以概括一切選舉法。按着他的經驗，天下大小有用的人材多得很，不可獨夫民賊一旦抹煞，在乎你能用不能用，善用不善用。能用就是網羅多當出身的途徑。傅說，巖下之棄夫也。高宗引而相之。
呂尚，屠釣之賤老也，文武尊而宗之。陳平，項氏之亡臣也，高祖以
為腹心。四君不以小疵亡大德，三后不以疏賤而自疑。文王內舉
周公旦，天下不以為私其子。外舉太公望，天下稱其公。甚麼地位
都是有人材的，有心人便能得着。晉世知居上取下之難，故虛心
而下賢，知在下相接之易，故因人以致人。善用國要推心，並而待
過問題不可忽略他在重爵祿篇說：爵非其德不授，祿非功不與。
……夫爵者位之級，而祿者官之實也。級有等而稱其位，實足利
而周其官。此立爵祿之分也。爵祿之分也定，必明選其人而重用
之。德貴功多者受重爵大位，厚祿尊官；德淺功寡者輕爵小位，薄
祿卑官。厚足以衛家，竟薄足以代其耕，居官奉職者，生而食其人，
不敢私利經心。既受祿於官而或營私，則公法繩之於上，而顯議

中國中世哲學　十一

著之於下矣。又以仁讓之教存、廉恥之化行、貪鄙之路塞、嗜欲之情減、百官各敬其職、大臣論道於朝、公議日興、而私利日廢也。明矣。必善制而後致治。非善制之能獨治也、必須臣佐有以行之也。這可算用善人與善制相當。但是濫竽充數、魚目混珠、不容易分別所以常之要監察的、要舍短取長的。他又說凡欲為治者、無不欲其吏之清也。不知所以致清而求其清、此猶渾其源而望其流之潔也。知所以致清、則雖苹盜跖不敢為非、不知所以致清、則雖苹夷齊必犯其制矣。夫授夷齊以事而薄其祿、近不足以濟其身、遠不足以及室家、父母餓於前、妻子餒於後、不營私而骨肉之道虧、營之則犯公之制、犯……。使夷齊有父母存、無以致養、必不操薇於首陽、顧公制而守死矣。由此言之、吏祿不重、則夷齊必犯矣。夫棄家門委身於公朝、榮不足以庇宗人、祿不足以濟家室、骨肉怨於內、交黨離於外、仁孝之道虧、名譽之利損、能守志而不移者鮮矣。人主不詳察，聞怒與於內，而交離於外，厚其名，必將熙其身矣……。天下之人知為清之若此，則改行而從俗矣。清者化而為濁，善者變而陷於非，君此而能以致治者，未之有也。他以為天下事沒有絕對為壞，天下人也沒有絕對的好，設若處理得當，引導得法，都能到好的地步。所以在假言篇上又說天地之道，因物制宜者聖人之治也，既得其道，惟有說常之變，相害之物不傷乎治体矣。夫水火之性相滅也，善用之者陳釜鬲乎間煮之，而能兩全其用，無害也。五味以識而品以成，天下三物為水火者多矣。若施釜鬲乎其間，何憂乎相害，則何患乎不盡其用也。其他治体篇、問政篇、法刑篇、陰刑篇、官人篇等的頗多，大概在經傳中都已有人提過的。只是那社会經濟論有它的特色。當代的社会文化雖是進步，然而上下、貧富的階級相差太遠了。他能預先看到大声疾

中國中世哲學　　十二

呼欲挽狂濤莫不少多得，他在樸商賈為上龍古者民樸而化淳、
上少欲而物豐備，衣足以暖身，食足以充口，器足以給用，居以避
雨，養以大道，而民樂其生，教以大倫而下無逸心。日中為市，交易
而退，各得其所，無化淳也。暨周世殷盛，承變極之，而重為之防，國
有定制，下從常業，役賦有常，而業不廢，君臣相與一體，上下辯之
形影宜然，民忠而恩侔父子。上不徵非常之物，下不從非常之求，
君不寶無用之寶，民不鬻無用之貨。自公侯至於皂隸僕妾，尊卑
殊禮，貴賤異等，萬機運於上，百事動於下，而天合居如者，分數定
也。夫神農正其綱，先之以無欲，而咸安其道。周綜其目，虞之以中
正，而民不越。及秦亂四民，而棄本業，苟且一切之風起矣。於是士
蒞於朝，賈窮偽於市，臣挾邪以罔其君，子懷利以詐其父，一人唱
欲而億兆和，上逞無厭之欲，下充無極之求，都有專市之賈，邑有
倍[illegible]之商，商賈富于公室，農夫伏隴畝，而隨土溝壑，上愈增無

帝王好以徽於下，下窮死而不知歸農桑，末流濫溢而本源竭，纖靡盈市而穀罷，其勢然也。」這就是資本階級對勞動階級如何生產的來源。他說這種現象始於秦朝，當然有些根據，因為帝國主義和資本主義是連帶的。並且他述說當時貴族富豪如何奢侈，農民如何多從事許多奢侈的製造販賣，又農民的數目如何銳減，生產如何少，如何缺乏。物價如何昂貴，生活如何困難云云之情狀，儼然一幅畫圖，清楚得很。他更多從工藝上引例證明說：「或作一筆之柙，彫以黃金，飾以和璧，綴以隨珠，薦以翠羽，此等非文犀之植，必象齒之管，豐狐之柱，秋兔之翰，用之者必被珠繡之衣，踐雕玉之履，由是推之，極靡不至矣。」他不但批評，還存議節制的方略，並痛陳弊害。他說：「古者言非要義，學士不以樂心；事非田桑，農不以亂業；器非時用，工人不以指手；物非世資，商賈不以適市。士思其訓，農思其務，工思其用，賈思其常，是以用足而不匱。故一野不如一市，一市不如一朝，一朝不如一用，一用不如上息。上息欲而下反其真矣。……故明君上欲而下，急商而緩農，貴本而賤末，朝無蔽賢之臣，市無專利之賈，國無擅山澤之民。一民蔽賢，則上下之道壅；一商專利，四方之資困。民擅山澤，則蕭之路用，而上以無常役下，賦物非民所生，而請於商賈，則民財日累賤。民財累賤而非常累貴，則本竭而末盛，末盛本竭而國窮民安者未之有也。

現代社會經濟學者絞盡腦力、費心血的問題，我們的祖宗在一千七八百年前已經提到了。他認定民生疾苦首在經濟組織的不完備，那和馬克思的經濟觀有何不同？所攻擊的豪家奸商，豈不是耽於奢侈，從事掠奪麼？掠奪了人民必要生活出品的勞力來發展他們個人私欲，為害社會很大。若不用政治力量去制裁並且勤加保護生活必需品的生產者—農民、天下纔沒有戰爭的時候。他這主張真是出乎流俗的卓見。

中國中世哲學

第三節　玄風與道教

漢代正學已為僞古文所亂，人心日趨巧詐，誠懇節義的風氣漸漸地衰敝下去了。輪到董卓曹操司馬懿王導，處處達於極點。況且永嘉以後五胡大鬧中華，屠殺淫掠，視漢族如草芥。人民逃難不遑，那能講思講學。即令有幾個超羣的人物，如蔡邕孔融荀彧楊修禰衡嵇康何晏都已死於非命。這樣一時士大夫相率厭世遁跡山林，取超然主義，不與社會接近，更不談政治了。北地出過劉淵石勒苻堅等儁傑，也竭力提倡過中國文化。一般文人不是全沒有飯吃，大概是悲憤之餘，纔走上了隱遁的路。竹林七賢是繼建安七子而起的名士。他們的思想都不出乎老莊範圍。試讀阮籍阮咸向秀山濤王戎呂安嵇康劉伶的傳記，都是妙行奇致大暢玄風的人物。惟向秀清悟有遠識，注莊子，至秋水至樂二篇未完便死了。我傳郭象的莊子注本，過半為自創，向與向的同里相知，並和嵇康、呂安友善。嵇康等被誅，作思舊賦以表哀情。這又証明他們的清談并不深求老、莊形而上學，不過仰体老莊的處世法罷了。最後結果士習墮落，不治人生產業，不問國家政事，催促西晋的滅亡，三百年中原淪為犬羊異域。

竹林七賢，各人专行逸事，若一個一個的詳細述說，都可以作一篇好小說或戲劇。他們放縱的同點，不外乎（一）好酒知音（二）蔑礼、罵世，（三）酣歌坐忘。阮籍的大人先生傳說："世所謂君子，惟法是治，惟礼是克。手執圭璧，足履繩墨，行欲為目前之檢，言欲為無窮之則。少稱鄉党，長聞鄰國，上圖三公，下欲無失於九州之牧。獨不見群虱之處褌中乎？逃於深縫，匿於壞絮，自以為吉宅也。行不敢離於縫際，動不敢出於褌襠，自以為得繩墨也。然炎丘火流，邑屋都滅，則群虱處褌中不能出也。"這樣地描寫俗士態度，真是唯妙唯有、白眼傲世名不虛傳。

他劉伶的酒德頌更說：有大人先生以天地為一朝，萬朝為須臾，日月為扃牖，八荒為庭衢，行無轍跡，居無室廬，幕天席地，縱意所如，止則操卮執觚，動則挈榼提壺，唯酒是務，焉知其餘。這便相雖說是揚子為我、莊子任達的習氣和盤于張，畢竟不是揚莊思想的骨髓。

同時又出了王戎的兄弟王衍和四友王澄、王敦、庾亮以及兗州阮放、郗鑒、胡毋輔之、卞壼、蔡謨、阮孚、劉綏、羊曼等。其中推王衍為時流所宗，終日清談，一戰而為石勒所擒，誤國非淺。

老莊思想既然風靡天下，道教的勢力不待說是擴大的，因為道教徒借老莊以自重，在漢代就有痕跡的。後漢沛人張陵借用老莊名義，並采取他們一部分思想和真人至人的養生論，手創造一種道教。

他自稱是張良的八世孫，永平時拜江州令，棄官居於洛陽北邙山。章和間累召不就，杖策遊龍虎山。得鍊丹隱於蜀郡鵠鳴山，揚言老君下界授他符法，施於民眾，醫病很有靈驗，便得一般愚民的信仰。從學者出米五斗，時稱五斗道。門徒稱張陵或張道陵為天師。後子孫傳統的人世世稱張天師。他不但利用老莊思想，凡先代神仙說、方士術，以及祀灶神、祈福禳、絕穀食、輕身卻老都搭成一爐。其他緯讖符籙、和魏伯陽的參同契、張角的符水、張魯的咒術諸般左道旁門，無一不收羅進去了。可算中國古來迷信神話的大總匯。他們善於了解漢人的民族性，乘著為我主義發達，利己心最盛的時候，就宣傳他們的金丹術、長生術、房中術等。所以勢力大起來。他們又善於利用學者作點綴，先前利用一個魏伯陽的參同契，後來利用葛洪的抱朴子。晉朝葛洪多方搜羅了老莊的真理，但他依然歸到宗教一途，入羅浮鍊丹、拼命修仙。所以他書中荒謬的話語不少。他死百年，北魏出了個寇謙之，把天師的道義更加發揚，道教畢竟演成了有組織的宗教。北魏太武帝很相信他，雖然也一同護教，奉勅起壇宇、設道場，武帝受符籙，親自巡視工程。道教儼然國教，好像羅馬教皇了。

南朝梁武帝也尊信道教，優禮道士陶弘景，常顧問政事。弘景幼隱於句容，學識淵博，通曉陰陽五行、風角星算，作登真隱訣，辯証神仙的存在。到了陳武帝，不改信仰，繼續為作道教保護者。唐朝李世民自以為是老子的後裔，追老子為玄元皇帝，武宗大信丹術，致服丹中毒而死。這時佛教稍殺，儒教更衰極了。至於道藏經典的編成，是宋以來的事。宋真宗勅命張君房纂雲笈七籤百二十卷。他把歷朝道書四千五百六十卷刪訂彙成這些。但不過六朝南北道教典章已積得很多。參見抱朴子遐覽篇卷十九裡載着道二鄭君道書千餘卷的話語可以分明了。

他們要反抗佛教東漸的侵略，促成所謂道教在漢民族的前途未嘗沒有重大的關係。

中國中世哲學

十七

第五節、刑名學復興

刑名學本於黃老，西漢時與儒學並行，武帝雖黜百家，而好者仍眾也。東漢後似理識所掩矣。至魏晉之興起，前已略言其旨。蓋後將王弼何晏之虛無論，傅嘏鍾會之才性篇以及裴頠之崇有論，由刑名以非虛無派之流矣。至鮑敬言樹政治無君之說，亦出道家。論其學說於後：

（一）才性論

傅嘏鍾會事略見於三國志及裴松之注，與世說新語等書。嘏有清理識要，好論才性，原本精微，尠能及之。司隸校尉鍾會年甚少，嘏以明智交會。王弼初亦見為嘏所知。會弱冠與弼並知名。嘗論易無互體，才性同異。及會死後，於會家得書二十篇，名曰道論，而實刑名家也。其文似會。會又有四本論。四本者，言才性同，才性異，才性合，才性離也。尚書傅嘏論同，中書令李豐論異。會論合、屯騎校尉王廣論離。會初撰四本論畢、欲示嵇叔夜。置懷中、既定、畏其難、不敢出、於戶外遙擲、便回急走。叔夜好虛無之說、而輕名家、故會難之也。殷仲堪精覈玄論、人謂莫不研究、殷乃嘆曰、使我解四本、談不翅爾。則晉以來多重之矣。傅子記傅嘏事曰、是時何晏以才辯顯于貴戚之間。鄧颺好變通、合徒黨、鬻聲名於閭閻。而夏侯玄以貴臣子、少有重名。為之宗主、求交於嘏而不納也。嘏友人荀粲有清識遠心、然猶怪之、謂嘏曰、夏侯泰初一時之傑、虛心交子。今則好成、不合則怨至、二賢不睦、非國之利。此藺相如所以下廉頗也。嘏答之曰、泰初志大、其量能合虛聲而無實才。何平叔言遠而情近、好辯而無誠、所謂利口覆邦國之人也。鄧玄茂有為而無終、外要名利、內無關鑰、貴同惡異、多言而妒前。多言多釁、妒前無親。以吾觀此三人者、皆敗德也。遠之猶恐禍及。況眈之手。裴松之嘗譏嘏拒夏侯玄而交鍾會，然就其學考之。嘏雖與泰初、平叔並好老莊，而會實近於名家。故嘏交之與。是時陳留阮武亦謂才性、嘗謂杜恕曰：相觀才性可以由公道而持之不厲。器能可以處大官而求之不順。才學可以述古今而志之不一。此所謂有其才而無其用。今向閑暇，可試潛思，成一家言。武遂著體論八篇、又著興性論一篇，蓋興於為己也。今鍾會、阮武之書並不傳。性傳劉劭人物志亦在名家。論才性甚精審。劭字孔才，邯鄲人。蓋與鍾會諸人同時。三國志云：劭所撰述法論、人物志之類百餘篇、法論不傳、人物志祇十二篇：一九徵、二體別、三流業、四材理、五材能、六利害、七接識、八英雄、九八觀、十七繆、十一效難、十二釋爭。蓋推性情之原以察人之材能。心尚不同。當以九徵八觀審察而知所以任之。劭嘗奉詔作都官考課七十二條以核名實甄別人物。因本此意著書，故隋、唐志均入名家也。其九徵曰：

中國中世哲學

十九

蓋人物之本出乎情性、情性之理甚微而玄、非聖人之察、其孰能究之哉。凡有血氣者莫不含元一以為質、稟陰陽以立性、體五行而著形。苟有形質、猶可即而求之。凡人之質量、中和最貴矣。中和之質、必平淡無味。故能調成五材、變化應節。是故觀人察質、必先察其平淡、而後求其聰明。聰明者陰陽之精、陰陽清和、則中叡外明、聖人淳耀、能兼二美、知微知章、自非聖人、莫能兩遂。故明白之士、達動之機、而暗於玄慮、玄慮之人、識靜之原、而困於速捷。猶火日外照、不能內見、金水內映、不能外光。二者之義、蓋陰陽之別也。若量其材質、稽諸五物、五物之徵、亦各著於厥體矣。其在體也、木骨、金筋、火氣、土肌、水血、五物之象也。五物之實、各有所濟。是故骨植而柔者、謂之弘毅。弘毅也者、仁之質也。氣清而朗者、謂之文理、文理也者、礼之本也。体端而實者謂之貞固。貞固也者、信之基也。筋勁而精者謂之勇敢。勇敢也者、義之決也。色平而暢者、謂之通微。通微也者、智之原也。五質恆性、故謂之五常矣。五常之別、列爲五德。是故溫直而擾毅、木之德也。剛塞而弘毅、金之德也。愿恭而理敬、水之德也。寬栗而柔立、土之德也。簡暢而明砭、火之德也。雖体變無窮、猶依乎五質。故其剛柔明暢貞固之徵、著乎形容、見乎聲色、發乎情味、各如其象。故心質亮直、其儀勁固。心質休決、其儀進猛。心質平理、其儀安閑。夫儀動成容、各有態度。直容之動、矯矯行行。休容之動、業業蹌蹌。德容之動、顒顒卬卬。夫容之動作、發乎心氣。心氣之徵、則聲變是也。夫氣合成聲、聲應律呂、有和平之聲、有清暢之聲、有回衍之聲。夫聲暢於氣、則實存貌也。故誠仁必有溫柔之色、誠勇必有矜奮之色、誠智必有明達之色。夫色見於貌、所謂徵神。徵神見貌，則情發於目。故仁目之精，慤然以端。勇膽之精，曄然以彊。然皆偏至之材，以勝體為質者也。故勝質不精，則其事不遂。是故直而不柔則木，勁而不精則力，固而不端則愚，氣而不清則越，暢而不平則蕩。是故中庸之質，異於此類。五常既備，包以澹味，五質內充，五精外章。是以目彩五暉之光也。故曰物生有形，形有神精，能知精神，則窮理盡性。性之所盡，九質之徵也。然則平陂之質在於神，明暗之實在於精。勇怯之勢在於筋，彊弱之植在於骨，躁靜之決在於氣。慘懌之情在於色。衰正之形在於儀，態度之動在於容，緩急之狀在於言。其為人也，質素平澹，中叡外朗，筋勁植固，聲清色懌，儀正容直，則九徵皆至，則純粹之德也。九徵有違，則偏雜之材也。三度不同，其德異稱。故偏至之材，以材自名。兼德之人更為美號。是故兼德而至，謂之中庸。中庸也者，聖人之目也。具體而微，謂之德行。德行也者，大雅之稱也。一至謂之偏材。偏材，小雅之質也。一徵謂之依似。依似，亂德之類也。一至一違謂之間雜。間雜，無恆之人也。無恆、依似，皆風人末流。末流之質，不可勝論，是以略而不概也。

人物志雖專論觀人之法，即當時人倫風鑒之術，然推陰陽形神之論，無不由是以致於窮理盡性之極功，而哲人之所有事也。蓋刑名家之書，流傳絕少，故著其一家。隋志人物志下注梁有姚信士緯及姚氏新書，並以為亡。信仕於吳，其書宜與人物志相近。佚文散見諸類書者，猶十餘條，兼尊老莊而論性情，又頗類藏之名論，史以為鍾會四本之流，均不可見矣。

二、虛無論

晉書王衍傳曰：正始中何晏王弼等祖述老莊之論，以為天地萬物皆以無為為本。無也者，開物成務，無往不存者也。陰陽恃以化生，萬物恃以成形，賢者恃以成德，不肖恃以免身。故無之為用，無爵而貴矣。衍甚重之。惟裴頠以為非，著論以譏之。而衍處之自若。是則何晏王弼固是道家之虛無者，而王樂繼續一派之所崇也。魏志曹爽傳曰：南陽何晏、鄧颺、李勝、沛國丁謐、東平畢軌，咸有聲名，進趣於時。明帝以其浮華，皆抑黜之。及爽秉政，乃復進敘，任為腹心。又曰：晏、何進孫也。少以才秀知名，好老莊言，作道德論，注引魏氏春秋曰：初，夏侯玄、何晏等名盛於時，司馬景王亦預焉。晏嘗曰：唯深也，故能通天下之志，夏侯泰初是也；唯幾也，故能成天下之務，司馬子元是也；惟神也，不疾而速，不行而至，吾聞其語，未見其人，蓋欲以神況諸己也。何劭曰：王弼與鍾會善，會論議以校練為家，然每服弼之高致。何晏以為聖人無喜怒哀樂，其論甚精，鍾會等述之。弼與不同。以為聖人茂於人者神明也，同於人者五情也。神明茂故能體沖和以通無，五情同故不能無哀樂以應物。然則聖人之情，應物而無累於物者也。今以其無累，便謂不復應物，失之多矣。弼年少，初無傳撥所知。何晏尤奇之曰：後生可畏。若斯人者，可與言天人之際矣。註周易、老子。注之有高麗之言。

第二十四章　今就弼老子註中言虛無之妙者，撮其一二於下：

凡有皆始於無，故未形無名之時，則為萬物之始，及其有形有名之時，則長之育之亭之毒之，為其母也。言道以無形無名，始成萬物，以始以成，而不知所以，玄之又玄也。第一章註

天地任自然，無為無造，萬物自相治理，故不仁也。仁者必造立施化，有恩有為。造立施化，則物失其真。有恩有為，則物不具存。

則不足以備載矣。第五章注

轂所以能統三十輻者，無也。以其無能受物之故，故能以實統衆也。十一章註

德者，得也。常得而無喪，利而無害。故以得為名焉。何以得德？由乎道也。何以盡德？以無為用。以無為用，則莫不載也。故物無焉，則無物不經；有焉，則不足以免其生。是以天地雖廣，以無為心；聖人雖大，以虛為主。故曰以復而視，則天地之心見；至日而思之，則先生之至覩也。故滅其私而無其身，則四海莫不瞻，遠近莫不至；殊其己而有其心，則一體不能自全，肌骨不能相容。是以上德之人，唯道是用，不德其德，無執無用，故能有德而無不為。不求而得，不為而成，故雖有德而無德名也。下德求而得之，為而成之，則立善以治物，故德名有焉。求而得之，必有失焉；為而成之，必

中國中世哲學

有敗焉。善者生則有不善應焉。故下德為之而有以為也。無以為者，無所偏為也。凡不能無為而為之者，皆下德也，仁義禮義是也。三十八章注

世說新語曰：王輔嗣弱冠詣裴徽，徽問曰：夫無者誠萬物之所資，聖人莫肯致言，而老子申之無已，何耶？弼曰：聖人體無，無又不可以訓，故言必及有；老莊未免於有，恒訓其所不足。其說甚精。何劭初注老子，見輔嗣注而大伏，遂自删其說為道德論二篇。虛無之說，雖倡於何晏，至竹林七賢互相標題，其流始廣。大抵阮籍崇老莊，棄禮法。嵇康好老莊，常修養性服食之事，嘗著養生論、無哀樂論，均有玄理。又論君子無私，以標貴無之旨。其辭曰：

夫稱君子者，心不措乎是非，而行不違乎道者也。何以言之？夫氣靜神虛者，心不存於矜尚；體亮心達者，情不繫於所欲。矜尚不存乎心，故能越名教而任自然；情不繫於所欲，故能審

貴賤而通物情。物情順通，故大道無違；越名任心，故是非無措也。是故君子則以無措爲主，以通物爲美；言小人則以匿情爲非，以違道爲闕。何者？匿情矜吝，小人之至惡；虛心無措，君子之篤行也。是以大道言「及吾無身，吾又何患」。無以生爲貴者，是賢於貴生也。由斯而言，夫至人之用心，固不存有措矣。（下略）

康以輕鍾會，會譖而害之。阮籍亦著達莊論，敘無爲之貴。向秀爲莊子注，於舊注外爲解義，妙析奇致，大暢玄風。王戎從弟衍，與南陽樂廣俱宅心事外，名重於時，故七賢之後，天下言風流者以王樂爲稱首焉。

三　崇有論

晉書裴頠傳曰：頠字逸民，弘雅有遠識，博學稽古，自少知名。御史中丞周弼見而歎曰：頠若武庫，五兵縱橫，一時之傑也。頠深患時俗放蕩，不尊儒術，何晏、阮籍素有高名於世，口談浮虛，不遵禮法，尸祿耽寵，仕不事事；至王衍之徒，聲譽太盛，位高勢重，不以物務自嬰，遂相放效，風教陵遲，乃著崇有之論以釋其蔽。王衍之徒攻難交至，並莫能屈。又著辯才辯釋古人精義，未成而為趙王倫所殺，年三十四。崇有論曰：

夫總混群本，宗極之道也。方以族異，庶類之品也。形象著分，有生之體也。化感錯綜，理跡之原也。夫品而為族，則所稟者偏，偏無自足，故憑乎外資。是以生而可尋，所謂理也。理之所體，所謂有也。有之所須，所謂資也。資有攸合，所謂宜也。擇乎厥宜，所謂情也。識智既授，雖出處異業，默語殊塗，所以寶生存宜，其情一也。眾理莊而無害。故貴賤形焉。失得由乎所接。故吉凶兆焉。是以賢人君子。知欲不可絕。而交物有會。觀乎往復。稽中定務。惟夫用天之道。分地之利。就其力任。勞而后饗。居以仁順。守以恭儉。率以忠信。行以敬讓。志無盈求。事無過用。乃可濟乎。故大建厥極。綏理群生。訓物垂範。於是乎在。斯則聖人為政之由也。若乃淫抗陵肆。則危害萌矣。故欲衍則速患。情佚則怨博。擅恣則興攻。專利則延寇。可謂以厚生而失生者也。悠悠之徒。駭乎若茲之釁。而尋艱爭所緣。察夫偏質有弊。而覩簡損之善。遂闡貴無之議。而建賤有之論。賤有則必外形。外形則必遺制。遺制則必忽防。忽防則必忘禮。禮制弗存。則無以為政矣。眾之從上。猶水之居器也。故兆庶之情。信於所習。習則心服其業。業服則謂之理然。是以君人必慎所教。班其政刑。一切之務。分宅百姓。各授四職。能令禀命之者。不肅而安。忽然忘異莫有遷志，況於據在三之尊，懷所隆之情，敦以爲訓者哉。斯乃昏明所階，不可不審。夫盈欲可損，而未可絕有也。過用可節，而未可謂無貴也。蓋有講言之具者，深列有形之故，盛稱空無之美。形器之故有徵，空無之義難檢。辨巧之文可悅，似象之言足惑。衆聽眩焉，溺其成說。雖頗有異此心者，辭不獲濟，屈於所狎。因謂虛無之理誠不可蓋。唱而有和，多往弗反。遂薄綜世之務，賤功烈之用。高浮游之業，經實謂之賢，人情所殉，篤夫名利。於是文者衍其辭，訥者讚其旨，染其衆也。是以立言藉其虛無，謂之玄妙；處官不親所司，謂之雅遠；奉身散其廉　謂之曠達。故砥礪之風，彌以陵遲。放者因斯，或悖吉凶之禮，而忽容止之表，瀆棄長幼之序，混漫貴賤之級。其甚者至於裸裎，言笑忘宜，以不惜爲弘。士行又虧矣。老子既著五千之文，表摭穢雜之弊，甄舉靜一之義，有以令人釋然自夷，合於易之損、謙、艮、節之旨。而靜一守本，無虛無之謂也。損艮之屬。蓋君子之一道。非易之所以為体守本無也。觀老子之書。雖博有所經。而云有生於無。以虛為主。偏立一家之辭。豈有以而然哉。人之既生、以保生為全。全之所階、以順感為務。若昧近於虧業。則沈溺之釁興。懷末以忘本。則天理之真滅。故動之所交、存亡之會也。夫有非有、於無非無。於無非無、於有非有。是以申縱播之累。而著貴無之文。將以絕所非之盈謬、存大善之中節、收流遁於既過、反澄正於胸懷。宜其以無為辭。而旨在全有。故其辭曰以為文不足。若斯則是所寄之塗一方之言也。若謂至理信以無為宗。則偏而害當矣。先賢達識、以非所滯、示之深論。惟班固著難。未足折其情、孫卿楊雄大體抑之、猶偏有所許。而虛無之言、日以廣衍。眾家扇起、各列其說。上及造化、下被萬事。莫不貴無、所存僉同。情以眾固、乃號凡有之理皆義之卑者、薄而鄙焉。辯論人倫

中國中世哲學

二五

及經明之業。遂易門肆、頠用矍然、申其所懷、而攻者盈集。或以為一時口言、有客幸過。咸見命著文、擿列虛無不允之徵。若未能每事釋正、則無家之義。弗可奪也。頠用退而思之。雖君子宅情、無求於顯、及其立言、在乎達旨而已。然去聖久遠、異同紛糾。苟少有彷彿、所以崇濟先典、扶明大業、有益於時、則惟患言之不能、焉得靜默。及未舉一隅、略示所存而已哉。夫至無者無以能生、故於生者自生也。故養既化之有、非無用之所能全也。理既有之眾、非無為之所能循也。心非事也。而制事必由於心、然不可以制事以非事、謂心為無也。匠非器也。而制器必須於匠。然不可以制器以非器、謂匠非有也。是以欲收重泉之鱗、非偃息之所能獲也。隕高墉之禽、非靜拱之所能捷也。審投弦餌之用、非無知之所能覽也。由此而觀、濟有者皆有也。虛無奚益於已有之羣生哉。

此篇謂老子以無爲辭，而旨在全有。又謂至無者無以能生，其言之辯。而歸於刑政。蓋刑名家言也。刑名家無執無宗，如李充、王坦之皆然，要皆同於道家之意，一主無以極理，一主有以通事，故終至於相非耳。

四　無君論

道家之言政治，本以無爲爲基，其流遂爲無君說，有類近世所謂無政府主義者。要亦固本黃老虛無之意，而晉世鮑敬言尤明此說，抱朴子外篇，托儒者之義與之相難，而錄之曰：鮑生敬言，好老莊之書，治劇辯之言，以爲古者無君，勝於今世。今略著其駁難之詞，而著鮑生之言於下，以備一家云。

鮑生曰：儒者曰：天生烝民而樹之君。豈其皇天諄諄言，亦將欲之者爲辭哉！夫強者凌弱，則弱者服之矣；智者詐愚，則愚者事之矣。服之故君臣之道起焉。事之故力寡之民制焉。然則隸屬役御，由乎爭強弱而校愚智。彼蒼天果無事也。夫混茫以無名為貴，群生以得意為歡。故剝桂刻漆，非木之願；拔鶡裂翠，非鳥所欲；促轡銜鑣，非馬之性；荷軛運重，非牛之樂。詐巧之萌，任力違真，伐根以飾無用，捕飛禽以供華玩，穿本完之鼻，絆天放之腳，蓋非萬物並生之意。夫役彼黎烝，養此在官，貴者祿厚，而民亦困矣。夫死而得生，欣喜無量，則不如向無死也。讓爵辭祿，以釣虛名，則不如本無讓也。天下逆亂焉，而忠義顯矣。六親不和焉，而孝慈彰矣。曩古之世，無君無臣，穿井而飲，耕田而食，日出而作，日入而息，汎然不繫，恢爾自得，不競不營，無榮無辱，山有蹊徑，澤無舟梁，川谷不通，則不相并兼，士眾不聚，則不相攻伐。是高巢不探，深淵不漉，鳳鸞棲息於庭宇，龍鱗群游於園池，饑虎可履，虺蛇可執，涉澤而鷗鳥不飛，入林而狐兔不驚。

勢利不萌，禍亂不作，干戈不用，城池不設，萬物玄同，相忘於道，疫癘不流，民獲考終，純白在胸，機心不生。含餔而熙，鼓腹而遊，其言不華，其行不飾，安得聚斂以奪民財，安得嚴刑以為坑穽。降及叔季，智用巧生，道德既衰，尊卑有序，繁升降損益之禮，飾紱冕玄黃之服，起土木於凌霄，構丹綠於棼橑，傾峻搜寶，泳淵採珠，聚玉如林，不足以極其變，積金成山，不足以贍其費，澶漫於淫荒之域，而叛其大始之本，去宗日遠，背朴彌增，尚賢則民爭名，貴貨則盜賊起，見可欲則真正之心亂，勢利陳則劫奪之途開，造剡銳之器，長侵割之患，弩恐不勁，甲恐不堅，矛恐不利，盾恐不厚，若無凌暴，此皆可棄也。故曰：白玉不毀，孰為圭璋，道德不廢，破人脛，窮驕淫之惡，用炮烙之虐，若令斯人並為匹夫，性雖凶奢，安得施之，使彼肆酷恣欲，屠割天下，由於為君，故得

繼意也。君臣既立，衆庶日滋，而欲擾攘于樸楷之間，想勞於壑
叢之中人，主憂慄於廟堂之上，百姓並一擾于闤巷之中，閑之以
禮度，禦之以刑罰，然猶病溢天之淵，波不測，三流塞之以撤壞，
障之以指掌也。
飽生又難。因夫天地之位，二氣純粹陰陽而雲飛，好陰則川決，
剛柔剛以寧性，通四八而化生，若附仲安本無篇寫也。君臣既
立，而變化遂滋。夫欲多則賓擾，廢愛則興亂，有因設則百姓困，
奉上學而下民，富麗華容飾，絲繡衲食則牙大，衣則龍章，
內聚殊後，外多穢虜，擇難得之貨，貴奇怪之物，造無益之淫，
不已之欲，非鬼非神，財力安出哉。夫散常積，則民饑寒之儉。百
官備則坐糜俸祿之費，循衛有德食之衆，百姓奔游多之人，民
之衣食日給已乏，況加賦斂重以苦役，下不堪命，且棄且饑，富
者斯隘，在是乎其王者，奮其功於上，臣竭其顯於下，勝業殷

薄，懼禍之及；恐智勇之不用，故厚爵重祿以誘之。恐姦釁之不虞，故嚴城深池以備之，而不知祿厚則民匱而臣驕，城嚴則役重而攻巧。故散鹿臺之金，發鉅橋之粟，莫不懽然，況乎本不聚金而不斂民粟乎。休牛桃林，放馬華山，載戢干戈，載櫜弓矢，猶以為泰，況乎本無軍旅而不戰不戍乎。茅茨土階，棄織拔葵，雜囊為幃，濯裘布被，妾不衣帛，馬不秣粟，儉以率物，以為美談，所謂盜跖分財，取少為讓，陸處之魚，相呴以沫也。夫身無在公之役，家無輸調之費，安土樂業，順天分地，內足衣食之用，外無勢利之爭，操杖攻劫，非人情也。象刑之教，民莫之犯，法令滋彰，盜賊多有。豈彼無利性而此專貪殘，蓋我清靜則民自正，下疲怨則智巧生也。任之自然，猶慮凌暴，勞之不休，奪之無已，田蕪倉虛，杼柚之空，食不充口，衣不周身，欲令勿亂，其可得乎。所以救

中國中世哲學

一二八

禍而禍彌深。峻禁而禁不止也。關梁所以禁非，而猾吏因之以為非焉。衡量所以檢偽，而邪人因之以為偽焉。大臣所以扶危，而姦臣恐主之不危。兵革所以靜難，而寇者盜之以為難。此皆有君之所致也。民有所利，則有爭心。富貴之家，所利重矣。且夫細人之爭，不過小小，匹夫校力，亦何所至？無疆土之可貪，無城郭之可利，無金玉之可欲，無權柄之可競，勢力不能以合徒眾，威不足以驅異人，孰與王赫斯怒，陳師鞠旅，推無讎之民，攻無罪之國，僵尸則動以萬計，流血則漂櫓丹野。無道之君，無世不有，肆其虐亂，天下無邦，忠良見害於內，黎民暴骨於外，豈徒小小爭奪之患耶。……

鮑生曰：人君採難得之寶，聚奇怪之物，飾無益之用，厭無已之求。

鮑生曰：人君後宮三千，豈皆天意，穀帛積則民飢寒矣。

鮑生曰：人之生也，衣食已劇，況又加之以收賦，重之以力役，饑寒並至，下不堪命，冒法犯非，于是乎生。

鮑生曰：王者欽想奇瑞，引誘幽荒，欲以崇德邁威，厭耀未服，白雉玉環，何益齊民乎。

鮑生曰：人君恐奸釁之不虞，故嚴城以備之也。

或曰：苟無可欲之物，雖無城池之固，敵不來者也。

以上並見抱朴子詰鮑篇，晉世玄風最盛，然罕以無君貶先王之政治者，鮑生既以無君著論，又與抱朴子相難，其人亦一時激亂臣子，惜其行事不考見矣。

中國中世哲學

二九

（原書白頁）

第六節　葛洪（抱朴子）

第一項　葛洪的事略及著作

葛洪，晉句容人，字稚川，咸和初年為散騎常侍領大著作，固辭。聞交阯出丹砂，求為句漏令，攜子姪過廣州，刺史鄧嶽留他，不肯，就停止羅浮山煉丹，後死在那裏。著有內篇二十卷，外篇五卷。內篇言神仙方藥鬼怪變化養生延年禳邪却禍等事，屬道家；外篇言人間得失世事臧否，屬儒家。稚川自序和隋唐史志都分內篇外篇，一屬道家，一屬儒家。

道藏本也是這樣。明刻板從道藏取出，不知內篇外篇和別旨是三種書，隨便總名叫抱朴子，是錯了的。清嘉慶年間孫星衍重刊這書於金陵道署，彙集道藏本、天一閣鈔本、盧文弨手校明刻本、顧廣圻藏葉林宗家鈔本、明嘉靖時魯藩本，詳加校訂。或疑別旨既自為一種，所以不見於自序。大概道藏所收又有抱朴子養生論乃稚川真人校證術一卷，抱朴子神仙金汋經三卷，葛稚川金木萬靈論，都不見於自序，別旨或是同他們一類的東西。嘉慶間方維甸有校刊抱朴子內篇序，孫星衍有新校正抱朴子內篇序。

第二項　葛洪學說

(一)本体論

抱朴子依據老子以「玄」為本体，「玄道」為本体論並且點綴揚雄和太玄，他在暢玄篇上說：「玄者自然之始祖，而萬殊之大宗也。眇昧乎其深也，故稱微焉。綿邈乎其遠也，故稱妙焉。其高則冠蓋乎九霄，其曠則籠罩乎八隅。光乎日月，迅乎電馳，或倏爍而景逝，或飄滭而星流，或滉漾於淵澄，或雰霏而雲浮，因兆類而有，託潛寂而為無，淪大幽而下沉，凌辰極而上遊。金石不能比其剛，湛露不能等其柔，方而不矩，圓而不規，來焉莫見，往焉莫追。乾以之高，坤以之卑，雲以之行，雨以之施，胞胎元一，範鑄兩儀，吐納大始，鼓冶億類，佪旋四七，匠成草昧，轡策靈機，吹噓四氣，幽括沖默，舒闡粲蔚，抑濁揚清，斟酌河渭，增之不溢，挹之不匱，與之不榮，奪之不瘁。故玄之所在，其樂不窮；玄之所去，器弊神逝。」——「其惟玄道，可與為永。」形容這玄的本体如何微妙高曠，富有神力，成為一派非常神秘的宗教哲学（參道意篇）。

他又以「玄」為宇宙的實在，變化演成現象，而分出的時候和老子「一生二，二生三，三生萬物」的過程相同。他在地真篇上說：「道起於一，其貴無偶，各居一處，以象天地人，故曰三一也。」「天得一以清，地得一以寧，人得一以生，神得一以靈」（參老子三十九章）。萬物是三，三是一，一是玄。這是玄体產生萬物的理由。

（二）知識論

玄道度是之言道般微妙高曠，抱朴子以為不由自然和數理推測明白的，並且愈經驗愈微茫。他說：「余聞之師云：人能知一，萬事畢。知一者，無一之不知也；不知一者，無一之能知也。」又云：「玄一之道，亦要法也。」（地真篇）又「不知玄道者，雖顧眄為生殺之神器，脣吻為興亡之關鍵，綺榭俯臨乎雲雨，藻室華綠以參差，組帳霧合，羅幬雲離，西毛陳於閑房，金觴華於蘭林之囿，弄紅葩於積珠之池，登峻則望遠以忘百憂，臨深則俯覽以遺朝飢，入宴千門之混焜，出驅朱輪之華儀，然樂極則哀集，至盈必有虧，故曲終則歎發，燕罷則心悲也。實理勢之攸召，猶影響之相歸也，彼假借而非真，故物往若有遺也。」「夫玄道者，得之乎內，守之者外，用之者神，忘之者器。」此思玄道之要言也。（暢玄篇）「外」和「器」是指為內欲說的，不外乎老子去私寡欲的工夫。然則玄道遠是分有宇宙，近是將靠自己的心身可以追求的。所以他注重精神修養。

（三）修仙法

抱朴子繼承老莊的聖人至人真人神人，而進言仙人。大概是受了方士派和緯書參同契的影響。內篇四卷如論仙、對俗、金丹、至理、黃白、地真、釋滯、明本、辯問、極言等多為神仙說辯護，證明他的是必有而活現的。他開首在論仙上設問說：或問曰：神仙不死，信可得乎？抱朴子答曰：萬物云云，何所不有，況列仙之人，盈乎竹素矣。不死之道，曷為無之。……故聾瞽在乎形器，則不信豐隆之與玄象矣。而況物有微於此者乎。暗昧滯乎心神，則不信有周孔於在昔矣。況告之以神仙之道乎。……有生最靈，莫過乎人。貴性之物，宜必鈞一，而其賢愚邪正、好醜修短、清濁貞淫、緩急遲速、趨舍所尚、耳目所欲，其為不同，已有天壤之覺，冰炭之乖矣。何獨

中國中世哲學

三二

怪僻者之異，不異凡人皆死乎。——況乎神仙之遠理，道德之幽玄，仗其短淺之耳目，以斷微妙之有無，豈不悲哉。設有哲人大才，嘉遁勿用，翳景掩藻，廢偽去欲，執太璞於至醇之中，遺 務於流俗之外。世人猶尠能甄別，或莫造志行於無名之表，得精神於陋形之裏，豈況仙人殊趣異路，以富貴為不幸，以榮華為穢汙，以厚玩為塵壤，以聲譽為朝露，蹈炎飆而不灼，躡玄波而輕步，鼓翮清塵，風駟雲軒，仰凌紫極，俯棲崑崙，行尸之人安得見之。假令遊戲，或經人間，匿真隱異，外同凡庸，比肩接武，孰有能覺乎。——且常人之所愛，乃上士之所憎；庸俗之所貴，乃至人之所賤也。英儒偉器，養其浩然者，猶不樂見淺薄之人，風塵之徒，況彼神仙，何為汲汲使芻狗之倫，知有之，何所索乎？而怪於未嘗知也。描寫仙品如何高超，神乎其神，與塵俗有天壤的分別，愈加辯護愈加脫出老莊哲學的高尚，便成一派宗教哲學。

他以為神仙有三等，抱朴經云：「上士舉形昇虛，謂之天仙；中士遊於名山，謂之地仙；下士先死後蛻，謂之解仙。今少君必尸解者也。近世壺公將費長房去，而弟子去，皆在鄰縣，其家各發棺視之，三棺遂有竹杖一枚，以丹書於杖，此皆尸解者也。」他又以為修仙不單靠自力，也要靠着他力。所謂他力，就是藥物。抱朴子上說：「或人難曰：『人中有老彭，猶木中之有松柏，禀之自然，何可學得乎。』抱朴子曰：『夫陶冶造化，莫靈於人，故達其淺者則能役用萬物，得其深者則能長生久視，知上藥之延年，故服其藥以求仙；知龜鶴之遐壽，故效其道引。』」上藥是甚麼東西？抱朴子曰：「……莫不皆以還丹金液為大要者焉。然則此二事蓋仙道之極也。服此不仙，則古來無仙矣。」

金丹有幾種？　金丹上載着九種：

第一之丹名丹華……
第二之丹名曰神丹。亦曰神符。……
第三之丹名曰神丹……
第四之丹名曰還丹……
第五之丹名曰餌丹……
第六之丹名曰鍊丹……
第七之丹名曰柔丹……
第八之丹名曰伏丹……
第九之丹名曰寒丹……
又曰後有太清神丹，其法出於元君。元君者老子之師也。
又有九光丹，與九轉異法。

㈣教育學

他的教育方針和他的哲學是一貫的。他以為人不是單為科名俸

祿求學是要造就自己、造就國家。（勸學上說）夫學者所以清澄性
理、鍛煉揚埃、雕鏤璞璐、砥鍊屯鈍、啟導聰明、飾染質素、察往知來、
博涉勸戒、仰觀俯察、於是乎在。人事王道、於是乎備。進可以為國、
退可以保己。是以聖賢罔不孜孜而勤之。夙夜以勉、命盡日中而
不釋、飢寒危困而不廢。豈以有求於當世哉。誠樂之自然也。他又
以為性何天資明敏、非受教育不能成材。並且難得適用於社會、
夫斷削刻畫之薄伎、射御騎乘之易事、猶須慣習、然後能善、況乎
人理之曠、道德之遠、陰陽之變、鬼神之情、緬邈玄奧、誠難生知。雖
云色白、匪染弗麗、雖云味甘、匪和弗美。故瑤華不琢、則耀夜之景
不發、丹青不治、則純鈞之勁不就、火則不鑽不生、不扇不熾。水則
不決不流、不積不深、故質雖在我、而成之由彼也。登閬風、捫晨極、
然後知井谷之闇隘也、披六經、玩百氏、然後覺面牆之至困也。教

中國中世哲學

二四

育固在發展人格，增長知識，然必採取科學方法，纔生效果。夫不學而求知，猶願魚而無網，心雖勤而無獲矣。廣博以窮理，猶順風而託焉，雖不勞而致遠矣。粉黛至則西施以加麗，而宿瘤以藏醜。經術深則高才者洞達，鹵鈍者醒悟。文梓千雲而不可名臺榭者，未加班輸之結構也。天然爽朗而不可謂之君子者，不識大倫之臧否也。欲超千里之終朝，必假追影之足；欲凌洪波而遐濟，必因艘楫之器。欲見無外而不下堂，必由之乎載籍；欲測淵數而不役神，必得之乎明師。故朱綠所以改素絲，訓誨所以移蒙蔽，披玄雲而揚大明，則萬物無所隱其狀矣。飾竹帛而考古今，則天地無所藏其情矣。況於鬼神乎，況於人事乎。庶望可令齊堅乎金玉，曲木可攻之以櫽括，百獸可教之以戰陣，犧牲可習之以進退，況鱗可動之以聲音，樸石可感之以精誠，又況乎含五常而稟最靈者哉。低仰之駟，教之功也。鷙擊之禽，習之則也。與彼凡馬野鷹，本實一類。此以飾貴、彼以質賤。達行潦而勿輟。必混流乎滄海矣。嘗一簣而弗休，必鈞高乎嵩極矣。大川滙瀆、則蛟螭摩游、日就月將，則德立道備，乃可以正涉乎丘旦。何徒解桂乎園叢哉。昔仲由冠雞帶豚、纓珥鳴蝶、杖劍而見、拔戈而舞、感稱南山之勁竹、欣任括羽之固，然尼父善誘、樂以徽教、遂成升堂之生、而登四科之哲、子張鄙人，而灼聚以獨、衒潰道訓，成化名儒、乃托孔乎王公、豈肯覓於屢陋、以是賢人悲為世之俊、思疾泯沒之無稱，感刻闡之弘訓，悟通微之無類，懼將落之明戒、覺罔念之作狂。不飽食以終日、不棄於寸陰，鑒逝川之勉志。悼過隙之電速。割遊情之不急、損人間之末務。洗憂貪之心、遣廣願三織息攻獵博弈之遊戲。矯晝寢坐睡之懈怠、知徒思之無益。遂振策於聖途。學以聚之、問以辯之、進由修業、故知新。夫周公上聖、而日讀百篇。仲尼天縱、而韋編三

中國中世哲學

三五

範、墨翟大賢，載文盈車。仲舒命世，不窺園門。倪寬帶經以芸鋤，路生截蒲以寫書。黃霸桎梏以受業，甯子勤夙夜以倍功，故能究覽道奧，窮測微言。觀萬古如同日，知八荒若戶庭。考七耀之盈虛，步三五之變化，審盛衰之方來，驗善否於既往，料玄黃於掌握。甄未兆以如成，故能盛德大業，冠乎當世，清芳令問，播于罔極也。夫聞商羊而戒浩瀁，訪鳥鳴而洽束薊，諮萍實而言色味，訊土狗而識墳羊，披靈寶而知山隱，因折俎專車，瞻離畢而分陰陽之候，由冬螽而覺閏餘之錯，何神之有，學而已矣。（四）其他關於教育制度之相類甚，有關學教。

（五）社會科學

抱朴子未嘗說動物和人類平等，可以修到神仙地步。虎鶴龍等究不可比神仙，似乎只有人類能夠修到這樣。社會也是產生神仙的溫床，婚姻又是社會的根本，所以道家很注重房中術的。

他們學說顯著大陸性。以為社會上最清高的分子是學農。他在嘉遯上說：「藜藿不供，而意佚於方丈；齊編庶民，而心歡於有土。寢宜僚之舍，困于不已之閭，樓莊萊之友，給陋巷之居，確乎峙而不拔，豈有懷於卷舒乎？」故「漆園垂綸而不顧卿相之貴，柏成耦耕而不屑諸侯之高。」莘說安于居肆，楊朱吝其一毛。「躬耕以食之，穿井以飲之，短褐以蔽之，蓬廬以覆之，彈詠以娛之，呼吸以延之，逍遙竹素，寄情玄毫，守常待終，則亦足矣。」因夫安貧者以無財為富，甘卑者以不仕為榮。故「劬若海而登神，胡子甘心於退耕。」……一枝足以戢鸞羽，何煩乎千林；浮足以泳龍鱗，豈事乎滄海。藜藿嘉於八珍，寒泉旨於醽醁，攝纓美于赤舄，縕袍麗于袞服，杞櫳安於枝鐵，鳴條樂乎絲竹，茅茨艷于丹楹，采椽珍於刻桷，蓬蒿茸為臺榭，巖岫為華屋……遊九皋以含歡，豈知鬱愁，絕俗同居大

中國中世哲學　三六

蠖藏元守，樸素拙示訥，知止常足，然後咀嚼芝英，風飛雲浮，晞景九陽，附翼高遊，仰棲梧桐，俯集玄洲，孰與銜轡而伏櫪，同被繡於犧牛哉。」（己）

其論人品，便列數十級，因行而論。

抱朴子很注重德治人治，不外乎儒家所談的王道，所以君道上說：「君人者必修諸己以先四海，去偏黨以平王道，遺私情以標至公。」（己）「樹訓典以示民，極賞罰以彰勸沮，明檢齊以杜僭濫，詳直枉以遣臨否……匠之以六藝，軌之以忠信，蒞之以慈和，齊之以禮刑，揚仄陋以伸沉抑，激清流以澄臧否。使物無詭道，事無非分，立朝牧民者，不得侵官越局，推轂即戎者，莫敢憚危顧命，憸近以懷遠，修文以招攜，卑百姓之財累，闡進德之廣望……是以賢君撫□懼不足，而改過恐有餘，謀而計得，猶思危而弗休焉，戰勝地廣，猶戒盈而夕惕焉。」（己）臣節說明吾之首，方之股肱。雖有尊卑之殊途，實若一体之相賴也。……夫将伏節而正諫，據異，鑽而盡言，忠而見疑，諍而不得者，待放可也。夫孔無補，增主過者，去之可也。其動也匪訓典，希管申，從不顧私，明刑而不濫手所恨，審賞而不加手附己，不奉命以指權，不舍法而僥潔，進思盡言以攻闕，退念推賢而不蔽，夙興夜寐，感庶事之不康也。儉節約志，若東冉於薄冰也。納謀貢士，不當一於江。非義之利，不棲之於心。立朝則以砥矢為操，居己則以羔羊為節。當危值難，則忘家而不顧命。臨乎衡執銓，則平懷而無彼此，當人臣勤而不弘，則恥律祿之虛學也。績不茂，則羞辱命之害而也。履信思順，先人後賢，畏長益居謙，乃終有慶。舉足則蹈道度，抗手則奉繩墨，據仁而雖淹留而優，居于亦必遠矣。（參閱臣規、臣理、務正、責賢、任能、欽士等章。）又擴而通之，解而備論，大概是參酌名法、道德各家，立了折衷的

中國中世哲學

三七

學說。可閱周刑、篇律、名例、韓說等章。

第三章 唐五代

第一節 韓愈

第一項 韓愈事略及著作

韓愈字退之，唐鄧州南陽人，世居昌黎，所以又稱韓昌黎。生於代宗大曆三年，三歲喪失父母，十一歲依兄韓會。兄死了，全靠嫂嫂鄭氏撫養成人，讀他《祭十二郎文》便能明白。貞元八年登進士第，三度以博學宏詞試於吏部，皆為中書所黜，不中。後為節度推官，調四門博士。貞元十九年，已三十六歲，任監察御史，為國子監博士。太子右庶子，後遇憲宗迎佛骨於宮中，使他上諫佛骨表，不悅，幾遭大禍，貶作潮州刺史。過有好久，後召還為國子祭酒，轉吏部侍郎。長慶四年卒，年五十七，贈禮部尚書，謚號文。

著有詩文集四十卷，外集十卷。他自以為是繼續孟子傳授道統的人。他的文可稱司馬遷後第一人。他的詩也可上追李杜、下啟元白。真稀見的一個文豪。他是代表漢民族的意志力。在他艱難的詩裏可以看得出來。他謫貶潮州時路出秦嶺值冬藍關雪滿、見他姪孫來送。詠詩留別題為「藍關示姪孫湘」「一封朝奏九重天、夕貶潮州路八千。欲為聖明除弊事。豈將衰朽計殘年。雲橫秦嶺家何在。雪擁藍關馬不前。知汝遠來應有意。好收吾骨瘴江邊。」慷慨悲歌、真有國士風骨。

第二項　韓愈學說

(一)原道

韓文公開非宗教哲學的方法，把講實踐倫理實用人生的儒道來和道家佛教對立。韓愈是個文人，老莊和佛教的哲學當然沒有徹底明白，所排斥話語未免隔靴抓癢。但是他為着祖國前途為民生命脈不得不起來拒毒，他拿從常識上批判、這才由他有烟霧的空大道義和價值。他解釋儒家的根本主張「仁義道德」說，博愛之謂仁，行而宜之謂義，由是而之焉之謂道，足於己無待於外之謂德。其文詩書易禮春秋，其法禮樂刑政。其民士農工商。其位君臣父子、師友、賓主、昆弟夫婦。其服麻絲，其居宮室，其食粟米果蔬魚肉。其道易明，其教易行，是故以為己則順而祥，以之為人則愛而公，以之為天下國家則無所處而不當。換句話說所說的道就是儒教的道德人倫，至文質彬彬的社會是他的理想。我們看六朝隋唐士流思想固屬深切進步，但習氣浮華奢侈，生活亂發，為之頹廢衰敗，文弱的樣子。韓氏所論的也就正中時弊。他最痛心是憲宗等去迎佛骨入宮，朝夕禮拜，不尊重先人格律而元旨行為。這時他顧不得利害，一紙諫章便發動天下耳目識。佛骨表的論旨純是實用的、實利的，因為關于對手的內部價值、但他筆力如秋霜，對于一般民眾倒發生了很大的影響，全決都以民眾為對象，然後為時制之民性的要素而發，從常識上說，有失措。而且在這迷信時代朝野上下醉心佛法，他個人膽敢為而不顧身為斯道決一死戰，是很可佩服的。

（二）學人學性

韓氏的天人思想出于漢魏所傳古學，不為易十翼中的三才論。據孔子春秋內諸夏外夷狄，以中國為主，辨夷之，為禽獸而非人類（原人）。或再解釋孟子人之所以異於禽獸者幾希、幾希二字過狹，同時攻擊佛道，物我平等、戒殺等之說，有過大處，幾似猶太教主匯民說與佛老之說人說。嗚呼、華人原係聖民，自外教流傳中土，夷人入主中國，胡種移殖中原，同胞豈未淪為犬羊異域乎。凡周、秦、漢、魏、晉各代之言性理者，韓氏已讀其書而加考証，折衷而整理之。其言性多品，源於孔子；言性兼情，蓋本乎仲舒；言性情相應，本諸劉向、荀悅。第分析說明，較諸家精細耳。（原性說）曰：性也者，與生俱生也；情也者，接於物而生也。性之品有三，而其所以為性者五；情之品有三，而其所以為情者七。曰何也？曰：性之品有上中下三。上焉者，善焉而已矣；中焉者，可導而上下也；下焉者，惡焉而已矣。其所以為性者五：曰仁、曰義、曰禮、曰信、曰智。上焉者之於五也，主於一而行於四；中焉者之於五也，一也

四十一

中國中世哲學

不少有焉，則少反焉，其於四也混。下焉者之於五也，反於一而悖於四。性之於情視其品。情之品有上中下三，其所以為情者七：曰喜，曰怒，曰哀，曰懼，曰愛，曰惡，曰欲。上焉者之於七也，動而處其中；中焉者之於七也，有所甚，有所亡，然而求合其中者也。下焉者之於七也，亡與甚，直情而行者也。情之於性視其品。孟子之言性曰：人之性善；荀子之言性曰：人之性惡；揚子之言性善惡混。夫始善而進惡，與始惡而進善，與始也混而今也善惡，皆舉其中而遺其上下者也，得其一而失其二者也。叔魚之生也，其母視之，知其必以賄死。楊食我之生也，叔向之母聞其號也，知必滅其宗。越椒之生也，子文以為大戚，知若敖氏之鬼不食也。人之性果善乎？后稷之生也，其母無災，其始匍匐也，則岐岐然，嶷嶷然。文王之在母也，母不憂；既生也，傅不勤；既學也，師不煩。人之性果惡乎？堯之朱，舜之均，文王之管蔡，習非不善也，而卒為姦；瞽叟之舜，鯀之禹獨非惡也。而卒為聖人之性善惡果混乎？故曰：三子之言性也，舉其中而遺其上下者也，得其一而失其二者也。曰：然則性之上下者其終不可移乎？曰：上之性就學而愈明，下之性畏威而寡罪，是故上者可學，而下者可制也。其品則孔子謂不移也。曰：今之言性者異於此何也？曰：今之言者雜佛老而言者，奚言而不異。

（三）原鬼

韓氏的宗教哲學也不外乎上古遺傳下來的天人合一論。他以為鬼神是天命運行顯現於人間的靈氣，所以原鬼上說：「無聲與形者物有之矣，鬼神是也。……漠然無形與聲者，鬼之常也。人有忤於天，有違於民，有爽於物，逆於倫而感於氣，於是乎鬼有形於形，有憑於聲以應之，而下殃禍焉。」證明他也是相信因果報應的。除卻正常的鬼神之外，還有物怪，又說：「不能有形與聲，不能無形與声者物怪是也，故其作而接於民也無恒，故有動於民而為福，亦有動於民而禍，亦有動於民而莫之為禍福。這樣看來，靈魂界中倒有兩類東西了。大約好的是鬼，惡的是怪。好比人類有君子小人一般。他這說似乎受了緯書或劉歆易經的影響，又中了左傳的毒。他肯定地獨斷地說有鬼有怪，顯然統制於一種中世儒教的信仰。

其他說龍有靈而興雲雨（雜說），麟為祥而生聖賢，這都是誤於易傳左傳。他自己何嘗去實驗過，又足以証明韓氏只注偏重情感而缺乏理智。

（四）本政

韓氏談到政治原理，依然不外乎他所讀書上所寫堯舜禹湯文武周公孔子的道。天運神化，在尚書裡面叫作皇極，就是大中正道（原道）。他以為抱著這道在政治上行使的時候，免不了一個[illegible]

字。鄭氏注說「夏之政忠，忠之敝，小人以野，故殷人承之以敬，敬之敝，小人以鬼，故周人承之以文。文之敝，小人以僿，故救僿莫若以忠。」無非因時救弊，宜有所沿革罷了。唐朝政治受學派影響，彷彿在文，所以他說「周之政文既弊也，後世不知其承之，天下可為也，彼之政仁矣，反於義。此之政救矣，反於忠。我其周從乎，……伏之貌而尚忠質與本政。」他既然主張以忠來救文弊，要處實事，求是一往直前的做去，不可朝令夕改，好像小孩子玩把戲，一下又丢了。所以他又說「長民者發一號，施一令，民莫不慨然服矣，論不可守遠變而從之，譬諸適千里，及門而復，決不可能。至於變法，許多內容又不好公開的，因為一經公開，必生阻力，孔子所說「民可使由之，不可使知之」，當然很有道理。論明說「聞於師曰：古之君天下者化之，不示其所以化之之道，及其弊也，易之不示其所以易之」

道也。樸氏注說：「繫辭」通其变法，使民不倦，神而化之，使民宜之。是之謂數也。最後都歸結到大中正之道，由誠意正心起，做到修身齊家，畢竟國治天下平，直是道之行也，其庶已乎。

第二節 李翱

第一項 李翱事略及著作

李翱字習之，涼武昭王後裔。貞元中舉進士。元和初為國子博士，史館修撰。上正本六事於憲宗，論紀綱以何常肅正，諸藩嘉納，資性剛直，議論無所迴避。在官清廉，豪無所假借。太和初入作諫議大夫，知制誥。坐事左遷，後復被徵為刑部侍郎，檢校，升戶部尚書，出為山南東道節度使，卒於官。他是韓愈的姪婿，所以文章學問都受過他影響。但又能博採精研自成一家言。

著有李文公集，它裏面復性書三篇，猶可窺見他的思想。

第二項 李翱學說

(一)性說

韓愈的性篇末尾說：「今之言性者，雜佛老而言也。」也許暗指李翱一張講的。《居士分燈錄》載着李翱嘗問道於藥山禪師。他的哲學似乎是參佛理的。

他分性情為二，情常擾亂惑性、包圍性，使性失职，使隱藏起來，所以復性書上載着："人之所以為聖人者性也，人之所以惑其性者情也。情既昏，性斯匿矣，非性之過也，七者循環而交來，故性不能充也。水之渾也，其流不清；火之煙也，其光不明，非水火清明之過。沙不渾，流斯清矣；煙不鬱，光斯明矣；情不作，性斯充矣。"這是物理上的比方，與人生理上心理上毫無關係，人非木石，誰屬無情，所以講來講去，講不出所以然。不很徹底，但不過他又說："性與情不相無也。無性則情無所生矣。是情由性而生，情不自情，因性而情。性不自性，由情以明。"這樣看來，好像是以告子的學說為指導："生之謂性"、"食色性也"。因為男女要求性愛，就發生情感。若是個閹太監或經（去）勢閉的女子，自然無情。無情，就是不盡人情，甚麼壞事也作得出來了。然而他又還到孟子說性者天之命也，聖人者豈其無情耶……！百姓者豈其無性者耶。百姓之性與聖人之性弗差也。雖然，情之所昏，交相攻伐未始有窮，故終身而不自覩其性焉。這一段和前段相反，不說生而說天命，是本來善的，儼然類似性善說。他覺着言性兼情是個二元論，生理上有男女的性便生愛慕的情。男女與感要達到婚姻目的，天人與感要顯然誠正的致力。是故誠者聖人之性也，寂然不動，廣大清明，照乎天地，感而遂通天下之故，行止語默無不處於極也。換句話說就是天良治現，天良也就是敬畏天命，比良知良能高尚些。如同孟子「上中」字和才字比較，子思所說的性原有「種」人之性、物之性。他講到生理是物之性，講到精神或心理有「人」之性。聖人知人之性皆善，可以循之不息而至於聖也。畢竟他[illegible]而模糊連合起來了，說能盡人之性，則能盡物之性也，若不然宇宙間只有鬼神和動物，沒有人類了。

（二）修養法

李氏以至善為天性，這性凡夫和聖人都有的，百姓之性與聖人之性非差也。可惜凡夫的性為情所昏，交相攻伐，未始有窮，所以終身不能見性，只有本性不為情所惑的是聖人。然則節制情欲，不為所惑，必是要些修養工夫。有了好的修養工夫，即令昏了，也可以恢復到聖人地步，所以主張復性，盡性。復其性者賢人循之而不已者也，不已則能歸其源矣（復性書上）人之昏也久矣，將復其性者必有漸也（復性書中）說盡性的，子思曰唯天下至誠為能盡其性，能盡其性則能盡人之性，能盡人之性則能盡物之性，能盡物之性則可以贊天地之化育，可以贊天地之化育，則可以與天地參矣。……唯天下至誠為能化。聖人知人之性皆善，可以

循之不息，而至於聖也。（復性書上）為甚麽聖人的性不為情所
昏呢？大概是先天的和後天的關係。先天的關係，故聖人者人之
先覺者也。覺則明，否則惑，惑則昏。明與昏謂之不同……易曰：夫
聖人者，與天地合其德，日月合其明，四時合其序，鬼神合其吉凶，
先天而天不違，後天而奉天時。天且弗違，而況於人乎，況於鬼神
乎。此非自外得者也，能盡其性而已。（已）後天的關係不外乎修養法
不外三教育。修養法曰：弗慮弗思，情則不生。情既不生，乃為正思。正
思者無慮無思也。易曰：「天下何思何慮」，又曰：「閑邪存其誠」。詩曰：「思
無邪」。（已）……此齋戒其心者也。……方靜之時，知心無思者，是齋戒
也……（已）（復性書中）。教育法曰：故制禮以節之，作樂以知之。安于和
樂，樂之本也；動而中禮，禮之本也。故在車則聞鸞和之声，行步則
聞珮玉之音，無故不廢琴瑟，視聽言行循禮而動，所以教人忘嗜

中國中世哲學

四五

欲而歸性命之道也。道者至誠也……此盡性命之道也。哀哉人皆可以及乎此，莫之止而不爲也，不亦惑耶。已（復性書上）。

（三）國家學

李氏的國家組織和政治概以經濟爲核心。他以爲有土地有人民，若没有飽足的衣食，安居樂業，不易受教育，受訓練也。不易治理，不算是一個國家。因爲道之富之教之，有連帶關係的所以在平賦書上說：「既富然後可以服教化，反淳朴也。故善爲政者莫大於理人。理人者莫大於富之，又教之也。凡人之情莫不欲富足而惡貧窮，終歲不製衣則寒，一日不得食則飢。」

李氏的經濟政策是帶大陸性的，以農業立國。以民爲本，更以農民爲本。有若曰「百姓不足，君孰與足」也。他以爲人民的生計和國家的財政有連帶關係的，重斂則人貧，人貧則流者不歸，而天下之人不來，由是土地雖大，有荒而不耕者，雖耕之而地力有所遺，人日[illegible]

困、財日益匱、是謂棄天之時、遺地之利、竭人之財。如此者雖欲為社稷之臣、建不朽之功、誅暴逆而威四夷、徒有其心豈可得耶？故輕斂而人樂其生、樂其生則居者不流、而流者日來、則土地無荒、桑柘日繁、盡力耕之、地有餘力、人日益富、兵日益強。他又以為中國雖不能恢復周代的井田、還可師遺意、什一之稅、就是公私利的。他說：——凡百里之州、為方十里者百、州縣城郭之所建、通川大途之所更、丘墓鄉井之所聚、畎遂溝瀆之所渠、大計不過方十里者三十有六、百里之家給焉、千里亦如之。高山大川則郭其中、斬長續短、而量之、一畝之田、以強并弱、水旱之不時、雖不能盡地力者歲不下粟一石、公索其十之一。凡百里之州有田五十有四億畝、以一十九億四萬有四千畝為之州縣城郭通川大途畎遂溝澮丘墓鄉井屋室徑路牛豚之所息、葱韭菜蔬之所生植、餘三十四億五萬有六千畝。畝率十取粟一石、為粟之三十四萬五千有六百石、以貢於天子、以給州縣凡執事者之祿、以供賓客、以輸四方、以禦水旱之災、皆足於是矣。其田間樹以桑。凡樹桑人一日之所休者謂之功。桑大寡則乏于帛、太多則暴於田。是故十畝之田植桑五功。……功不下一匹帛、公索其百二十。凡百里之州……餘田三十四億五萬有六千畝麥之田、大計三分當其一、其土宰不可以植桑、餘四二十三億有四千畝樹桑。凡一百一十五萬有二千功。功率十取一匹帛、為帛一十一萬五千有二百匹、以貢于天子、以給州縣凡執事者之祿、以供賓客、以問四方、以禦水旱之災、皆足於是矣。鰥寡孤獨有不人疾者、公與之粟帛。能自給者弗征其田桑。凡十里之鄉、為之公囷焉。鄉人所入于公者、歲十食其一于公囷。十歲得粟三千四百五十有六石。十里之鄉、多人者不足千六百家、鄉之家保公囷使不偷。饑歲無人不足於食。畢家之口多寡，出公囷與之，而劝之種以須麥之升焉，及其大豐，鄉之正告鄉之人歸公所與之藏，當戒必精勿濕，以内于公囷。窮人不能歸者與之勿徵于書。則歲雖大饑，百姓不困于食，不死於溝壑，不流移入於他處。這是他三項的經濟政策，一是田賦，二是緩稅，三義倉，可以解决國家財政和人民生計。最後他又批評說：人既富樂其生，重犯法而易為善。教其父母使之慈，教其子弟使之孝，教其在鄉黨使之敬讓，鰥老者得其生，屋室相鄰，烟火相接，于百里之内，與之居，則樂而有礼，與之守則人皆固其業，雖有强暴之兵不敢陵。自百里之内推而布之千里，自千里而被乎四海，其孰能當之？這才算國富兵强了。

中國中世哲學 四七

（原書白頁）

第三節 佛教哲學

第一項 原始佛教

釋迦生於印度恒河中流北邊迦比羅國，為淨飯王的長子，屬刹帝利族。他的降生年月日，傳說多不相同，難得確定，大約是西曆紀元前五百十餘年光景。釋迦二十九歲出家，以王子的身分來作乞丐，是空前的怪事。然而在人和婆羅門族奮鬥的刹帝利族方面看來，也不為奇。釋迦應運而起，可說自然的氣數。當時印度奢侈繁華的風尚已達極點，激起釋迦的反動力同樣達於極點。

他訪問了許多宗教名師，都失了望。最後他自己靜默沉思，漸漸得着無上正覺，就是對人生問題的圓滿解答。

他自問：「老病死和一切人生的不自在，由何而起？」

答：煩惱就是迷於真實的無明。

自問：如何能得解脫人生的不安呢？

答：由正見正道，斷除煩惱。

這是原始佛教的根本意義，所謂四諦、十二因緣、八正道的概括。十二因緣是分說苦集二諦。八正道是說明道諦涅槃論是說明滅諦。就是理想地繪出解脫的果。他的宇宙觀人生觀既然立在消極解釋的根柢上，他的實行道德律、解脫方法，不可不為節制的。他的無我主義一經宣傳，那麼我的靈魂論與善惡報應論大有發達。原始佛教守說恆有、五蘊假合說題旨好像唯物論，但業感論是自業自得論確是主觀的根據，他以無我觀念嚴肅道德律可以掃除固有妄執物質快樂的弊病。

釋迦倡這消極說，四十餘年感化了許多人民，他口唱無我，而身為大我的活動。因此消極的厭世的小乘佛教極興起。同時積極的、樂天的、愛他的大乘佛也大活動。有佛教在印度運動的結果。有達磨律的發明，婆羅門的教權大受影響，階級的差別制度手打破。最後印度雖吐棄佛教，然而婆羅門大改舊觀，有改進的趨勢了。

釋迦滅度後，經過五百結集、七百結集的議決，便分上座大二派，就是正統派與非正統派，各自作成教條。

等到大護法阿育王出來，上座長老千人結集，編成七部論典。如膩色迦王登位，五百羅漢作第四次結集，產出大毘婆沙論。

小乘佛教可以有、空二論，或有、空中二論概括。它的有部，就由第四結集大毘婆沙論所說一。小乘最後發達的結果，使成俱舍成實的有、空二論。此二論發現，一方先有大乘佛教興起，他方有各種教派派的論戰，互相軋轢，紛爭達於極點。

中国中世哲學

四九

原始佛教當時祇有消極的說明和現象方面的世界觀和等當論，太陳舊，難免漏出破綻來，況且所謂的都本乎道德律，不敢作哲學上的考證，脫離教權自由研究幾乎衍成一種潮流，所謂大眾部或經量部可以代表這一類的人材。最出眾的算是馬鳴，但起信論著者未必是加膩色迦王朝的馬鳴。若細查起信論的內容，當不出於龍樹空論以前，無着世親後至安慧護法的時候傳播大乘論的，分起信法相兩派。安慧近於起信派，比較為真諦所譯的舊攝大乘論和玄奘譯的新攝大乘論斷案結論大不相同。因為起信論翻譯在空論後，起信論傳來就是真諦三藏入中國的時代，也就是印度流行起信論的時代，彼此有互連絡的痕跡。恰如玄奘的法相宗傳來和印度護法派法相的完全時代相連絡，不空的密教傳來和印度密教成立時代有關係。以博如天台的智者大師，他著作中尚未見有引用起信論的語句，常見引用攝大乘論而則起信論是後出的，先哲說起信論不屬於護法派的認識的唯識論，而屬於安慧派依數融通的唯心論，前已說與安慧同時。遵等到玄奘西遊，護法派的法相論完成，非常風行，玄奘自印度歸來，極力反對起信之說。玄奘譯經、賢首和他意見不對，便離去而著起信論義記。法相家嫉嫉為起信論是偽造的。這樣看來，無着世親的時代尚沒有法相論，又沒有明說一心二門的緣起論。他所著的攝大乘論、唯識論都比龍樹的空論更進一步。不過言空的極端乃有圓滿的實在。

佛滅後百餘年，南印度有個龍樹出現，他等鑒不相容的有空觀點、各宗祖師未免奇怪而疑。空論是認識的界限論，同時又為對外的排斥論，有論是直觀實在動的說明。印度學風漸次以龍樹為中心，一方完成印度哲學根柢的萬有神論，更進而順應時代思潮,從有空二方面說明它的理由,如般若空論、華嚴有論是。

佛滅後八百餘年,無著世親兄弟出,再放大乘佛教的光彩,世親始學小乘有部著俱舍論,同時空部有個訶梨跋摩著成實論,叫做小乘雙璧,後來世親改入大乘,與兄俱發昔時大乘佛教的實無論、獨斷的緣起論,更進一步而為認識論的研究,論認識主觀與客觀的關係,便入於印度根本思想的主觀論,又倡導主觀解脫冥想的瑜伽法。這主觀論至後代護法戒賢便成極端煩瑣論的唯心論。一方護法派門徒各自有唯識多元的傾向,併對於主觀的極端唯心論而創絕對的實無論,內存二論,就是具體的汎論一派。

又龍樹門下提婆派極端主張認識不可能,否定一切,清辨智光繼承此說,主張空論,這派與有部法相的護法戒賢相對立。印度大乘佛教就顯然分出有空二教來。又有世親門人陳那改因明

論

第二項 中國佛教

(一)傳入華夏

按着劉向列仙傳所載，裏面許多人名是佛經上有的，所以相傳佛教在西漢前已經傳入民間了。若依正史應在東漢明帝永平十年，中天竺加葉摩騰竺法蘭二僧隨蔡愔王遵等十八人從大月氏送經到洛陽。來時用白馬馱載，所以明帝建白馬寺留住他們，摩騰漢譯梵本四十二章經，竺法蘭漢譯十地斷結經。又與道士辯論佛道二教優劣，有許多人跟從他們出家。到了桓帝建和初年，月支國支婁迦讖來，譯般舟三昧經二十餘部。次年安息國安世高來，譯經九十餘部。同時天竺僧竺佛朔譯道行般若經。獻帝興平二年牟子由儒入佛，受輿論攻擊，他著理惑論辯明釋迦為至尊，有融和三教的趨勢。這時譯出西域的大方等、四諦及興起本行等經。漢末總共譯成三百餘部。三國時代康僧會從康居來到江南，游說吳主孫權建造塔寺。因此江南佛教大興。曹魏嘉平二年，曇柯迦羅來自印度，依曇無德部所譯四分律初行十人受（三師七證），這是中國流行戒律的開始。又有僧康鎧譯無量壽經。華人朱士行開首在洛陽講道行般若經。西晉太康二年，西天竺竺疆士來譯十二遊經。永嘉四年，西域佛圖澄來洛陽四十餘年，與弟子道安盡力宣傳佛教。太元十五年慧遠在廬山提倡淨土念佛。這時法顯出國留學印度。又鳩摩羅什來到姚秦，譯出法華經、大智度論、十二門論、中論、成實論等。又和他師佛陀耶舍譯出十誦律。羅什實為我國三論、成實宗的始祖。佛陀跋陀羅也來廬山，講禪經，并譯出六十華嚴經。曇無讖譯大般涅槃經，為涅槃宗的開山祖師。

宋明帝時，求那跋陀羅，譯法鼓、勝鬘、楞伽等經。梁武帝天監六年菩提流支譯十地論、淨土論等三十九部經論。一方為地論宗的宗師，他方授現傳於曇鸞，併他力念佛是為淨土宗的淵源。等到普通元年南天竺達摩來游，禪宗便開山了。又大同元年真諦三藏譯出攝大乘論、起信論、俱舍釋論，如其他六十四部經論傳布。稱為攝論宗始祖。印度的護法、清辯時代，正當我國陳、隋，天台智顗師弟從羅什的空論創天台宗。

（二）教理發展

佛教自入中國後，經極盛而各自分道揚鑣發展，獨立創派。然而他們的歸結，仍不出有空二論。小乘佛教盛行於印度，傳到中國未見盛行；大乘佛教恰與相反。開創于印度，至印度社會之勢力遠不及小乘，並且教義的組織尚未圓滿。等到流傳中國纔發明全體畢竟凌駕道儒不可一世。

鳩摩羅什以前（馬鳴以外世親時代）傳來的多是小乘俗說地獄極樂因果等，適適去候官紳所聞的新新教藉求冥福罷了。安清世高雖譯大乘經，尚未成教義。等到鳩摩羅什來傳三論宗般若大乘始建立（前秦苻堅時代）。羅什是世親門下提婆派的柱石。同時佛陀跋陀羅從北印來，唯識系（華嚴的首部）為羅什所排斥，（徽以弘道）南來廬山白蓮社，譯禪經，後譯成六十華嚴經，不久曇無讖創涅槃宗（北涼蒙遜玄始）。這宗後被天台宗吸收了。天台宗也是實相論，從宗論蛻化出來的。後來這佛學部，菩提流支創地論宗，未造像地論，後併入華嚴，稱為根本部系統。坐禪念佛也是一樣，流支到達磨為禪宗的開祖，達磨的禪宗說來無二物，極端反對立多教十宗的判法，由十玄大相教義創華嚴宗，同一有部，反對法相，而得天台，流合的圓教，也是偏的中道。然而華嚴是緣起論，實為有部所攝，由來大乘有部中，先有地論攝論。地論的有，和攝論不同。又地論說中的有，有異于法相的有，法相的有也不同華嚴。華嚴實包羅地論，對于真諦的攝論更進一步。似乎奪天台而出於法相有論上。法相、華嚴實是有部的內証。

唐玄宗時善無畏、金剛智等傳密教入中國，等到他們回返印度，佛教在印度已經滅亡。於是佛教發達的順序以密教的系統從華嚴轉入方面看可說屬于有部。天台宗到唐中葉衰微時便起了一個復興宗風的高僧湛然妙樂大師（唐德宗建中三年卒）著述很多，都恪遵天台遺旨，發揮一念三千三諦圓融的玄理。時間華嚴宗也出了一個澄觀清涼大師（憲宗元和卒）和湛然對抗。雙方都引起信論以說明本宗教義。

中國的大乘禪是由小乘禪發蛻化，比小乘禪的無想境界，如不淨觀、無常觀等更進一步。恰和他消極的教義相反，悟得積極的真理，使精神與實在一致。所謂悟道、覺道，是指着精神脫去外界的羈絆，至於與實在一致的自覺境界說的。禪宗以外所說「觀心」「觀行」「止觀」「事相」「瑜伽」，實際上都是禪。佛教又可稱為觀念自覺教。所以法相宗算是五重唯識的禪，天台宗算是三諦觀的禪，華嚴宗算是十玄六相法界觀的禪，真言宗算是三密瑜伽的禪，那和他們相待的真正禪宗算是無所得中觀的禪。正以「三論的八不」為立場，主張「不立文字」「本來無一物」。但不過在達磨以前的大乘禪，概屬有部法相禪。達磨所傳的是空部三論禪。後來復南北，北主頓、南主漸，各走極端。禪宗既以消極否定的極處為立場，而天台宗反而從積極的實在，由一心而修三觀，都不能脫去「空門」。慧文禪師依智度論悟得三觀要旨，雖是天台宗的骨髓，就是智者大師所闡揚而發展的。智者大師立五時八教的判釋，一方整理

中國中世哲學 十

龐雜的佛教，附以多種要說，證明他們的關係，以求統合。他方又向教義嚴肅，真言宗有宗派組織的端緒。淨土念佛宗成立於慧遠在廬山所組織的白蓮社，但白蓮社的念佛非純粹的他力念佛，也多少帶有幾分禪觀意味。慧遠受禪經於佛陀跋陀羅，同道大抵都是隱士。這流派至唐五代被派攻擊，歷宋迄元，甚衰不振。唐貞觀中，道綽、善導二師繼起，高唱出世。善導于及淨友宗的傳佈布民間，下層階級相信的很多。玄宗時慈愍跋涉西域，歸倡人念佛往生。但是念佛之帶有幾分真言祈禱的風格。

佛教十宗表列左

佛教
- 顯教
  - 小乘
    - 俱舍——有门入
    - 成實——無门入
  - 大乘
    - 三論——空门入
    - 法相——有門入
    - 天台——空門入
    - 華嚴——有門入
    - 律——有門入
    - 禪——空門入
    - 淨土——有門入
- 密教
  - 金剛部——有門入
  - 胎藏部——空門入

第三項 經論批判

佛教既有大小乘、顯密和教禪、權實以及宗派的區別，已約略在前提到了。不過論藏方面還有許多不同的學說。

佛教的宇宙論是汎神論。同為汎神，祇因說教的深淺，有些分別。有視物的現象和外部自然物為神的，是唯物的汎神論。或視世界內部的精神元素為神的，是唯心的汎神論。又有視世界道德的秩序為神的，是倫理的汎神論。更或以絕對理想的開展力實在的反映，是倫理的汎神論。這些都可名為特殊的汎神論。從反面看，直視宇宙萬有、為神的實在。由它物質上的存在方面看名為世界萬有。由它的精神活動力方面看，名為實在或所作神。兩樣互相淨化，成一實在，可算普遍的汎神論。佛教各派所執各異，然可從特殊的汎神論、普遍的汎神論[illegible]，非常明瞭。因為小乘是特殊汎神論。大乘是普徧的汎神論。這樣宇宙現象本體兩方面都有種種解釋。若從現象方面以說明現象的生起及原因叫做緣起論。若從本體方面以說明宇宙體如何，是為實相論。最後達到現象就是本體的結論。緣起論和實相論不過互相表裏罷了。所以萬有生滅無常的相對現象就是不生不滅常恆不變的絕對的本體。並且以為現象外無本體，本體外無現象為終極的理想。

緣起論是說明現象界的起因，現象界屬於吾人認識的範圍。這是有論。也可叫作事法界。那些講有神的，於萬有外立造物主宰的神格汎神論則否，以萬有生起完全屬於自己的因果律。現在的果起於過去的因。過去的因還是以前的果。這般向上推究，至於無始為止。又現代的果為後代的因。那因又輾轉傳下至於無終。無始無終，因果的連續循環，前後不斷。這是汎神論上所有的結果。這循環中間也有許多直線連續，互無始無終論。裏面講到生死成壞又有一重因果段始終，如生死為再生的因，壞為再成的因。死以有生、壞以再成生。　異滅滅而復生、成住壞空空而後成。進化輪化的循環無止時，增減進退生死聚散形狀的變化，位置的轉換變換不外乎因果交代。在下就緣起論的系統把它進步發展經過不同的過程分論一番。

（一）業感緣起論　說明宇宙萬有的生起都由吾人業力的感召。吾人的身心及客觀世界係由而成，不外乎身口意所作的業。所謂自業自得，或父子、或家族、或同一國民、住在同一國土，都是共業所感。各人有自己的身體是不共業所感。就是業力能生差別的宇宙萬有，前謝後代，為吾人生活的連鎖形骸變化。此生所造的業力，不跟着他去了，又能引起新生命，造善業者來生得樂

中國中世哲學　五六

報。造惡業者來生於苦果。這苦果的根底，全由今生善惡的因所感，非有他力。造業的因是由於惑（煩惱）起，惑造業，便生苦果，就是因惑業而有此世界有此人生。世界人生，畢竟是迷途，充滿痛苦。所以惑業苦三道為衆人迷界的因果。因惑業感苦果，苦果中更造惑業。因果連續，生生死死，相引於無窮。吾人欲解脫此苦果，當斷惑業的因。惑業斷盡，更不感果，受生證得不生不滅，名叫涅槃。這是佛教根本教義，貫通大小乘的。

(二)賴耶緣起論

龍樹的消極論，一轉為無著世親的妙有論。這妙有論生二種思想傾向：一為賴耶緣起論，一為真如緣起論。賴耶評業感有生起間斷，小乘僅眼耳鼻舌身意生滅無常的六識。那前五識唯受外界的刺激寫象於心內，別無比較推論和追憶過去等複雜的精神作用。有此作用者，且但有重要地位的，只是第六意識。此識了。然而意識有間斷，前念去，後念來，無有停住，等到吾人死亡，意識便消散，怎樣保持這業力使它死後連續不斷呢？因此大乘必建立阿賴耶識，恒起常在，為宇宙萬有的根元，能包藏一切萬有的種子，隱而森羅萬象的現象界。又對真如緣起論加以批評，說真如是萬有的理體，理體是平等一味，常住不生，也無轉變，若說平等一味的理體真如能為萬有緣起，是本無今有，決不合理。因為這千差萬別的現象，不得不從萬差的種子而生，於是立阿賴耶識。它能包藏一切諸法的種子，依真如理體，使它變化顯現為現象界。創這論的是法相宗。這識因緣所成，無始以來，恒時現起，無有間斷，含藏一切種子，就是具有發現萬象不可思議的能力。從此種子吾人的根身發生。同時以它居住的客觀界（萬物）頓變現出，對此頓變影像，前七識更加種種分別，以生起長短方圓大小白的現象之一萬差的客觀界諸現象、畢竟由主觀的內意識的知覺作用而發現的。沒有知覺就沒有萬象。並而感覺所緣的萬有本質、不得說沒有。除却長短方圓赤白等感覺以外不能無客觀的實在。不過這實在的本質、不外阿賴耶識內種子的能變。前七識緣此、自己能變的器現現象為種種分別、更薰習而成新種子、藏於阿賴耶。更加第六識善惡的重力、起現行種子現行展轉相續、而展迷界的宇宙叫做有漏種子。而阿賴耶便為生死輪迴的主体。悟界的種子也藏在阿賴耶裡面、善人了知外界的迷妄、換起覺悟、對于外界影像不生妄心。漸重成無漏種子、超脫生死、又為超凡入聖的主体。

(三)真如緣起論

真如緣起論是把超越現象心性的本体人真如作為宇宙萬有的第一原因。普通以起信論代表真如緣起說、這可算絕對的唯心論，宇宙萬有都歸攝於一心。心的本体，心性精神，普徧实在。一切法界，無非此心的自体。一切萬有無非此心的顯現。所以起信論上說："一法界，大總相，法門体，是心圓攝一切世間出世間法"。

世界全体常具生滅起伏，千變萬化，内外森森現象，雜然並作，幾不可究詰，然而這動的方面總不離乎一心，称為"生滅門"。反轉來說，世界本体常住不滅，寂然不動，這靜的方面自性清淨心，称為"真如門"。這叫做一心二門。真如門是世界本体，絕对界，平等界。生滅門是現象相對界，差別界。

為何一心中具有反正兩面呢？因為自性清淨的心海，本無生滅，無来去，唯無明，外緣忽然妄動，起千差萬别的波浪，就是内外諸現象的開展。

中國中世哲學

五

(甲)無明是甚麼東西？無明是說明現象起源的終局假定。在靜使動，於平等使生差別，為第一理。然則無明非實有其物，是從眞心體而起的。所以起信論上說：忽然念起，名曰無明。(參菩提心論、圓覺經、本業經下、勝鬘經寶窟中)。心體眞如與無明共為根本的，決非二元。

這樣一念不覺，迷於眞如，此迷眞叫做根本無明。迷眞起妄，執妄境為實有，此執妄叫作枝末無明。由此起惑造業，生死繫轉了不已。在眞如門絕無迷悟染淨的差別，平等一相，就是宇宙的普遍體性。在生滅門則平等的眞如，現起差別迷悟染淨的相，宛然顯現。眞如和生滅好比靜水起波，但離水無波，若離了眞如也沒有生滅。所以眞如生滅二門不一不異，因為眞如是絕對平等的本體，不生不滅的實在。生滅是相對差別的諸法，生滅變化的現象。那樣劃然有別，可說不一。然而不是說生滅現象以外別有眞如來體。真如就是生滅，生滅就是真如，可說不異。不一指義說的。不異指體說的。是一體的兩面，不相矛盾。它動的心生滅現象，由無明熏心體真如，轉動不絕，叫做無明染熏。生滅中不動的真如靜而制動，使心便得還源，叫作真如淨熏。染熏是生滅連續的因，由迷而成凡，又叫做流轉門。淨熏是覺在還歸的因，由悟而入聖，又叫做還滅門。

(四)法界緣起論

法界緣起論立說更進一層，因為宇宙實體，不能離于現象以外。然而實體以外又無現象存亡之理。既是真如能為緣起萬有為所緣起，那末能緣起的真如，其體一動，便成所緣起的萬有。實體就是現象，現象就是實體。千變萬化，無量無數的現象無非真如的全體活現。萬象都是從它形相的存在上得名，真如一心是從它靈妙的活動深遠的意匠而得各種樣是一樣叫作一心法。生滅轉變畢竟是一活動的某端與某端，好比水的初波和次波的分別。這種現象和現象間彼此平等一如，一現象的就是萬象的實体。萬体的實体就是一現象的實体。一就是一切，一切就是一。相即相入、相依相成、圓像聯絡，有重重無盡的奧妙。宇宙是緣起的大系統，事事靈動、物物關聯，無孤起者。萬有的生滅轉變，沒有萬象也沒有宇宙。明此活動的理入法界觀，以体會真如的為聖人。昧此理遂沉生滅轉變，把無常的東西，強為有常的是凡夫。這是華嚴宗的根本教義。

(四)六大緣起論

華嚴法界緣起雖達乎現象就是實体的超越理想，然而還沒有直指普偏的實在，就是人格的佛陀，這人格的佛陀名摩訶毗盧遮那如來是宇宙的本体。萬有的源頭。方算真信宗的主張六大（地、水、火、風、空、識）就是佛身，佛身就是六大。並且佛和眾生同為六大所成，宇宙萬有也就是大日如來法身的顯現。生生滅滅無非六大的集合分散，位置變換罷了。宇宙萬有的体性既不外乎六大。六大又非隔閡不融，実無礙而常相应，叫做「六大無礙常瑜伽」。一塵一毫無不具備六大，所生肉身就是大日法身。但不过眾生無始以來，為妄情所蔽，大日法身的德用不能顯現。真言宗便修三密相应的法門，証得本有法身，所以說即身成佛。換句話說，六大就是物心二元，不是並立。說六大、說物心二元，就它顯現方面不同，用論理抽象從常識上分別的。若說到實在本体，為一、絕對的。物心二元是不一「一如」，現象指形相言，実在指活動力言。活動與形体不離，若分離，兩樣都不能存在。事外無理，象外無体，所以說「即事而真」，無分聖凡善惡，此看我們固有的活動力能否圓滿長作罷了。但是活動的程度有些以善惡的分別。

宇宙的緣起或現象界的原因，已經論得很多了。不過實在怎樣，不能不從實相論來說明。實相論是說明宇宙的實體如何，和近世實在論有些相像。佛教實在是直觀界和直觀界，難以文字說明，只好用類似的比喻來寫象。因為實在界超越於吾人認識的範圍，恆於現象界的事相，說法相反，所以現象和實在界是反對的。否定現象界的事相，就是實在界的真相。這是空論，或謂理性論。

緣起和實相就是現象界和實在界。有和空是相對的名。去掉一名對方的名便不成立，所以凡偏於一方的，畢竟不得正當的世界觀。

佛教所傳的實在論大概可分三種，就是從三方面考察而寫象實在。

甲 消極的實在論

子 普通消極說（不能寫象）

謂言文字可以發表的現象界的事物，若說實在界決不可得而描寫。實在和現象或言同，或言異，或言一，或言不一，都不得當。又言有言空，亦有亦空，非有非空，四圓四真，為善也，都不是實在的真相。言語意義無一不備載。如法相宗說廢詮談旨。三論宗說言亡慮絕。天台宗說百非俱遣。禪宗不立文字。華嚴宗說果分不可說。真言宗說出過言語道。淨土宗說不可稱，不可說，不可思議。

丑 特殊消極說（空寂）

言說的有兩樣（分別第一是寫象實在，全用消極的方式，叫做空寂寫象。又有二義，一，對現象界的有相，由反對的真空觀念以寫象實在的。就是小乘的意思。二，去現象界的執著，以遮情的手

四 中世哲學　　六十一

段寫象空寂的。就是大乘的意思。第二是由積極的方式寫象實在與現象界全然異視，如法相宗說實在說圓成實，寫象真如，就叫做「凝然不作」。

(乙)積極的實在論

實在原居於直觀界，若要寫象便落到現象界的範圍了。所以說「不能寫象」或有人說「不可知」，也算對的。然而這只消極說一方面，立他的根基，他方既得直觀實在，當由何等方法叫它的寫象是為人心自然的發動。又既得直觀，斷不是空，那末積極寫象從而生起。

這積極的實在論，有普通寫象、關係寫象、內存寫象種種分別。

(一)用普的抽象實在而寫象的，以現象為迷妄，以實在界為真實，如言「真如」「真心」「圓覺」「勝義」等是。

（二）用具體的「現」象如言「法身」「如來」「法体」「六大」等是。這都是普通寫象。再從實在和現象的關係方面考察所說「一如」「如如」「一心法界」等是。又用內存的抽象的來寫象所說「中道」「實相」「真諦」等是。次又用內存的体來寫象所說「覺性」「法性」等是。

（丙）理想的實在論

這是假定的命名。我們到達宗教解脫的終局，就是實在。若和對于現象的在比較，意味要有不同。所說「對于現象的實在」，從實在而有現象，是為現象的因。如「真如」就是因的實在。理想的實在是指脫離現象界而到達的實在，是果的實在。然而因果實在，結局一致，理所當然，不道也是要說。它的消極說，小乘所主張諸行無常、萬有轉變，都不是一的常住。脫離言「生滅無常境界」而得寂滅境界，叫作「涅槃」，就是常寂。從有轉變生滅的迷椬，入此境界

中國中世哲學　　六二

於人生的終局是形容諸極和實在一致的定義、老死難測、所以離此不定的執着及自滅智、全然絕滅現象界的心身、達於無為境界。阿羅漢就是無學「應真」。這是實象諸極和實在一致而牽涉形體的。都是不定現象界、在現象界以外、從無為生寂以求實在。不尊崇極說。論到極說、大乘纔有。說現象界以外、有圓滿的實在界。與現象界內的實在有分別。如佛陀淨土、都有積極意味。

後記

《哈佛大學燕京圖書館藏民國時期國學教材　李兆民卷》能面世，得益於多方力量的匯聚。

在此，我只能以微言表達對他們的敬意：哈佛大學燕京圖書館鄭炯文先生不辭舟車勞頓，赴上海定下了這一出版計劃；上海古籍出版社副總編奚彤雲女士欣然採納了此一出版構想；我在暨南大學的同事曾昭聰教授閱讀了李兆民《修辭學》一書，清晰地判斷了此書的學術價值；上海古籍出版社的責任編輯常德榮博士負責了本書的具體出版事宜。此外，還要感謝哈佛大學東亞系李惠儀教授、復旦大學陳引馳教授，因爲他們的幫助使我能在復旦大學幸會哈佛大學宇文所安教授；宇文所安教授爲我提供了寶貴的赴美訪問學習機會，使我邂逅這些珍貴的民國史料，在此謹致由衷謝意。

閆月珍

二〇一四年六月十八於暨南大學蘇州苑